T0203458

FALSO

ROBERT T. KIYOSAKI

FALSO

DINERO FALSO · MAESTROS FALSOS · ACTIVOS FALSOS

CÓMO LAS MENTIRAS ESTÁN HACIENDO
A LOS POBRES Y A LA CLASE MEDIA MÁS POBRES

Título original: Fake: *Fake Money, Fake Teachers, Fake Assets.*
How Lies Are Making The Poor And Middle Class Poorer

Primera edición: septiembre de 2019

Copyright © 2019 by Robert T. Kiyosaki

This edition is published by arrangement with Rich Dad Operating Company, LLC.
Esta edición es publicada en acuerdo con Rich Dad Operating Company, LLC.

© 2019, derechos de edición mundiales en lengua castellana:
Penguin Random House Grupo Editorial, S. A. de C. V.
Blvd. Miguel de Cervantes Saavedra núm. 301, 1er piso,
colonia Granada, delegación Miguel Hidalgo, C. P. 11520,
Ciudad de México
© 2021, de la presente edición en castellano:
Penguin Random House Grupo Editorial USA, LLC.
8950 SW 74th Court, Suite 2010
Miami, FL 33156

www.megustaleerenespanol.com

© Alejandra Ramos, por la traducción
La cubierta es una adaptación de la edición original

Penguin Random House Grupo Editorial apoya la protección del *copyright*.
El *copyright* estimula la creatividad, defiende la diversidad en el ámbito de las ideas y el conocimiento,
promueve la libre expresión y favorece una cultura viva. Gracias por comprar una edición autorizada
de este libro y por respetar las leyes del Derecho de Autor y *copyright*. Al hacerlo está respaldando a los autores
y permitiendo que PRHGE continúe publicando libros para todos los lectores.

Queda prohibido bajo las sanciones establecidas por las leyes escanear, reproducir total o parcialmente esta
obra por cualquier medio o procedimiento así como la distribución de ejemplares
mediante alquiler o préstamo público sin previa autorización.
Si necesita fotocopiar o escanear algún fragmento de esta obra diríjase a CemPro
(Centro Mexicano de Protección y Fomento de los Derechos de Autor, https://cempro.com.mx).

ISBN: 978-1-644730-80-5

Impreso en Estados Unidos – *Printed in USA*

24 23 22 21   10 9 8 7 6 5 4 3 2

Penguin
Random House
Grupo Editorial

OTROS LIBROS BESTSELLER
DE ROBERT T. KIYOSAKI

Padre Rico, Padre Pobre
Qué les enseñan los ricos a sus hijos acerca del dinero,
¡que las clases media y pobre no!

El libro que estuvo en la lista de bestsellers de *The New York Times* durante casi siete años y en otras listas de todo el mundo

El Cuadrante del flujo de dinero
Guía de Padre Rico hacia la libertad financiera

Guía para invertir
En qué invierten los ricos, ¡a diferencia de las clases media y pobre!

Niño Rico, Niño Listo
Cómo dar a sus hijos una educación financiera sólida

Retírate joven y rico
Cómo volverse rico pronto y para siempre

La profecía de Padre Rico
Por qué la mayor caída de la bolsa de valores en la historia está aún por venir… ¡y cómo puedes prepararte y beneficiarte con ella!

Guía para hacerse rico sin cancelar sus tarjetas de crédito
Convierta la deuda mala en deuda buena

El juego del dinero
Por qué los inversionistas lentos pierden ¡y el dinero rápido gana!

Padre Rico, Padre Pobre para jóvenes
Los secretos para ganar dinero que no te enseñan en la escuela

Escapa de la carrera de la rata
Aprende cómo funciona el dinero y vuélvete un chico rico

Antes de renunciar a tu empleo
Diez lecciones que todo emprendedor debe saber para construir un negocio multimillonario

Incrementa tu IQ financiero
Sé más listo con tu dinero

Padre rico solía decir:

"No puedes pescar en agua limpia."

…cita de un antiguo proverbio chino

transparencia sustantivo
trans-pa-ren-cia | /ˌtrans.pa.ˈren.sja/

plural **transparencias**
Definición de *transparencia*

1. Cualidad de una cosa de ser transparente.
2. Algo transparente.
3. Punto hasta el que los inversionistas tienen
   acceso inmediato a información **financiera**
   necesaria sobre una empresa, como niveles de
   precios, profundidad del mercado y reportes
   financieros auditados.

A quienes buscan la verdad

Agradecimientos

UN ESTUDIANTE DE 6 LE AGRADECE A UN ESTUDIANTE DE 10

En la preparatoria reprobé en dos ocasiones porque no podía escribir bien, y en décimo grado me reprobaron en inglés. En realidad no fue porque estuviera incapacitado o algo así, ya que sí podía escribir. Lo que no sabía era cómo deletrear ni cómo manejar los signos de puntuación. Además, siempre "usaba la gramática incorrectamente".

A pesar de todo esto, creo que la principal razón por la que me reprobaron en inglés fue porque el maestro no estaba de acuerdo con lo que yo expresaba. Y es que yo escribía lo que opinaba de él y quería saber por qué nos forzaba a leer libros que no nos interesaban. Además, tenía la impresión de que no estaba haciendo el trabajo para el que lo contrataron porque reprobó a 75% de los estudiantes de nuestro grupo.

Después de reprobar décimo, estuve a punto de dejar la escuela porque me sentía devastado. A nadie le gusta que lo llamen "estúpido". Así empecé a odiar la escuela. Quería aprender, pero no sobre las materias que nos enseñaban a la fuerza. Gracias a Dios, mi padre pobre me convenció de que no me rindiera aunque, desafortunadamente, el daño ya estaba hecho. Al hijo de padre rico también lo reprobó ese mismo maestro.

Logré terminar la escuela gracias a que estaba sentado junto a la alumna más inteligente de mi grupo, una chica que siempre sacaba 10. En el sistema escolar, a pedir ayuda le llaman "hacer trampa", y en el mundo de los negocios, en cambio, se le llama "cooperar". Si yo no hubiera *cooperado* con esa estudiante de 10, jamás habría terminado la preparatoria.

Hoy en día me reconocen como "autor de bestsellers" y el autor del libro de finanzas personales #1 de todos los tiempos, estatus que alcancé a través de la cooperación.

En fin, esta es una manera un poco larga de decirle "gracias" a Mona Gambetta, empresaria del mundo de la edición. Mona es mi estudiante de 10 ahora, es mi editora, mi entrenadora y mi amiga. Además, es quien me alienta. Mona y yo hemos colaborado durante años y hemos publicado muchos libros juntos. *FALSO*, el libro que tienes en tus manos, jamás habría salido a la luz si Mona no formara parte de mi equipo… y si no fuera mi nueva compañera de 10.

FALSO debió publicarse hace más de un año. Fue escrito y re-escrito porque el mundo empezó a cambiar con mucha velocidad y tuvimos que seguirle el paso a un tema muy complejo: el dinero falso. Mona no se quejó, no juzgó ni criticó, sólo continuó alentándome a pesar de que empecé a escribir el libro una y otra, y otra vez. Nunca se rindió conmigo.

Quiero dedicarle este libro como una manera de decirle "Gracias". De no ser por Mona Gambetta, por su impulso, su paciencia y su disposición a proveerme retroalimentación incluso cuando fue más difícil, tal vez hoy no sería el escritor, el *verdadero* escritor, que soy hoy.

ÍNDICE

Introducción

EL FUTURO ES FALSO

Este libro, *Falso*, se terminó de escribir en abril de 2018 y fue editado para publicarse en el otoño de ese mismo año.

El 28 de mayo de 2018 pasé frente a un puesto de periódicos y vi las hileras de revistas que gritaban: "¡Mírame!", "¡Tómame!", "¡Cómprame!", "¡Léeme!"

Evidentemente, las revistas con mujeres guapas y automóviles veloces en la portada fueron las que más me gritaron, pero la que me sujetó del cuello y me dijo *Tienes que leerme*, fue una portada más bien sosa de la revista *Time* cuyo encabezado gritaba:

Cómo mi generación destruyó Estados Unidos

Ese artículo y el impacto que tuvo en mí retrasaron la publicación de mi libro.

LA ÚLTIMA PIEZA DEL ROMPECABEZAS

¿Alguna vez has trabajado en un rompecabezas gigante de 1 000 piezas? ¿Alguna vez has pasado horas, a veces días o semanas buscando poco a poco entre las 1 000 piezas hasta encontrar finalmente la que buscas, la que completa el rompecabezas?

Ese artículo de *Time* fue la última de las 1 000 piezas de mi rompecabezas, un rompecabezas que formaría una imagen del pasado, del presente y del futuro. *Falso* necesitaba incluir el artículo de la revista *Time*, y eso significaba que tendría que reescribir mi libro.

LAS ÉLITES

El artículo publicado el 28 de mayo de 2018 en la revista *Time* fue escrito por Steven Brill y aborda el tema de las élites académicas a las que, de hecho, también pertenece. Brill estudió en Deerfield Academy, una escuela preparatoria privada de Massachusetts, y luego se graduó de la Escuela de Derecho de Yale, de la Universidad del mismo nombre.

Esta es una cita del artículo de Steven Brill:

Cuando mi generación de individuos con grandes logros [*baby boomers*] se graduó de las universidades de élite e ingresó al ámbito profesional, en muchos casos sus éxitos personales tuvieron serias consecuencias sociales.

Traducción: Las élites se volvieron codiciosas y empezaron a cuidar de sí mismas a expensas de otros.

Estos individuos dieron paso a una economía construida sobre tratos que, en lugar de crear nuevos activos, sólo les daba movimiento a los viejos.

Traducción: Las élites se enfocaron en volverse ricas en lugar de generar nuevos negocios, nuevos productos y más empleos, y de reconstruir la economía de Estados Unidos.

Crearon instrumentos financieros exóticos y riesgosos como los derivados y los seguros de impago de deuda (*credit default swaps*) que produjeron una euforia de ganancias inmediatas, pero que también separaron a quienes corrieron el riesgo de quienes pagarían las consecuencias.

Traducción: Los miembros de las élites inventaron activos falsos que les permitieron, a ellos y a sus amigos, volverse ricos, pero que fastidiaron económicamente a todos los demás. Cuando estos individuos fracasaron, recibieron bonos económicos, lo que significa que mamá, papá y los niños tuvieron que pagar por los errores de las élites a través de la inflación y del incremento en los impuestos.

La primera pieza del rompecabezas
El artículo de Brill fue la última pieza de mi rompecabezas. La primera fue mi lectura de *Grunch of Giants*, libro publicado en 1983.

El autor del libro es el doctor R. Buckminster Fuller, mejor conocido por haber sido futurista e inventor del domo geodésico. La palabra *Grunch* es el acrónimo de **Gr**oss **Un**iversal **C**ash **H**eist.

El pabellón de Estados Unidos en la Feria Mundial de 1967
En 1967 viajé de aventón de la Ciudad de Nueva York a Montreal para visitar la Feria Mundial 67: El hombre y su mundo. Al igual

que sucedió con las anteriores, esta feria la promovieron como "La feria mundial del futuro" en Canadá. El pabellón de Estados Unidos en la feria era un domo geodésico del doctor Fuller.

Aunque no conocí en persona al doctor Fuller en Montreal, tuve la suerte de estudiar con él en varias ocasiones entre 1981 y 1983. En esta fotografía nos puedes ver en un evento llamado "El futuro de los negocios", un seminario de toda una semana que se llevó a cabo en 1981 en Kirkwood, California, cerca de Lake Tahoe. Cada uno de los eventos que viví con Fuller fueron transformativos y enriquecieron mi vida.

El cantante John Denver lo llamó "el abuelo del futuro" en "What One Man Can Do", la canción que le compuso especialmente a este gran hombre.

El doctor Fuller falleció el 1 de julio de 1983, aproximadamente tres semanas después de la última vez que estudié con él. Recuerdo que conseguí de inmediato una copia de su libro *Grunch of Giants* y la leí. Fuller decía muchas de las cosas que mi padre rico nos había enseñado a su hijo y a mí. En *Grunch*, Fuller narra la forma en que los ultrarricos "despojan" al mundo. Ese libro fue la primera de las 1 000 piezas de mi *nuevo* rompecabezas.

Entre 1983 y 2018 estudié, leí, asistí a seminarios, escuché y aprendí de todas las personas que me pareció que podrían tener más piezas del rompecabezas del *Grunch*.

En "Maestros falsos", la segunda parte de este libro, incluí una lista de algunos de los verdaderos maestros a los que conocí, a quienes leí y con quienes estudié: maestros legítimos que tenían piezas del rompecabezas.

El 28 de mayo de 2018, 35 años después de leer *Grunch* por primera vez, me encontré con el artículo de Brill en la revista *Time*, o sea, con la última de las 1 000 piezas. En su artículo, Brill verificó la mayor parte de las preocupaciones y las predicciones que había presentado el doctor Fuller en *Grunch*.

Fuller era un futurista, y muchas de las predicciones y preocupaciones que incluyó en *Grunch* son una realidad hoy en día. Por eso me parece que Brill escribió su artículo "justo a tiempo".

A pesar de que mi hallazgo retrasó la publicación de este libro, me siento agradecido de que en su artículo Brill haya revelado sus reflexiones y su entendimiento de un mundo que pocas personas saben que existe: el mundo de los miembros más inteligentes, deslumbrantes y de más alto nivel de las élites académicas de Estados Unidos.

En caso de que ya te estés preguntando quiénes pertenecen a estas "élites", aquí menciono algunos nombres fundamentales:

1. El presidente Bill Clinton
2. La secretaria de Estado Hillary Clinton
3. El presidente Barack Obama
4. El presidente George H. W. Bush
5. El presidente George W. Bush
6. El presidente del Banco de la Reserva Federal, Ben Bernanke
7. La presidenta del Banco de la Reserva Federal, Janet Yellen
8. El senador Mitt Romney

No obstante, hoy en día hay muchas otras personalidades de estas élites dirigiendo el mundo.

No es una conspiración de gente mala

Debo aclarar que no estoy diciendo que estas personas sean gente mala —aunque algunas podrían serlo—, ni que sean parte de una conspiración. Si les diera el beneficio de la duda, diría que confío en que algunos de ellos son gente buena que, simplemente, hace lo que cree que es "correcto". El problema es que, como son personas muy inteligentes, con frecuencia no cuentan con un sistema de introspección, y eso provoca que continúen haciendo lo que les parece correcto a pesar de que, en realidad, están destruyendo la vida de miles de millones de personas inocentes.

¿Quién es el *Grunch*?

El *Grunch* y los miembros de las élites académicas *no* son necesariamente lo mismo. Fuller nunca dijo que las élites fueran el *Grunch*. Según recuerdo, en sus conferencias y sus libros, describe a los miembros de las élites como títeres, y dice que quienes dirigen el *Grunch* son los titiriteros. Como bien sabes, uno rara vez ve a los titiriteros porque prefieren mantenerse tras bambalinas, en la oscuridad. Con este libro me he esforzado por hacer salir a los titiriteros al escenario.

Pero ahora, pasemos a la versión revisada de *FALSO*...

¿Qué es auténtico y qué es falso?

A menos de que hayas estado viviendo debajo de una roca, debes de saber que hoy en día sólo escuchamos "falso esto" y "falso aquello". Casi todo lo que, en algún momento, creímos en el pasado... ahora es falso.

El presidente Donald Trump popularizó el término *fake news* (noticias falsas) cuando habló respecto a los medios, y con él se refiere a una variedad de reportes noticiosos auténticos o percibidos.

En las redes sociales, mucha gente tiene seguidores falsos. Millones de personas gastan miles de millones de dólares para comprar Rolex falsos, y artículos Louis Vuitton y Versace falsos. Incluso hay medicinas falsas.

El 17 de enero de 2019 la revista *Time* usó una cita del libro *Zucked* de Roger McNamee para señalar la diferencia entre "información" y "desinformación" (es decir, las noticias falsas):

> En Facebook, la información y la desinformación se ven iguales, la única diferencia es que la desinformación genera más ingresos, y por eso recibe un mejor trato.

Este tipo de bucle de desinformación encoleriza a la gente, la provoca, la agita y la enciende.

Profundamente falsa

Hay una nueva tecnología llamada "profundamente falsa", la cual les ofrece a los practicantes novatos de esta área la posibilidad de capturar imágenes y voces de gente famosa para producir videos falsos "auténticos". Como era de esperarse, el uso más popular de la tecnología profundamente falsa consiste en elegir a estrellas fílmicas auténticas y convertirlas en estrellas falsas de la pornografía. Otro uso aun más letal de la tecnología profundamente falsa consiste en elegir a un líder poderoso y hacer que parezca que le está declarando la guerra a otro país.

Dicho llanamente, ya no podemos creer lo que vemos ni lo que escuchamos.

En el mundo de hoy, verificar lo que es auténtico y lo que es falso puede ser la diferencia entre riqueza y pobreza, guerra y paz, e incluso vida y muerte.

De qué trata este libro

Este libro es sobre tres cosas *falsas* específicas:

1. **Dinero falso:** El dinero falso tiene la capacidad de volver más ricos a los ricos y, al mismo tiempo, de empobrecer más a los pobres y a la clase media.

La brecha

Cambios en repartición de ingreso *vs.* 1979, después de impuestos e inflación

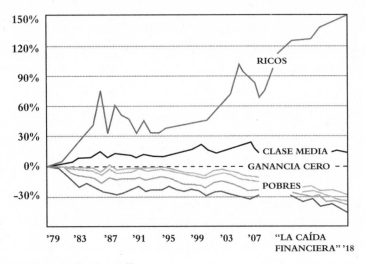

Fuente: Congressional Budget Office

---

2. **Maestros falsos:** ¿Qué te enseñaron en la escuela respecto al dinero? La mayoría de la gente responderá "nada" porque, aunque casi todos los maestros son personas excelentes, nuestro sistema educativo está destruido, es obsoleto y no puede preparar a los estudiantes para el mundo real.

En lugar de guiar a los estudiantes hacia la luz, nuestro sistema educativo conduce a millones de jóvenes a la oscuridad financiera y al peor tipo de deuda: la deuda por préstamos estudiantiles.

Total de préstamos de consumo pertenecientes al gobierno federal y a Sallie Mae (Totalgov)

Las áreas grises indican las recesiones en Estados Unidos.

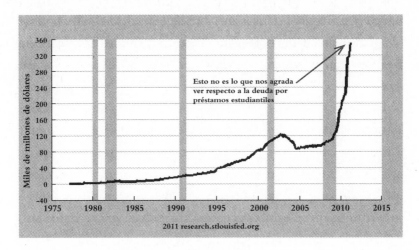

Fuente: Board or Governors of the Federal Reserve System

La deuda por préstamos estudiantiles asciende a más de 1 200 millones de dólares y es el activo principal del gobierno de Estados Unidos. En el mundo de las fechorías, a esto se le llama *extorsión*.

Definiciones de extorsión:

1. Acto de extorsionar (usar la fuerza) para tomar dinero o propiedades, en especial cuando esta ofensa la comete un funcionario que realiza prácticas de este tipo;
2. Un cobro excesivo.

3. **Activos falsos:** Primero necesitamos definir y entender la diferencia entre un activo y un pasivo.

LECCIÓN DE EDUCACIÓN FINANCIERA
Los activos llevan dinero a tu bolsillo.
Los pasivos sacan dinero de tu bolsillo.

Mi padre pobre siempre decía: "Nuestra casa es nuestro mayor activo".

Mi padre rico decía: "Tu casa no es un activo, es un pasivo".

Millones de personas creen que su casa es un activo.

Tu casa no es un activo

El índice global de precios ya casi regresó al nivel que tenía antes de la crisis financiera (evaluados igualmente)

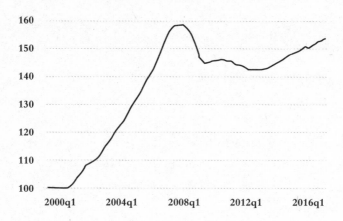

Fuente: Bank of International Settlements, European Central Bank, Federal Reserve Bank of Dallas, Savills y fuentes nacionales.

En 2008 el mercado inmobiliario sufrió una caída financiera. Como lo ilustra la gráfica anterior con información del Fondo Monetario Internacional (FMI), excepto por algunas ciudades como San Francisco, Nueva York y Honolulu, en las que los precios de los inmuebles han seguido aumentado, los precios en muchas ciudades del mundo todavía no se recobran.

No se trata de un verdadero colapso de bienes raíces

El *colapso de bienes raíces* no fue un verdadero colapso inmobiliario, más bien fue provocado por activos falsos, los mismos activos falsos que describe Brill en su artículo. Creo que vale la pena repetir lo que dijo:

> [Las élites] crearon una economía construida sobre tratos que permitían el movimiento de activos viejos en vez de fomentar la producción de nuevos activos. Crearon instrumentos financieros exóticos y riesgosos como los derivados y los seguros de impago de deuda que produjeron una euforia de ganancias inmediatas, pero que también separaron a quienes corrieron el riesgo de quienes pagarían las consecuencias.

Armas financieras de destrucción masiva

A los derivados, Warren Buffett les llama "armas financieras de destrucción masiva".

Y seguramente él está bien informado, ya que una de sus empresas califica y asegura dichos derivados.

En 2008 casi 700 billones de dólares en derivados explotaron y estuvieron a punto de hacer colapsar la economía mundial.

Mucha gente culpó del colapso inmobiliario a los compradores de "bienes raíces *subprime*", pero en realidad, como nos lo confirma Brill, las élites estuvieron manufacturando activos falsos llamados derivados. Ese fue el verdadero problema.

Una imagen vale más que mil palabras

En la siguiente página verás una gráfica de 125 años del Promedio Industrial Dow Jones, es decir, de la bolsa de valores.

Promedio Industrial Dow Jones (PIDJ) 1895-2015

Las áreas grises indican las recesiones en Estados Unidos

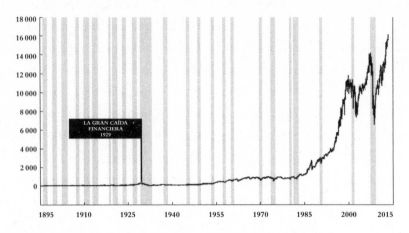

Fuente: S&P Dow Jones Indices LLC (2013 research.stlouisfed.org)

Bucky Fuller nos enseñó a observar en primer lugar el panorama completo, y luego a ver los detalles, pero desafortunadamente la mayoría de los inversionistas empieza con los detalles, y luego se va a las minucias. Muchos de ellos, por ejemplo, se despiertan y revisan si *una* de sus acciones favoritas bajó o subió, y luego se van a trabajar. Tal vez se trata de expertos en Amazon, por ejemplo, pero de todas formas no observan el panorama completo. Una entre miles de acciones en un mercado global no te da mucha información sobre el futuro.

CÓMO VER EL FUTURO

El doctor Fuller les enseñó a sus alumnos: "Si quieren ver el futuro, tienen que empezar con el panorama más amplio posible".

La gráfica de 125 años que presenté anteriormente nos muestra la importancia de dar un paso atrás para ver todo el panorama y tener una perspectiva que resulta más amplia porque se ha desarrollado con el paso del tiempo. Buena parte de este libro se desarrollará de la misma manera que esta gráfica de 125 años para que puedas ver el futuro desde una perspectiva más amplia.

El dinero es invisible

Otra cosa que aprenderás en *Falso* es que el dinero es invisible. Las gráficas y las barras te ofrecen la capacidad de ver cómo el "dinero invisible" entra y sale de diversos mercados. En *Padre Rico, Padre Pobre* escribí sobre la importancia del flujo de dinero, y por eso mi esposa Kim y yo diseñamos el juego de mesa Cashflow® en 1996. Padre rico solía decir: "Los ricos hacen que entre más dinero a su bolsillo, y los pobres y la clase media permiten que se fugue más".

Asimismo, Fuller nos enseñó: "No puedes quitarte del camino de algo que no ves moviéndose hacia ti", por eso es tan necesario *ver* el futuro.

Al escribir este libro utilicé mi filosofía *Mantenlo súper simple*, que en inglés funciona como el acrónimo KISS (*Keep It Super Simple*). Es por esta razón que usaré más elementos visuales como gráficas y barras en lugar de hechos diminutos y cifras que, por lo general, a casi todos les resultan aburridos.

La gran caída

En la gráfica que te mostré del Dow, la Gran caída financiera de 1929 aparece destacada por una razón. Si das un paso atrás y observas la caída de 1929, y luego la comparas con el "colapso dot.com" de 2000 y con el "colapso *subprime*" de 2008, tendrás una mejor perspectiva de por qué Fuller escribió *Grunch of Giants*, de por qué yo escribí *Padre Rico, Padre Pobre*, y por qué Steven Brill escribió "How My Generation Broke America" (Cómo mi generación destruyó Estados Unidos).

Voy a repetir la declaración de Brill otra vez porque me parece importante:

[Las élites] crearon instrumentos financieros exóticos y riesgosos como los derivados y los seguros de impago de deuda que produjeron una euforia de ganancias inmediatas, pero que también separaron a quienes corrieron el riesgo de quienes pagarían las consecuencias.

Los auges y los colapsos financieros que ha vivido el mundo fueron provocados por billones de dólares en billetes falsos que las élites le inyectaron al sistema.

¿Solucionaron el problema inyectando dinero? Por supuesto que no. ¿Para qué arreglar un problema que las enriquece? ¿Para qué cambiar? ¿Para qué hacer algo de manera distinta? La vida es buena… para los miembros de las élites.

En 2008 había casi 700 billones de dólares en derivados. En 2018 el cálculo de los derivados había alcanzado la cifra de 1.2 cuatrillones.

Escuchaste bien, las élites empeoraron la situación e hicieron que el problema fuera casi dos veces más grande. Ahora que escribo este libro, en 2019, este desastre de cuatrillones de dólares está al acecho.

El propósito de este libro

Mi propósito al escribir mis libros y al diseñar el juego de Cashflow, fue darle a la gente común, como tú y como yo —no me refiero a las élites académicas—, la posibilidad de sobrevivir, prosperar e incluso volverse rica después de la caída financiera que se avecina. Y te recuerdo que esperamos una *crisis cuatrillonaria*.

Revisión de los números

Estamos hablando de *muchísimos ceros…*

¿Cuánto es un millón?

Mucha gente sueña con volverse millonaria.

Un millón es mil veces mil:

$1 000 x 1 000 = 1 000 000

¿Cuánto es mil millones?
Mil millones es un millón de veces mil:
$1 000 000 x 1 000 = 1 000 000 000

¿Cuánto es un billón?
Un billón es mil millones de veces mil:
$1 000 000 000 x 1 000 = 1 000 000 000 000

¿Cuánto es un trillón?
Un trillón es un millón de billones:
$1 000 000 000 000 000 000

¿Cuánto es un cuatrillón?
Un cuatrillón es un millón de trillones:
$1 000 000 000 000 000 000 000 000

Esto exige que nos hagamos la pregunta: ¿qué sucederá cuando 1.2 cuatrillones de dólares en derivados estallen?

Por eso escribí *FALSO*.

Esta economía que en realidad es una casa de naipes, es lo que obtenemos cada vez que las élites académicas se hacen cargo de nuestro dinero, nuestros maestros y nuestros activos.

PONGAMOS LAS COSAS EN PERSPECTIVA
- Hace mil millones de segundos era 1987.
- Hace mil millones de minutos Jesús caminó sobre la Tierra.
- Hace mil millones de horas los humanos vivían en cuevas.
- Hace mil millones de días los humanos no existían.
- Cada dos horas el gobierno de Estados unidos gasta mil millones de dólares.

En 1983 Buckminster Fuller predijo este futuro.
En 1996 diseñamos el juego de mesa Cashflow.

En 1997 se publicó *Padre Rico, Padre Pobre*.

En 2018 Steven Brill confirmó que el futuro que Fuller vio venir había llegado.

Por eso retrasé la publicación de *Falso*.

Porque quería que vieras el rompecabezas completo.

Primera parte

Dinero falso

En 1971 el presidente Richard Nixon sacó al dólar del patrón oro.

En 1971 el dólar estadounidense se convirtió en "dinero por decreto"… en dinero del gobierno.

Al dinero del gobierno, padre rico lo llamaba "dinero falso".

También decía:
"El dinero falso enriquece aún más a los ricos.
Desafortunadamente…
El dinero falso también empobrece más a los pobres y a la clase media."

Por eso la lección # 1 de *Padre Rico, Padre Pobre* es:

falso
"Los ricos no trabajan por dinero ^ ."

—RTK

Mentira #1:
Ahorrar dinero te volverá rico.

Introducción

Primera parte

Educación financiera auténtica:
Ve con la mente lo que tus ojos no pueden ver.

—RTK

Capítulo uno

Dinero falso

El mundo está a punto de cambiar...

En 1972 yo era piloto del Cuerpo de Infantería de Marina, era teniente, volaba helicópteros de combate y estaba de base a bordo de un portaaviones en la costa de Vietnam. Era mi segundo viaje a ese país, el primero fue en 1966 y fui como guardiamarina cuando todavía estudiaba en la Academia de la Marina Mercante de Estados Unidos en Kings Point.

En 1966 yo tenía 19 años y estaba a bordo de un "barco de la Victoria" oxidado y producido en masa. Era un buque de carga construido para transportar armas y suministros para luchar contra los alemanes, italianos y japoneses en la Segunda Guerra Mundial. En 1966, sin embargo, en lugar de transportar ese tipo de carga, el viejo y derruido barco transportaba bombas de más de 100, 300 y 400 kilos... a Vietnam.

Una carta de padre rico

Un día, estando a bordo del portaaviones, recibí una carta de mi padre rico que decía: "El presidente Nixon sacó el dólar del patrón oro. Ten cuidado, el mundo está a punto de cambiar".

El 15 de agosto de 1971 el presidente Richard Nixon sacó el dólar estadounidense del patrón oro e hizo el anuncio durante el popular programa de televisión *Bonanza*. Al parecer, me perdí ese episodio de la serie y también el importante aviso del presidente.

No recibimos el mensaje...

Ahora mientras escribo, en 2018, la mayoría de la gente aún no comprende la importancia del mensaje que envió Nixon en 1971. Como decía padre rico: "El mundo está a punto de cambiar", y eso fue lo que sucedió. Al sacar el dólar estadounidense del patrón oro, el presidente llevó a cabo uno de los cambios más importantes en la historia mundial. Desafortunadamente, pocas personas comprenden, incluso ahora, lo mucho que esas acciones afectan la vida de todos los habitantes del planeta.

En busca del oro

En 1972 yo no tenía idea de por qué ni cómo cambiaría el mundo, y tampoco entendí el mensaje del presidente Nixon, sin embargo, la advertencia que me hizo padre rico ese mismo año me intrigó.

En el "cuarto para alistarse" de los pilotos a bordo del portaaviones encontré una copia del *Wall Street Journal* y empecé a buscar respuestas. A pesar de que se trataba de un importante periódico financiero, la cobertura sobre el tema del oro era muy escasa. No había más que algunos comentarios respecto a que el precio de 35 dólares por onza había aumentado y ahora fluctuaba entre 40 y 60 dólares. En otra publicación encontré un artículo escrito por un "chiflado" que predecía que el oro llegaría a costar 100 dólares.

La fluctuación en el precio del oro me intrigó. *¿Por qué está subiendo de precio?* Me pregunté. *¿Qué significa este aumento?*

Ahora, mientras escribo este libro, el precio del bitcoin y de otras ciberdivisas está aumentando y colapsando con rapidez. Una vez más, muy poca gente comprende la manera en que el bitcoin o las otras divisas de la tecnología de cadena de bloques van a afectar su futuro, su seguridad financiera y nuestra vida en general.

El aumento del precio del oro en 1971 y el aumento del bitcoin en 2018 son el estruendo en la superficie de cambios globales profundos, de modificaciones en las placas tectónicas financieras del planeta que provocarán terremotos y tsunamis económicos en todos los países.

EDUCACIÓN FINANCIERA AUTÉNTICA

Ted era un compañero piloto que también estaba interesado en el oro. En nuestro tiempo libre empezamos a estudiar e investigar sobre cómo entender mejor la relación entre el oro y el cambio global del futuro.

De acuerdo con las noticias, el presidente Nixon le dio fin al patrón oro porque Estados Unidos estaba importando demasiados Volkswagen de Alemania, demasiados Toyotas de Japón y demasiado vino de alta calidad de Francia. En otras palabras, Estados Unidos tenía un problema de equilibrio en su comercio.

LECCIÓN DE ALFABETISMO FINANCIERO

Déficit de comercio: Déficit de comercio significa que Estados Unidos estaba importando más de lo que exportaba.

El problema: El problema era que países como Francia, Italia y Suiza no querían recibir pagos en dólares estadounidenses. Querían que se les pagara en oro porque no confiaban en nuestra divisa.

La solución: Nixon "cerró la ventanilla del oro", lo que significó que el oro ya no saldría de Estados Unidos.

Verdadero o falso: ¿Fue esta la razón verdadera —o fue una razón falsa— por la que se cerró la ventanilla de oro?

Lo más probable es que haya sido una razón falsa: la gente no le llamaba al presidente Nixon *Dick el Truculento* por nada.

Más adelante explicaré por qué la razón que dio el presidente Nixon fue una mentira. También te diré cuál creo que fue el verdadero motivo por el que sacó el dólar del patrón oro.

Nixon también prometió regresar al patrón oro en cuanto Estados Unidos recuperara el equilibrio en el déficit de comercio, pero no cumplió su promesa y renunció bajo la sombra de la destitución.

Encontramos la mina de oro

Ted y yo estudiamos un mapa de Vietnam y poco después encontramos una mina de oro. El problema era que en 1972 Estados Unidos estaba perdiendo la guerra y la mina estaba ahora en manos de los enemigos.

Mi compañero y yo formamos una sociedad y programamos una misión para el día siguiente. El plan era volar desde el portaaviones, cruzar la línea enemiga, ubicar la mina de oro y comprar oro con descuento.

Muy temprano por la mañana despegamos del portaaviones y volamos aproximadamente 40 kilómetros sobre el mar hacia Vietnam. Cuando volamos sobre los escombros ardientes y calcinados de tanques y otros vehículos que había dejado atrás el Ejército Vietnamita del Sur en su retirada, nuestra ansiedad aumentó. El Ejército Vietnamita del Norte se dirigía al sur, perseguía al Ejército Vietnamita del Sur. En cuanto cruzamos la línea y entramos a territorio enemigo, Ted y yo supimos que si llegaban a derribarnos y capturarnos estaríamos en serios problemas. Por razones obvias, no le dijimos a nadie en el portaaviones adónde íbamos.

Seguimos el mapa y poco después vimos un gran racimo de troncos gigantes de bambú alrededor de la población que buscábamos y que se encontraba a unos 50 kilómetros detrás de la línea enemiga. En lugar de entrar apresuradamente, volamos bajo describiendo círculos estrechos sobre el lugar, primero a la izquierda y luego a la derecha. Si nos hubieran disparado, la misión habría llegado a su fin y habríamos tenido que volar de vuelta al portaaviones.

Como no nos dispararon, creímos que estábamos a salvo, así que aterrizamos en un claro cubierto de hierba, cerca de algunos campos de arroz. Apagamos la aeronave y nos dirigimos a la población. Dejamos al jefe de tripulación a cargo de la nave.

Hasta la fecha nos recuerdo vívidamente a Ted y a mí caminando por el sendero de lodo apisonado más allá de la línea enemiga, y saludando a los lugareños vietnamitas que vendían vegetales, gansos y pollos. Nadie nos devolvió el saludo, la mayoría de la gente sólo se nos quedó mirando. Al parecer, no podían creer que dos pilotos estadounidenses fueran suficientemente estúpidos para entrar caminando a su aldea a la luz del día, en medio del mercado de agricultores… y en plena guerra, más allá de la línea enemiga.

Sonreímos y levantamos las manos para mostrarles a los aldeanos que no estábamos armados. De hecho, habíamos dejado nuestras armas de mano en el helicóptero. Ted y yo entramos a la aldea sin armas porque queríamos que los lugareños supieran que íbamos como hombres de negocios cargados de dólares, no como infantes de marina armados.

Conocimos a un chico que nos llevó a una zona más profunda de la aldea para reunirnos con la "distribuidora de oro". La distribuidora, una mujer diminuta con las encías enrojecidas de tanto mascar nueces de betel, nos saludó sonriendo. Su oficina era una chocita de bambú con las persianas de bambú corridas, lo cual indicaba que el negocio estaba abierto. Tal vez Nixon había cerrado la "ventanilla del oro" en Estados Unidos, pero la de la señora en Vietnam estaba abierta de par en par.

¿ORO AUTÉNTICO O FALSO?

Ted y yo éramos pilotos de la Marina, éramos oficiales y teníamos títulos universitarios, pero de pronto nos dimos cuenta de que no sabíamos nada respecto al oro. No teníamos ni idea de cómo lucía.

Las piezas de oro de la mujer vietnamita eran como pepitas diminutas en el interior de cápsulas circulares de plástico para medicinas, de casi ocho centímetros, con un grosor de poco más de un centímetro. Levantamos las cápsulas de plástico, las miramos contra la luz, y por primera vez vimos oro auténtico. Desafortunadamente, las pepitas de oro de la señora parecían uvas secas pintadas de dorado.

—¿Esto es oro? —le pregunté a Ted.

—¿Cómo voy a saber yo —me contestó con rudeza—. No sé cómo se debe ver el oro. ¿Acaso *tú* no sabes como luce?

—Pensé que sabías —le contesté, mientras negaba con la cabeza. No podía creerlo—. Por eso eres mi socio.

La presión de hacer negocio más allá de la línea enemiga empezó a angustiarnos. Ted pensaba que yo era un idiota, y yo pensaba lo mismo de él.

EL MOMENTO DE LA VERDAD

La mayoría de los empresarios atraviesa muchos momentos en que descubre la verdad. En nuestro caso, nuestro instante de descubrimiento fue cuando nos dimos cuenta de que, aunque habíamos tenido una increíble asociación como pilotos, en lo que se refería al oro ambos éramos unos idiotas. Una vez que nos calmamos y comprendimos nuestra estupidez, empezamos a negociar el precio.

Ofrecimos 40 dólares por una onza. Ted y yo sabíamos que el "punto", es decir, el precio real internacional del oro, era aproximadamente de 55 dólares ese día. Pensamos que podríamos obtener un descuento porque teníamos dólares estadounidenses y porque habíamos atravesado la línea enemiga. La diminuta mujer con encías y dientes rojos sólo rio y, quizá, pensó: *Par de idiotas, ¿qué no saben que el precio real del oro es igual en todo el mundo?*

Aunque nos esforzamos, ella no cambió de opinión porque sabía que "el precio real era el precio real", y para colmo, ahora sabía que éramos unos verdaderos idiotas. Si hubiera sido una mujer deshonesta, nos habría podido vender uvas secas pintadas de dorado. Nos habría podido vender popó de conejo pintada de dorado y no habríamos notado la diferencia.

El pánico se apodera de nosotros

De pronto, los gritos frenéticos y de terror de nuestro jefe de tripulación interrumpieron las negociaciones: "Tenientes, tenientes, ¡deben volver de inmediato!" Enseguida, mi copiloto y yo dimos fin a la negociación y atravesamos el mercado de agricultores corriendo para regresar a la aeronave. Escuché un graznido y me sentí muy mal al ver que, por accidente, había pateado a un pollo, y que luego pisé a un ganso en mi carrera de vuelta al helicóptero.

Mi imaginación estaba desbocada, veía filas del Viet Cong con sus trajes holgados negros y tropas del Ejército Vietnamita del Norte en sus uniformes color kaki, cruzando los arrozales y acercándose a nuestro helicóptero. Entonces recordé que no estábamos armados y que no podríamos defendernos. La mujer de los dientes rojos tenía razón: éramos unos idiotas.

Con el corazón hecho un nudo

Gracias a Dios, no nos topamos ni con el Viet Cong ni con el EVN. Nuestro jefe de tripulación había entrado en pánico porque el helicóptero comenzó a hundirse: el claro de hierba donde lo dejé era en realidad un antiguo campo de arroz.

Debido al peso del motor, de los cohetes, las ametralladoras y las municiones, el helicóptero había empezado a inclinarse hacia atrás y a zozobrar lentamente. La cola del rotor ya casi tocaba el lodo. Teníamos que encender el motor de inmediato porque, si no, ya no volvería a prender.

El jefe de tripulación era el más ligero y pequeño de los tres, así que se colocó en el asiento del piloto para encender el motor mientras nosotros dos, los pilotos, nos pusimos debajo de la cola para evitar que el rotor golpeara la tierra.

El inicio fue inmaculado, el rotor principal empezó a girar poco a poco. En cuanto las aspas del rotor alcanzaron la velocidad máxima, el jefe de tripulación empezó a mecer suavemente el helicóptero hacia atrás y hacia delante y a hacer juego para liberar los patines de aterrizaje del pegajoso lodo mientras Ted y yo no dejábamos de gritar para avisarle si la cola del rotor, que ya estaba girando libremente, se hundía demasiado en el lodo.

Todo fue de acuerdo con los planes hasta que el helicóptero se liberó por completo y se cernió sobre nosotros. En ese momento, el pestilente y viscoso lodo empezó a volar por todas partes y nos cubrió a Ted y a mí con una capa de porquería color café que ensució por completo los trajes verdes de vuelo, y nuestra cara y cabello.

Subí hasta el asiento del piloto y asumí el control de la aeronave. Mientras tanto, Ted subía al otro asiento del piloto y reemplazaba al jefe de tripulación, quien entonces se pasó atrás para manejar una de las ametralladoras.

El vuelo de regreso al portaaviones fue largo y silencioso. Ni Ted ni yo hablamos, y el jefe de tripulación no se atrevió a preguntarnos si habíamos conseguido el oro.

Cuando aterrizamos en el portaaviones, los infantes de marina y los marineros se reunieron alrededor de nuestro helicóptero cubierto de lodo. Una vez que apagamos la aeronave y la aseguramos a la plataforma de vuelo, Ted y yo salimos. Entonces todos nos vieron cubiertos de más lodo del que traía el helicóptero. Cruzamos la plataforma de vuelo y nos dirigimos a las duchas y luego a nuestros camarotes. Lo único que les dijimos a los infantes que nos miraban fue "Ni preguntes".

APRENDER DE LOS ERRORES

Padre Rico, Padre Pobre se publicó por primera vez en 1997. Mi padre rico era un hombre con muy poca educación académica formal, en tanto que mi padre pobre —mi padre biológico— era un genio académico que se graduó y obtuvo un título universitario en solamente dos años, y que luego realizó trabajo posdoctoral en las universidades Stanford, de Chicago y Northwestern, para finalmente obtener su doctorado en educación. Cuando yo todavía estaba en la escuela, mi padre pobre fue el superintendente de educación del Estado de Hawái.

Menciono a mis dos padres en este punto del libro porque tenían filosofías completamente opuestas en lo referente al aprendizaje.

Mi padre pobre creía que cometer errores significaba que una persona era estúpida. Para él, memorizar las respuestas "correctas" era la mejor manera de demostrar tu grado de inteligencia.

La filosofía de mi padre rico, en cambio, se basaba en el hecho de que la gente aprendía a través de sus errores. A menudo decía: "No puedes llegar a ser campeón de golf leyendo un libro. Tienes que cometer muchos errores antes de llegar a ser un golfista de verdad. Sucede lo mismo si quieres llegar a ser una persona adinerada de verdad".

Y como yo nunca fui un genio académico, suscribí la filosofía del aprendizaje real de mi padre rico.

FALSO *VS.* AUTÉNTICO

Este libro es sobre el dinero falso, los maestros falsos y los activos falsos. Pero también es sobre el dinero auténtico, los maestros auténticos y los activos auténticos.

DINERO FALSO

Cuando el presidente Nixon sacó el dólar estadounidense del patrón oro, nuestra divisa se convirtió en dinero falso.

Definición de Dinero falso: El dinero falso vuelve más ricos a los ricos y empobrece más a los pobres y a la clase media.

MAESTROS FALSOS

En la escuela aprendí que muchos de mis maestros eran maestros falsos. Dicho llanamente, no practicaban sus propias enseñanzas.

Tuve muchos maestros falsos en la escuela, pero luego, cuando llegué a la Escuela de vuelo de la Armada de Estados Unidos, sólo tuve maestros auténticos porque todos mis instructores podían volar.

ACTIVOS FALSOS

Hay millones de personas invirtiendo en activos falsos. Como lo escribí en *Padre Rico, Padre Pobre,* la definición de activo es "algo que lleva dinero a tu bolsillo". En el caso de mucha gente, sin embargo, sus "activos" están *sacando* dinero de su bolsillo. De cada cheque de nómina que se emite, se sustrae cierta cantidad que luego es enviada a Wall Street a través de los programas de ahorro para el retiro como el 401(k), el IRA y las pensiones del gobierno.

Millones de personas "ahorran para su retiro" durante años, con la esperanza de que su dinero se multiplicará y luego regresará a ellas. Millones de personas de mi edad, es decir, millones de *baby boomers,* muy pronto descubrirán que no tienen suficiente dinero para mantenerse cuando se jubilen. Esto se debe a que el dinero que fue sustraído de sus cheques de nómina se invirtió en activos falsos que sólo enriquecen más a los ricos, y que a los empleados los dejan con las manos vacías.

UN MAESTRO AUTÉNTICO

He tenido la bendición de estudiar con muchos maestros auténticos increíbles, maestros como mi padre rico. Cada vez que quiero aprender algo nuevo, la primera tarea que me impongo es encontrar un maestro auténtico, alguien que practique lo que enseña, que lo haga todos los días, y que sea exitoso en su área de trabajo.

La diminuta mujer vietnamita también formó parte de mis maestros auténticos. En solamente unos minutos me hizo comprender lo idiota que era, pero también me inspiró a aprender más, no sólo sobre el oro, sino sobre esa materia mágica e importante que no nos enseñan en la escuela: el *dinero*.

Poseer oro era ilegal

Después de que Ted y yo nos bañamos para limpiarnos el lodo, regresamos al cuarto donde se alistaban los pilotos para que se rieran de nosotros. Nos lo teníamos bien merecido.

Nuestro oficial comandante amenazó con levantar cargos y el oficial de operaciones amenazó con obligarnos a lavar nuestro helicóptero frente a todos. Sin embargo, el oficial de armamento fue quien realmente captó mi atención.

—Si hubieran traído ese oro a bordo, los habríamos arrestado —exclamó.

—¿Cómo? ¿Por qué nos habrían arrestado?

—Porque es ilegal que los estadounidenses posean oro.

—¿Por qué es ilegal? —preguntó Ted.

El oficial de armamento no sabía, así que cambió de tema. Después de todo, teníamos que luchar en una guerra y todavía nos quedaban misiones importantes para las que tendríamos que volar a la mañana siguiente. La reunión llegó a su fin y nos fuimos todos a cenar.

Pero yo me quedé con una nueva pregunta en la mente: ¿por qué era ilegal que los estadounidenses poseyeran oro?

Esta pregunta me instó a dar seguimiento a mi educación financiera constante y a buscar mis propias respuestas.

Al igual que mi padre rico, yo ya estaba aprendiendo de mis errores.

En 1933 el presidente Franklin Delano Roosevelt prohibió que los estadounidenses poseyeran oro, así que como la mayoría, Ted y yo habíamos visto joyería en oro, pero nunca monedas y, mucho menos, pepitas. El único dinero que conocíamos eran los dólares estadounidenses en papel y las monedas de aleaciones de metal. Nada de monedas auténticas ni de oro ni de plata.

Hoy en día, la mayoría de la gente sólo conoce el dinero falso.

DINERO ANTIGUO Y DINERO MODERNO

A lo largo de la historia el "dinero" ha sido muchas cosas diferentes. Ha tenido la forma de conchas de mar, cuentas de colores, plumas, animales vivos y piedras grandes.

Actualmente hay tres tipos de dinero moderno:

1. **El dinero de Dios:** Oro y plata
2. **El dinero del gobierno:** Dólares, euros, pesos, etcétera.
3. **El dinero de la gente:** Bitcoin, ethereum, ZipCoin, etcétera.

En este libro trataremos de responder a las preguntas: ¿Cuáles dineros son auténticos y cuáles falsos? ¿Cuáles maestros son auténticos y cuáles falsos? ¿Cuáles activos son auténticos y cuáles son falsos?

TUS PREGUNTAS... LAS RESPUESTAS DE ROBERT

P: ¿Cuándo fue la primera vez que pensaste en comprar oro? ¿Cuál era tu plan?

Barbara E. - Canadá

R: En 1972, el año en que empecé a comprar oro. No estaba pensando en el futuro, sólo tenía curiosidad sobre la relación entre el oro y el dólar estadounidense.

En 1972 fui suficientemente tonto para creer que podría comprar oro con descuento porque había atravesado la línea enemiga. Entre más aprendía acerca del oro, del dólar estadounidenses y del dinero falso, más curiosidad sentía.

En 1983 leí el libro *Grunch of Giants* de Bucky Fuller, y entonces me quedó más claro cuál era la escala y el alcance del enorme atraco mundial del dinero. En 2008 el atraco se les salió de las manos porque los bancos centrales del mundo imprimieron billones de dólares con el supuesto objetivo de salvar a la economía global, pero en realidad estaban salvándose a sí mismos, y nosotros, "la gente", fuimos quienes pagamos por ello.

En la tercera parte de este libro descubrirás lo siniestro y generalizado que es este gran atraco, por qué está tan descontrolado y por qué hace que me preocupe por el futuro.

P: ¿Por qué a la gente le cuesta tanto trabajo confiar en una *startup*?

Momoh S. - Nigeria

R: Ideas hay muchísimas. Hay millones de personas con ideas millonarias de nuevos productos o servicios.

Pero como no existe una educación financiera de verdad, muy poca gente sabe qué hacer para transformar una idea millonaria en un millón de dólares. Por eso la mayoría de la gente no confía en las *startups*.

P: Si conservo toda mi riqueza en dinero por decreto, ¿algún día lo perderé todo?

Noah W. - Estados Unidos

R: Sí, vas a perderlo todo. Si nos basamos en lo que ha sucedido a lo largo de la historia, verás que ninguna divisa por decreto ha logrado sobrevivir.

El dinero falso no conserva su valor. ¿Podría el dólar estadounidense ser el primer dinero falso de la historia que sobreviva por siempre? Sí, pero yo no estaría tan seguro.

P: Después de que Nixon sacó el dólar del patrón oro, ¿cómo pudimos determinar el precio real del oro?

Tessa H. - Perú

R: En teoría, el precio real del oro lo determinan los mercados libres internacionales, pero eso es sólo en teoría. Actualmente se manipula el precio del oro de la misma manera que sucede con casi todos los activos financieros.

En la tercera parte de este libro hablaré con detalle de la manera en que manipulan el oro, por qué lo hacen y por qué esta manipulación no puede durar mucho más.

P: ¿Por qué era ilegal que los estadounidenses poseyeran oro? ¿Qué razón le dieron a la gente de Estados Unidos?

Gordon P. - Estados Unidos

R: La Fed (Banco de la Reserva Federal) y el gobierno de nuestro país querían asumir el control del suministro económico y de los miles de bancos pequeños que competían con los bancos grandes y con la Reserva.

Hace no mucho tiempo había 20 bancos grandes. Hoy sólo hay cuatro bancos que son "suficientemente grandes para no fracasar". Todos estamos atrapados en el sistema de los bancos pequeños. Muchos sospechan que el hecho de que solamente algunas instituciones financieras grandes y la Fed controlen la economía ha sido parte de un plan desde hace mucho tiempo.

P: ¿Cómo podía la mujer vietnamita conocer el precio del oro si todavía no había Internet?

Anthony O. - Australia

R: La mujer era vendedora profesional de oro y los profesionales deben conocer el precio de sus productos. Yo doy por hecho que tenía teléfono, radio de onda corta, periódicos, y contacto con otros distribuidores y con los dueños de la mina, así como otras fuentes y maneras de mantenerse al día con los mercados globales.

Creo que hay otra pregunta aún más importante: ¿cuántos de tus amigos conocen el precio real del oro hoy? ¿Cuántos de ellos están interesados en el oro?

Capítulo dos

En Dios confiamos

¿Quién se ganó tu confianza?

El 15 de agosto de 1971 el presidente Richard M. Nixon dio fin "temporalmente" a la convertibilidad del dólar estadounidense en oro.

El 17 de junio de 1972 alguien allanó las oficinas centrales del Comité Nacional Demócrata en el edificio Watergate, en Washington, D. C. Este fue el suceso que condujo al infame escándalo *Watergate*.

El 10 de octubre de 1973 el vicepresidente Spiro Agnew decidió no oponerse a las imputaciones por evasión de impuestos federales sobre ingresos, a cambio de que los cargos por corrupción política fueran retirados. Tiempo después, Gerald Ford, vocero de la Cámara de Representantes, se convirtió en el nuevo vicepresidente de Nixon.

El 6 de febrero de 1974 la Cámara de Representantes de Estados Unidos aprobó la Resolución 803 de la Cámara que le otorgaba al Comité Judicial autoridad para investigar si había suficientes pruebas para destituir al presidente Nixon por su participación en el escándalo Watergate.

El 27 de junio de 1974 el comité aprobó el primero de tres artículos para la destitución: uno por **obstrucción a la justicia**, otro por **abuso de poder**, y otro por **desacato al congreso**.

El 9 de agosto de 1974 Nixon renunció a su cargo de presidente de Estados Unidos.

El 8 de septiembre de 1974 el presidente Gerald Ford le **emitió a Nixon un perdón completo e incondicional que lo inmunizaba ante las acusaciones por cualquier crimen federal que hubiera cometido o en el que hubiera participado cuando era presidente.**

¿Y nosotros confiamos en estos líderes? ¿*Nuestros* líderes?

Nadie volvió a incluir el dólar estadounidense en el patrón oro. ¿Se les olvidó? ¿Cuándo y por qué lo temporal se volvió permanente?

¿EN QUIÉN CONFÍAS?

Me resulta muy interesante que en todos los dólares estadounidenses falsos de papel podamos leer las siguientes palabras:

In God We Trust
(En Dios confiamos)

¿Por qué nos piden que confiemos en Dios? ¿Qué les pasó al dinero, al oro y a la plata de Dios?

El número atómico del oro es 79 y el de la plata es 47.

Durante la formación del planeta Tierra hubo oro y plata.

Y cuando por fin se extinga la última cucaracha, el oro y la plata seguirán aquí.

Entonces, ¿por qué los miembros de las élites decidieron incluir la leyenda "En Dios confiamos" en todo nuestro dinero falso?

No es la primera vez en la historia que los líderes en quienes confiamos usan el dinero falso para volverse más ricos y más poderosos.

El dinero de papel se utilizó por primera vez en China durante la dinastía Tang (618-907 d. C.). Se usó durante siglos antes de que esta práctica fuera adoptada en Europa en el siglo XVII.

El Imperio Chino colapsó cuando los miembros de la élite se dieron cuenta de que era muy sencillo imprimir dinero falso para llevar a cabo guerras y para construirse monumentos a sí mismos.

Los romanos usaron monedas de oro y plata, y crearon dinero falso cuando les cortaron los bordes a las monedas.

Bordes con muescas y monedas degradadas

Actualmente, la mayoría de las monedas estadounidenses tiene muescas en los bordes, y esto hace que sea más difícil rasurar las de oro y plata.

Luego, los romanos crearon más dinero falso a través de la "degradación" de sus monedas de oro y plata. Y cuando digo que degradaron sus monedas me refiero a que mezclaban el oro y la plata con metales comunes como cobre, estaño y níquel.

En 1965 el gobierno de Estados Unidos empezó a degradar nuestras monedas de plata estadounidenses, por eso tienen un matiz cobrizo en el borde.

La ley de Gresham

La ley de Gresham manifiesta que:

Cuando el dinero malo [falso] entra al sistema, el dinero bueno [auténtico] se oculta.

En 1965 empecé a visitar los bancos locales de Hilo, Hawái, para cambiar mis billetes por rollos de monedas de 10, 25 y 50 centavos de dólar. Luego regresaba a casa, desenvolvía las monedas, sacaba las monedas de plata auténticas y regresaba al banco las monedas con borde cobrizo.

Poco después, ya tenía una bolsa grande de tela llena de monedas de plata auténtica.

No sé por qué empecé a cambiar dólares por rollos de monedas y a ahorrar las monedas de plata auténtica, pero se convirtió en un hábito. ¿Sería la ley de Gresham en acción?

En 1965 me fui a estudiar a Nueva York y nunca volví a ver mi bolsa de monedas de plata auténtica. Siempre me he preguntado si mi mamá habrá gastado ese dinero, mis valiosas monedas de plata auténtica.

En busca de oro en todo el mundo

Entre 1996 y 2012 tuve un socio, un verdadero maestro. Se llamaba Frank Crerie. Frank tenía aproximadamente la misma edad que mi padre rico y que mi padre pobre, y había logrado cotizar varias minas de oro y de plata en las bolsas de valores de Estados Unidos y Canadá a través de Ofertas Públicas Iniciales (OPI).

Como ya era demasiado grande para viajar, Frank me enviaba a mí por todo el mundo en busca de minas de oro y plata. Fue una educación increíble y sumamente *real*. Recuerdo que busqué a un lado de una colina en los Andes peruanos, que vi una línea de agujeros, de pequeñas minas de oro, y que luego seguí la vena en esa misma colina. Mi geólogo de minería me dijo que los agujeros produjeron oro para los incas mucho antes de que Francisco Pizarro llegara de España, matara a los líderes de la región y les robara su oro.

También recuerdo que viajé a Mongolia y que ahí visité otra antigua mina conocida como "El tablero de ajedrez". Le llamaban así porque estaba sobre una región plana y, con los agujeros, parecía tablero de ajedrez.

Una de nuestras mejores minas era una vieja mina de plata en algún lugar remoto del sur de Argentina. Nuestro grupo hizo que la mina cotizara en la Bolsa de Valores de Toronto cuando la plata valía menos de tres dólares la onza. Nos fue muy bien en cuanto llegó a costar siete dólares. Actualmente, la plata se vende por 15 dólares la onza, pero desafortunadamente nosotros vendimos cuando estaba en siete dólares.

Nuestra adquisición más importante fue una vieja mina en China. La conseguimos sin siquiera pagar un enganche. El acuerdo fue que el gobierno chino nos daría la mina si lográbamos reunir dinero a través de la cotización de la empresa en la Bolsa de Valores de Toronto, y eso fue lo que hicimos. La buena noticia es que encontramos un depósito enorme de oro. Millones de onzas "probadas". Durante un año supimos que éramos multimillonarios. Nuestra mina china tenía un nombre español compuesto: Mundoro Mining, es decir, un mundo de oro.

Tiempo después, sin embargo, un funcionario del gobierno nos notificó que el gobierno chino no iba a renovar nuestra licencia de negocios. Actualmente la mina está en manos de amigos de miembros de la élite china que, por cierto, son multimillonarios.

Nosotros quedamos totalmente fuera de Mundoro. Es a lo que yo le llamo aprendizaje de la vida real.

Impresiones que duran por siempre

La impresión que me quedará por siempre de esta experiencia es la de humanos aislados que viven en la lejanía sin ningún contacto con el exterior, pero que instintivamente conocen el valor del oro y de la plata.

¿Qué nos pasó? ¿Qué le sucedió a nuestros instintos para identificar el dinero de Dios? ¿Acaso estamos demasiado educados en la actualidad?

¿Por qué confiamos en gente a la que ni siquiera conocemos? ¿Por qué creemos en las élites sólo porque escriben la frase "En Dios confiamos" en nuestro dinero falso?

Observa esta gráfica.

Oro *vs.* dinero falso

Las divisas más importantes contra el oro - 1900-2018

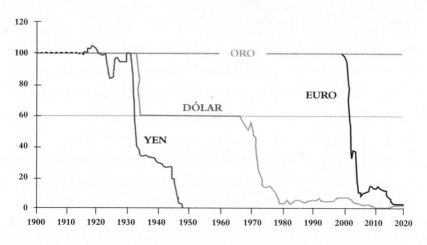

Ahora observa la gráfica de lo que le sucede al dinero falso cuando nuestros líderes imprimen más.

Por qué los ahorradores son perdedores

Poder adquisitivo del dólar estadounidense desde 1913

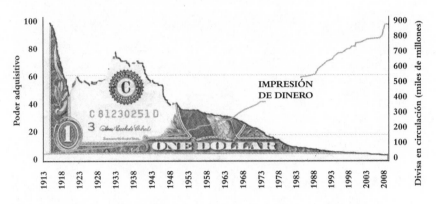

Fuente: Bureau of Labor Statistics

¿Se está repitiendo la historia?

Esta es una imagen de niños alemanes jugando con dinero en la calle en 1923. Son miles de millones en dinero falso. Después de la Segunda Guerra Mundial, bajo el régimen de la República de Weimar, la inflación fue tan grave que un dólar estadounidense valía 4.2 millones de marcos alemanes.

Fuente: Getty Images / Corbis

La gráfica que presento a continuación explica de dónde venía el dinero de los niños.

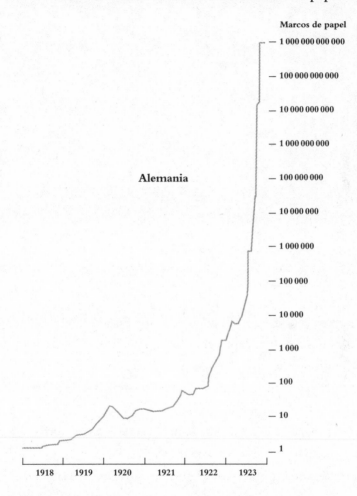

Valor de un marco de oro en marcos de papel

Fuente: Wikipedia – Delphi234

Base monetaria ajustada de St. Louis (AMBNS)

Las áreas grises indican las recesiones de Estados Unidos

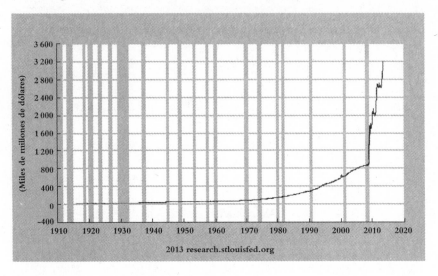

Fuente: Federal Reserve Economic Data (FRED)

La gráfica anterior de FRED (Federal Reserve Economic Data) muestra que, después del descalabro económico de 2008, Estados Unidos imprimió billones de dólares en dinero falso.

¿Notas alguna similitud con la impresión alemana de dinero falso de los años veinte? ¿Con el *Reischmark*?

La mala noticia es que, en toda la historia de la humanidad, el dinero falso nunca ha sobrevivido. Lo más probable es que todo el papel moneda que existe actualmente regrese a su valor verdadero: cero.

Ahora dime, cuando se trata de tu dinero, ¿todavía "confías en Dios"?

QUE LOS ESTUDIANTES REGRESEN A SUS ESTUDIOS

R. Buckminster Fuller, mejor conocido como "Bucky" Fuller, escribió que se debía "liberar a los académicos para que regresen a sus estudios". Dicho de otra forma, que deberían dejar a los estudiantes salir de la escuela para que volvieran a sus estudios.

Yo toda la vida he sido un estudiante promedio. Siempre fui un estudiante falso porque, excepto por la escuela de vuelo, no me gustaban las instituciones académicas. La escuela me resultaba aburrida. Cuando Fuller hablaba de "liberar a los académicos para que regresen a sus estudios", yo me preguntaba cuáles serían *mis* estudios.

Sin embargo, después de leer su libro *Grunch of Giants*, supe que había encontrado mi área de investigación, y entonces me convertí en un estudiante de verdad.

Cuando comenzaron mis estudios comprendí que había estado muy cerca de esa misma investigación en cuarto grado porque, en una ocasión, levanté la mano y le pregunté a mi maestra: "¿Cuándo nos van a enseñar algo sobre el dinero?" Le hice la pregunta que luego me condujo a mi padre rico, quien era padre de un compañero de clases. Gracias a eso, su hijo y yo nos convertimos en aprendices desde los nueve años hasta ya casi los 30, y tuvimos un maestro auténtico.

Grunch of Giants llevó mis estudios y mi investigación a un nivel superior. Empecé a buscar libros y seminarios impartidos por maestros de verdad, por cualquier persona que poseyera conocimientos respecto al *Grunch*. Frank Crerie, el socio que me envió por todo el mundo en busca de viejas minas de oro y plata, fue uno de esos maestros auténticos. En la segunda parte del libro, "Maestros falsos", hablaré más de la gente que me enseñó de verdad.

El 28 de mayo de 2018 pasé frente a un puesto de periódicos y la portada de la revista *Time* captó mi atención. Decía: "How My Generation Broke America" (Cómo mi generación destruyó Estados Unidos). El artículo de Steven Brill sobre las élites en aquella revista era otra pieza más en el rompecabezas del *Grunch*. Brill manifestó las mismas preocupaciones de las que Bucky Fuller había hablado 35 años antes en *Grunch of Giants*.

En sus conferencias, Fuller decía que la gente invisible que controlaba la economía mundial buscaba en nuestras escuelas las mentes más desarrolladas y brillantes para entrenarlas y para que luego dirigieran la economía mundial de la manera que *ella* quería que fuera dirigida.

Brill no dijo exactamente lo mismo, pero expresó lo siguiente:

Yo fui uno de esos ganadores de élite. En 1964 era un ratón de biblioteca y vivía en Far Rockaway, un área de Queens habitada mayoritariamente por la clase trabajadora. Un día leí en una biografía de John F. Kennedy que él había estudiado en algo llamado escuela prep (*prep school*), pero ninguno de mis maestros de la preparatoria 198 tenía idea de lo que eso significaba. Poco después supe que era una especie de escuela privada preuniversitaria de alto nivel. Ibas a clases y vivías en el campus, sólo que tenías que asistir desde cuatro años antes, lo cual no parecía mala idea. Me agradó todavía más cuando me enteré de que algunas de estas instituciones ofrecían ayuda económica. Así terminé en Deerfield Academy, en el oeste de Massachusetts, donde Frank Boyden, el director, les dijo a mis afligidos padres, dueños de una licorería perpetuamente en problemas, que su política de ayuda económica requería que le enviaran un cheque anual por cualquier cantidad que pudieran pagar.

Tres años después, en 1967, me encontré sentado en la oficina del director en mi último año. Estaba al lado de un hombre llamado R. Inslee Clark Jr., decano de admisiones de Yale… Lo que no sabía entonces era que yo formaba parte de una revolución dirigida por Clark, a quien apodaban Inky. Estaba a punto de convertirme en uno de los chicos de Inky, un grupo en el que después también habría chicas. Éramos parte de una infusión meritocrática que prosperó en Yale, en otras instituciones educativas de élite, bufetes de abogados y bancos de inversión a mediados de los sesenta y en los setenta.

Fuller habría dicho: "A estos inteligentes jóvenes los seleccionaban y los entrenaban las personas que dirigían el *Grunch*".

Steven Brill también dijo: "Cuando mi generación de jóvenes con grandes logros se graduó de las universidades de élite e ingresó al mundo profesional, de pronto su éxito personal tuvo serias consecuencias sociales".

A LAS ESCUELAS PRIVADAS PREUNIVERSITARIAS DE ALTO NIVEL

Una parte que no he contado sobre la historia de padre rico es que, a diferencia del hijo de padre rico y de mí, que estudiamos en secundarias y preparatorias públicas, mis compañeros adinerados terminaron en escuelas privadas preuniversitarias de alto nivel cuando salieron de Riverside School. La mayoría fue a la Hawaii Preparatory Academy, a casi 130 kilómetros de distancia, en la Gran Isla de Hawái. Otros se fueron a Punahou School, en la isla de Oahu, escuela en la que también estudió Barack Obama.

Al igual que Steven Brill, el futuro presidente formó parte de esos "chicos y chicas de Inky". El joven "Barry" Obama, como le llamaban entonces, salió de Punahou y tiempo después asistió a la Escuela de Derecho de Harvard. Luego llegó a ser presidente de Estados Unidos. Es decir, siguió un camino similar al de los presidentes Bill Clinton y George W. Bush.

Cuando le pregunté a mi padre pobre si podía asistir a una escuela privada preuniversitaria de alto nivel, me dijo: "No somos ricos y no sería políticamente correcto que el hijo del superintendente de educación pública asistiera a una preparatoria privada de ese tipo".

Así pues, mientras mi compañeros pudientes fueron a escuelas privadas preuniversitarias de alto nivel, el hijo de padre rico y yo nos unimos a los estudiantes del otro lado de la calle y asistimos a Hilo Intermediate School y a Hilo High School.

La historia de Padre Rico, Padre Pobre *comenzó cuando yo tenía nueve años y estudiaba en Riverside School, una primaria para niños*

ricos. Los niños de las clases media y pobre iban a Hilo Union School,
una institución que estaba justamente al otro lado de la calle.
El hecho de estar en una escuela para chicos ricos me hizo
preguntarme por qué ellos tenían dinero y yo no. Cuando estaba en
cuarto grado, rodeado de niños adinerados, levanté la mano y le
pregunté a mi maestra: "¿Cuándo vamos a aprender sobre el
dinero?" Su respuesta fue: "En la escuela no enseñamos la materia
del dinero". Así comenzó mi investigación de toda una vida y, como
dicen por ahí, "el resto es historia".

La buena noticia fue que podría surfear todos los días. Además, Hilo High tenía uno de los equipos más fuertes de futbol del estado y a mí me encantaba practicar ese deporte. Le pateamos el trasero al equipo de Hawaii Prep cada vez que jugamos con mis antiguos compañeros de clase.

Y algo todavía mejor fue que Mike y yo nos convertimos en aprendices de padre rico. Tomábamos clases con él saliendo de la escuela y los fines de semana. Así obtuvimos una educación de negocios y financiera auténtica, durante toda la secundaria y la preparatoria.

De nuestros compañeros de clase de la primaria que terminaron estudiando en escuelas privadas preuniversitarias de alto nivel muchos se graduaron de Stanford, Dartmouth, Yale y otras prestigiosas universidades privadas… escuelas para la élite y para los futuros miembros de la misma.

SERIAS CONSECUENCIAS SOCIALES

Steven Brill también dijo que los exitosos jóvenes de su generación "crearon una economía con base en acuerdos que permitían mover activos viejos en lugar de crear activos nuevos".

Traducción: Las élites se volvieron ricas con la creación de activos falsos, pero no hicieron que la economía creciera, es decir, no generaron empleos bien pagados.

TUS PREGUNTAS... LAS RESPUESTAS DE ROBERT

P: ¿Cómo podríamos resolver los problemas financieros de Estados Unidos? ¿Por dónde comenzamos? ¿Empezamos volviendo a incluir el dólar en el patrón oro? ¿Primero eliminamos los derivados y los activos falsos? ¿Cómo podemos detener el Flagrante Atraco Universal (*Grunch* o *Gross Universal Cash Heist*)?

Jaime M. – Estados Unidos

R: Todas estas son preguntas excelentes. Yo tenía dudas similares cuando era más joven, pero entre más estudié a Bucky Fuller, más me fui dando cuenta de que sólo había una respuesta. Uno de sus principios generales dice: "El surgimiento es a través de la emergencia". Esto significa que, para que la situación cambie, primero tendrá que producirse una emergencia. Si analizas la palabra *emergencia*, verás que su raíz es "emerger". A nuestro grupo, Fuller le enseñó que la siguiente evolución de la humanidad sería producto de la *emergencia* que estaba por venir.

La buena noticia es que muchos ya sabemos que esta emergencia se acerca, y estamos actuando lo más pronto posible. Espero que, si no lo estamos viendo ya, pronto notemos que hay una humanidad nueva y más inteligente que está emergiendo *antes* de que llegue el momento de emergencia.

En 2004, justo antes del colosal tsunami que golpeó a Indonesia y que mató a cientos de miles de personas, ciertos animales, como fue el caso de los elefantes, empezaron a abandonar las áreas de la costa mientras los turistas se dirigían a la playa. Está sucediendo lo mismo ahora. Millones de humanos están evolucionando, han elegido no ser víctimas y están haciendo cambios antes de que se produzca la inminente emergencia financiera.

Todos mis libros son para esa gente que sabe que es tiempo de cambiar.

P: ¿Es demasiado tarde para regresar al patrón oro?

Andrew C. - Canadá

R: Depende de a quién le preguntes. En la tercera parte de este libro "Activos falsos", aprenderás por qué los miembros de las "élites académicas" como Ben Bernanke, antiguo presidente del banco de la Reserva Federal, creen que el oro es una reliquia bárbara del pasado.

Y luego, también hay gente como Jim Rickards, quien en su libro *The New Case for Gold*, explica que el mundo podría volver al patrón oro sin problemas.

P: ¿Cómo crees que sería el mundo en la actualidad si Nixon no hubiera sacado el dólar del patrón oro?

Joey S. - Vietnam

R: Muy buena pregunta. No lo sé, prefiero pensar en lo que sucederá en el futuro inmediato y prepararme para ello.

P: ¿Tenemos una verdad falsa?

Michael A. - Polonia

R: Sí. En las escuelas, a esta verdad falsa le llaman "historia".

Si analizas la palabra *historia* en inglés, es decir, *history*, verás que está formada por dos palabras 'his' y 'story', lo que querría decir "la historia de *él*".

En la escuela militar nos enseñan que la "historia les pertenece a los vencedores", no a los perdedores.

Y como Joseph Goebbels decía: "Si dices una mentira suficientemente grande y continúas repitiéndola, tarde o temprano la gente terminará por creerla".

Fuller nos enseñó a confiar en los "artefactos", en los objetos que podemos ver, tocar y sentir, no en los cuentos ni en las historias.

Cristobal Colón, por ejemplo, nunca pisó América, en realidad llegó a las islas del Caribe, así que, técnicamente, no descubrió este continente. No obstante, hay artefactos que prueban que los vikingos llegaron a América y vivieron en aquí mucho tiempo antes que Colón.

Entonces, ¿quién descubrió América? ¿Un italiano o un vikingo?

P: ¿Por qué en los últimos años se produjo un cambio repentino en las divisas?

Kevin I. - Japón

R: Si estudias la historia, verás que las divisas han cambiado durante miles de años. Los chinos fueron los primeros en imprimir papel moneda. Los romanos "degradaron" su divisa cuando el Imperio romano colapsó.

Hitler subió al poder en 1933 porque el gobierno de Weimar imprimió dinero para pagar por haber perdido la Primera Guerra Mundial, y el dinero impreso condujo a la Segunda Guerra Mundial y a la muerte de millones de personas.

Muchos creen que 1971 fue el principio del fin del Imperio estadounidense.

P: El bitcoin ha estado teniendo caídas últimamente, ¿todavía crees que es dinero auténtico?

Franco S. - Italia

R: Sí, pero no necesariamente hablo del bitcoin. Creo que la tecnología de cadena de bloques es más confiable que el dinero del gobierno.

Prefiero el oro y la plata por esta misma razón. El oro y la plata son muchísimo más confiables que la gente que dirige nuestros gobiernos, bancos y fondos de pensiones.

P: Con tantas noticias falsas (y auténticas) que hay actualmente en el mundo, ¿qué debemos buscar para encontrar noticias confiables sobre la economía?

Samuel H. - Bélgica

R: En este libro cito fuentes que trabajan en el interior de la maquinaria. Son personas que vieron el gran atraco desde la primera fila. En la página 336 encontrarás una lista de entrevistas realizadas por Rich Dad Radio con individuos que fueron testigos del atraco desde el interior. Escucha las conversaciones y aprende de los maestros auténticos. Son lecciones sobre el dinero a las que muy poca gente tendrá acceso.

P: ¿Cómo podrá este libro ayudarnos a sobrevivir entre toda la falsedad que nos rodea y a prepararnos para la próxima recesión o descalabro económico?

John H. - Sudáfrica

R: En 1971 el dinero se volvió invisible. Este libro es para concientizarte y para ayudarte a prestar atención a las señales del cambio, esas señales que la gente nunca ve sino hasta que ya es demasiado tarde.

Capítulo tres

Siete razones prácticas por las que poseo oro y plata auténticos

Defensa del dinero de Dios

¿Has notado que siempre digo que *poseo* oro y plata auténticos? ¿Que no digo "Yo invierto en" ni "Yo intercambio" oro y plata auténticos? Hay siete razones para diferenciar entre *poseer, invertir* e *intercambiar* algo.

RAZÓN #1: El oro y la plata auténticos no son una inversión

Yo no poseo oro ni plata para hacer dinero. Para mí, son un seguro, una forma de *protegerme* de la estupidez de las élites… y de mi propia estupidez.

Mi automóvil lo tengo asegurado en caso de que alguien llegue a chocar conmigo o en caso de que yo golpee algún automóvil. El oro y la plata tienen un propósito similar.

No confío en los miembros de las élites porque creen que lo saben todo, creen que siempre están en lo correcto. Están convencidos de que no cometen errores, jamás admitirán que se equivocan.

Pero los miembros de las élites no son los únicos que sufren de esta enfermedad. Todos decimos "Yo estoy en lo correcto y tú estás equivocado". Todos conocemos a alguien que siempre tiene la razón. A veces, incluso yo soy esa persona.

El desafío radica en que los miembros de las élites viven en un mundo protegido donde también viven los otros miembros, y no tienen contacto con el resto de la gente. Envían a sus hijos a las mismas escuelas de élite a las que asisten los otros chicos de la élite. Creen que están haciendo lo correcto y que trabajan por el bien del mundo, pero ni siquiera están en contacto con él. Llevan a cabo enormes eventos de caridad, se sienten bien, lucen bien, van a las galas a ver a otros y a que los demás los vean, recolectan miles de millones de dólares para salvar al mundo... ¿pero quién salva al mundo de ellos? Nacen siendo inteligentes, luego reciben una educación de alto nivel, y el trabajo los motiva, pero sin darse cuenta, manipulan el sistema para enriquecerse aún más... a costa de todos los demás.

Leamos Lucas 23:34 para comprender mejor:

Y Jesús dijo: "Padre, perdónalos porque no saben lo que hacen". (Versión Estándar Americana)

Esto fue lo que dijo Jesucristo cuando lo estaban crucificando. A mí nunca me fue bien en la escuela dominical, pero esta es una de las enseñanzas más importantes que recuerdo: una lección de perdón.

Es posible que las élites no sepan lo que hacen, el problema es que el que paga por su "no saber lo que hacen", es el mundo.

Steven Brill escribió en *Time*:

[Los miembros de las élites] lograron consolidar sus ganancias, aprovechar las fuerzas que habrían podido restringirlos y ser más inteligentes que ellos, y luego destruyeron el puente para que nadie más pudiera ser partícipe de ese éxito o contender su supremacía.

Se volvieron mejores en lo que hacían, derribaron las vallas de contención que limitaban sus ganancias, diseñaron cambios en el panorama político de una forma muy agresiva, y debido a las consecuencias —con frecuencia no anticipadas— de sus innovaciones, crearon una nación rodeada de fosos que las protegían de asumir la responsabilidad y del daño que sus triunfos habían provocado en la comunidad.

Traducción: Los miembros de las élites están por encima de la ley, no existen vayas que los contengan. Tienen dinero para contratar a los mejores abogados que, con frecuencia, son compañeros que asistieron a las mismas escuelas de élite, y con ellos luchan contra los mal pagados abogados del gobierno provenientes de escuelas de derecho menos prestigiosas. Tienen el poder de hacer lo que quieran sin responsabilizarse de sus actos ni del daño que infligen en la vida de mucha gente. Su educación privilegiada y su éxito los convierten en déspotas.

Definición:
déspota (s.), mandatario u otra persona con poder absoluto que, generalmente, lo ejerce de una manera cruel u opresiva.

No lo sé todo

Sé bien que no lo sé todo, sólo algunas cosas. Me esfuerzo, pero de todas formas cometo errores con mi dinero. No confío en nuestros líderes, no confío en nuestro dinero falso, por eso poseo oro y plata auténticos: el dinero de Dios.

El oro y la plata son mi seguro, la forma en que me protejo de nuestros líderes y de mí mismo.

RAZÓN #2: No hay riesgo.

Todas las inversiones conllevan un riesgo, pero no en el caso del oro y la plata. El precio del oro y la plata aumentará y disminuirá porque el valor de nuestro dinero falso también lo hace.

Cuando una persona invierte en, por ejemplo, acciones o bienes raíces, está corriendo un riesgo, y por lo tanto espera recibir un *retorno sobre la inversión* (ROI, por sus siglas en inglés). Cuando una persona ahorra dinero en un banco, espera recibir ciertos rendimientos, conocidos como intereses, porque ahorrar dinero en un banco es extremadamente riesgoso, en especial porque las élites siguen imprimiendo dinero.

Observa la siguiente gráfica:

Por qué los ahorradores son perdedores

Fuente: Bureau of Labor Statistics

Cuando compro una moneda de oro o de plata, no espero *retornos sobre la inversión* porque no estoy corriendo ningún riesgo. El oro y la plata son el dinero de Dios. Siempre recuerda que el precio del oro y la plata aumentará y disminuirá porque el valor de nuestro dinero falso también lo hace. El oro y la plata son simplemente metales, y seguirán estando aquí muchísimo tiempo después de que tú, yo, las élites y las cucarachas hayamos desaparecido.

Cuando compro oro o plata, los compro para siempre, nunca tengo el plan de venderlos. Así como Warren Buffett se aferra a sus acciones por siempre, yo seguiré comprando estos metales toda la vida.

Ya sé que algunos de los lectores de este libro dirán: "Pero quiero gastar", "necesito dinero". Por eso la mayoría de la gente no es rica, porque le encanta gastar. A mí también me agrada hacerlo porque adoro los automóviles elegantes, la ropa, las casas y la comida, pero incluso cuando no tenía empleo, protegía estos activos, o sea, nunca he vendido mi oro ni mi plata. Volveré a repetirlo: así como Warren Buffett se aferra a sus acciones por siempre, yo seguiré comprando metales toda la vida.

LOS BANCOS NO SON SEGUROS

Los bancos no son seguros, son riesgosos. A mi banquero, sin embargo, lo adoro porque me presta dinero. Yo uso los bancos para almacenar dinero en efectivo a corto plazo porque ese es mi capital de operaciones, pero mi riqueza a largo plazo no la guardo ahí porque es muy arriesgado.

CÓMO REDUCIR EL RIESGO

Para reducir el riesgo aún más, resguardo mi oro y mi plata en distintos países donde hay seguridad, donde es legal hacerlo, y que están muy, muy lejos. De esta manera reduzco cualquier tentación y dejo de preocuparme de que alguien me fuerce a ir a mi banco local a sacar mis metales.

RIESGO DE CONTRAPARTE

¿Qué significa arriesgado? Vaya, esta es una pregunta difícil…

Alfabetismo financiero
Riesgo de contraparte es un término fundamental para cualquier persona que desee adquirir un vocabulario financiero auténtico y ser versado en el aspecto económico. Al *riesgo para la contraparte* también se le conoce como *riesgo de incumplimiento*.

Todas las inversiones tienen riesgo de incumplimiento o, dicho de otra forma, si una persona no cumple su fin del contrato, se produce un *impago*. Digamos, por ejemplo, que un amigo te pide prestados 100 dólares y promete pagarte 110 en un año. Los 10 dólares adicionales cubren el riesgo que corres al prestarle el dinero, son para contrarrestar el riesgo de tu amigo.

Si tu amigo no tiene empleo y ya te debe 1 000 dólares, el interés debería ser más alto porque el riesgo de contraparte es mayor. De hecho, lo mejor sería que dijeras "No". Tal vez tu amigo decida pedirle un préstamo a su banquero, que es precisamente lo que desean los banqueros: prestar dinero. Quieren que usemos las tarjetas de crédito que nos emiten porque los bancos no obtienen dinero gracias a sus ahorradores, sino gracias a quienes les piden dinero prestado.

OTRO EJEMPLO DE RIESGO DE CONTRAPARTE
Aquí tienes otro ejemplo de riesgo de contraparte. Digamos que compras una póliza de seguro para tu casa, pero tu póliza sólo es tan buena como la aseguradora que la emite, así que si tu casa se incendia y tu aseguradora quiebra, ambas resultarán inútiles.

La caída financiera de 2008

Promedio Industrial Dow Jones (PIDJ) 1895–2015

Las áreas grises indican las recesiones en Estados Unidos

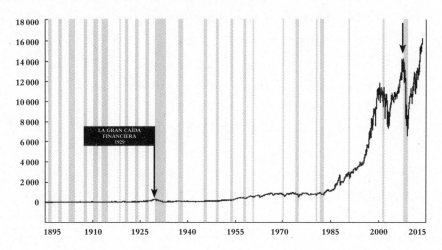

Fuente: S&P Dow Jones Indices LLC (2013 research.stlouisfed.org)

Esto es lo que sucedió en 2008:

1. Quienes solicitaron préstamos *subprime*, como tu amigo, pidieron dinero prestado para comprar una casa que no podían pagar.
2. Los bancos estuvieron felices de otorgarle el préstamo *subprime* a tu amigo *subprime*.
3. Luego el banco le vendió la hipoteca a un banco de inversión.
4. Y entonces el banco de inversión empaquetó miles de estos préstamos *subprime* y los etiquetó como valores respaldados por hipotecas o MBS, por sus siglas en inglés: un derivado financiero.

5. Los bancos de inversión les vendieron estos MBS a los gobiernos, a los fondos de inversión, los planes de pensión y a otras personas ingenuas.

6. Para darles a todos los involucrados una sensación de seguridad, las élites compraron pólizas de seguros conocidas como seguros de impago de deuda o CDS, por sus siglas en inglés (*credit default swaps*).

Y por cierto, todos empezaron a volverse ricos porque estaban cobrando "comisiones".

Repetiré las palabras de Brill en el artículo de *Time*:

[Las élites] crearon una economía con base en acuerdos que permitían mover activos viejos en lugar de crear activos nuevos. Crearon instrumentos financieros exóticos y riesgosos como los derivados y los seguros de impago de deuda que produjeron una euforia de ganancias inmediatas, pero que también separaron a quienes corrieron el riesgo de quienes pagarían las consecuencias.

Cuando los prestatarios *subprime* dejaron de pagar, los derivados estallaron exactamente como Warren Buffett lo predijo en 2002 cuando los llamó "armas financieras de destrucción masiva".

Nadie terminó en la cárcel. Todas las personas que hicieron dinero, desde los corredores de bienes raíces, hasta los agentes hipotecarios, los banqueros, los banqueros de inversión y la gente de Wall Street, conservaron sus ganancias.

Millones de personas perdieron su empleo, su hogar, sus ahorros y su futuro. Hoy en día, el gobierno de Estados Unidos está profundamente sumido en la deuda, lo que significa que los contribuyentes, sus hijos y sus nietos pagarán los bonos de esos banqueros.

Seguros de impago de deuda o *credit default swaps*

En el mundo del dinero invisible, los seguros de impago de deuda son tan importantes como el seguro de tu automóvil, tu casa o tu vida.

Los tres involucrados en un seguro de **impago** de deuda, son:

1. El vendedor de bonos
2. El comprador de bonos
3. El asegurador de bonos

El **vendedor de bonos** empaca la deuda (pagaré o IOU) y la vende con el nombre de bono. El comprador acepta pagar un interés, retorno sobre la inversión o ROI, tiempo después. Esto no es muy distinto a la situación en que tu amigo te pide prestados 100 dólares y te paga 10% de interés al año. Básicamente, tu amigo de vendió un bono.

El **comprador de bonos** adquiere el bono con la esperanza de recibir tiempo después el rendimiento, es decir, el interés, dividendos o ROI.

El comprador de bonos eres tú. Le prestaste a tu amigo 100 dólares y él te prometió pagarte 110 en un año.

Tú, el comprador de bonos, quieres asegurarte de que tu amigo, el vendedor de bonos, cumpla su promesa, y para eso, ambos van a ver a un **asegurador de bonos**, quien asegura tus 100 dólares y los 10 del interés.

Un seguro de impago de deuda es la póliza de seguro que evita que alguno de los involucrados no cumpla su promesa.

¿Qué es un derivado?

Para explicar de una manera sencilla lo que es un derivado, podemos pensar en una naranja.

Cuando exprimes una naranja, el jugo sale. El jugo es el derivado de la naranja. Si le quitas el agua al jugo, te quedas con jugo de naranja concentrado, y ese concentrado es otro derivado de la naranja.

Cuando un prestatario *subprime* compraba una casa que no podía pagar, los miembros de las élites tomaban al prestatario y su casa, y los volvían a empaquetar como un derivado llamado valor respaldado por hipoteca. Luego las aseguradoras crearon los seguros de impago de deuda que, finalmente, eran otro derivado. Las élites amasaron fortunas e incluso recibieron bonos... en cuanto la casa de naipes colapsó.

Nada ha cambiado. Esa misma gente continúa produciendo derivados financieros. Ningún miembro de la élite terminó en la cárcel.

Brill escribe:

> El dinero, el poder, los cabilderos, los abogados y el impulso [de las élites] abrumaron a las instituciones que se suponía que se encargarían de obligarlos a responsabilizarse de sus acciones, es decir, abrumaron a las agencias del gobierno, el Congreso y las cortes.

Una de las razones por las que el concepto *riesgo de contraparte* es tan importante es porque todo el sistema monetario global está construido sobre ese riesgo.

Yo confío en el dinero de Dios —en el oro y la plata—, porque con ellos no hay riesgo de contraparte.

No te preocupes...

Si no entiendes a la perfección lo que es el riesgo de contraparte, los valores respaldados por hipotecas o los seguros de impago de deuda, no te preocupes. Noventa y nueve por ciento de la gente no entiende los juegos que se juegan en *el mundo del dinero invisible*. Si deseas entender mejor este mundo invisible, júntate con uno o dos amigos más, lee lo que Brill y yo hemos estado escribiendo, y luego discutan lo que hayan entendido. Recuerda que dos mentes funcionan mejor que una. Excepto en la escuela, en donde a eso se le llama hacer trampa.

Lo más importante es que recuerdes que todo el sistema monetario del mundo depende del riesgo de contraparte.

En el banco, ¿está seguro tu dinero?

Los bancos te pagan intereses sobre tu dinero porque hay un riesgo de contraparte.

El gobierno asegura los depósitos bancarios a través de la Corporación Federal de Seguro de Depósitos (FDIC, por sus siglas en inglés) hasta por 250 000 dólares para que los ahorradores se sientan seguros y a salvo en lo concerniente a su dinero. Ni el banco ni el gobierno quieren pánicos bancarios, por eso ofrecen seguros sobre los depósitos o por incumplimiento.

Desafortunadamente, si el ahorrador tiene ahorros por un millón de dólares y el banco quiebra, sólo obtiene 250 000 dólares de su millón.

Cuando vas a tu banco local a depositar dinero, el banco te ofrece guardarlo en una *cuenta de ahorros* o en una *cuenta del mercado monetario*. La cuenta del mercado monetario le ofrece al ahorrador una tasa de interés ligeramente más alta. ¿Por qué?, porque no hay seguro sobre los depósitos en este tipo de cuentas. Si piensas confiarle los ahorros de toda tu vida al banco, entonces te bastará con las cuentas del mercado monetario.

Confía en el oro y la plata

Como el oro y la plata son dinero de verdad, no tienen riesgo de contraparte porque Dios no deja de pagar ni de cumplir sus promesas.

Por cierto, tampoco guardo mi oro y mi plata auténticos en la caja de seguridad de un banco porque no confío ni en los bancos ni en el gobierno. No son Dios, son solamente humanos.

Cajas de seguridad en bóvedas privadas

Uno de los negocios que más han prosperado en la actualidad es el de las cajas de seguridad en el interior de bóvedas privadas con guardias. Hace poco estuve en Singapur revisando la operación de una de estas bóvedas. La bóveda en cuestión estaba en una franja aérea privada a lo largo del aeropuerto principal. Mientras hablaba con el gerente, un avión privado aterrizó en el aeropuerto y luego rodó hasta la pista que llevaba a las bóvedas privadas. Se abrió la puerta del avión y vi a dos guardias armados escoltando tres cajas de acero cerradas. Guardaron el contenido, se firmaron los papeles, y luego el avión volvió a despegar sin haber apagado los motores ni por un instante.

Si todavía no viajas por el mundo en tu avión privado, tal vez prefieras guardar tu oro y tu plata auténticos en una caja fuerte a prueba de fuego en algún lugar alejado de tu hogar. Si le dices a alguien dónde se encuentran tu caja fuerte y las llaves, asegúrate de que sea una contraparte confiable.

RAZÓN #3: El oro y la plata atraen riqueza real. La riqueza atrae riqueza, de la misma manera que la pobreza atrae pobreza

En una ocasión me invitaron a un seminario donde se presentó el gurú indio Gurudeva. Yo estaba muy emocionado de asistir, y cuando llegó el momento de hacer preguntas, la mayoría preguntó sobre la iluminación. Otros preguntaron sobre la espiritualidad, la paz y la felicidad. El gurú llevaba mucho oro encima: lentes de oro, un gran arete de oro, brazaletes y una cadena al cuello. A mí me educaron en la fe metodista, y los ministros metodistas no usan oro, por eso levanté la mano y pregunté:

—¿Por qué usa tanto oro?

—Porque las lágrimas de Dios están hechas de oro —me contestó el amable gurú con una sonrisa—. Las lágrimas de Dios, el oro, atraen riqueza.

—¿Qué quiere decir con eso? —le pregunté.

—Digamos que quieres atraer a tu vida 1 000 dólares al mes. Entonces posees 1 000 dólares de oro real —explicó.

—¿Y si quiero un millón al mes, entonces debo poseer un millón en oro?

El gurú sintió que mi codicia estaba ganándole a mi espiritualidad, así que sólo sonrió y dijo:

—¿Por qué no empiezas con 1 000 dólares y ves si te sirve. El oro no le funciona a toda la gente porque la generosidad de Dios tiene condiciones.

Eso fue en 1986 y, como no tenía mucho dinero en ese tiempo, se me dificultó conseguir 1 000 dólares más en oro. Sin embargo, Kim y yo lo logramos. Empezamos a comprar un poco de oro y de plata cada mes, y no hemos parado desde entonces. Por ejemplo, si yo decidía incrementar nuestros ingresos de 5 000 a 10 000 dólares mensuales, adquiríamos 10 000 dólares en monedas de oro y luego nos olvidábamos de él. Algunos meses después nos daba la impresión de que nos estaba llegando más riqueza sin que realmente notáramos el incremento. Si el precio del oro bajaba, comprábamos más y seguíamos adelante. Ahora tenemos cajas de seguridad en el interior de bóvedas privadas en refugios lejanos en otros países. No necesitamos un avión privado ni pistas exclusivas para ocultar nuestro metal… aún.

Cada vez que a Kim y a mí nos preguntan: "¿El oro me servirá para atraer riqueza?", nosotros usamos la respuesta del gurú. "¿Por qué no lo pones a prueba y ves si las lágrimas de Dios te funcionan? Dios es generoso, pero su generosidad tiene condiciones".

UNA LECCIÓN ESPIRITUAL SOBRE EL ORO

Aunque las lágrimas de Dios están hechas de oro, todos deberíamos preguntarnos si son "de alegría o de tristeza".

Buena parte del oro que está almacenado proviene de lágrimas de tristeza.

Mientras estaba en los Andes observando las antiguas minas de oro incas, recordé mis clases de historia y pensé en la forma en que los españoles, dirigidos por Francisco Pizarro, asesinaron a miles de nativos sólo para quitarles su oro y otros metales y gemas preciosas. Los nazis hicieron lo mismo con los judíos. Fue lo que hicieron casi todos los conquistadores. Los ingleses lo hicieron con los escoceses, los irlandeses, los maoríes y los aborígenes. Los estadounidenses lo hicieron con los nativos norteamericanos y los hawaianos. Los blancos esclavistas lo hicieron con los esclavos africanos. Los japoneses lo hicieron con los chinos y los coreanos. Y los miembros de las élites están haciendo lo mismo hoy.

Esta lección espiritual es aplicable a todo. Lo importante no es tu dinero ni tu riqueza, sino la *forma* en que los adquieres.

RAZÓN #4: ¿Por qué oro y plata auténticos? ¿Por qué no oro en papel o fondos cotizados (ETF, por sus siglas en inglés)?

Yo no confío en nada que esté en papel porque cualquier cosa de papel es un derivado, algo falso, algo que para respaldar su valor requiere de una contraparte.

EDUCACIÓN FINANCIERA

Buena parte del sistema bancario mundial funciona con base en lo que se conoce como *banca de reserva fraccionaria*.

El sistema bancario global está construido con base en la banca de reserva fraccionaria, un sistema que ha servido para controlar el mundo durante miles de años. A continuación te daré una explicación sencilla del mismo.

Pensemos que estamos viviendo hace 1 000 años y eres dueño de una tienda. Tienes 10 monedas de oro y necesitas viajar miles de kilómetros en un país hostil para comprar suministros para tu tienda, pero corres el riesgo de encontrarte con gente mala del lugar.

Vas a ver a un "banquero" local y este acepta guardar tus 10 monedas de oro en su caja fuerte. El "banquero" te emite un trozo de papel que dice que le depositaste tus 10 monedas.

Luego viajas esos miles de kilómetros en el país hostil y llevas contigo solamente el trozo de papel. Mientras tanto, tus monedas de oro están a salvo.

Luego compras los suministros para tu tienda, le das el trozo de papel a la persona que te los vendió y regresas a casa.

La persona que te vendió la mercancía va a su "banco" y cobra su oro.

Tiempo después, tú y la persona que te vendió la mercancía se dan cuenta de que el papel es mucho más conveniente que las monedas. Ambos le entregan su oro a sus respectivos banqueros y empiezan a usar los certificados de depósito (CD) como papel moneda.

La gente que necesita dinero va con tu banquero y pide un "préstamo". El banquero presta 9 de tus 10 monedas de oro, y la moneda que continúa guardando en su bóveda es la "reserva fraccionaria". En este ejemplo, la reserva fraccionaria es una moneda, equivalente a 10% del dinero que depositaste.

Aquí es donde las cosas se ponen emocionantes. La persona que pidió prestadas 9 de tus 10 monedas de oro va a su banco y deposita las 9 monedas. Luego, su banquero les presta 8.1 de esas 9 monedas a otros prestatarios que hacen lo mismo con su banco.

Tus 10 monedas (auténticas) de oro podrían fácilmente convertirse en 1 000 monedas (falsas) de oro, y todo seguiría bien, siempre y cuando nadie quiera las monedas de oro auténticas. Este es el sistema bancario moderno.

La razón por la que quiero que mis monedas auténticas de oro estén guardadas en mi propia caja de seguridad, y por la que no deseo las monedas de oro de papel de un fondo cotizado, es porque por cada moneda real de oro, hay aproximadamente entre 100 y 500 monedas falsas de papel.

Pero todo estará bien… hasta que toda la gente quiera que le devuelvan su oro real.

El sistema bancario de reserva fraccionaria se aplica en todo, no sólo en el dinero y el oro. Todo el sistema se basa en la confianza en una contraparte.

A partir de que mi padre rico nos explicó a su hijo y a mí cómo funcionaba el sistema bancario de reserva fraccionaria, empecé a reírme cada vez que veía la leyenda "En Dios confiamos" en mis billetes.

Yo prefiero confiar en el dinero de Dios, o sea en el oro y la plata de verdad. No confío en las élites que imprimen nuestro dinero y que dirigen el gobierno, los bancos centrales, los bancos locales, los mercados de bonos y las bolsas de valores.

No lo olvides: el oro y la plata seguirán estando aquí mucho después de que tú, yo, las élites y las cucarachas hayamos desaparecido.

RAZÓN #5: El sistema está en quiebra y está roto. La brecha está creciendo. Estamos al borde de una guerra de clases

Steven Brill nos reporta:

1. Entre 1929 y 1970 los ingresos de la clase media crecieron con mucha más rapidez que los de la clase alta. Así se redujo la desigualdad en el ingreso.
2. En 1928 90% inferior compartía 52% de la riqueza total.
3. Para 1970 el porcentaje de la riqueza total que compartía el 90% inferior había llegado a 68 por ciento.
4. En 1970 el porcentaje de riqueza que compartía 1% que se encontraba en el nivel superior, había ascendido a 9% de la riqueza total.
5. En 1971 la tendencia empezó a ir en la dirección contraria y a acelerar.
6. Para 2007 la riqueza del 1% del nivel superior abarcaba 24% de la riqueza total.

7. Para 2010 el porcentaje de riqueza que compartía el 90% de la parte inferior, había disminuido y llegado a 49%, es decir, menos de la mitad de toda la riqueza.

Una imagen vale más que mil palabras

La brecha

Cambios en repartición de ingreso *vs.* 1979, después de impuestos e inflación

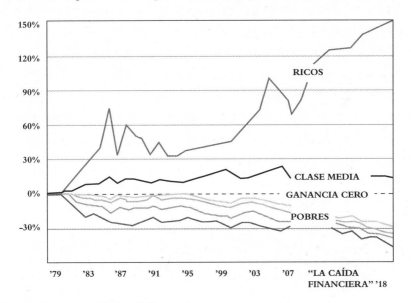

Fuente: Congressional Budget Office

¿A quién le importan los pobres?

En su libro *Tailspin*, del cual salió el fragmento adaptado como artículo para *Time*, Brill nos dice lo siguiente respecto a las clases media y pobre:

Aunque de boca para afuera, por lo menos ahora los políticos mencionan los aprietos de la clase media. Sin embargo, rara vez hablan de los pobres y, mucho menos, hacen lo suficiente para ayudarles.

Esto sólo se puede explicar por el miedo que tienen de que los integrantes de la clase media vean que se les está prestando atención a quienes se encuentran por debajo de ellos, y que lo tomen como una evidencia adicional de que los funcionarios que eligieron los han abandonado.

Brill cita un estudio realizado por Daniel Markovits y Ray Fisman que dice: "Independientemente de su partido, a las élites que hacen las políticas no les importa mucho la igualdad [económica]".

Traducción: ¿A quién le importan las clases media y pobre?

Brill señala que estas mismas élites han dado grandes pasos con su trabajo por ciertas causas liberales relacionadas con la democracia como la igualdad de derechos, los derechos de las mujeres, los derechos LBGT… pero que no podría importarles menos el desequilibrio en el poder económico y la creciente desigualdad entre sus ingresos y los de las clases media y pobre.

Voy a destacar siete hechos que también presenta Brill:

1. "El celebrado motor de la movilidad económica estadounidense está chisporroteando. En los últimos 90 años, la probabilidad de que un niño gane más que sus padres ha bajado de 90 a 50 por ciento."

2. Para 2017 la deuda interna sobrepasó el pico que había alcanzado en 2007, antes del colapso económico."

3. "El país más rico del mundo [Estados Unidos] continúa teniendo el índice más alto de pobreza de las 35 naciones que forman parte de la Organización para la Cooperación y el Desarrollo Económico (OCDE), excepto por México. (Está empatado en segundo lugar con Israel, Chile y Turquía.)"

4. "Entre esos mismos 35 países de la OCDE, los niños estadounidenses ocupan el trigésimo lugar en habilidad matemática y el decimonoveno en habilidad en ciencias."

5. "Casi uno de cada cinco niños estadounidenses vive en hogares que el gobierno califica como 'inseguros en el aspecto alimentario', lo que quiere decir que no tienen 'acceso a alimentos para tener una vida activa y sana'."

6. "Los aeropuertos estadounidenses son una vergüenza y el sistema moderno de control de tráfico aéreo tiene 25 años de rezago. Las carreteras, la red eléctrica y los trenes se están desmoronando, lo que hace que Estados Unidos continúe bajando en las calificaciones de calidad en la infraestructura. En un día promedio, en el territorio estadounidense hay 657 fugas de agua importantes."

7. "Los miembros [del Congreso] están cansados y hartos de pasar cinco horas diarias suplicando. [En Washington hay] más de 20 [cabilderos registrados] por cada miembro de la Cámara y del Senado."

¿Pero a quién le importan las clases media y pobre?

Mis preocupaciones

Cuando estudié con Fuller en los ochenta y comencé a aprender a ver el futuro, también noté las siguientes nubes de tormenta en el horizonte. Ahora, la tormenta ya está aquí.

1. Buena parte de la generación de los *baby boomers* no cuenta con ahorros para el retiro. Esto se debe a que, antes de 1974, la mayoría de los empleados tenía planes de pensión a través de los mecanismos para el retiro de las empresas. A partir de 1974 los empleados se quedaron solos y con la esperanza de que sus cuentas personales de ahorro para el retiro como las 401(k) los pudieran mantener vivos cuando sus días laborales llegaran a su fin.

2. Los fondos de pensiones más grandes e importantes están en quiebra. Por ejemplo, CalPERS, el fondo de pensiones de

California para empleados del gobierno —el fondo de pensiones para empleados del gobierno más grande de Estados Unidos—, tiene un déficit de un billón de dólares.

3. Esta es una gráfica de Seguridad Social:

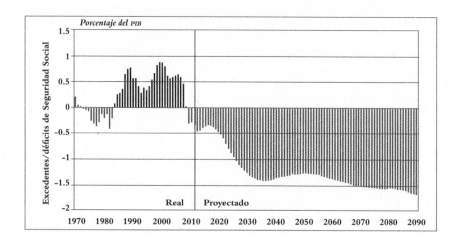

Fuente: The Peter G. Peterson Foundation | Social Security Administration

Y Medicare representa un problema aún mayor. Estados Unidos ha estado librando una guerra de muchos años y de una gran cantidad de billones de dólares, que no podemos ganar.

Pero espera... la situación empeora

Brill señala que "desde 1994, el Congreso [de Estados Unidos] no ha aprobado un presupuesto completo".

En la edición del 25 de enero de 2018 de *The Economist* se explica la razón por la que los líderes estadounidenses no pueden equilibrar el presupuesto y por qué Estados Unidos terminará en quiebra (el énfasis es mío).

La constitución le otorga al Congreso el poder de actuar como te- sorero. Hay cuatro aspectos peculiares en la forma en que lo utiliza. En primer lugar, los presupuestos anuales sólo cubren, apenas, ese tercio del gasto del presupuesto federal que el Congreso decidió que necesita ser vuelto a aprobar cada año. La mayoría de los pro- gramas de derecho a subsidios como Medicare y el cuidado médico para los adultos mayores, son financiados automáticamente. Así que, mientras la creación del presupuesto permite que los miembros del Congreso se pavoneen sobre los problemas fiscales a largo plazo, el proceso da pocas oportunidades de lidiar con la causa principal: un engrosamiento en el gasto de los programas de subsidios.

Traducción: Tarde o temprano, los pobres a los que hemos estado ignorando van a llevar a Estados Unidos a la quiebra. La constitución lo garantiza.

¿CUÁL ES EL FUTURO?

La pregunta es si nuestras élites imprimirán más dinero para pagar nuestros programas masivos de subsidios o volverán a meternos al patrón oro. ¿O entraremos gradualmente en la siguiente Gran, Gran depresión?

RAZÓN #6: El dinero de Dios contra el dinero del gobierno

Una imagen vale más que mil palabras.

Oro *vs.* dinero falso

Las divisas más importantes contra el oro | 1900-2018

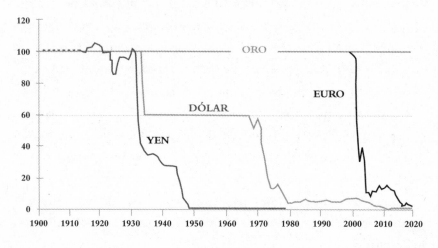

Pregunta: ¿Cuánto más dinero falso pueden imprimir nuestros gobiernos?

Respuesta: Las élites pueden imprimir todo lo que quieran, siempre y cuando la gente trabaje por ese dinero.

EL SIGUIENTE PASO

El siguiente paso podría ser que el FMI emita derechos especiales de giro (SDR, por sus siglas en inglés), o sea una divisa global que, en efecto, sería más dinero falso. Pero te reitero que mientras la gente lo acepte, los gobiernos seguirán imprimiendo.

Mientras tanto, las élites están almacenando oro auténtico porque saben que el juego ha llegado a su fin.

RAZÓN #7: Es muy fácil adquirir el dinero de Dios

Comprar minas de oro y de plata es difícil. Lo sé porque yo he comprado y construido dos.

Comprar minas de oro y de plata toma demasiado tiempo, dinero y esfuerzo mental.

Para adquirir oro y plata auténticos se necesita muy poco dinero, muy poco riesgo y muy poca educación financiera.

Es mucho más fácil y económico comprarle monedas de oro y plata a un distribuidor filatelista respetable.

En 1964 empecé a adquirir monedas de plata de 10, 25 y 50 centavos de dólar.

¿Por qué en 1965? En 1965 la casa de moneda de Estados Unidos comenzó a *degradar* nuestras monedas de plata. "Degradar" significa que empezaron a diluir el contenido de plata de las monedas, mezclándolas con metales comunes como cobre y estaño.

Los romanos les hicieron lo mismo a sus monedas cuando necesitaron más dinero para librar sus prolongadas guerras. ¿Te suena familiar?

En 1965, en cuanto noté el matiz cobrizo de las monedas estadounidenses, empecé a visitar los bancos locales con mis billetes para comprar rollos de monedas de 10 o 25 centavos de dólar. Luego desenvolvía las monedas y las inspeccionaba. Si no tenían borde cobrizo, las guardaba, pero las monedas degradadas las regresaba al banco. Luego compraba más rollos de monedas y continuaba con mi búsqueda. No era ciencia nuclear y tampoco necesitaba educación financiera para hacerlo porque no había riesgo de contraparte.

En pocas palabras, la ley de Gresham establece que el dinero malo hace que el dinero bueno desaparezca.

No sé por qué empecé a recolectar monedas, sólo me pareció lógico querer plata auténtica.

En 1972 compré mi primera moneda de oro en Hong Kong, pero no fue sino hasta 1974 cuando los estadounidenses pudieron poseer este metal legalmente.

La buena noticia es que, incluso ahora, con un dólar puedes comprar monedas de plata de antes de 1965.

Con unos 20 dólares puedes comprar un verdadero dólar de plata, y con unos 1 500 dólares puedes comprar una moneda de oro auténtica.

Si eres novato en esto, no te recomendaría involucrarte en la numismática —comprar monedas raras coleccionables— porque eso exige mucha educación financiera y años de experiencia.

La buena noticia es que cualquier persona, ya sea rica o pobre, puede comprar el dinero de Dios.

James Rickards, alguien a quien respeto mucho, predice que en algún momento el oro llegará a costar 10 000 la onza. Otros predicen que caerá a 400 dólares.

Lo que hagas dependerá de lo que creas.

A mí, sin embargo, no me interesan las conjeturas. Como ya lo mencioné, compro oro y plata, y no pienso venderlos jamás por las siete razones que acabo de explicar.

Por otra parte, siempre puedes hacer lo que hace toda la gente: leer las palabras impresas en el dinero estadounidense y confiar en Dios.

En la segunda parte, "Maestros falsos", y en la tercera parte, "Activos falsos", explicaré cómo y por qué no necesito dinero, cómo y por qué puedo comprar lo que yo quiera, y cómo y por qué sigo comprando más oro y plata.

Por el momento, es importante entender por qué poseo oro y plata, y por qué no les creo a las élites cuando dicen: "Confía en Dios".

TUS PREGUNTAS... LAS RESPUESTAS DE ROBERT

P: ¿Al "rompecabezas de 1 000 piezas" podríamos llamarle el rompecabezas del GRUNCH?

Scott J. - Estados Unidos

R: Al rompecabezas de 1 000 piezas puedes llamarle como gustes. Yo digo que el dinero es un rompecabezas de 1 000 piezas porque quiero animar a los lectores a que se conviertan en estudiantes del dinero, a que busquen las respuestas a su propio rompecabezas financiero al que yo denomino "el dinero y tu vida".

La vida real no es como la vida en la escuela. En la vida real no memorizas respuestas, no haces exámenes, y no pasas ni repruebas. La vida real es un proceso permanente de aprendizaje. No hay respuestas correctas.

Cuando estás aprendiendo de verdad, lo haces a través de tu vida. No hay ningún maestro en especial de quien tengas que aprender. En la vida real, todo se convierte en tu maestro. En la vida real no existen las respuestas correctas. La respuesta correcta en una situación puede ser la respuesta equivocada en otra situación. En la vida real aprendes de todo, de tus éxitos, pero especialmente de tus fracasos. En la vida real sería tonto seguir sólo a un maestro, creer en una filosofía única o vivir en el mundo de "Yo tengo la razón y tú estás equivocado".

Creer en alguien sólo porque tiene un doctorado, porque es director ejecutivo o porque es rico, es una verdadera locura. Un estudiante legítimo aprende de todo y de todos. La vida misma es tu maestra y tú estás en un estado de aprendizaje constante.

Mi deseo es que, cuando terminen de leer este libro, todos los lectores vayan en busca de las piezas de su propio rompecabezas de 1 000 piezas del dinero.

Puedes llamarle "el rompecabezas del *Grunch*" o "el rompecabezas de mi vida".

P: ¿Por qué a las élites académicas les enseñaron a despojar (legalmente) al mundo por medio de la ingeniería de los derivados? Y si los miembros de las élites son los títeres, ¿quiénes son los titiriteros que los controlan?

Jackson G. – Estados Unidos

R: Esta es una gran pregunta, pero tal vez nunca nos enteraremos de la verdad.

La respuesta es que la gente miente sobre el dinero. La mayoría de las personas no son honestas consigo mismas ni con otros, y por eso suelen decir: "No me interesa el dinero". Sin embargo, en el fondo desean, codician y, con frecuencia, anhelan el dinero con desesperación. En casi todos los casos, el dinero destruye la mente, el cuerpo y el alma de las personas.

La verdad es que, en la actualidad, el dinero representa la supervivencia. Hace 1 000 años nadie necesitaba dinero para sobrevivir. Hace 1 000 años, los hombres podían cazar su comida y recolectar lo que necesitaban para sobrevivir; vivían en cuevas o tiendas, y no tenían que pagar mensualidades de una hipoteca. Caminaban o montaban animales, y no tenían que pagar las mensualidades del financiamiento del auto ni comprar gasolina.

Actualmente, la gente necesita dinero para pagar por alimentos, resguardo, transporte, educación y supervivencia personal. En lugar de decir la verdad sobre el dinero, o sea, que es esencial para sobrevivir, la gente miente. ¿Por qué? Porque en la mayoría de los casos no puede manejar la verdad.

Por eso la gente va a la oficina a hacer un trabajo que detesta, y dice: "No me interesa el dinero".

Muchos dicen: "No me interesa el dinero", pero al mismo tiempo están resentidos con los ricos porque ellos sí tienen recursos. Las personas dicen: "No me interesa el dinero", pero juegan a la lotería con la esperanza de ganar millones de dólares.

La gente dice: "No me interesa el dinero", pero muchos son capaces de demandarte por millones de dólares en una corte de justicia.

La gente dice: "No me interesa el dinero", y de todas maneras se casa para conseguirlo.

Muchos dicen: "No me interesa el dinero", pero les exigen a sus hijos que saquen buenas calificaciones. No porque quieran que sus niños aprendan, sino porque esperan que consigan empleos muy bien pagados.

Entonces ¿por qué las élites académicas despojan al mundo? Porque sus miembros no son honestos consigo mismos respecto a que necesitan dinero. Los miembros de las élites académicas se pueden salir con la suya porque la mayoría de la gente no es honesta respecto al dinero.

P: ¿Cuánto tiempo crees que la gente seguirá aceptando el dólar estadounidense a pesar de que su poder adquisitivo continúa disminuyendo? ¿Qué será necesario hacer para que la gente cuestione el verdadero valor del dólar?

Leticia J. - Croacia

R: Nadie lo sabe de cierto, pero creo que debemos estar preparados. Por eso yo poseo oro y plata auténticos, y los mantengo fuera del sistema bancario.

P: ¿Cómo podemos protegernos de las élites? ¿Hay esperanza o alguna forma de protección?

TJ B. - Reino Unido

103

R: La mejor manera de protegerte de las élites es poseer oro y plata auténticos.

Las élites pueden controlar y manipular todo lo que está hecho por los humanos, pero les es más difícil controlar, manipular o destruir el dinero de Dios. El oro y la plata estarán aquí hasta mucho después de que las élites, tú y yo hayamos desaparecido.

P: ¿Cómo puede usar la gente el dinero falso a su favor?

Lincoln T. - Estados Unidos

R: Yo uso la deuda para crear valor, para generar dinero falso. Con el dinero falso adquiero activos que, a su vez, también producen dinero falso. Luego uso ese dinero para adquirir dinero real, el dinero de Dios, o sea, oro y plata. Pero por favor toma en cuenta que para hacer esto se necesita educación financiera de verdad.

Capítulo cuatro

La impresión de dinero falso

La historia se repite

Imprimir dinero falso no tiene nada de nuevo.

Los sistemas bancarios de la antigüedad y el sistema moderno están construidos sobre la base de la impresión de dinero falso porque
esa es la manera en que los bancos hacen dinero.

Los bancos hacen muchísimo dinero porque, durante miles de
años, el sistema bancario ha tenido permiso para imprimirlo.

Estas, sin embargo, no son las únicas organizaciones con licencia
para imprimir dinero. La bolsa de valores, el mercado de bonos, el
mercado de bienes raíces, los mercados de derivados financieros y
muchos otros, también tienen autorización.

Los falsificadores imprimen dinero falso *real*.

Tú también puedes imprimir dinero legalmente, y además, no
necesitas licencia.

LECCIÓN

La gente que trabaja por dinero... trabaja para la gente que lo imprime.

EL PROBLEMA CON LA EDUCACIÓN

El mayor problema es que nuestro sistema educativo no les enseña a los estudiantes nada respecto a la impresión de dinero, más bien, les enseña a *trabajar para quienes lo imprimen*. Este problema es el verdadero culpable de las crisis que enfrentamos hoy en día.

El 15 de agosto de 1971 fue el inicio de la mayor expedición de impresión de dinero en la historia del mundo. Ese día, el presidente Richard Nixon anunció que el dólar estadounidense ya no podría ser intercambiado por oro a una tasa fija.

En 1972, año en que crucé la línea enemiga para buscar oro, no sabía lo que estaba haciendo ni por qué. Sólo tenía curiosidad y me preguntaba lo que mi padre rico había querido decir cuando dijo: "Ten cuidado, el mundo va a cambiar".

Viéndolo en retrospectiva, me doy cuenta de que, sin querer, estaba siendo testigo del inicio del más grande despojo financiero de la historia mundial.

SIGLOS DE IMPRESIÓN DE DINERO

Sólo como recordatorio: la impresión de dinero no es nada nuevo.

La mayoría de los proyectos de impresión de dinero ha sido diminuta, regional, aislada y limitada a países más bien pequeños.

Algunos atracos financieros, sin embargo, son monstruos que han cambiado el juego en todo el mundo. Estos son algunos de ellos:

1. **Los chinos** fueron los primeros en imprimir papel moneda en 618 d. C. Durante sus viajes, Marco Polo descubrió el papel moneda chino, y esta práctica se extendió lentamente hacia Europa.

2. **El Imperio romano**, al verse asediado por las deudas crecientes y las prolongadas guerras que libraba a distancia, empezó a diluir sus monedas de oro y plata con metales ordinarios como níquel y estaño.

3. **Los colonizadores americanos** imprimieron dinero falso para llevar a cabo la Guerra de Revolución, de la misma manera que lo hizo el Sur al imprimir el dólar confederado para librar la Guerra Civil.

4. **Alemania** imprimió billones en dinero falso en la década de los veinte. Esto condujo a la Segunda Guerra Mundial, al surgimiento de Adolfo Hitler y al asesinato de millones de judíos y de otras personas inocentes.

5. **Zimbabue**, que alguna vez fue el gran proveedor de África, se convirtió en un caso perdido cuando los líderes del continente empezaron a imprimir dinero a partir de 2000.

6. **Venezuela** es uno de los países más ricos en petróleo del mundo. En 2018 llegó al borde de la bancarrota y la revolución, y aun así, continúa imprimiendo dinero falso.

LECCIÓN

En casi todos los ejemplos, los ricos se volvieron más ricos, y todos los demás perdieron.

LECCIÓN

La impresión de dinero falso jamás ha terminado de buena manera.

LECCIÓN: LA PROMESA

En 1944, en una conferencia de 44 países realizada en Bretton Woods, New Hampshire, se decidió que el dólar sería la *divisa de reserva* del mundo. Ese mismo año, a través del Acuerdo Bretton Woods, Estados Unidos le prometió al mundo respaldar su dólar con oro, y con esa promesa, el dólar se convirtió en la primera divisa global. El escenario estaba listo para la madre del mayor delito de impresión de dinero: el flagrante atraco universal.

LECCIÓN: INTERCAMBIOS CON EL ENEMIGO

En la década de los cincuenta, los antiguos enemigos Alemania y Japón empezaron a vender automóviles Volkswagen y Toyota en Estados Unidos. Entre más importaba Estados Unidos, más oro salía del país.

LECCIÓN: UNA PROMESA ROTA

En 1971 Estados Unidos rompió su promesa de 1944. Richard Nixon rompió esta promesa para impedir que el oro saliera de Estados Unidos. La historia ha demostrado que Nixon era un mentiroso, y por eso le apodaban Dick el Truculento. También mintió respecto a por qué rompió su promesa.

Si Nixon hubiera mantenido el dólar dentro del patrón oro, eso habría resuelto el problema de que el oro saliera de Estados Unidos. Nuestro país habría sido castigado por importar más de lo que exportaba y habría tenido que empezar a producir mejores productos a precios más competitivos (lo que también se conoce como capitalismo), y entonces el oro habría regresado a nuestra tierra.

Pero en lugar de eso, las élites académicas asesinaron al capitalismo, las fábricas se vieron forzadas a cerrar y los empleos se fueron de Estados Unidos hacia países con salarios más castigados.

El patrón oro fue roto para que las élites académicas pudieran imprimir dinero, para que despojaran al mundo y así se enriquecieran aún más. En palabras de Bucky Fuller, llegó el *Grunch*: el Flagrante atraco universal.

LECCIÓN: EL DÓLAR SE CONVIERTE EN DEUDA

En 1971 el dólar se convirtió en un pagaré firmado involuntariamente por el contribuyente estadounidense. Nuestro país empezó a pagar por los Volkswagen y los Toyota con esos pagarés.

LECCIÓN

Nixon prometió que la salida del dólar del patrón oro sería temporal.

LECCIÓN

Nixon renunció antes de su destitución por el escándalo Watergate y no cumplió su promesa de regresar el dólar estadounidense al patrón oro.

La operación de impresión de dinero más grande de la historia del mundo estaba en camino, y sigue operando en la actualidad. Los ricos se están volviendo extremadamente ricos, y los pobres y la clase media se encuentran en serios aprietos.

De acuerdo con lo que escribe Steven Brill:

Independientemente de sus preferencias políticas, la mayoría de los estadounidenses empezó a formularse hace poco la misma pregunta de una u otra manera: ¿Cómo llegamos hasta este punto? ¿Cómo fue que la democracia y la economía más grande del mundo se convirtió en una tierra de carreteras desmoronadas, de una desbocada desigualdad en el ingreso, polarización sin límites y un gobierno disfuncional?

En los últimos dos años que he tratado de encontrar las respuestas, descubrí que había una ironía recurrente. Aproximadamente hace cinco décadas, los valores fundamentales que hacían de Estados Unidos un gran país, empezaron a destruirlo.

El doctor Fuller le advirtió esto a nuestro grupo de estudio. En una paráfrasis que creé a lo largo de las tres veces que estudié con él, te diré que los ricos con dinero viejo empezaron a abrir las puertas de la educación superior de élite para darles acceso a los estudiantes extremadamente brillantes de las clases media y pobre de las décadas de los sesenta y los setenta. Estos estudiantes *baby boomer* de élite se convirtieron en los títeres de quienes ahora son el *Grunch*.

Brill es uno de esos estudiantes de clase media increíblemente inteligentes de los sesenta que fueron elegidos.

Entre otros de estos estudiantes podemos encontrar a los presidentes Barack Obama y William Clinton, a la secretaria de estado Hillary Clinton, al presidente de la Reserva Federal, Ben Bernanke, y a la presidenta Janet Yellen.

Bucky Fuller pertenecía a la antigua aristocracia blanca estadounidense que había heredado su riqueza, pero aunque fue parte de la cuarta generación de su estirpe tanto en Milton Academy como en Harvard, nunca se graduó de esta universidad.

Los presidentes John Kennedy, George H. W. Bush, George W. Bush, y el senador Mitt Romney se graduaron de Harvard y de Yale, y pertenecen a la aristocracia blanca estadounidense que también heredó su riqueza.

Trabaja más

El abogado y periodista Steven Brill se dio cuenta de que sus compañeros, los estudiantes brillantes de las clases media y pobre que llegaron a conformar la élite académica, no poseían riqueza heredada. Por esta razón, tuvieron que usar esa misma tenacidad y perseverancia que los llevó a ser parte de la élite académica, y aprovecharla para volverse ricos. También usaron su tenacidad y perseverancia para invadir Wall Street, el Estados Unidos corporativo y los bufetes legales.

Brill comprendió que estas élites académicas conformadas por estudiantes de las clases media y pobre fueron quienes destruyeron la economía estadounidense para la gente de las clases media y pobre.

El abogado nos afirma:

Sus compañeros ingresaron al Estados Unidos corporativo y, en lugar de competir con los países con salarios bajos, exportaron los empleos a otros lugares. Los abogados se apoderaron de los bufetes y empezaron a servirles solamente a los pudientes en lugar de proteger a las clases media y pobre. Wall Street se entregó a la ingeniería financiera y manufacturó activos falsos en lugar de crear nuevos activos auténticos. En vez de enfocarse en el "excepcionalismo estadounidense", las élites académicas de la educación se centraron en la ingeniería social para asegurarse de que todos fueran iguales y que no se lastimara los sentimientos de nadie.

Mientras se enfocaban en que los niños fueran iguales, para proteger a los suyos y asegurarse de que pudieran escalar hasta la cima, los enviaron a las mismas escuelas privadas preuniversitarias de alto nivel, lo que les garantizó el ingreso a la mayoría de las universidades de élite.

Dicho llanamente, sus niños de élite recibieron una educación a la que las clases media y pobre no tenían acceso.

A pesar de todo, Steve Brill se dio cuenta de algo respecto a sus compañeros, quienes trabajaban con ahínco y tenían grandes logros:

[Los miembros de las élites] crearon una nación rodeada de fosos que los protegían de asumir la responsabilidad y del daño que sus triunfos habían provocado en la comunidad […] Después, lograron consolidar sus ganancias, aprovechar las fuerzas que habrían podido restringirlos y ser más inteligentes que ellos, y luego destruyeron el puente para que nadie más pudiera ser partícipe de ese éxito o contender su supremacía.

En sus conferencias y en su libro sobre el *Grunch*, Fuller habló de preocupaciones similares. En *Grunch of Giants*, el doctor casi se refirió al presidente Ronald Reagan como una "marioneta" rodeada y obediente de las ambiciosas élites académicas que despedazaron a Estados Unidos desde el interior.

Impresión mundial de dinero

El año 1971 fue el inicio de un flagrante atraco universal en que se despojó a la gente del planeta de su riqueza.

En 1983 el libro *Grunch of Giants* —*Grunch* son las siglas en inglés de Flagrante atraco universal— del futurista Buckminster Fuller se convirtió en una advertencia profética y adivinatoria de lo que vendría, y nos explicó el gran desfalco que continúa operando hasta nuestros días.

En 1971, cuando el dólar dejó de estar respaldado por oro, el dinero se volvió invisible. Ya nadie *pudo ver* el atraco y, como lo dijo Fuller, la gente no puede quitarse del camino de algo que no ve moviéndose hacia ella.

NO TODO ES MALO

A pesar de todo, la impresión de dinero no ha sido completamente mala. Imprimir dinero falso también ha causado mucho bien porque miles de millones de personas que trabajan para obtener dinero falso han generado una economía que funciona, nuevos inventos, mejores viviendas, avances médicos, la posibilidad de viajar, productos de consumo y tecnología.

Esta gente trabajadora ha logrado crear un mundo mejor a pesar de las élites de parásitos que succionan la salud y la riqueza de la gente que trabaja para que este mundo sea un mejor lugar para vivir.

El problema es que imprimir dinero nunca ha funcionado. Tarde o temprano, el gran atraco que dio inicio en 1971 fracasará. La fiesta que ha generado la impresión de dinero falso está a punto de terminar, y la resaca, que te aseguro que será espantosa, está muy cerca.

Mientras 1% de la gente se ha vuelto muy rica, miles de millones de personas sólo han empobrecido aún más… o están a punto de hacerlo.

Actualmente, millones de *baby boomers* estadounidenses —discutiblemente la generación más adinerada y afortunada de la historia—, están esperando su glorioso retiro. Millones de *baby boomers* están preocupados porque saben que nunca se retirarán. Después de trabajar toda su vida, muchos de ellos vivirán mal y serán cada vez más pobres conforme pasen los años. Esto es lo que sucede cuando trabajas para obtener dinero falso y lo ahorras. La siguiente gráfica nos cuenta la historia:

Por qué los ahorradores son perdedores

Poder adquisitivo del dólar estadounidense desde 1913

Fuente: Bureau of Labor Statistics

Sacado de *The Wall Street Journal*, junio 23 de 2018:

Bomba de tiempo en el horizonte de los ancianos estadounidenses

"Los estadounidenses están llegando a la edad del retiro en peores condiciones financieras que la generación anterior."

LECCIÓN

La "generación anterior", la de la Segunda Guerra Mundial, contaba con un plan de pensiones con prestaciones bien definidas (DB, por sus siglas en inglés). O sea, contaban con un *cheque de por vida*. La educación financiera no era necesaria para la generación de la Segunda Guerra Mundial porque los planes DB eran "administrados profesionalmente".

Pero luego estos planes se acabaron. Las corporaciones que solían ofrecerlos a sus empleados dejaron de hacerlo porque eran demasiado costosos.

Actualmente, sólo algunos *baby boomers* tienen planes DB, es decir, planes de retiro que les garantizan un cheque de por vida.

Sin embargo, incluso esos *baby boomers* están preocupados. Según *The Wall Street Journal*: "Algunos trabajadores del sector público viven con incertidumbre porque los gobiernos, ahora cortos de fondos, están considerando recortes en las pensiones".

LECCIÓN

Muchas pensiones DB se encuentran en problemas porque basaron sus cálculos en un retorno de 7.5% sobre sus inversiones, y en la idea de que la mayoría de los *boomers* no pasaría de los 70 años. La buena noticia es que los *boomers* están viviendo más tiempo, la mala, que los mercados no siempre cooperaron con una entrega adecuada de las proyecciones.

A esto, añádele la perturbadora mezcla de hechos y cifras: 10 000 *baby boomers se retiran diariamente*.

En 2026, cuando los primeros *boomers* cumplan 80 años y necesiten más y más cuidados de salud a largo plazo, Seguridad Social y Medicare se declararán en quiebra, y esta crisis se convertirá en un desastre financiero.

LOS *BOOMERS* TIENEN PLANES DC, NO PLANES DB

En 1974 millones de *baby boomers* se convirtieron en población activa, y se aprobó la Ley de seguridad de ingresos de jubilación para el empleado, mejor conocida como ERISA, por sus siglas en inglés. Esta ley se aprobó para reducir el costo de los empleados. Algunos años después, también vimos nacer el primer plan 401(k), también conocido como plan de pensiones con contribuciones definidas (DC, por sus sigas en inglés).

Los *baby boomers* tuvieron que convertirse en administradores "profesionales" sin educación financiera, y esto provocó la crisis de dicha generación.

Un plan DC se limita a las *contribuciones realizadas* y las prestaciones totales ascienden solamente a la cantidad que haya alcanzado el plan al momento de la jubilación. Si no hay nada en la cuenta DC, el *baby boomer* estará perdido y solo... sin suerte y, quizá, sin dinero.

The Wall Street Journal continúa reportándonos:

Las ganancias en expectativas de vida, combinadas con el cada vez más elevado costo de la educación, han permitido que la gente de cincuenta y sesenta y tantos años tenga que continuar manteniendo a sus hijos adultos y a otros parientes mayores.

Con frecuencia, a los *baby boomers* se les llama la "generación sándwich" porque tienen que mantener a sus hijos y a sus padres.

En 2017 los estadounidenses de entre 60 y 69 años tenían una deuda por dos billones de dólares, y si piensas que solamente hay 75 millones de *boomers*, es una cantidad enorme de deuda por cada uno.

[Los *baby boomers*] tienen una deuda promedio muy elevada; con frecuencia tienen que pagar por la educación de sus hijos y se ven forzados a usar sus ahorros para cuidar de sus padres que ya son ancianos. Sus irrisorios fondos para el retiro del plan 401(k) les darán un ingreso promedio de menos de 8 000 dólares al año para un hogar de dos personas.

En total, más de 40% de los hogares dirigidos por gente de entre 55 y 70 años carece de recursos suficientes para mantener su estilo de vida durante el retiro. Esto equivale a 15 millones de hogares estadounidenses.

En 2016 los hogares con inversiones en planes 401(k) y en los que habitaba por lo menos un trabajador de entre 55 y 64 años, tenía un promedio de 135 000 dólares en cuentas para el retiro con ventajas fiscales. Para una pareja de 62 y 65 años que se retirara hoy, eso generaría aproximadamente 600 dólares al mes por ingreso de renta de por vida.

Los declives que tuvo el mercado en 2000 y 2008 revelaron los peligros de los planes de retiro manejados por el empleado porque muchos participantes de los 401(k) recortaron sus contribuciones, sacaron de sus fondos acciones que nunca restituyeron o, simplemente, retiraron dinero para pagar sus gastos.

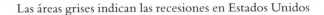

Promedio Industrial Dow Jones (PIDJ) 1895-2015

Las áreas grises indican las recesiones en Estados Unidos

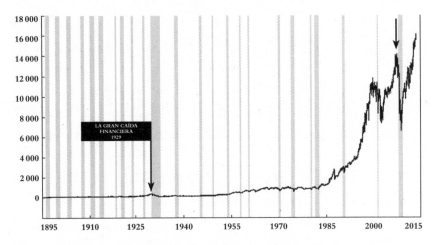

Fuente: S&P Dow Jones Indices LLC (2013 research.stlouisfed.org)

Arthur Smith Jr., de 61 años, sigue resintiendo el impacto. Según información que él mismo proveyó, ahorró de manera consistente durante 35 años en planes tipo 401(k) con varios empleadores. En las caídas financieras su plan se vio fuertemente afectado, en buena parte porque invirtió en acciones de tecnología individuales.

"Nos permitían elegir nuestras propias acciones, y yo me fui directamente por algunas de las de alto riesgo", relata. A principios de los 2000 su plan 401(k) perdió aproximadamente la mitad de su valor, y volvió a perder la mitad otra vez en 2008.

LECCIÓN

Cuando yo era niño en los sesenta, sólo los apostadores invertían en la bolsa de valores. En esa década, si la gente llegaba a invertir, lo hacía en el mercado de bonos. Actualmente, la mayoría de los *baby boomers* apuesta en la bolsa.

LECCIÓN

Una de las razones por las que la mayoría de los *baby boomers* está en la bolsa de valores es porque las tasas de interés sobre los ahorros y los bonos han caído a niveles históricamente bajos. En su búsqueda de "rendimientos más altos", muchas personas se han convertido en apostadores y han entrado a la bolsa de valores.

Vuelve a observar la gráfica del Dow. Ve dónde está la gráfica ahora. Una vez más, el Dow se encuentra en un punto históricamente alto, pero esto se debe a que el dinero falso está tratando de obtener retornos sobre la inversión.

UN BONO DE 1 500 MILLONES DE DÓLARES

En la misma portada de aquella edición de *The Wall Street Journal*, junto al artículo sobre los *baby boomers*, se puede leer:

**Xiaomi le da a su director ejecutivo
1 500 millones de dólares. Gracias.**

El artículo comienza así:

El fabricante japonés de teléfonos celulares Xiaomi Corp, con una valuación que muy pronto podría registrarse en 70 000 millones de dólares, les entregó a su fundador y a su director ejecutivo una señal de su aprecio: 1 500 millones de dólares en acciones, sin condición alguna. Fue uno de los días de pago más importantes en la historia corporativa.

La historia se repite de nuevo

La historia ha demostrado que imprimir dinero falso nunca termina en un escenario de prosperidad. La historia pone en evidencia que imprimir dinero siempre termina en pobreza para quienes trabajan para ganar dinero falso.

Los *baby boomers* estadounidenses son el canario en la mina de la economía. A quienes alguna vez fueron acaudalados, ahora les preocupa vivir en la pobreza. Los *boomers* son canarios que presienten el inminente fracaso del dinero falso.

Desde la perspectiva histórica —desde los chinos, los romanos, la república alemana de Weimar, y hoy en día, Venezuela—, imprimir dinero nunca ha generado prosperidad sustentable. Desde la perspectiva histórica, imprimir dinero falso siempre ha terminado en un escenario de depresión, revolución, guerra, o todos los anteriores.

El año 1971 fue el principio de la impresión de dinero más grande de toda la historia.

La pregunta es: ¿cómo y cuándo terminará?

La educación financiera real debería incluir cómo y por qué la gente imprime dinero. Estar al tanto de cómo se hace aumenta la probabilidad de que sobrevivas en el aspecto financiero.

TUS PREGUNTAS... LAS RESPUESTAS DE ROBERT

P: ¿Por qué hablas del dinero de Dios si Dios no existió sino hasta que lo inventamos? (No estoy en contra de la religión ni de la espiritualidad.) ¿Por qué esta es razón suficiente para poseer dinero real?

Jason C. - Estados Unidos

R: ¿Estás cuestionando la existencia de Dios... o del oro? No tengo prueba de Dios, pero sí del oro.

Yo digo que el oro y la plata son el dinero de Dios porque tuve la oportunidad de echar a andar una mina de cada uno de estos metales. La de oro estaba en China y la de plata en Argentina. Ambas las vendimos al público a través de una Oferta Pública Inicial (OPI), en la bolsa de Valores de Toronto.

Antes de cotizar en la bolsa o "salir al público", tuvimos que probar que habíamos encontrado oro y plata auténticos. Tuvimos que verificar físicamente que había oro y plata en la tierra, y que nuestra empresa tenía el derecho legal para poseer, extraer y vender esos metales. También tuvimos que probar que teníamos derecho a vender acciones de la empresa a través de la OPI.

Por eso sé que el oro y la plata auténticos estuvieron aquí desde que la tierra fue creada. Vi verdadero oro y plata en la tierra, y por eso digo que son el dinero de Dios. El oro y la plata seguirán estando aquí hasta mucho después de que el dinero falso, el dinero del dinero, el dinero de la gente y la gente misma se hayan ido.

También sé que hay oro y plata falsos. Son oro y plata en ETF, o sea, en fondos cotizados. Los fondos cotizados pueden vender legalmente oro y plata que no poseen. Se calcula que por cada onza de oro real que tenga, un fondo cotizado podría vender 100 onzas de oro falso. Esto lo sé porque he realizado el proceso necesario para que las empresas coticen en la bolsa. Cuando hice que estas empresas cotizaran y fueran incluidas en la lista de intercambios de valores, aprendí que la mayoría de los activos en papel que se venden en las bolsas de valores, es falsa.

P: ¿Cuánto oro debería poseer? ¿Tienes alguna recomendación respecto al porcentaje de "portafolio"?

Bruno T. - Francia

R: La mayoría de los expertos financieros recomienda que 10% de tus activos lo tengas en metales preciosos, pero yo no sigo esa fórmula.

En la primera parte, "Dinero falso", escribí que el oro era el dinero de Dios y que atrae la riqueza. Esto significa que tengo oro real porque creo que el oro real atrae riqueza verdadera.

Dicho en términos sencillos, si quiero tener ingresos mensuales por 10 000 dólares, conservo 10 000 dólares en oro. No podría demostrar que este sistema te servirá a ti, pero puedo decirte que a nosotros sí nos funciona.

El gurú nos dijo a Kim y a mí hace muchos años: "El oro es las lágrimas de Dios".

Cada vez que Kim y yo queremos un ingreso mayor, sólo compramos más oro auténtico. Nos funciona. Si no crees que el oro atrae la riqueza, o si no crees en Dios, entonces no lo compres.

Capítulo cinco

¿Cuánto dinero estás imprimiendo?

Cómo asumir el control

Recordatorio: la impresión de dinero no es nada nuevo.

Recordatorio: la impresión de dinero falso es la base del sistema bancario.

Entender cómo se imprime el dinero te ofrece una mejor oportunidad de triunfar en un mundo de dinero falso.

LECCIÓN: Cuando entiendas cómo se imprime el dinero, comprenderás mejor por qué los pobres son pobres y qué hacer para no convertirte en uno de ellos.

IMPRIMIR DINERO #1: VACAS DE IMPRESIÓN

A lo largo de miles de años el dinero ha tomado muchas formas distintas. Puede ser cuentas, plumas, piedras, animales u objetos de arcilla. Una de las formas más antiguas e importantes que tuvo el dinero fue el ganado.

El ganado ha sido la base del dinero moderno desde hace miles de años. El ganado es dinero real, incluso en la actualidad. De hecho, la palabra *ganado* quiere decir "propiedad" de cualquier tipo, y eso incluye dinero, tierra e ingresos.

Cuando una persona que tenía ganado necesitaba pedir dinero prestado, le llevaba sus animales al prestamista, pedía el dinero que le hacía falta y dejaba el ganado como colateral.

En cuanto la persona pagaba el préstamo, recobraba su ganado.

El sistema colateral sigue en uso hasta la fecha. Las palabras *depósito* y *fianza* son sinónimos de *colateral*. La gran caída de 2008 tuvo lugar porque las obligaciones de deuda garantizada (CDO por sus siglas en inglés) y los valores respaldados por hipoteca (MBS), fallaron.

Recuerda bien las palabras *colateralizado* y *valores* porque representan el mismo propósito que el *ganado* de hace 1 000 años. Hace un milenio, el ganado era un colateral y un valor *real*.

La economía mundial estuvo a punto de colapsar porque los colaterales falsos en forma de CDO y de MBS, resultaron ser falsos.

¿Cómo pudo tanta gente educada, talentosa y bien pagada creer que los colaterales falsos eran auténticos? Es algo que da mucho, mucho miedo. Lo más atemorizante es que estas mismas personas que creyeron que los colaterales falsos eran auténticos, ¡siguen a cargo del sistema financiero!

¿Te imaginas a un banquero que hace 1 000 años no supiera lo que era una vaca de verdad? Pues justamente eso es lo que está sucediendo ahora.

"MUCHO SOMBRERO Y NADA DE GANADO"

Actualmente, cuando la gente habla de la brecha entre los ricos y todos los demás, se refiere a la falta de colateral.

LECCIÓN: Una de las razones por las que las clases media y pobre siguen sin tener dinero es porque no tienen colateral. El equivalente sería un ranchero que va al banco a pedir dinero sin nada de ganado para presentarlo como respaldo.

Mis amigos de Texas tienen un dicho: "Mucho sombrero y nada de ganado".

El mundo está repleto de gente que es "mucho sombrero y nada de ganado". Tal vez vivan en casas enormes, manejen automóviles hermosos y envíen a sus hijos a escuelas privadas, pero no tienen colateral. Un banquero podría prestarles dinero para la casa y los automóviles, e incluso darles tarjetas de crédito —una categoría de deuda conocida como *crédito de consumo*—, pero *no* les daría crédito para invertir. Luego, esas mismas personas se van a quejar y a decir "Mi banquero no quiere otorgarme un préstamo".

Los banqueros necesitan colateral real, y tú también.

Los modernos CDO y MBS están relacionados con el *colateral* y los *valores* que conocemos como *depósitos* o *fianzas*. El problema fue que estos instrumentos modernos estaban respaldados por colaterales y valores falsos.

Si quieres estar más seguro en el futuro, necesitas tener un *colateral real* para poder respaldar un *valor real*. Este libro se trata precisamente de estos conceptos.

Alfabetismo literario:

En inglés, la expresión *en especie* se dice "in kind". Por eso, este término financiero se deriva del alemán *kínder* que quiere decir "niño".
La palabra *kindergarten* significa, simplemente, "jardín de niños".

Cuando una persona dejaba su ganado como colateral, el prestamista recibía su pago *en especie* con los "niños" del ganado.

Los terneros o *kinder* fueron una forma temprana de interés. Actualmente, cuando un banquero te presta dinero, el interés que le pagas es una forma moderna de *kinder*.

En especie significa "por algo parecido". Terneros por ganado, dinero por dinero… y ojo por ojo.

El *interés* es *en especie*. Otra manera de entender el interés es como si el dinero tuviera hijos… o como si el dinero imprimiera dinero.

Los bancos modernos no podrían sobrevivir si no les permitieran cobrar intereses sobre su dinero falso.

Ahorros: tú... imprimes el dinero

Cuando ahorras dinero en un banco, tu dinero también está imprimiendo dinero.

Cuando ahorras dinero, el banco te paga intereses en especie, es decir, dinero por dinero. Te reitero que el interés por tus ahorros es el equivalente a que tu dinero imprima dinero.

Tarjetas de crédito

Cada vez que usas tu tarjeta de crédito, estás imprimiendo dinero. Porque, en realidad, una tarjeta de crédito no tiene dinero, lo único que la respalda es tu buen crédito. Es decir, tu buen crédito es el colateral del banco. En Estados Unidos, tu crédito se mide a través de una calificación FICO, o sea, una medida de cuán confiable eres para que te otorguen crédito.

La diferencia es que cuando usas la tarjeta de crédito, *tú estás imprimiendo dinero para el banco*, dinero que tienes que pagarle de vuelta y, posiblemente, con un interés (en especie).

Préstamos

Cuando solicitas dinero prestado para un automóvil, casa o negocio, estás imprimiendo dinero. *Estás imprimiendo dinero para el banco*, y el banco te cobra interés sobre su dinero recién impreso.

¿Cuál es el dinero más valioso?

Piensa en estos dos ejemplos de ti imprimiendo dinero:

- Ahorras 1 000 dólares en tu cuenta de ahorros y el banco te paga 2% de interés.
- Le cargas 1 000 dólares a tu tarjeta de crédito y el banco te cobra 18% de interés.

En ambos ejemplos, tú eres quien imprimió el dinero, pero la pregunta es: ¿cuál es el dinero más valioso? ¿El tuyo? ¿O el dinero que imprimiste para el banco?

Recuerda que desde 1971 todo el sistema monetario mundial se ha basado en la impresión de dinero falso.

Y que la gente que trabaja para obtener dinero, en realidad trabaja para la gente que imprime el dinero.

IMPRIMIR DINERO #2: EL SISTEMA DE BANCA DE RESERVA FRACCIONARIA

El sistema bancario del mundo está constituido con base en el *sistema de banca de reserva fraccionaria*.

La banca de reserva fraccionaria ha controlado el mundo durante miles de años. A continuación te daré un ejemplo sencillo de este sistema.

Supongamos que, hace 1 000 años, eres dueño de una tienda. Tienes 10 monedas de oro y necesitas viajar muchísimos kilómetros en un país lleno de tipos rudos para comprar suministros para tu tienda.

Vas a ver a un "banquero" local, que con frecuencia es un herrero, y este acepta guardar tus 10 monedas de oro en su caja fuerte.

El "banquero" te emite un trozo de papel que dice que le depositaste tus 10 monedas de oro. Ese trozo de papel es un certificado de depósito (CD), término que se sigue usando hasta la fecha.

Luego viajas esos miles de kilómetros en el país hostil y llevas contigo solamente el trozo de papel, el CD. Mientras tanto, tus monedas de oro están a salvo con tu "banquero".

Luego compras los nuevos suministros para tu tienda, le das tu CD —el trozo de papel— a la persona que te los vendió y regresas a casa.

La persona que te vendió la mercancía va a su "banco" y cobra su pago en forma de oro a través del CD de *tu* oro.

Tiempo después, te das cuenta de que el papel es mucho más conveniente que las monedas de oro, así que dejas estas con tu banquero y empiezas a usar sus CD como papel moneda.

CÓMO IMPRIME DINERO EL BANQUERO

La gente que necesita dinero va con un banquero y le pide un "préstamo". El banquero presta 9 de *tus 10 monedas de oro*, y la moneda que continúa guardando en su bóveda es la "reserva fraccionaria". El banquero sólo necesita conservar en su caja fuerte 10%, o una de tus 10 monedas de oro originales, para cumplir con el requerimiento de la "reserva".

El dinero ya fue impreso. Ahora, 10 monedas son 19 gracias al sistema de banca de reserva fraccionaria. Tus 10 monedas son el dinero real, y las 9 monedas que les entregan a los prestatarios son el dinero falso. El dinero falso ya fue impreso.

Aquí es donde las cosas se ponen emocionantes. La persona que pidió prestadas 9 de tus 10 monedas de oro va a su banco y deposita las 9 monedas. Luego, a la persona que pidió prestado ese dinero le emiten un CD por 9 monedas.

Después, el banquero que tiene las 9 monedas prestadas, le presta 8.1 de ellas al *siguiente* prestatario.

Este prestatario toma sus 8.1 monedas y las deposita en su banco. Entonces, su banquero le presta al siguiente prestatario 90% de las 8.1 monedas... y así hasta la eternidad.

EL MECANISMO DE MANDRAKE

¿Ya te diste una idea? A esto se le llama Mecanismo Mandrake en honor al mago de las tiras cómicas del mismo nombre. Mandrake podía sacar cualquier cosa de su sombrero, de la misma manera que tu banquero puede sacar dinero de la nada.

En este ejemplo, gracias al sistema de banca de reserva fraccionaria, las 10 monedas originales se llegan a expandir hasta convertirse en 27.1 monedas. Las 27.1 monedas pronto serán 2 710 o más, gracias a la magia que te acabo de explicar y al Mecanismo de Mandrake.

El sistema de banca de reserva fraccionaria y el Mecanismo Mandrake explican la manera en que se imprimen cantidades obscenas de dinero falso.

Mandrake se apodera del mundo

Piensa en lo siguiente: en 1971, el año en que Nixon sacó el dólar del patrón oro, *el mundo ya no necesitó esas 10 monedas originales*. El sistema de Mandrake del Dinero Mágico se apoderó del mundo.

Ahora imagina a miles de millones de personas solicitando y depositando miles de millones de dólares falsos en bancos de todo el planeta, mientras Mandrake sigue sacando, como por arte de magia, más y más dinero falso de su sombrero.

A partir de 2008 Mandrake el Mago tuvo que sacar un cuatrillón de dólares de su sombrero para evitar que su Mágico Mundo del Dinero colapsara.

¿Pero cuánto tiempo más podrá seguir sacando dinero mágico de su sombrero? Esa es la pregunta.

Pánico bancario

Si la magia de Mandrake se acaba, entonces se produce un pánico bancario y el espectáculo del mago es clausurado. Un pánico bancario es un estado de emergencia en que los ahorradores se forman afuera del banco y exigen que les devuelvan su dinero. El problema es que… Mandrake no lo tiene.

Esta es la razón por la que los bancos estadounidenses tienen un plan de emergencia: la FDIC, una institución que asegura los ahorros en los bancos por hasta 250 000 dólares. El problema es que la FDIC no tiene suficiente dinero para cubrir un pánico bancario masivo.

Si el pánico bancario se produjera, todo el sistema podría cerrarse legalmente. De hecho, los bancos han cerrado en muchas ocasiones en la historia moderna.

Si el espectáculo mágico de Mandrake cerrara, la cantidad de dinero que una persona podría retirar sería determinada por los cajeros automáticos. Imagina que vas al cajero de tu banco y te encuentras con un letrero que dice: "Su límite para hoy es de 100 dólares".

La confianza en el espectáculo mágico de Mandrake

Después de que padre rico nos explicó el sistema de banca de reserva fraccionaria y el acto mágico de Mandrake a su hijo y a mí, supimos por qué en nuestro dinero aparecía la leyenda "En Dios confiamos".

Hoy, yo prefiero confiar en el dinero de Dios, en el oro y la plata *auténticos*. No tengo fe en el espectáculo mágico de Mandrake ni en lo que Bucky Fuller llamó el *Grunch*, es decir, los poderes detrás del Flagrante atraco universal.

Prefiero confiar en el oro y la plata en lugar de en las élites que Mandrake contrata para que dirijan su espectáculo, impriman dinero, y gobiernen nuestros bancos centrales, bancos locales, mercados de bonos y bolsas de valores.

Siempre recuerda que el oro y la plata seguirán estando aquí muchísimo tiempo después de que tú, yo, las élites y las cucarachas hayamos desaparecido.

Oro falso y plata falsa

Mandrake también produce oro falso y plata falsa.

LECCIÓN: Oro falso y plata falsa. Yo no invierto en oro y plata falsos, a los que también se les conoce como fondos cotizados, es decir, metales de papel.

Los GLD y SLV son, respectivamente, los fondos cotizados de oro y plata: metales falsos. Yo no invierto en fondos cotizados (o ETF, por sus siglas en inglés), porque son parte del sistema de banca de reserva fraccionaria… o mejor dicho, del espectáculo mágico de Mandrake. A través de los ETF, por ejemplo, Mandrake puede tomar una onza de oro real y transformarla en unas 50 o 100 onzas de oro falso en papel. La impresión de estos fondos cotizados y fondos mutualistas forma parte del espectáculo del mago. Mandrake puede imprimir dinero, acciones, bonos e incluso bienes raíces.

A los fondos cotizados de bienes raíces se les llama Fideicomisos de Inversión y Bienes Raíces (REIT, por sus siglas en inglés). Yo adoro el oro, la plata y los bienes raíces, por eso no invierto en GLD, SLV ni REIT.

LECCIÓN: Lo anterior, sin embargo, no significa que tú no debas invertir en ETF (fondos cotizados) o en fondos mutualistas, ya que estos activos de papel pueden ofrecer ciertas ventajas a distintos tipos de personas.

En la tercera parte de este libro, "Activos falsos", hablaré de quiénes deberían invertir en GLD, SLV y REIT, y explicaré por qué yo no lo hago.

Una razón es porque estos instrumentos son derivados y forman parte del espectáculo mágico de Mandrake.

IMPRIMIR DINERO #3: DERIVADOS

El sistema bancario mundial se basa en los derivados.

LECCIÓN: ¿Qué son los derivados?

Haré lo posible por mantener esta explicación súper simple.

DERIVADOS DE LA NARANJA

Piensa en una naranja. Cuando la exprimes, obtienes jugo de naranja. El *jugo* es el derivado de la naranja. Si le quitas el agua al jugo, te quedas con *jugo de naranja concentrado*, y ese concentrado es un derivado tanto del jugo de naranja como de la naranja misma.

DERIVADOS DEL PETRÓLEO Y EL URANIO

Piensa ahora en el petróleo en crudo. La gasolina es un derivado del petróleo crudo. La gasolina, sin embargo, es mucho más inflamable y volátil que el crudo. Otros de los derivados de la gasolina son el combustible para la aviación, el combustible para los jets y otros destilados refinados del petróleo.

El número atómico del uranio es 92, y su símbolo es U. El uranio es más abundante que la plata. Cuando haces derivado tras derivado del uranio, este se vuelve inestable, tóxico y peligroso. Los derivados del uranio se usan como combustible nuclear para reactores y armas de destrucción masiva.

DERIVADOS DEL DINERO

Las acciones son derivados de una empresa. Una hipoteca es un derivado de los bienes raíces, y un bono es un derivado del dinero.

Pero hace unos 50 las cosas cambiaron.

Bucky Fuller dijo que habían empezado a jugar con el dinero.

Por su parte, Steven Brill cita a Martin Lipton: "Creamos toda una actividad económica independiente que consistía en intercambiar trozos de papel, y con eso no se logra nada".

En 1950 la fabricación ascendía a 60% de las ganancias corporativas. Hoy, en cambio, sólo asciende a 25%. En 1950, la industria financiera ascendía a 9% de las ganancias corporativas, hoy sólo representa 30 por ciento.

En su libro *Maker and Takers: The Rise of Finance and the Fall of American Business*, Rana Foroohar escribe: "La creación de la riqueza en los mercados financieros se ha convertido en un fin en sí mismo, en lugar de ser un medio para alcanzar el objetivo de la prosperidad compartida".

Traducción: "Yo tengo lo mío, que los demás se frieguen".

El ejemplo que nos da Rana Foroohar para ilustrar la actitud de "Yo tengo lo mío" en la industria financiera estadounidense es: "En conjunto, los gerentes de los veinticinco fondos de cobertura más importantes de Estados Unidos ganan más que todos los maestros de jardín de niños del país juntos".

ENTREVISTA CON RANA FOROOHAR
EN RICH DAD RADIO

Para tener acceso a la entrevista en que Rana habla de la manera en que la codicia controla la industria financiera

estadounidense, sigue este enlace:
http://youtu.be/VgZZnG7US14

Ingeniería financiera

En lugar de generar nuevos activos, es decir, activos que produzcan prosperidad legítima y perdurable, la ingeniería financiera se apoderó del negocio del dinero y empezó a crear activos falsos y tóxicos.

Aproximadamente en 2005, los ingenieros financieros de las élites, desesperados por obtener rendimientos más altos, tomaron derivados financieros como las hipotecas y fueron en busca de los prestatarios *subprime*. Les dieron préstamos que no podían pagar, y así crearon al Frankenstein de los monstruos financieros, es decir, los valores respaldados por hipoteca (MBS) y las obligaciones de deuda garantizada (CDO) que luego le vendieron al mundo como "valores", mejor conocidos como *derivados financieros de derivados financieros*.

A estos derivados financieros de derivados financieros, Warren Buffett les llamó "armas financieras de destrucción masiva".

Por su parte, esto es lo que nos dice Steven Brill al respecto en su artículo publicado en *Time*:

> [Las élites] volcaron al Estados Unidos corporativo y a Wall Street con inventos en las áreas del derecho y las finanzas, y de esa manera produjeron una economía construida sobre tratos que permitían el movimiento de activos viejos en vez de fomentar la producción de nuevos activos. Crearon instrumentos financieros exóticos y riesgosos como los derivados y los seguros de impago de deuda que produjeron una euforia de ganancias inmediatas, pero que también separaron a quienes corrieron el riesgo de quienes pagarían las consecuencias.

En 2008 estallaron esas armas financieras de destrucción masiva, y la economía mundial estuvo a punto de derrumbarse.

¿Ha cambiado algo?

En 2007 había 700 billones de dólares en derivados.

En 2008 estallaron las armas financieras de destrucción masiva y estuvieron a punto de causar el derrumbe de la economía mundial.

En 2018 había 1.2 *cuatrillones* en derivados.

Pero ¿para qué cambiar? ¡El espectáculo mágico del dinero de Mandrake debe continuar!

IMPRIMIR DINERO #4: Inflación

El espectáculo mágico del dinero de Mandrake se alimenta gracias a la inflación, así que si la inflación termina, la carpa del mago se viene abajo y el espectáculo tiene que terminar.

La carpa de Mandrake se desplomó

Observa nuevamente la gráfica de 125 años del Dow.

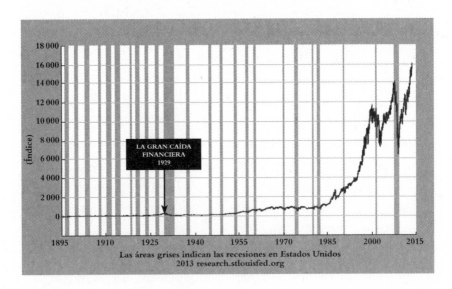

Promedio Industrial Dow Jones (PIDJ)

Fuente: S&P Dow Jones Indices LLC

Aquí puedes ver claramente dónde y cuándo se vinieron abajo las puntas de las carpas de Mandrake en 2000 y 2008.

Promedio Industrial Dow Jones (PIDJ) 1895-2015

Las áreas grises indican las recesiones en Estados Unidos

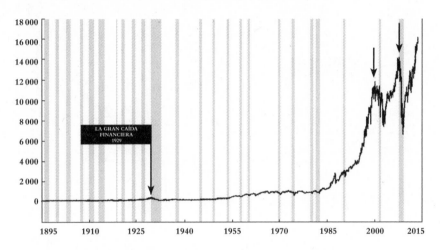

Fuente: S&P Dow Jones Indices LLC (2013 research.stlouisfed.org)

¿No te parece que los picos parecen puntas de enormes carpas de circo?

También puedes ver el momento en que el Flagrante atraco universal, el *Grunch*, empezó a inyectarle aire de nuevo a la carpa de Mandrake.

Promedio Industrial Dow Jones (PIDJ) 1895-2015

Las áreas grises indican las recesiones en Estados Unidos

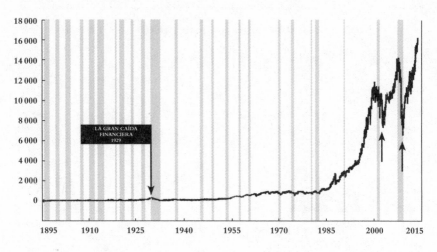

Fuente: S&P Dow Jones Indices LLC (2013 research.stlouisfed.org)

TARP y QE

En lugar de llamarle "impresión de dinero", a los miembros más encumbrados de las élites —Ben Bernanke, presidente de la Reserva Federal y Hank Paulson, secretario del Tesoro de Estados Unidos y antiguo director ejecutivo de Goldman Sachs— se les ocurrió usar nuevos nombres: Programa de Alivio para Activos en Problema (*Troubled Asset Relief Program* o TARP), y más adelante, Expansión o Flexibilización Cuantitativa (QE, por sus siglas en inglés).

Supongo que a ellos estos términos les sonaron más inteligentes que simplemente decir "imprimir dinero".

Yo le llamaría VC, o sea, Vernos la Cara.

El acto del dinero mágico de Mandrake y el sistema de banca de reserva fraccionaria había impreso tanto dinero, que las carpas del mundo empezaron a desinflarse. Nuestro planeta estaba al borde de una depresión colosal.

El TARP y el QE eran necesarios para evitar que las carpas se desplomaran.

LECCIÓN: El acto mágico de Mandrake sólo puede sobrevivir si la inflación continúa.

(¿Comprendes? Hay que mantener las carpas infladas…)

LECCIÓN: Si no hay inflación, Mandrake no puede pagar la deuda monumental que genera la impresión de dinero.

LECCIÓN: Con la inflación, la deuda se abarata porque el dinero también se abarata, y entonces la deuda se puede pagar con dólares menos caros.

Por qué los ahorradores son perdedores

Poder adquisitivo del dólar estadounidense desde 1913

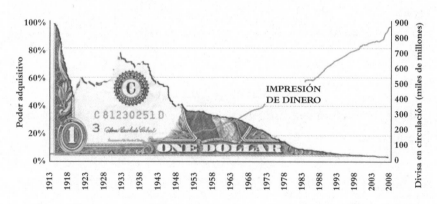

Fuente: Bureau of Labor Statistics

LA INFLACIÓN ES MEJOR QUE LA DEFLACIÓN

LECCIÓN: Si hay deflación, la deuda se vuelve más cara y tiene que ser pagada con dólares más valiosos y más costosos.

A menudo, la deflación conduce a la depresión.

135

Promedio Industrial Dow Jones (PIDJ) 1895-2015

Las áreas grises indican las recesiones en Estados Unidos

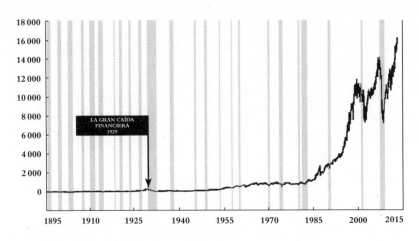

Fuente: S&P Dow Jones Indices LLC (2013 research.stlouisfed.org)

Inflación y deflación

LECCIÓN: Con la inflación, la gente gasta más rápido porque tiene miedo de que los precios suban.

LECCIÓN: Con la deflación, la gente no gasta porque prefiere esperar a que bajen los precios, y esto puede conducir a una depresión económica.

LECCIÓN: Esta es la razón por la que el espectáculo mágico del dinero de Mandrake necesita de la inflación para continuar. Si no hay inflación, el mago no puede pagar el último show.

LECCIÓN: Esta es la razón por la que la Reserva Federal y el Tesoro de Estados Unidos usaron el TARP y el QE. Tuvieron que volver a inflar las carpas del mago con billones y cuatrillones de dólares en dinero falso.

El daño colateral

Date cuenta de que estoy volviendo a usar la palabra *colateral*. El daño colateral que tuvieron los derivados tóxicos, los activos falsos y los colaterales falsos, fue precisamente la gente inocente del mundo. Y así, los ahorradores se convirtieron en perdedores.

Alguien les robó el sueño americano a los propietarios de casas, y también a los ahorradores.

Cuando los mercados colapsaron en 2008, los bancos dejaron que se desplomaran las tasas de interés y le suplicaron a la gente que pidiera dinero prestado.

Los ahorradores, que en muchos casos eran personas jubiladas que vivían de sus ingresos fijos, se convirtieron en los mayores perdedores en cuanto los bancos recortaron los intereses sobre sus ahorros, y en algunos casos, hasta por debajo de cero.

Como ya no contaban con los intereses sobre sus ahorros, los jubilados empezaron a vivir del capital, y eso disminuyó la cantidad de dinero que tenían guardada.

Los millonarios eran ricos

En 1970, un año después de que me gradué de la universidad, los ahorradores podían ganar hasta 15% de interés sobre sus ahorros. Para mantener las operaciones aritméticas sencillas, comencemos con un millón.

1 millón x 15% = 150 000

En 1970 una persona podía vivir con 150 000 dólares sin problemas.

Después de 2008 las tasas de interés se desplomaron y en algunos países llegaron a caer por debajo de cero.

Los ahorradores fueron los mayores perdedores y los millonarios se volvieron pobres.

Una vez más, voy a mantener las operaciones sencillas y usaré un millón en ahorros como ejemplo:

$$1 \text{ millón} \times 2\% = 20\,000$$

Es difícil que cualquier persona en Estados Unidos viva con 20 000 dólares al año. De hecho, es difícil incluso si esa persona es millonaria. Los millonarios que viven de los intereses sobre sus ahorros son los nuevos pobres.

Esta situación forzó a mucha gente a entrar a la bolsa de valores con la esperanza de obtener rendimientos más altos por su dinero. El resultado fue que se produjo una burbuja en la bolsa. Observa la gráfica de 125 años del Dow para que veas cómo estalló esta burbuja después de las caídas financieras de 2000 y 2008.

EL BITCOIN Y EL CIBERDINERO

En 2009 apareció el bitcoin… y el ciberdinero empezó a desafiar al espectáculo del dinero mágico de Mandrake.

Pero a Mandrake no le gusta la competencia, y por eso el *Grunch* va a luchar contra el ciberdinero, es decir, el dinero de la gente. Algunos miembros de las élites, sin embargo, están optando por este instrumento.

LECCIÓN: La inflación genera pobreza.

La impresión de dinero vuelve ricas a algunas personas. Asimismo, la gente se siente más adinerada cuando su casa se "revaloriza" o cuando su "valor neto" aumenta porque su portafolio de acciones subió de valor.

Pero también hay millones de personas a las que la impresión de dinero sólo las empobrece más.

La brecha

Cambios en repartición de ingreso *vs*. 1979, después de impuestos e inflación

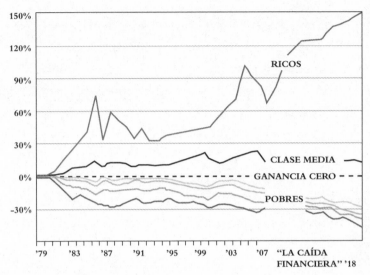

Fuente: Congressional Budget Office

Gracias a un estudio realizado por profesores de Stanford, Harvard y Berkeley, se descubrió que: la posibilidad de que los niños ganen más que sus padres cayó de 90% a 50% en solamente 40 años.

En otro estudio se encontró que, entre 2009 y 2012, los ingresos para el 1% en la cima de quienes generan dinero aumentó 31.4%. Sin embargo, los ingresos para el 99% restante sólo aumentó 0.4%.

CIUDADES CARPA

En todo Estados Unidos están apareciendo las ciudades carpa, en especial en algunas de nuestras urbes más prósperas como San Francisco, Seattle y Honolulu.

Muchas de las personas que viven en estas carpas tienen empleo, pero no pueden darse el lujo de comprar una casa. En 2018 había aproximadamente 550 000 personas sin hogar en Estados Unidos.

Dices que quieres una revolución

Lo que a mí me preocupa es que, desde tiempos inmemoriales, cada vez que la brecha entre los ricos y todos los demás se abre demasiado, hay una revolución.

Cuando la brecha entre los ricos y todos los demás se abrió demasiado, hubo revoluciones en Rusia, Cuba y Venezuela.

¿Acaso nos estamos encaminando a una nueva revolución?

La canción "Revolution" de los Beatles expresa mis pensamientos mejor de lo que yo mismo puedo hacerlo. La encontrarás en You-Tube (https://youtu.be/BGLGzRXY5Bw).

¿Puedes ver el futuro?

El doctor Fuller nos enseñó a ver el futuro a través del estudio del pasado. Aquí tienes algunas gráficas y fotografías que te ayudarán a hacerlo por ti mismo.

Promedio Industrial Dow Jones (PIDJ) 1895-2015

Las áreas grises indican las recesiones en Estados Unidos

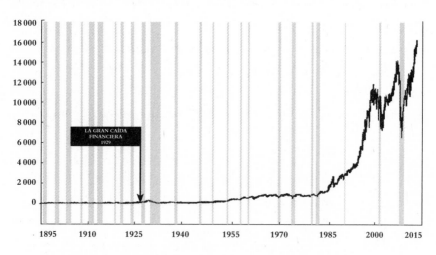

Fuente: S&P Dow Jones Indices LLC (2013 research.stlouisfed.org)

Impresión de dinero falso

¿QUÉ SUCEDE CUANDO UN PAÍS IMPRIME DEMASIADO DINERO?

Hiperinflación durante la República de Weimar en Alemania

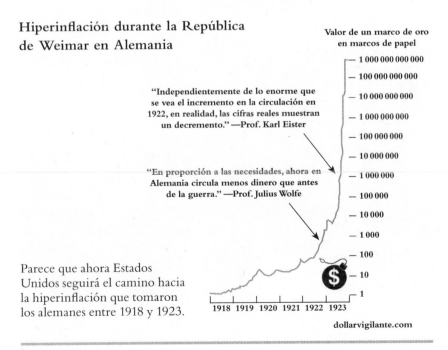

"Independientemente de lo enorme que se vea el incremento en la circulación en 1922, en realidad, las cifras reales muestran un decremento." —Prof. Karl Eister

"En proporción a las necesidades, ahora en Alemania circula menos dinero que antes de la guerra." —Prof. Julius Wolfe

Parece que ahora Estados Unidos seguirá el camino hacia la hiperinflación que tomaron los alemanes entre 1918 y 1923.

Valor de un marco de oro en marcos de papel

dollarvigilante.com

Cuando la inflación ha fracasado, muchos países han sufrido de una hiperinflación que, a menudo, es impulsada por la impresión excesiva de dinero. A continuación verás fotografías de la hiperinflación en Alemania durante la década de los veinte. Al analizarlas, tal vez comprendas por qué *yo no ahorro dinero falso.*

Fuente: Getty Images / Albert Harlingue / Roger Viollet
Pilas de billetes en el sótano de un banco en la época de la devaluación del marco en 1923

Fuente: Getty Images / Universal History Archive
La hiperinflación en Alemania posterior a la Segunda Guerra Mundial permite que una mujer use billetes para encender su estufa

Fuente: Getty Images / Corbis
Niños alemanes jugando en 1923 con dinero en las calles (miles de millones en dinero falso y sin valor)

Fuente: Getty Images / ullstein bild
El dinero que perdió todo su valor en 1923 durante la República de Weimar fue quemado

Esta hiperinflación condujo al ascenso de Adolfo Hitler, a la Segunda Guerra Mundial y al asesinato de millones de personas inocentes.

Fuente: Getty Images / H. Miller
Víctimas del campo de concentración Buchenwald

La impresión de dinero jamás ha generado prosperidad sostenible. Imprimir billetes siempre les ha traído pobreza a quienes trabajan para obtener dinero.

El año 1971 fue el inicio de la primera "impresión de dinero" mundial. Hoy en día, el sistema bancario de todo el planeta se basa en la impresión de dinero. ¿Pero cuánto tiempo pueden Estados Unidos y el mundo continuar imprimiendo dinero falso?

¿SE ESTÁ REPITIENDO LA HISTORIA?

A mí me parece que sí.

En el siguiente capítulo explicaré por qué yo poseo oro y plata auténticos.

TUS PREGUNTAS... LAS RESPUESTAS DE ROBERT

P: Entonces, ¿qué pasa cuando las burbujas estallan? ¿El dinero simplemente desaparece?

Chris G. - Grecia

R: Sí y no. Cuando una burbuja estalla, parte del dinero cambia de manos y va de los ganadores a los perdedores. La mayoría de los perdedores son inversionistas promedio que bebieron mucho Kool-Aid sabor "invierte a largo plazo". A veces, invertir a largo plazo funciona, y otras veces no.

Cuando el dinero cambia de manos y pasa de los ganadores a los perdedores, realmente no se pierde. El perdedor perdió, pero el dinero no desapareció, sólo cambió de dueño.

Por eso muchos expertos te dicen que, si no vendes, no pierdes dinero. Estos expertos se basan en el hecho de que sigues teniendo las participaciones accionarias.

Yo, sin embargo, no estoy de acuerdo. Digamos que compro 100 acciones a 20 dólares.

$$100 \times 20 = 2\,000$$

El mercado colapsa al día siguiente, y ahora las acciones valen 2 dólares cada una.

$$100 \times 2 = 200$$

En este ejemplo, el dinero sí desapareció. El inversionista perdió 1 800 dólares. Luego le llama a su asesor financiero y le dice: "Perdí 1 800 dólares".

El asesor contesta: "Sólo pierdes cuando vendes, por eso invertiste a largo plazo. El precio de las acciones volverá a subir".

Pero eso es una mentira. En este ejemplo, en ese momento, el dinero se perdió. Desapareció de la columna de activos del inversionista.

P: ¿Qué pasaría si todos exigieran que les devolvieran su dinero en el marco de un pánico bancario? ¿Los bancos podrían prestarle dinero a alguien?

Manuel A. - México

R: Depende. Durante un pánico bancario, la gente hace cosas interesantes, así que es difícil predecir lo que podría suceder.

A partir de la caída financiera de 2008, millones de personas perdieron billones de dólares. Los ricos no perdieron porque el gobierno de Estados Unidos "rescató" a los bancos más grandes.

Los ahorradores perdieron porque los bancos imprimieron billones de dólares falsos y con eso provocaron que disminuyera el valor de los ahorros de la gente.

En el siguiente colapso, si todos quisieran reclamar su dinero al mismo tiempo, podría suceder lo contrario al "rescate", o sea, en lugar de que el gobierno rescatara a los bancos, los bancos podrían "rescatarse". Podrían tomar el dinero de los ahorradores y convertirlo en acciones del banco (participaciones accionarias). Y si eso sucediera, el dinero de los ahorradores se quedaría congelado en el banco. Una vez más, los ahorradores pierden y los ricos ganan.

En su libro *The Road to Ruin*, Jim Rickards predice un evento "Ice Nine". Esto significa que todo el sistema monetario y bancario se queda congelado. Por eso este autor recomienda guardar algo de dinero, así como oro y plata, fuera del sistema bancario.

P: Me resulta difícil tener la mente abierta a las verdades que tú y otros han expuesto. Leo, escucho y pienso… pero siempre termino en negación. ¿Qué puedo hacer para ser más abierta y aceptar la realidad?

Jana V. - Estados Unidos

R: Ya estás demostrando que tienes mente abierta. Cuando estás consciente, tu mente se abre a nuevos pensamientos e ideas. ¡Felicidades!

P: ¿Cómo averiguas si las noticias en los medios de comunicación son falsas o auténticas?

Rohit M. - India

R: Siempre toma en cuenta la fuente de las noticias. En este libro te ofrezco una lista de las fuentes que he presentado en Rich Dad Radio. La mayoría de las entrevistas dura 40 minutos. En esos 40 minutos aprenderás mucho porque escucharás a gente que ha hecho cosas auténticas en el mundo real del dinero falso.

Si tú obtienes tu información a través de corredores de bolsa, corredores de bienes raíces o corredores de seguros, no olvides la advertencia de padre rico: "Les llaman 'corredores' porque tienen que correr más que tú para perseguir la chuleta".

P: ¿Acaso el verdadero problema no es el sistema central bancario de mi país, o sea, la Reserva Federal?

Jon K. - Estados Unidos

R: Todo dependerá de a quién le preguntes. Yo creo que hay varias dificultades, pero definitivamente, la Reserva Federal y el sistema de los bancos centrales son una de ellas.

Me parece que el verdadero problema es la falta de educación financiera en nuestro sistema educativo. Si un individuo tuviera educación financiera real, esta crisis financiera en la que estamos no representaría un inconveniente. Más bien, sería una oportunidad de volverse verdaderamente rico. Por eso escribí este y mis otros libros.

Lo anterior me recuerda que el símbolo chino para la palabra *crisis* se forma con dos palabras: *peligro* y *oportunidad*.

Yo escribo para gente como tú, gente que quiere encontrar la oportunidad en el peligro.

P: ¿La cuenta Roth IRA es un activo real o falso?

Ivan K. — Estados Unidos

R: Todo depende. El Roth IRA es un vehículo con ventajas fiscales. A pesar de ello, no todos los IRA son activos. En el marco de un colapso financiero, los IRA también van a derrumbarse y a convertirse en un pasivo.

P: ¿Por qué la gráfica que muestra la bolsa de valores estadounidense es tan negativa? ¿O acaso es mi impresión? Aquí veo grandes oportunidades para la gente que compre acciones.

Lukas D. - Alemania

R: Excelente pregunta. La gráfica puede ser positiva o negativa, dependiendo de la persona que la observe. Para alguien que invierte a largo plazo, el colapso puede convertirse en una crisis. Para alguien que puede invertir en el mercado en "corto", el colapso puede convertirse en una oportunidad.

Te repito: Crisis = Peligro + Oportunidad

P: ¿No es el dinero solamente un medio de intercambio? En ese caso, el valor a largo plazo no es tan importante. ¿Qué la culpa no la tiene la gente que ahorró su dinero en dólares estadounidenses? Porque, vaya, también pudo comprar acciones.

Danny W. - Japón

R: Estoy de acuerdo. Para cuando termines de leer este libro habrás aprendido que ni siquiera necesitas dinero, y mucho menos ahorrarlo. El verdadero valor de la educación financiera es que te puede ayudar a volverte rico con o sin dinero.

P: ¿Por qué la gente nunca ve lo que hacen los bancos y el gobierno sino hasta que ya es demasiado tarde?

Victor R. - Singapur

R: Como dice el dicho, "No puedes pescar en agua limpia".

El propósito de este libro y de todos los de la serie Padre Rico, es permitirte vislumbrar lo que los otros no ven.

P: ¿El bitcoin se convertirá en la divisa mundial dominante?

Benny S. - Israel

R: Lo dudo, sin embargo, la tecnología de cadena de bloques sí va a cambiar al mundo.

Capítulo seis

Ocho razones filosóficas por las que poseo oro y plata auténticos

¿Cuáles son tus razones?

Por favor observa nuevamente que dije que *poseo* oro y plata auténticos. No dije "invierto" ni "intercambio". Estoy diciendo que poseo oro y plata auténticos porque hay ocho razones que explican la diferencia entre *poseer*, *invertir* e *intercambiar* cualquier cosa.

RAZÓN #1: Confianza

No confío en el dinero falso y tampoco confío en mí porque sé que no lo sé todo. Sé que no tengo todas las respuestas. No puedo predecir al futuro, sólo estoy consciente de que debo prepararme para recibirlo.

No confío en los miembros de las élites que dirigen nuestros gobiernos, bancos o Wall Street. No confío en nadie que imprima dinero falso.

Poseo oro y plata porque confío en el oro y la plata auténticos. Confío en el dinero real de Dios.

El oro y la plata auténticos han estado aquí desde que se formó la Tierra, desde mucho antes de que existieran las cucarachas. Y estarán aquí hasta mucho después de que se hayan ido.

El número atómico del oro es 79 y el de la plata es 47.

En el dinero de Dios confío.

RAZÓN #2: El oro y la plata
no son inversiones

Yo no poseo oro y plata para generar dinero. El oro y la plata son un seguro, una *cobertura* para protegerme de la estupidez de las élites y de mi propia estupidez.

Como muchos, yo tengo un seguro para mi automóvil en caso de que alguien llegue a chocar conmigo o de que yo choque con alguien. Bien, pues el oro y la plata tienen un propósito similar.

No confío en las élites, sus miembros creen que lo saben todo, creen que siempre están en lo correcto. Están convencidos de que no cometen errores. Jamás admitirán que se han equivocado. Y si cometen errores, les pagan bonos. Si cometen errores, nosotros pagamos por ello.

El oro y la plata son una cobertura para protegerme de las élites y de sus equivocaciones.

Steven Brill nos dice:

[Los miembros de las élites] lograron consolidar sus ganancias, aprovechar las fuerzas que habrían podido restringirlos y ser más inteligentes que ellos, y luego destruyeron el puente para que nadie más pudiera ser partícipe de ese éxito o contender su supremacía.

Se volvieron mejores en lo que hacían, derribaron las vallas de contención que limitaban sus ganancias, diseñaron cambios en el panorama político de una forma muy agresiva, y debido a las consecuencias —con frecuencia no anticipadas— de sus innovaciones, crearon una nación rodeada de fosos que las protegían de asumir la responsabilidad y del daño que sus triunfos habían provocado en la comunidad.

Traducción: Los miembros de las élites están por encima de la ley, no existen vayas que los contengan. Tienen dinero para contratar a los mejores abogados que, con frecuencia, son compañeros que asistieron a las mismas escuelas de élite, y con ellos luchan contra los mal pagados abogados del gobierno, provenientes de escuelas de derecho menos prestigiosas. Tienen el poder de hacer lo que quieran sin responsabilizarse de sus actos ni del daño que infligen en la vida de mucha gente. Su educación privilegiada y su éxito los convierten en déspotas.

Definición:

déspota (s.), mandatario u otra persona con poder absoluto que, generalmente, lo ejerce de manera cruel u opresiva.

El oro y la plata son una protección contra la codicia, la corrupción, la ignorancia y la incompetencia de los miembros de las élites que se han transformado en déspotas.

RAZÓN #3: El oro y la plata
no implican riesgo

El precio del oro y la plata aumentará y disminuirá porque el valor de nuestro dinero falso también lo hace.

Antes de 1971 los precios de estos metales se mantenían relativamente estables, pero hoy en día, cada vez que suben o bajan, yo compro más porque quiero tener dinero de Dios.

Cuando una persona invierte en acciones o bienes raíces, espera recibir un *retorno sobre la inversión* —ROI, por sus siglas en inglés— porque está corriendo un riesgo. Cuando una persona ahorra dinero en un banco, espera recibir una tasa de interés porque ahorrar dinero en un banco es extremadamente riesgoso, en especial si las élites siguen imprimiendo dinero.

Observa la siguiente gráfica:

Por qué los ahorradores son perdedores

Poder adquisitivo del dólar estadounidense desde 1913

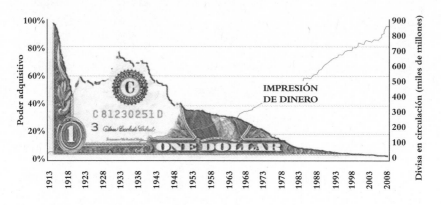

Fuente: Bureau of Labor Statistics

Cuando compro una moneda de oro o de plata, no espero *retornos sobre la inversión* porque no estoy corriendo ningún riesgo. El oro y la plata son el dinero de Dios. Siempre recuerda que el precio del oro y la plata aumentará y disminuirá porque el valor de nuestro dinero falso también lo hace.

Cuando compro oro o plata auténticos, los compro para siempre, nunca tengo el plan de venderlos. Así como Warren Buffett se aferra a sus acciones por siempre, yo seguiré comprando estos metales toda la vida.

Ya sé que algunos de los lectores de este libro dirán: "Pero quiero gastar mi dinero" o "necesito dinero". Por eso la mayoría de la gente es pobre, porque le encanta gastar. A mí también me agrada gastar, adoro los automóviles elegantes, la ropa, las casas y la comida, pero ni siquiera cuando regresé de Vietnam y no tenía dinero ni empleo, vendí mi oro o mi plata.

Los bancos no son seguros

Voy a repetirte esto: los bancos no son seguros, son riesgosos. Yo uso los bancos para almacenar dinero en efectivo a corto plazo, que es mi capital de operaciones. Tampoco guardo mi oro y mi plata auténticos en bancos, ni mi riqueza a largo plazo. Los bancos, sencillamente, son demasiado riesgosos. En cualquier momento podrían cerrarlos con tu oro, tu dinero y tu plata dentro.

Las criptodivisas: el dinero de la gente

El bitcoin apareció en la escena mundial en 2009, justamente cuando el sistema bancario estaba a punto de derrumbarse.

Una de las enormes ventajas de las criptodivisas y de la tecnología de cadena de bloques es la confianza y la seguridad que ofrecen porque no pertenecen al sistema bancario.

A medida que las criptodivisas vayan evolucionando, el poder del sistema bancario, mejor conocido como el espectáculo mágico del dinero de Mandrake, perderá el control que tiene sobre la libertad financiera del mundo.

Cómo reducir el riesgo

Para reducir el riesgo aún más, yo resguardo mi oro y mi plata en distintos países donde hay seguridad, donde es legal hacerlo, y que están muy, muy lejos. Guardo el oro y la plata en cajas de seguridad en el interior de bóvedas privadas, nunca en bóvedas bancarias. Esto es para asegurarme de que no sentiré la tentación de echarles la mano encima y para eliminar la posibilidad de que alguien me fuerce a ir a mi banco local a sacar mis metales.

Necesito proteger ese oro y esa plata porque son mi ganado, mi colateral.

Si tú todavía no andas por el mundo en tu avión privado, tal vez prefieras guardar tu oro y tu plata auténticos en una caja fuerte a prueba de fuego en algún lugar alejado de tu hogar.

Yo tampoco viajo en avión privado todavía, pero sí tengo varias cajas de seguridad en bóvedas privadas lejos de casa y de los bancos.

Cómo hacer mucho dinero

En los próximos capítulos aprenderás cómo hacer dinero y cómo convertir tu oro y tu plata en un ahorro fuera del banco. Mientras más dinero sigas haciendo, menos tentado te sentirás a gastar tus metales.

El dinero real es arriesgado. El oro y la plata, en cambio, no representan riesgo porque son el dinero de Dios.

James Rickards, autor de *Currency Wars, The New Case for Gold* y de *the Road to Ruin*, ha hecho cálculos para comparar las onzas de oro con el dinero del gobierno. De acuerdo con sus operaciones, si el dólar estadounidense volviera a entrar al patrón oro, el valor de la onza de oro aumentaría a 10 000 dólares.

Otros expertos dicen que el valor de este metal bajará a 400 dólares la onza.

¿Quién crees que tenga la razón?

RAZÓN #4: Accesibilidad

Yo empecé a recolectar monedas de plata cuando tenía 18 años. Era 1965, año en que el gobierno de Estados Unidos empezó a *degradar* estas monedas. Te recuerdo que *degradar* significa mezclar la plata con metales base más baratos como cobre y estaño.

A partir de 1965 todas las monedas de "plata" estadounidenses empezaron a tener un tinte cobrizo en el borde.

Patrick, un compañero de la escuela que era el matadito, el cerebrito del salón, empezó a investigar el origen de este borde cobrizo y averiguó que, como la plata se estaba volviendo más cara, el gobierno tuvo que encontrar la manera de producir las monedas de una forma más económica. Como la plata era un metal precioso industrial, se usaba en varias industrias en boga, como la electrónica y la médica, y también se le empleaba como purificador para eliminar toxinas.

Los usos de la plata en la industria continúan aumentando hasta la fecha.

Patrick y yo empezamos a recolectar monedas de plata real de 10 y 25 centavos.

Actualmente, casi toda la gente puede comprar monedas de plata real. Todavía hay monedas de 10 centavos que puedes comprar por 1.50 dólares, y si alguien no puede comprar una moneda por 1.50 dólares, seguramente tiene grandes dificultades.

Hoy en día, la moneda de plata estadounidense con el águila se vende por 20 dólares. Es por ello que yo preferiría ahorrar una moneda de 10 centavos de plata o una con el águila con un costo de 20 dólares, que ahorrar un dólar o una monedita de 10 centavos actuales.

Te reitero que el oro y la plata auténticos no generan interés porque no implican riesgo. Los bancos te pagan intereses sobre tus ahorros porque los bancos son instituciones riesgosas debido al sistema bancario de reserva fraccionaria y al Mecanismo Mandrake.

Te invito a que vuelvas a ver lo que le sucedió al dinero del gobierno en comparación con el oro. Observa que en la siguiente gráfica al oro se le representan con una línea recta que corre sobre el 100, reflejo de su constancia en relación con el poder adquisitivo. También fíjate en el extremo inferior derecho de esta misma gráfica, donde verás que en los últimos cien años todas las divisas han perdido entre 97 y 99% de valor en relación con el oro.

Oro *vs.* dinero falso

1900-2018

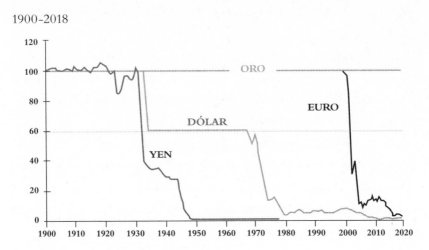

¿Qué te parece más arriesgado? ¿Ahorrar dinero del gobierno o ahorrar oro y plata?

Si necesitas obtener dinero falso rápidamente, el oro y la plata auténticos se pueden convertir en liquidez. Los puedes intercambiar en cualquier lugar del mundo a cambio de dinero falso.

RAZÓN #5: COMPLEJIDAD *VS.* SIMPLICIDAD

En 1972, el año en que compré mi primera moneda de oro por aproximadamente 50 dólares, el mundo era un lugar simple. Actualmente, nuestro mundo es complejo y cada vez se vuelve más incomprensible.

Ese mismo año, mi Corvette tenía un radio sencillo con botones que sólo se oprimían, y en la puerta de mi condominio había una cerradura elemental.

Actualmente, necesito instrucciones para saber cómo usar el radio de mi Ferrari y una cerradura sencilla ya no va a mantener a los ladrones fuera de mi casa. Los ladrones pueden robarme todo lo que tengo desde cualquier lugar del mundo, ¡incluso mi identidad!

En 1972 la amenaza era la guerra nuclear, hoy en día, se libra una ciberguerra todos los días.

Supongamos, por ejemplo, que un *hacker* o pirata informático de 15 años de algún oscuro país encuentra la manera de cortar la electricidad en la Ciudad de Nueva York, en Londres, Tokio y Beijing. Sólo por la emoción de la experiencia.

¿Qué crees que pasaría en el planeta?

¿Qué sucedería si el dinero no pudiera ser transferido? ¿Qué pasaría si se le dejara de pagar a la gente? ¿Qué pasaría si los cheques de Seguridad Social y del seguro de desempleo dejaran de llegar?

¿Qué sucedería si cerraran los bancos? ¿Qué pasaría si las bolsas de valores del mundo colapsaran?

Se calcula que los supermercados en Estados Unidos solamente tienen alimentos para tres días. Entonces ¿qué pasaría si decenas de miles de personas con hambre fueran corriendo a tu supermercado local?

El mundo es complejo. El oro y la plata son simples.

LAS 5 G DE LOS GRANDES TESOROS

Para ser realista, hay que ser pesimista y optimista al mismo tiempo.

Yo soy optimista respecto al futuro, pero también pesimista.

Como soy pesimista, me estoy preparando con los 5 Grandes tesoros necesarios para sobrevivir:

Gran tesoro 1: Oro y plata.

Gran tesoro 2: Alimentos para seis meses por lo menos.

Gran tesoro 3: Gasolina: invierto en pozos petroleros y tengo la gasolina que necesitaría para irme de la ciudad.

Gran tesoro 4: Terrenos: tengo propiedades seguras con agua y alimento, alejadas de las ciudades.

Gran tesoro 5: Armas y municiones: tanto las armas como las municiones tienen un doble propósito porque sirven como protección y como divisas.

Riesgo de contraparte

El dinero falso tiene un riesgo de contraparte, lo que quiere decir que no puede ser dinero por sí solo.

Piensa en el ejemplo que te di en uno de los capítulos anteriores. Digamos que un amigo te pide prestados 100 dólares y te da a cambio un pagaré. Ahora hay un riesgo de contraparte porque en este ejemplo, tu pagaré sólo es tan bueno como la credibilidad de tu amigo que, en este caso, es la contraparte. Si tu amigo resulta ser un fracaso, tu pagaré no valdrá ni siquiera lo que cuesta el papel en que está impreso.

Esto fue lo que sucedió a partir de 1971. El dólar estadounidense es un pagaré, una nota promisoria del gobierno. La contraparte es precisamente el gobierno de Estados Unidos, y el dólar vale solamente lo que valga la integridad de dicho gobierno.

Millones de personas perdieron todo cuando el gobierno que emitía su dinero cayó en bancarrota. De hecho, ha sucedido en muchas ocasiones a lo largo de la historia.

Con los certificados de acciones sucede lo mismo. Si la empresa que emite dichas participaciones desaparece, tu certificado no vale ni siquiera lo que cuesta el papel en que está impreso.

Te repetiré algo muy importante: todo el dinero falso tiene un riesgo de contraparte.

El oro y la plata, en cambio, no tienen riesgo de contraparte. En todo caso, si tuvieran una contraparte, se trataría de Dios.

Advertencia

No compres monedas de numismática, o sea, monedas raras. La mayoría de los distribuidores las tienen y les encantaría vendértelas porque son coleccionables y porque ellos son quienes definen el precio.

Así que, a menos de que seas experto en monedas raras, apégate a las monedas ordinarias de oro y plata como las águilas estadounidenses, las hojas de maple canadienses, las monedas panda de China,

las monedas de canguros australianos y las de los krugerrand suda-
fricanos.

Si eres novato, recuerda mi acrónimo en inglés: KISS, *Keep It Super
Simple*. ¡Mantenlo súper simple!

DE LA SIMPLICIDAD A LA COMPLEJIDAD

Los miembros de las élites fueron quienes tomaron las cosas sencillas
y las volvieron complejas. Añadieron capas y más capas de riesgo de
contraparte. Tomaron una hipoteca ordinaria y la convirtieron en
un valor respaldado por hipoteca o MBS, que en realidad es un derivado financiero de otros derivados, es decir, capas y más capas de
contrapartes. Las élites no han dejado de aprovechar la ingeniería
financiera para crear estos monstruos de Frankenstein ultracomple-
jos porque, ¿para qué detenerse?

Te reitero las palabras de Steven Brill:

> [Las élites] crearon una economía con base en acuerdos que permi-
> tían mover activos viejos en lugar de crear activos nuevos. Crearon
> instrumentos financieros exóticos y riesgosos como los derivados y
> los seguros de impago de deuda que produjeron una euforia de ga-
> nancias inmediatas, pero que también separaron a quienes corrieron
> el riesgo de quienes pagarían las consecuencias.

RECORDATORIO: A estos derivados, Warren Buffett les llama
"armas financieras de destrucción masiva".

En 2008, cuando estos derivados estallaron, los miembros de
las *élites políticas* (incluso algunos abogados de alcurnia) como los
Clinton; los presidentes George H. W. y George W. Bush; Alan
Greenspan, Ben Bernanke y Janet Yellen, presidentes de la Reserva
Federal; y el presidente Barack Obama, rescataron a las *élites finan-
cieras* que trabajaban para el espectáculo del dinero de Mandrake.
Estas mismas personalidades siguen dirigiendo el espectáculo y se
creen Dios.

LA AMENAZA DEL BITCOIN

Esta es la razón por la que el ciberdinero, el dinero de la gente, representa una amenaza tan fuerte. A muchos mineros y desarrolladores de criptodivisas los impulsa el profundo deseo, la pasión, y en algunos casos, el odio que sienten y que los insta a destruir el espectáculo mágico del dinero de Mandrake y a los líderes invisibles que Fuller llamó *Grunch of Giants*.

Yo adoro la simplicidad, por eso me encantan el oro y la plata legítimos. En lo que se refiere a estos metales, Dios es mi contraparte.

RAZÓN #6: ¿QUÉ SÍ ES DINERO AUTÉNTICO?

Estas son algunas definiciones de dinero auténtico.

1. Medio de intercambio aceptado para transacciones financieras.
2. Unidad de cuenta con valor mensurable.
3. Almacenador de valor.

El dinero de Dios: Las monedas de oro y plata cumplen con estas tres definiciones. El precio de estos metales aumenta y disminuye porque el valor del dinero del gobierno también lo hace.

El dinero del gobierno: Las divisas por decreto no cuentan como almacenadores de valor. Son dinero falso porque pueden imprimirse y porque son parte del sistema bancario de reserva fraccionaria y del espectáculo mágico del dinero de Mandrake. Entre más tiempo te aferras al dinero por decreto, más pierde su valor, por eso los ahorradores son perdedores.

El dinero de la gente: El jurado sigue al pendiente del comportamiento del ciberdinero, sin embargo, yo estoy seguro de que, junto con la tecnología de cadena de bloques, se convertirá en el dinero del futuro.

RAZÓN #7: COMPRAR MONEDAS DE ORO Y PLATA ES MÁS SENCILLO Y MENOS COSTOSO QUE COMPRAR MINAS

Durante algunos años trabajé con Frank, un hombre que tenía más o menos la misma edad que mi padre. Lo suyo era buscar minas de oro y plata, rehabilitarlas y hacerlas cotizar en la bolsa a través de una oferta pública inicial. Como lo dije anteriormente, en cuanto nuestra mina empezó a cotizar en la bolsa, el gobierno chino se quedó con ella.

Aunque estoy agradecido por los años que Frank y yo trabajamos juntos, y aunque aprendí mucho sobre cómo funciona la bolsa, llegué a la conclusión de que comprar monedas de oro y plata a través de distribuidores respetables es mucho más sencillo que comprar minas viejas de estos metales.

RAZÓN #8: ORO... LAS LÁGRIMAS DE DIOS

Hace muchos años, Apple Computers lanzó en revistas un anuncio en el que aparecía un grupo de hombres santos hindúes. El encabezado decía "Iconos santos" y el "gurú" principal era un hombre caucásico. Así es, no tenía orígenes asiáticos. El anuncio mostraba la nueva computadora Macintosh de Apple y el negocio de miel del gurú en la isla hawaiana de Kauai. Era un anuncio ingenioso, significativo y memorable.

Algunos años después, me invitaron a un seminario en el que se presentaría Gurudeva, el gurú del anuncio. Cuando llegó el momento de hacer preguntas, la mayoría de la gente preguntó respecto a la iluminación, la espiritualidad, la paz o la felicidad. El gurú portaba muchos objetos de oro: los lentes, un gran pendiente, brazaletes y un collar, y como yo fui criado como metodista y los ministros metodistas no lo usan mucho o casi nada, levanté la mano.

—¿Por qué usa usted tanto oro? —pregunté.

—Porque las lágrimas de Dios son de oro —me contestó el amable gurú sonriendo.

—¿Cómo? —pregunté con la voz entrecortada. En la iglesia metodista, decir eso habría sido una herejía, usar palabras del demonio.

Me quedé sentado en silencio mientras mi mente se confrontaba a las palabras del gurú, y él, como notó que me costaba trabajo comprender la noción de que las lágrimas de Dios eran de oro, añadió:

—Las lágrimas de Dios, el oro, atraen riqueza.

—¿A qué se refiere con que "el oro atrae riqueza" —pregunté.

—Digamos que quieres atraer 1 000 dólares mensuales a tu vida, entonces deberías tener 1 000 dólares en oro real.

—¿Y qué tal si quiero un millón al mes? ¿Necesito un millón de dólares en oro?" —pregunté.

Como el gurú percibió que mi codicia empezaba a exceder mi espiritualidad, nada más sonrió.

—¿Por qué no empiezas con 1 000 dólares y ves si te funciona. El oro no les funciona a todos porque la generosidad de Dios impone ciertas condiciones —explicó.

Eso fue en 1986, y como Kim y yo no estábamos ganando mucho dinero entonces, reunir 1 000 dólares adicionales para comprar oro fue difícil. No obstante, lo logramos. Desde entonces hemos comprado un poco de oro y de plata cada mes, y nunca nos hemos detenido.

¿EL ORO ATRAE RIQUEZA?

No puedo demostrar que el oro atraiga riqueza, pero sí te puedo decir lo que hicimos y cómo nos funcionó.

Por ejemplo, si queríamos aumentar nuestros ingresos de 5 000 dólares mensuales a 10 000, adquiríamos 10 000 dólares en monedas de oro y nos olvidábamos de ellas. Algunos meses después nos parecía que, *efectivamente*, nos había empezado a llegar más riqueza, sin que en realidad notáramos el incremento. Si el precio del oro bajaba, comprábamos más. Seguimos haciéndolo hasta la fecha y ahora tenemos cajas de seguridad en el interior de bóvedas privadas en países lejanos con condiciones seguras para el almacenamiento. No necesitamos un avión privado ni pistas privadas para ocultar nuestro oro… aún.

Cada vez que a Kim y a mí nos preguntan: "¿El oro atraerá riqueza para mí?", contestamos de la misma manera que lo hizo el gurú: "¿Por qué no pruebas y ves si el oro, es decir, las lágrimas de Dios, te funcionan? Dios es generoso, pero su generosidad impone condiciones".

Lección espiritual sobre el oro: Aunque las lágrimas de Dios son de oro, la pregunta que todos necesitamos hacernos es si sus lágrimas son de alegría o de tristeza.

Buena parte del oro del planeta que está almacenado proviene de lágrimas de tristeza. Muchos banqueros suizos les ayudaron a los nazis a almacenar el oro que les habían robado a los judíos que asesinaron.

Cuando estuve en los Andes, mirando las antiquísimas minas de oro incas, recordé mis clases de historia y la manera en que los españoles, liderados por Francisco Pizarro, asesinaron a miles de nativos sólo por el oro. Buena parte de ese oro continúa almacenado en España.

Riqueza espiritual

Durante buena parte de la existencia humana, la riqueza ha sido robada.

Los ingleses saquearon el mundo haciendo uso de su tecnología de grandes embarcaciones, espadas de metal, cañones, rifles y pólvora en contra de indígenas, de gente que no podía defenderse, y de esa manera le robaron su riqueza.

Los españoles, holandeses, portugueses y franceses hicieron lo mismo.

Los primeros estadounidenses les robaron su tierra a los indios de Norteamérica con su tecnología de caballos y rifles.

Los estadounidenses fueron una de las últimas potencias mundiales en proscribir la esclavitud, un sistema que permitía amasar fortunas gracias a la sangre, el sudor y las lágrimas de los esclavos traídos de África.

Los japoneses se unieron a Italia y a Alemania y trataron de conquistar el mundo con una tecnología de petróleo, motores de combustión interna, aviones, buques, tanques, cañones, ametralladoras y cohetes.

La Guerra Fría fue un conflicto que amenazó con provocar el fin del mundo a través de la tecnología de la energía atómica. Actualmente, las élites están usando el sofisticado poder de la educación, la ley y las finanzas derivativas para robarse el alma del mundo.

La tecnología invisible

Todos los atracos pasados de la historia del mundo fueron visibles.

Los indígenas vieron los barcos Europeos y a sus atacantes antes de que los violaran, asesinaran y esclavizaran, y antes de que les robaran su riqueza.

Los indios norteamericanos alcanzaron a ver caballos y rifles antes de ser asesinados y de que les robaran su tierra. De hecho, muchos nativos norteamericanos usaron caballos y rifles para defenderse.

En la Segunda Guerra Mundial, la gente vio los aviones de ataque, los tanques y los buques alimentados con petróleo, la nueva fuente de energía del mundo.

Durante la Guerra Fría, las imágenes de las nubes ascendentes en forma de hongo permearon la conciencia del mundo.

Dinero invisible

El 15 de agosto de 1971 el presidente Richard Nixon hizo mucho más que solamente sacar el dólar del patrón estándar, también volvió el dinero invisible.

Ese día, muchos estadounidenses estaban viendo el programa de televisión *Bonanza* cuando Nixon interrumpió la transmisión para hacer su anuncio. Evidentemente, la mayoría de la gente no entendió el mensaje porque no podía *ver* lo que estaba anunciando el presidente.

Desde 1971 nuestro sistema educativo ha permitido que los ciegos guíen a los ciegos.

Ese día yo no estaba viendo *Bonanza*. Lo recordaría porque Dick el Truculento no me agradaba particularmente. En la década de los cincuenta mi padre pobre y yo conocimos a Nixon cuando era vicepresidente y visitó Hawái como parte de la campaña para el presidente Dwight Eisenhower.

Sin embargo, *sí sé* dónde estaba el 15 de agosto de 1971. Estaba en Camp Pendleton, en California. Estaba tomando una clase de armamento avanzado, como preparación para ir a Vietnam.

Como por cosa del destino, el 3 de enero de 1972 iba camino a Vietnam donde conocería a una maestra auténtica, una diminuta mujer vietnamita que vivía y vendía oro más allá de la línea enemiga. Mi verdadera educación financiera sobre el dinero real —sobre el oro de verdad, el dinero de Dios—, había comenzado.

Hoy en día, no contar con educación financiera es como estar ciego. La gente no puede ver el gran atraco, no puede ver cómo le roban su trabajo y su vida a través del dinero por el que tanto se esfuerza.

Millennials contra *baby boomers*

Recientemente escuché a un grupo de *millennials* que estaban batallando con sus deudas por los préstamos estudiantiles, y que acusaban a la generación de los *baby boomers* de haberlos despojado de su dinero. Esos jóvenes no tenían ni idea de que, en realidad, los *baby boomers* están en el mismo barco. ¿Pero cómo podrían saberlo si no tienen educación financiera? ¿Cómo podrían darse cuenta de que precisamente esa educación que tanto valoran y por la que se endeudaron tanto, es lo que los está haciendo pedazos?

LÁGRIMAS DE ORO

La pregunta es: las lágrimas de Dios en la actualidad ¿son de tristeza?, ¿son de pena por el latrocinio que se ejerce a través de nuestro sistema educativo?

Definición:
Latrocinio es el hurto y sustracción de los bienes de otra persona con la intención de usarlos en beneficio propio.

El sistema educativo estadounidense, el más costoso del mundo, está corrompido. Tal vez esa es la razón por la que ni siquiera las enormes cantidades de dinero invertidas en él pueden cambiar el hecho de que ofrece los peores resultados del mundo occidental.

En su libro *Tailspin*, Steven Brill nos dice:

La economía más rica del mundo [Estados Unidos] continúa teniendo el índice más alto de pobreza de las treinta y cinco naciones que forman parte de la Organización para la Cooperación y el Desarrollo Económico (OCDE), excepto por México. (Está empatado en segundo lugar con Israel, Chile y Turquía.)

Entre esos mismos treinta y cinco países, los niños estadounidenses ocupan el trigésimo lugar en habilidades en matemáticas y el decimonoveno en habilidades en ciencias.

Casi uno de cada cinco niños estadounidenses vive en hogares que el gobierno califica como "inseguros en el aspecto alimentario", lo que quiere decir que no tienen "acceso a alimentos para llevar una vida activa y sana".

Hasta la fecha sigo escuchando las palabras del gurú: "Las lágrimas de Dios son de oro".

A medida que acumulo oro, hago un análisis de mi persona, verifico con mi espíritu y me pregunto: "¿Mi oro, estas lágrimas de Dios, son lágrimas de tristeza o de alegría?" Y lo más importante: "¿Estoy haciendo lo que Dios desea que se haga?"

Todos hemos escuchado anécdotas sobre gente que amasó su riqueza a través de medios ilícitos.

La lección espiritual que presento aquí, es aplicable a todo. Lo importante no es tu dinero, ni tu riqueza ni tu poder, lo importante es la *forma* en que los adquiriste.

LA CAÍDA DEL DINERO FALSO

¿Cuánto tiempo más se permitirá que el dinero falso robe la riqueza de la gente del mundo? Nadie lo sabe.

No creo que el *Grunch of Giants*, o sea, el espectáculo mágico del dinero de Mandrake, pueda continuar durante mucho más.

Creo que esta es la razón por la que ahora existe el dinero de la gente, las ciberdivisas y la tecnología de cadena de bloques. La cadena de bloques es mucho más confiable que Mandrake, que los gigantes del *Grunch*... o que nuestro sistema educativo.

No importa lo que suceda en el futuro, el oro y la plata siempre serán el dinero de Dios.

RESPECTO A LA SEGUNDA PARTE, "MAESTROS FALSOS"

En la segunda parte, "Maestros falsos", descubrirás la manera en que nuestro sistema educativo está timando a miles de millones de personas en todo el planeta. Como no hay educación financiera auténtica, pocas personas pueden ver el mundo real del dinero invisible.

Te enterarás de cómo el sistema educativo te ciega a la riqueza que hay en el mundo del dinero invisible. Aprenderás a buscar maestros legítimos, maestros de verdad que te enseñen a ver el mundo invisible del dinero real, es decir, el mundo invisible que los maestros falsos no pueden ver.

TUS PREGUNTAS... LAS RESPUESTAS DE ROBERT

P: Has declarado que el bitcoin es una amenaza para quienes imprimen dinero falso. ¿Puedes ampliar la información sobre por qué el sistema del dinero falso continúa tolerándolo?

Joop P. – Países Bajos

R: La Reserva Federal y los mineros del bitcoin tiene mucho en común. Ambos fabrican dinero, por eso las criptodivisas son una amenaza para el monopolio que tiene el Banco Central sobre el dinero falso.

P: ¿Los ricos se benefician de los empleados que tienen poca o ninguna educación financiera?

Samuel S. – Australia

R: No sé si alguien se beneficie de la gente con poca educación financiera, pero todos pagamos por nuestra ignorancia e incompetencia de una u otra forma. Desafortunadamente, los pobres son quienes siempre pagan el precio más alto.

P: ¿Qué pasaría si el gobierno tratara de prohibir la posesión privada del oro y de confiscarlo como lo hizo en la década de los treinta? ¿Y si extendiera la prohibición a la plata? ¿Eso justificaría que poseyéramos monedas baratas Morgan y dólares Peace?

Richard K. – Estados Unidos

R: No soy asesor financiero. Me esfuerzo por educar y comparto con otros lo que he aprendido, lo que hago y lo que no. Tú debes decidir por ti mismo lo que más te conviene.

P: ¿No crees que si añadieras a los políticos falsos, se explicaría por qué tenemos dinero falso, maestros falsos y, por ende, activos falsos?

Juan T. - España

R: ¿Qué no todos los políticos son falsos? ¿Alguna vez nos enteramos de sus verdaderos planes? Con frecuencia me pregunto por qué alguien querría ser político.

P: Sin revelar demasiado, ¿cuáles son los criterios que usas cuando buscas lugares para almacenar tus metales preciosos?

Christopher R. - Rusia

R: Les pregunto a mis amigos que tienen su dinero en cajas de seguridad en bóvedas privadas. Cuando decidí guardar activos en el extranjero, lejos de Estados Unidos, les pedí a mis abogados que buscaran a abogados especialistas en el desplazamiento de dinero al extranjero... de forma legal. Luego entrevisté a esos especialistas, viajé al país en cuestión y entrevisté a los guardias de las bóvedas.

Hay mucha gente en el negocio del almacenamiento de activos fuera del sistema bancario.

Yo te recomendaría que tuvieras cuidado y que te tomaras el tiempo necesario para buscar gente y organizaciones respetables.

Segunda parte

Maestros falsos

Cuando tenía nueve años le pregunté a mi padre pobre,
superintendente de Educación de la isla de Hawái,
cuándo aprendería sobre el dinero.

Su respuesta fue:
"En las escuelas no enseñamos sobre el dinero."

Ahí fue cuando empecé a buscar un maestro auténtico.

—RTK

Introducción

Segunda parte

¿Por qué los Tres Reyes Magos eran hombres sabios?
¿Qué hace auténtico a un maestro?

¿Cómo pueden los maestros y los padres enseñarte algo
sobre el dinero si nuestras escuelas no les han enseñado nada
a ellos sobre este tema?

—RTK

Introducción a la segunda parte

Maestros falsos

La historia de *Padre Rico, Padre Pobre* es sobre dos maestros, dos grandes maestros.

Mi verdadero padre formaba parte de la élite académica como el doctor Fuller, que estudió en Harvard, y como Steve Brill, que se graduó de Yale. Mi padre biológico, mi padre pobre, era un estudiante que solamente sacaba 10 y se graduó con las calificaciones más altas de su clase. Estudió en la Universidad de Hawái, donde se tituló de un programa de licenciatura de cuatro años en solamente dos. Luego fue a la Universidad Stanford, a la Universidad de Chicago y a Northwestern University para realizar estudios de posgrado, y finalmente obtuvo un doctorado en educación.

Mi padre rico no terminó la preparatoria. Su padre falleció cuando tenía 13 años, y él tuvo que asumir el control del negocio familiar. A pesar de su falta de educación formal, hizo crecer el negocio hasta que tuvo un hotel de alcance estatal y una operación restaurantera.

En la década de los sesenta mi padre rico dio un paso temerario y compró un pequeño hotel en Waikiki Beach. Usó ese hotel como base para sus operaciones y empezó a añadir en la playa pequeñas propiedades adyacentes a su hotel.

Actualmente, cada vez que veo el Hyatt Regency en Waikiki Beach, sé que fue mi padre rico quien empezó con poco y "armó" pequeños claros en la playa, que luego añadió a la gran franja de terrenos donde ahora está el hotel.

En 2016 la propiedad se vendió completa por 756 millones de dólares.

La historia de Padre Rico, Padre Pobre

La historia de *Padre Rico, Padre Pobre* comienza en 1956, cuando yo tenía nueve años y estaba en cuarto grado. Vivía en Hilo, un pueblo de plantaciones de caña de azúcar en Hawái. Hilo era un hermoso pueblo muy alejado de las luces brillantes de Waikiki Beach. Nuestra familia se había mudado de Honolulu a Hilo cuando yo tenía siete años. Cuando tuve nueve, nos mudamos de un extremo al otro del pueblo. A esa edad empecé a tomar clases en una nueva escuela con compañeros a quienes no conocía.

Lo primero que noté de ellos fue que eran ricos. Muchos eran *haole*, palabra en hawaiano que con frecuencia se usa para describir a la gente blanca. El resto estaba conformado por asiáticoestadounidenses como yo. La mayoría de mis compañeros de clase "blancos" eran hijos de los propietarios de las plantaciones de caña de azúcar del lugar, y de negocios como la concesionaria de automóviles, la empacadora de carne, las dos tiendas de abarrotes más grandes del pueblo y los bancos. Los asiáticoestadounidenses eran hijos de doctores y abogados. Yo era hijo de un maestro.

Mis compañeros eran geniales, siempre fueron amables y me hicieron sentir como en casa. Yo sabía que eran más adinerados que yo porque casi todos tenían bicicletas nuevas, vivían en grandes casas en una isla privada, sus padres pertenecían al club de yates y al club de campo, y vacacionaban en casas en la playa o en sus ranchos en las montañas.

Yo tenía una bicicleta de segunda mano que mi papá compró por cinco dólares, y no sabía lo que era un club de yates ni un club de campo. Cruzar el puente para pasar a la isla privada donde vivían muchos de mis compañeros *haole* era como viajar a otro mundo. No podía creer el tamaño de las residencias. Cuando me invitaban a sus "casas para vacacionar", me era imposible entender la belleza de esas construcciones en la playa o en las montañas.

Nuestra familia vivía en una casa vieja que rentábamos, a dos cuadras de mi nueva escuela que estaba junto a la Biblioteca Hilo. El terreno donde estaba nuestra casa ahora es un estacionamiento.

Nunca me sentí pobre sino hasta que fui a la escuela con niños ricos.

Por eso, cuando tenía nueve años, levanté la mano y le pregunté a mi maestra:

—¿Cuándo nos enseñarán sobre el dinero?

Mi maestra, una mujer mayor a punto de jubilarse, se sorprendió y se puso nerviosa cuando escuchó mi pregunta. Tartamudeó por unos instantes, y luego contestó:

—En la escuela no enseñamos sobre el dinero.

En su respuesta había mucho más que sólo las palabras. El tono y la energía fueron lo que me comunicó su mensaje. Por un momento sentí que había vuelto a la escuela dominical. Sentí que lo que en realidad me estaba diciendo era: *"¿Qué no sabes que 'El amor por el dinero es la raíz de todo mal' y que 'El dinero es una vil porquería'?"*

En la escuela dominical me enseñaron que esa vil porquería era una tentación financiera del diablo.

Insatisfecho con su respuesta, volví a preguntar:

—¿Cuándo vamos a aprender sobre el dinero?

Ella, aún nerviosa, contestó:

—Ve y pregúntale a tu papá por qué no enseñamos sobre el dinero en las escuelas. Después de todo, él es el superintendente de Educación.

La respuesta de padre pobre

Cuando le conté a mi padre sobre el exabrupto en clase, sólo se rio entre dientes.

—Hijo, nunca le hagas a un maestro o una maestra una pregunta que no pueda responder —me advirtió—. Los maestros deben tener todas las respuestas, no están preparados para decir "No sé". Avergonzaste a tu maestra —me explicó, todavía con una sonrisa en el rostro.

—¿Pero por qué no sabe nada sobre el dinero? —pregunté.

—Porque los maestros no necesitan saber respecto a ese tema.

—¿*Por qué*? —insistí.

—Porque los maestros tienen seguridad en su empleo. No los pueden despedir aunque sean verdaderamente malos maestros. Tienen una pensión para jubilarse y atención médica. Por eso no necesitan saber nada del dinero. Y lo mejor de todo es que tienen vacaciones y pueden disfrutar del verano sin dejar de cobrar.

—Pero ¿por qué, papá? —pregunté, aún confundido—. ¿Qué no todos usamos el dinero? —A esas dos preguntas añadí esta declaración—: Sólo quiero saber por qué mis compañeros son ricos y nosotros no.

—Hijo —contestó mi padre, en un tono ligeramente más serio—, te gusta el beisbol, ¿no?

—Sí, adoro el beisbol —admití.

—¿Le preguntarías a tu maestra algo sobre el juego de beisbol? —continuó mi padre pobre.

—No, porque no sabe nada del tema.

—Pues tampoco sabe nada sobre el juego del dinero.

—¿Pero por qué no? —seguí insistiendo—. ¿Por qué mis compañeros de clase tienen más dinero que nosotros? ¿Qué mi maestra no debería enseñarme sobre el dinero para que pueda ser rico como ellos?

Mi padre negó con la cabeza y contestó:

—Te encanta pescar, ¿no es cierto?

—Sí —dije.

—¿Le preguntarías a tu maestra dónde pescar?

—No —contesté.

—Tu maestra no sabe de pesca y tampoco sabe nada sobre el dinero —repitió mi padre—. Si quieres terminar la escuela, no le hagas preguntas sobre temas que desconoce por completo. Si estás en clase de matemáticas, pregúntale al maestro cosas de matemáticas. Si estás en la clase de ciencias, haz preguntas de ciencia. Mientras sigas este consejo, te irá bien en la escuela. Pero si haces que tus maestros queden como estúpidos, también ellos te harán quedar como un estúpido.

La verdadera razón por la que no nos enseñan sobre el dinero en la escuela

—La principal razón por la que no se enseña nada sobre el dinero en la escuela es porque los maestros sólo podemos enseñar lo que el gobierno nos permite —me explicó mi padre pobre.

—¿Tú enseñas lo que el gobierno te dice que enseñes? —no podía creer lo que estaba escuchando.

Mi padre asintió y agregó:

—A pesar de que soy superintendente de educación, casi no tengo control sobre lo que se enseña en las escuelas.

—¿Entonces cómo aprendo sobre el dinero? —pregunté.

Mi padre volvió a reír discretamente y, tras hacer una pausa para pensar, me sugirió:

—¿Por qué no hablas con el papá de Mike?

Mike era mi mejor amigo.

—¿Por qué con el papá de Mike? —pregunté azorado.

—Porque él es empresario —contestó.

—¿Qué es un empresario? —seguí preguntando.

—Alguien que tiene un negocio —me explicó mi papá—. Los empresarios no tienen un empleo, su trabajo consiste en crear empleos.

—¿Y tú qué eres? ¿No eres empresario? Tienes a cientos de maestros trabajando para ti —señalé.

—Así es, pero yo no creé el sistema escolar, sólo soy un empleado del gobierno como todos los otros maestros. Los empleados y los empresarios son gente muy distinta.

—¿Cuál es la diferencia? —pregunté con inquietud—. Tenía nueve años y sus palabras y esa distinción que hizo no me parecían lógicas. Había escuchado la palabra *empleado*, pero la palabra *empresario* no. A mi padre pobre le dio gusto explicarme.

—Nuestro sistema escolar entrena a las personas para que se conviertan en empleados, y los empleados no necesitan saber sobre el dinero. Por eso no hay educación financiera en nuestras escuelas —dijo—. Los empresarios, en cambio, necesitan saber sobre el dinero porque, si no, los empleados pierden sus empleos y el empresario ya no puede seguir haciendo negocios.

Esa era la respuesta que yo buscaba. Sabía que podía ser empleado, pero no estaba seguro de que pudiera ser empresario. Además, si quería ser un empresario exitoso, necesitaba saber sobre el dinero.

Algunos días después fui en bicicleta a casa de Mike. Su padre tenía su oficina ahí mismo, así que hablé con él y le pregunté si podía ser mi maestro.

Y este es el cómo, el dónde y el cuándo de la historia de *Padre Rico, Padre Pobre*.

¿La educación es importante?

En la década de los sesenta, cuando era niño y vivía en Hilo, Hawái, la educación no era tan importante. Hilo era un pueblo con una plantación de caña de azúcar y había muchos empleos bien pagados, incluso para quienes no habían terminado sus estudios. Las plantaciones les pagaban muy bien a los conductores de los enormes camiones de caña, a los operadores de las gigantes grúas del campo, y a los operadores del equipo pesado que se usaba en el molino de azúcar.

Por si fuera poco, también les pagaban a los empleados de por vida, lo que significa que no necesitaban un plan de retiro. Con un cheque de nómina vitalicio, ¿quién necesita educación financiera o título universitario? Muchos trabajadores de las plantaciones ganaban más que los maestros en las escuelas.

Las plantaciones también ofrecían alojamiento para los empleados, contaban con sus propios hospitales, doctores, enfermeras e instalaciones para el cuidado de la salud. Era un negocio que les pagaba bien a los trabajadores, y que cuidaba de ellos y de sus familias… y por eso no era fundamental tener una educación extraordinaria.

Sin embargo, todo eso cambió en 1994, cuando la última plantación de Hawái cerró. Los dueños llevaron sus negocios a países con mano de obra más económica en Sudamérica y Asia.

Los dueños, que eran los padres de mis compañeros de clase, se volvieron aún más ricos, pero los trabajadores empobrecieron todavía más.

PARA HONRAR A UN MAESTRO EXTRAORDINARIO

En febrero de 2018 regresé a Hilo para asistir a la sexagésima reunión de nuestro grupo de quinto año. Imagínate, un grupo de gente que se conoció a los 10 años y que seguía reuniéndose con regularidad.

El objetivo de nuestras reuniones no era celebrar la clase ni reencontrarnos, sino rendirle honor al señor Harold Ely, nuestro maestro de quinto año y uno de los maestros más importantes de nuestra vida.

La inspiración que me produjo el señor Ely fue lo que hizo que continuara persiguiendo mis sueños a pesar de que reprobé inglés dos veces porque no podía escribir. De no ser porque mi maestro me inspiró cuando yo era niño, tal vez habría dejado la preparatoria. De no ser por la forma en que me inspiró, jamás me habrían aceptado en la Academia de la Marina Mercante de Estados Unidos ni habría navegado por todo el mundo. Esa clase de quinto grado fue lo que me hizo investigar sobre los grandes exploradores de la historia como Colón, Magallanes, Cortés y Cook, y fue lo que me instó a seguir el camino que me condujo a la academia, una escuela muy ruda. Yo tenía el sueño de navegar a Tahití y lo cumplí en 1968 siendo alumno de la academia.

Actualmente la gente me conoce como autor, y continúo viajando por el mundo y siguiendo el paso de los grandes exploradores. Pero nada de eso habría sucedido sin la inspiración de un gran maestro que tuve en quinto grado.

La lección más importante que le dio el señor Ely a nuestro grupo fue que siempre debíamos levantarnos después de una caída, y que caer y levantarnos nos fortalecía. También nos enseñó a no permitir jamás que nos robaran nuestros sueños.

Bienestar electrónico

En 2018, cuando asistí a la reunión de mis excompañeros, tuve tiempo de hacer algo que no había hecho en años: caminar por el pueblo de Hilo, a donde no había regresado desde que las plantaciones se fueron de Hawái.

Por todos lados vi en las ventanas letreros que le daban la bienvenida a EBT, acrónimo en inglés de Transferencia electrónica de beneficios (Electronic Benefits Transfer). El EBT es el sistema de bienestar del gobierno que reemplazó a los cupones de alimentos. Es un sistema que permite que el destinatario autorice una transferencia de su cuenta del gobierno federal a la cuenta del minorista, para pagar productos recibidos. El programa EBT ha estado en uso en 50 estados desde 2004, así como en Washington, D. C., Puerto Rico, Islas Vírgenes y Guam.

Me detuve en una pequeña tienda de abarrotes y pregunté sobre las tarjetas EBT. El encargado me explicó lo siguiente: "Hay mucha gente que no podría sobrevivir sin el EBT", pero en la mayoría de los casos, esta prestación por sí sola no era "suficiente para que una familia sobreviviera el mes".

Luego me contó que a principios de cada mes las tarjetas se vuelven a cargar electrónicamente a la medianoche. Los receptores se forman en la noche y a las 12:01 a.m., se apresuran a comprar alimentos y suministros. De muchas maneras, el EBT es reflejo de Estados Unidos y del mundo actual.

Si enlazo esta anécdota con el tema de la educación, forzosamente tengo que preguntarme: ¿Volver a la escuela serviría para que la gente no necesitara el EBT? ¿Volver a la escuela permitirá que regresen los empleos muy bien pagados?

UN MILLÓN DE DÓLARES EN DEUDA

Aquí te presento un artículo publicado el 25 de mayo de 2018 en *The Wall Street Journal*:

> Draper, Utah. Mike Meru, ortodoncista de 37 años, hizo una gran inversión en su educación. Desde el jueves debe 1 060 945.42 dólares en préstamos estudiantiles.
>
> El señor Meru sólo paga 1 589.97 dólares al mes, lo cual no es suficiente ni para cubrir los intereses, por lo que su deuda de siete años en la Universidad de California crece ciento treinta dólares diariamente. En dos décadas, el balance de su préstamo será de dos millones de dólares.
>
> Abrumados por esta carga, él y su esposa, Melissa, han decidido enfocarse en criar a sus dos hijas. "Si pensaras en esto absolutamente todos los días —explica la señora Meru—, tendrías un colapso mental."

La pregunta es: Si Mike Meru regresara a la escuela, ¿tener más educación resolvería su millonario problema?

Estas son algunas estadísticas del Departamento de Educación:

- Ciento un personas en Estados Unidos tienen una deuda de 1 millón de dólares o más por concepto de deuda por préstamo estudiantil federal.
- El número de personas que deben por lo menos 100 000 dólares ha aumentado a cerca de 2.5 millones.

- En 2018 el activo número uno del gobierno estadounidense era la deuda por préstamos estudiantiles que, actualmente, asciende a 1 500 millones de dólares.

Todo esto significa que la deuda por préstamos estudiantiles es el mayor pasivo para millones de jóvenes.

Pero también piensa en esto: ¿La educación universitaria te provee educación financiera?

¿LA EDUCACIÓN TE VOLVERÁ RICO?

Sacado también del artículo de *The New York Times* publicado el 25 de mayo de 2018, las cursivas son mías:

> Un empleado de Walmart que gana el salario promedio de la empresa de 19 177 dólares, tendría que trabajar más de *1 000 años* para ganar los 22.2 millones de dólares que Doug McMillon, ejecutivo en jefe de la empresa, recibió como premio en 2017.
>
> En Live Nation Entertainment, la empresa de conciertos y venta de boletos, un empleado que gana el salario promedio de 24 406 dólares, necesitaría trabajar 2 893 años para ganar los 70.6 millones de dólares que Michael Rapino, ejecutivo en jefe de la empresa, ganó el año pasado.
>
> Y en Time Warner, donde la compensación media es la relativamente considerable suma de 75 217, un empleado tendría que trabajar 651 años para ganar los 49 millones que Jeffrey Bewkes, ejecutivo en jefe, devengó en solamente 12 meses.

Steven Brill cita esta investigación en su libro. "Los ingresos para el 1% en la parte superior aumentaron 31.4% entre 2009 y 2012, pero para el 99% del fondo, sólo subieron un casi invisible 0.4 por ciento"

Volvamos a ver las gráficas.

La brecha

Ingreso promedio por hogar antes de impuestos

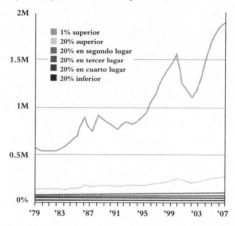

Dólares de 2007
Fuente: Congressional Budget Office

La brecha

Cambios en repartición de ingreso *vs.* 1979, después de impuestos e inflación

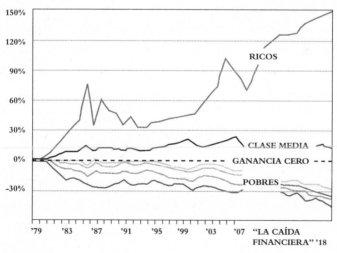

Fuente: Congressional Budget Office

¿Más educación resolverá este problema?

Educación *subprime*

En 2008 la economía mundial estuvo a punto de colapsar debido a las hipotecas de bienes raíces *subprime*. Ese mismo año, el Programa Federal de Préstamos Educativos (Federal Family Education Loan o FFEL) no tuvo capacidad para prestarles dinero a los estudiantes debido al colapso de las hipotecas *subprime*.

En 2010, el presidente Barack Obama eliminó el FFEL y decretó que todos los nuevos préstamos para estudiantes fueran "directos". Los prestamistas particulares empezaron a ofrecer préstamos estudiantiles privados, independientes de los programas gubernamentales.

En 2012 la deuda por préstamos estudiantiles rebasó la marca del billón de dólares, así como la deuda en tarjetas de crédito. Desde 2018 la deuda federal por préstamos estudiantiles ha sido el activo número uno del gobierno de Estados Unidos.

Por lo que yo veo, Estados Unidos dejó atrás las hipotecas *subprime* para la gente pobre y pasó a la educación *subprime* para estudiantes pobres. Los préstamos de educación *subprime* son los peores entre los peores porque, al menos una hipoteca *subprime* se puede perdonar por medio de la declaración en quiebra, pero la mayor parte de los préstamos de educación *subprime* no se puede condonar en ningún caso.

¿Algún día las escuelas enseñarán educación financiera auténtica? Porque mientras no lo hagan, la educación seguirá siendo *subprime*.

Inflación

En un capítulo anterior de este libro escribí respecto a la inflación. Si no hay inflación, no funcionará ni el sistema bancario, ni el espectáculo mágico del dinero de Mandrake ni el gran ataco flagrante del *Grunch*.

Algunos recordatorios:

• Si no hay inflación, Mandrake no puede devolver el dinero impreso.

- Cuando hay inflación la gente gasta más rápido porque tiene miedo de que los precios vuelvan a aumentar.
- Cuando hay deflación, la gente deja de gastar porque está a la espera de que los precios bajen.
- El sistema bancario debe producir inflación para que la economía no colapse.
- La inflación les roba a las clases media y pobre.
- La gente que, por lo menos, puede costear la inflación, paga el precio mayor porque paga con su vida.

The New York Times publicó este comentario el 30 de junio de 2018:

San Francisco es carísimo: puedes ganar un salario de seis cifras y seguir perteneciendo a la categoría de "Ingreso bajo"

Entre los indicadores más recientes del astronómico costo de vivir en varios lugares de California, ahora el gobierno federal clasifica a una familia de cuatro integrantes con ingresos por 117 400 dólares como familia de ingresos bajos en tres condados alrededor del Área de la Bahía[…]

La designación "Ingresos bajos" le permite a la gente calificar para solicitar vivienda accesible y para varios programas del gobierno[…]

El hogar promedio [del área de San Francisco] que recibe ayuda [de vivienda] tiene ingresos por solamente 18 000 dólares[…]

La media del precio de las casas ha subido por encima del millón de dólares[…]

El segundo hogar [de ingresos bajos] más alto está en Honolulu[…]

El área de la Ciudad de Nueva York, donde una familia de cuatro integrantes que obtiene ingresos hasta por 83 450 dólares está catalogada como familia de ingresos bajos, quedó en noveno lugar.

Una vez más, la incómoda pregunta es: ¿Más educación resolverá este problema?

Más de *The New York Times*

Este fue el encabezado:

¿Cuál es la lección de las primarias Blue Wave? Todos estamos en problemas actualmente

El artículo comienza con la historia de Alexandria Ocasio-Cortez, *bartender* de 28 años y demócrata socialista que venció en las elecciones primarias demócratas a Joseph Crowley, titular durante mucho tiempo.

La historia es sobre por qué el socialismo está ganando popularidad, y promueve un nuevo libro llamado *Squeezed*, en el que se explican las causas por las que ahora se sigue una agenda socialista.

Squeezed: Why Our Families Can't Afford America (Squeezed: Por qué nuestras familias no se pueden dar el lujo de vivir en Estados Unidos), examina el deterioro de las fortunas de la clase media, de los maestros que se mantienen con un segundo empleo como conductores de Uber; de los jóvenes profesores adjuntos que sobreviven con cupones para alimentos; de los desempleados de cincuenta años que no tienen muchas opciones; y de los jóvenes abogados que, alejados de la posibilidad de ser socios en Wall Street, cargan con una enorme deuda por préstamos estudiantiles[...] cuyo trabajo actualmente ya se está realizando a través de medios automáticos.

El artículo de *The New York Times* continúa:

Si vives en un lugar donde un título de maestría no te permite un estilo de vida muy distinto al de un empleado de oficina; si de hecho significa que tienes que conseguir un segundo empleo en un cubículo que detestas y comer lentejas que traes de casa en recipientes Rubbermaid, no te sentirás tan inclinado a considerarte miembro de la élite privilegiada a la que te han dicho que perteneces, y te sentirás más identificado con los cada vez más abundantes grupos de gente que evidentemente está más oprimida, y a votar en consecuencia.

Alexandria Ocasio-Cortez basó su campaña en una plataforma que propone acceso gratuito a Medicare, universidades públicas gratuitas y escuelas de oficios. Su mensaje fue lo que le permitió ganar.

Aquí está de nuevo la pregunta: ¿La educación universitaria gratuita resolverá el problema?

Y si el gobierno le diera un millón de dólares a toda la gente que lo merece y necesita, ¿con ese millón se volvería rica?

Si millones de dólares vuelven rica a al gente, ¿por qué 60% de los antiguos jugadores de la NBA se declaran en quiebra menos de cinco años después de su retiro? ¿Por qué la mayoría de quienes ganan la lotería no puede aprovechar ese dinero caído del cielo para asegurar su futuro financiero? Todos hemos escuchado anécdotas sobre gente que ganó la lotería y tuvo la oportunidad de garantizar el resto de su vida, pero que terminó en la calle.

Ahora llevemos esto a un nivel más elevado. ¿Por qué Estados Unidos, que es el país más rico en la historia del mundo, está tan profundamente sumido en la deuda?

Y mi pregunta preferida: ¿Por qué nuestras escuelas no ofrecen educación financiera?

Hay muchas razones, muchas respuestas, excusas y soluciones, pero ninguna de ellas es sencilla. Seguimos soslayando e ignorando el problema como si fuera una lata más de esas que pateamos en la calle, y luego nos preguntamos por qué la desigualdad en el ingreso continúa aumentando.

En la segunda parte, "Maestros falsos", aprenderás a identificar a los maestros falsos de los verdaderos. Como mi padre pobre me lo explicó, si casi ningún maestro sabe nada sobre el dinero, ¿cómo pueden enseñarte sobre este tema?

Desafortunadamente, no sólo los maestros en las escuelas carecen de conocimientos sobre el dinero. Muchos expertos financieros tampoco saben gran cosa porque nunca han estudiando a fondo esta materia. Muy pocos de ellos son ricos, y a pesar de eso, la gente les paga para que le brinden educación financiera. Muchos expertos financieros dificultan el tema del dinero, usan términos técnicos y palabras que casi nadie entiende porque eso les permite parecer inteligentes y hacerte quedar a ti como un estúpido. No son maestros legítimos, son estafadores financieros.

VUELVE VISIBLE LO INVISIBLE

Dado que el dinero se volvió invisible en 1971, mi labor más importante es esforzarme al máximo para hacer visible la educación financiera auténtica.

Cuando puedas "ver" el dinero invisible, podrás decidir por ti mismo lo que es educación financiera auténtica y lo que es educación financiera falsa.

Como siempre, trataré de apegarme a mi acrónimo en inglés KISS (*Keep It Super Simple*), y ofrecerte explicaciones súper sencillas, pero a pesar de la simplicidad, la educación financiera no es algo fácil. Si así fuera, todos serían millonarios.

Y como decía mi padre rico: "Es más fácil darle a un hombre un pescado, que enseñarle a pescar".

Esta es la razón por la que el socialismo se ha popularizado en Estados Unidos, el país más rico en la historia del mundo.

Mucha gente preferiría que le regalaran pescado —porque es mucho más sencillo que aprender a pescar—, y darle la espalda a la responsabilidad que implica hacerse cargo de su futuro financiero.

El aprendizaje y la educación auténticos exigen mucho más que solamente memorizar las respuestas correctas. Así no funcionan las cosas en la vida real. De hecho, algo de lo que aprenderás en la segunda parte, "Maestros falsos", es que ir a la escuela hace que la gente continúe siendo pobre, incluso en el caso de los estudiantes de las élites académicas como mi padre pobre.

Si lo que tú deseas es que te regalen pescado, este libro no es para ti, pero si estás dispuesto a aprender a pescar, continúa leyendo.

Capítulo siete
¿Por qué los Tres Reyes Magos eran hombres sabios?

El valor de aprender a lo largo de toda la vida

En la escuela dominical aprendí una importante lección de vida de los Tres Reyes Magos.

Mi maestra era increíble, y estoy seguro de que una de las razones por las que era genial, era porque adoraba dar clases a niños. En una ocasión nos preguntó:

—¿Por qué los Tres Reyes Magos eran hombres sabios?

Y por supuesto, yo contesté:

—Porque tenían dinero y llegaron con regalos costosos. O sea, eran ricos *y* sabios.

Pero evidentemente esa no era la respuesta que esperaba mi maestra. Después de que otros compañeros trataron de contestar la pregunta, ella sonrió y dijo:

—Los Reyes Magos eran sabios porque toda su vida buscaron grandes maestros.

Luego se quedó callada un momento para que aquel pensamiento se imbuyera en las mentes de los niños menores de 12 que éramos.

—Eran hombres sabios y ricos porque nunca dejaron de aprender. Siguieron adquiriendo conocimientos nuevo a través de maestros extraordinarios —continuó explicando.

—Entonces, ¿fueron estudiantes a lo largo de toda su vida? —preguntó la cerebrito del grupo.

—¡Guácala! —dijo uno de los chicos—. Odio la escuela, odio aprender.

La joven maestra asintió y sólo escuchó por un rato las distintas respuestas de sus alumnos de la escuela dominical. Luego sonrió y agregó:

—Conforme crezcan y la vida pase, siempre recuerden la lección de los Tres Reyes Magos y por qué eran sabios.

En ese momento comprendí la sabiduría de mi padre pobre, quien era un hombre sabio. Él me animó a buscar un nuevo maestro, a mi padre rico, que también era un hombre sabio. Mi padre pobre tuvo suficiente sabiduría para reconocer que al maestro que yo buscaba no lo encontraría en el sistema escolar.

LA ESCUELA PRIVADA PREUNIVERSITARIA DE ALTO NIVEL: UNA VENTAJA INJUSTA

En el artículo "How My Generation Broke America", publicado en la revista *Time*, Steven Brill escribe:

En 1964 era un ratón de biblioteca y vivía en Far Rockaway, un área de Queens habitada mayoritariamente por la clase trabajadora. Un día leí en una biografía de John F. Kennedy que él había estudiado en algo llamado escuela prep (prep school), pero ninguno de mis maestros de la preparatoria 198 tenía idea de lo que eso significaba. Poco después supe que era una especie de escuela privada preuniversitaria de alto nivel. Ibas a clases y vivías en el campus, sólo que tenías que asistir desde cuatro años antes, lo cual no parecía mala idea. Me agradó todavía más cuando me enteré de que algunas de estas instituciones ofrecían ayuda económica.

Steve Brill visitó tres de estas escuelas privadas preuniversitarias de alto nivel y eligió Deerfield Academy, en el oeste de Massachusetts. En su libro *Tailspin*, el autor continúa su narración:

> Deerfield ha cambiado, pero en aquel entonces era un lugar casi exclusivo para niños ricos en todos sentidos. [El director] había decidido recientemente jugar un poco con la mezcla y añadir unos cuantos chicos con beca, entre los que incluiría a algunos judíos como yo, e incluso unos cuantos afroamericanos.
>
> Recibí el mensaje desde la primera semana cuando uno de los chicos de nuestro dormitorio que vivía en Park Avenue, me preguntó dónde vivía yo. Le dije que en Queens, pero él no ubicaba el lugar, así que le expliqué que si alguna vez había volado desde el aeropuerto Kennedy o LaGuardia, ya había estado en Queens. (Un pariente suyo que también estaba en nuestro grupo sabía dónde estaba Queens porque su familia era propietaria de los Mets, y el equipo jugaba ahí.)

Tal vez recuerdes que Donald Trump es de Queens. A menudo habla de las dificultades que tuvo para hacer negocios en Manhattan porque venía de un barrio de clase media y no de Park Avenue.

Kings Point, la Academia de la Marina Mercante de Estados Unidos donde estudié, está en Long Island, apenas un poco más allá de Queens. Ed Peterson, mi compañero de cuarto, y yo, cortábamos los cupones de un dólar que venían en los botes de leche para poder pagar los boletos para los juegos de beisbol de los Mets.

Mis compañeros de clase asistieron a escuelas privadas preuniversitarias de alto nivel

Cuatro de mis compañeros en Hawái ingresaron a escuelas privadas preuniversitarias de alto nivel. Eran niños ricos cuyos padres podían pagar este tipo de educación. A los 12 años, la mayoría de mis compañeros ingresó a la Hawaii Preparatory Academy, un hermoso internado en un rancho aproximadamente a una hora de Hilo.

Cuando le pregunté a mi papá si yo también podría ingresar a Hawaii Prep, me dijo: "Nosotros no somos pudientes y no sería políticamente correcto que el hijo del superintendente de educación pública asistiera a una preparatoria privada de ese tipo".

El futuro presidente Barack Obama fue un niño inteligente, pero de escasos recursos, y estudió en Punahou School, una escuela privada preuniversitaria de alto nivel para chicos ricos e inteligentes de Honolulu. Como ya sabes, Obama luego estudió en Columbia y en la Escuela de Derecho de Harvard, de la misma manera que Steven Brill estudió en Yale y en la Escuela de Derecho de Yale… junto con otros niños pobres a quienes estaban preparando para que algún día formaran parte de las élites académicas y fueran los líderes de hoy.

Fuller y la educación

Bucky Fuller habló con frecuencia de la educación y de la desigualdad en el sistema educativo. Fue parte de la cuarta generación de su estirpe tanto en Milton Academy como en Harvard, pero nunca se graduó de esta universidad a pesar de que se inscribió dos veces. Fuller también asistió a la Academia Naval de Estados Unidos, escuela hermana de la Academia de la Marina Mercante.

Empresarios y educación

Fuller notó que varias escuelas estadounidenses importantes habían sido fundadas por empresarios que, en muchos casos, formaron parte del grupo de los "Barones ladrones" como John D. Rockefeller, J. P. Morgan, Cornelius Vanderbilt, James Duke y Lelan Stanford.

He escuchado que Fuller le llamaba a Harvard "Escuela de contabilidad J. P. Morgan", y a la Universidad de Chicago, "Escuela de economía de John D. Rockefeller". Las universidades Duke, Stanford y Vanderbilt fueron nombradas en honor a grandes empresarios.

La preocupación de Fuller era la misión o propósito detrás de la filantropía del empresario y de su interés en la educación superior. Él decía que, en realidad, los empresarios no querían educar a los estudiantes más connotados e inteligentes, sino que estaban entrenando empleados para que dirigieran sus imperios.

Aunque Fuller estudió en Harvard, nunca se graduó. El dinero que su familia le dio para estudiar ahí lo gastó en fiestas y mujeres, y cuando llegó el momento de los exámenes y no se presentó, los directores tuvieron que pedirle que se fuera… en dos ocasiones y por el mismo problema.

Brill está de acuerdo

Kennedy, Bush, Trump y Romney provenían de una clase social que heredó fortunas amasadas durante generaciones. Todos eran hijos de familias que podían pagar la mejor educación, empezando por las escuelas privadas preuniversitarias de alto nivel, tutores privados, preparación para los exámenes estandarizados y profesores que lograron meterlos a las mejores universidades.

Brill cuenta que cuando todavía estudiaba en la escuela preuniversitaria, tuvo una reunión con R. Inslee Clark Jr., decano de admisiones de Yale. Después de la breve entrevista, Clark le aseguró que sería aceptado en la universidad y que no necesitaba solicitar ingreso a ninguna otra escuela. Según Brill, "Lo que no sabía yo entonces era que formaba parte de una revolución dirigida por Clark, a quien le apodaban Inky. Estaba a punto de convertirme en parte del grupo que llegaría a ser conocido como los chicos de Inky, y más adelante, las chicas de Inky".

A los alumnos veteranos que entrevistaban a los candidatos para ingreso a la universidad se les instaba a "no dudar en privilegiar la admisión de un chico con predicciones académicas relativamente bajas pero con características personales extraordinarias, en lugar de la de un joven con perspectivas académicas elevadas, pero con un perfil mucho más bajo y gris".

Un alumno de Yale no estuvo de acuerdo, y esto fue lo que dijo respecto al ingreso de chicos pobres no caucásicos.

Permítanme regresar a la esencia. Están admitiendo a una clase completamente distinta a la que estamos acostumbrados[...] Están hablando de líderes judíos y de graduados de escuelas públicas. Miren alrededor de esta mesa, estos son los líderes de Estados Unidos, aquí no hay judíos ni graduados de escuelas públicas.

Aquel alumno perdió la batalla y los chicos de distintas etnias provenientes de escuelas públicas empezaron a ingresar a Yale y a otras universidades de renombre.

Este mismo grupo de estudiantes extremadamente destacados provenientes de las clases media y pobre es el que dirige el mundo actualmente. Hoy son Barack Obama, Bill Clinton, Hillary Clinton, Ben Bernanke y otros.

Ellos son los nuevos integrantes de las élites académicas que no venían de familias adineradas, es la gente que tuvo que trabajar arduamente para entrar a las mejores escuelas y para amasar sus fortunas.

Esto es precisamente lo que encoleriza a Brill:

Para alcanzar el sueño americano, muchos de los estadounidenses más talentosos y motivados aprovecharon todo lo que hace grande a Estados Unidos: la Primera enmienda, el proceso debido, la ingenuidad financiera y legal, los mercados libres y el libre comercio, la meritocracia e incluso la democracia misma. Y lo alcanzaron, pero sólo para ellos mismos. Después, de una manera inusitada, lograron consolidar sus ganancias, aprovechar las fuerzas que habrían podido restringirlos y ser más inteligentes que ellos, y luego destruyeron el puente para que nadie más pudiera ser partícipe de ese éxito o contender su supremacía.

Traducción: Los muy inteligentes, trabajadores y motivados chicos de las clases media y pobre, alcanzaron el sueño americano y luego modificaron las leyes y el sistema financiero para que nadie más pudiera seguirlos en su camino al éxito. La única manera en que una persona ordinaria puede alcanzar su estatus es convirtiéndose en uno de ellos, y eso implicaría ingresar primero a la escuela privada preuniversitaria correcta.

Respecto al fin de la democracia, Brill comenta:

Como resultado de su destreza, de su motivación y sus recursos (y de cierto grado de privilegio, ya que aunque estos luchadores provenían de circunstancias humildes, la mayoría eran hombres blancos), Estados Unidos no abandonó su ideal más ambicioso y altivo: el imperfecto, siempre debatido y perpetuamente anhelado equilibrio entre la vigorizante desigualdad de los logros en una economía competitiva, y esa igualdad, promesa de la democracia, que vincula a la comunidad. En una batalla que comenzó hace medio siglo, los luchadores ganaron.

Traducción: "Al demonio la democracia, yo ya tengo lo mío". Esta es la razón por la que el socialismo se está extendiendo en Estados Unidos. Por eso vi en Hilo tantos letreros que decían que se aceptaban tarjetas EBT. Por eso un dentista relativamente inteligente puede tener una deuda de más de 1.2 millones de dólares y no saber qué harán él y su esposa para pagarla. Por eso la deuda por préstamos estudiantiles representa el mayor activo del gobierno estadounidense: 1.5 billones y en aumento. Y por eso, Estados Unidos es ahora una nación deudora e imprime más y más dinero para pagar la deuda que la misma impresión de dinero genera. Estados Unidos es algo muy parecido a una persona que usa su tarjeta de crédito para pagar su deuda en las otras tarjetas. Por eso no hay educación financiera en nuestras escuelas.

La estupidez financiera es muy rentable para la gente que sabe imprimir dinero falso.

Las buenas noticias

Yo tuve la fortuna de que mi padre pobre no pudiera darse el lujo de enviarme a una escuela privada preuniversitaria de alto nivel. Gracias a que me di cuenta de que era pobre (o al menos, lo era en comparación con mis compañeros de la primaria), fue que quise aprender sobre el dinero. Fue gracias a la sabiduría de mi padre pobre, quien me sugirió seguir los pasos de los Tres Reyes Magos e ir en busca de mi maestro.

Aprendizaje: maestros auténticos

A los nueve años me convertí en aprendiz de mi padre rico. El concepto del aprendiz es uno de los métodos más antiguos de la educación auténtica. Este tipo de enseñanza funciona porque la mayoría de los aprendices adquiere su conocimiento a través de maestros de verdad, no de maestros falsos. En el medioevo, por ejemplo, si querías aprender lo necesario para ser herrero, aprendías de un verdadero herrero.

Dos o tres días a la semana, al salir de la escuela, me dirigía a la oficina de mi padre rico y ahí trabajaba sin cobrar. Su hijo Mike y yo hacíamos cosas como levantar la basura, limpiar la oficina y otras tareas adecuadas para niños de nueve años. Una hora después, padre rico sacaba su juego de mesa Monopoly®, y jugábamos juntos. En lugar de solamente lanzar los dados y mover las piezas, padre rico nos enseñaba, nos pedía que pensáramos antes de mover y nos explicaba diferentes estrategias financieras adecuadas para niños de nueve años.

A medida que fuimos creciendo, nuestras tareas como aprendices empezaron a enfocarse más en los negocios y en la inversión, sin embargo, siempre terminábamos jugando Monopoly y recibiendo educación financiera a cambio de nuestro trabajo gratuito.

Padre rico nos llevaba a su hijo y a mí con regularidad a ver sus "casas verdes", de acuerdo con la manera en que las reconocíamos en el juego de Monopoly. Pasamos de ser aprendices, a aprender jugando Monopoly, y a tener la experiencia en la vida real y entender el mecanismo financiero con las "casitas verdes" de padre rico. En 1966, cuando yo tenía 19 años, regresé de la escuela de Nueva York a Hilo para ver el gran "hotel rojo" de padre rico —un hotel, literalmente—, justo en medio de Waikiki Beach.

Actualmente, cuando la gente me pregunta a qué me dedico, contesto: "Juego Monopoly en la vida real".

Hoy en día mi esposa Kim y yo poseemos más de 6 500 "casitas verdes" (casas para rentar) y varios "hoteles rojos", así como campos de golf y pozos petroleros.

Así pues, en lugar de ir a una preparatoria privada con mis compañeros de familias adineradas, seguí el consejo de mi padre pobre y me fui en busca de un maestro auténtico.

Si mi padre pobre hubiera sido rico, yo habría terminado en una de esas escuelas preuniversitarias y jamás habría aprendido cómo volverme rico.

TUS PREGUNTAS... LAS RESPUESTAS DE ROBERT

P: Robert, dices que el sistema financiero está amañado y yo estoy de acuerdo contigo, ¿pero exactamente cómo puede la gente "normal" o promedio beneficiarse de esto también? ¿Hay alguna manera de voltear el juego a nuestro favor?

Glenn B. - Alemania

R: A menudo me preguntan: "¿Qué le recomiendas al inversionista promedio?", y mi respuesta es: "No seas promedio".

P: ¿Cómo podemos tener fe o confiar en el sistema bancario? De manera general o... ¿en medio de una crisis?

Jeffrey T. - Malasia

R: Hay una diferencia entre las palabras *fe* y *confianza*. Yo tengo fe en mi creencia de que los bancos son codiciosos y que sólo se enfocan en sus propios intereses. No confío en que el sistema se ocupe de sus clientes, independientemente de si hay un colapso o no.

P: ¿Estás seguro respecto a las expectativas a largo plazo de Estados Unidos? ¿Qué vida alternativa y áreas de inversión del mundo sugieres?

Wendell M. - Estados Unidos

R: Estados Unidos es el país más poderoso y rico de la historia moderna. Yo fui bendecido al nacer estadounidense, y por eso luché en Vietnam para servirle a mi país.

El problema es que el mundo está cambiando y me temo que nuestros líderes, nuestro sistema educativo y la mayoría de la gente no están cambiando con suficiente celeridad.

Es por ello que aprecio a quienes leen mis libros, escuchan Rich Dad Radio Show y asisten a nuestros seminarios. No estoy diciendo que tenga todas las respuestas ni que esté en lo correcto. Lo que digo es que todos necesitamos estar más al pendiente y atentos, y prepararnos para el cambio.

P: ¿Qué te hace pensar que las criptodivisas son menos falsas que el dinero falso que ya usamos? Sí te has dado cuenta de que la mayoría del dinero que tenemos en circulación es electrónico, no impreso, ¿verdad? ¿No es eso criptodivisas contra... criptodivisas?

Roberta N. - México

R: No soy experto en criptodivisas. Entiendo que la tecnología de cadena de bloques es la tecnología legítima, y también que es más confiable que los seres humanos.

El dinero depende de la confianza, por eso confío en la tecnología de cadena de bloques más que en los seres humanos.

P: Yo vivo en Etiopía. ¿Todo lo falso afecta a todas las economías del mundo? Mi país está creciendo rápidamente, pero tiene muchos sistemas financieros extraños.

Semegn T. - Etiopía

R: Etiopía, así como todo el continente africano, es un país muy rico. Por eso los europeos colonizaron África hace siglos. El problema es que instalaron un sistema educativo pobre y el resultado fue un país rico, en un continente rico, con gente rica... que tiene problemas económicos.

P: ¿Por qué nuestro dinero dice "En Dios confiamos"? ¿Es un truco para inculcarnos la verdad de que el oro es el dinero de Dios, pero a través del dinero falso?

Benny J. - India

R: Me da gusto ver que otras personas hacen las mismas preguntas que yo. ¿Cuál crees que sea la respuesta? ¿Por qué un gobierno diría "En Dios confiamos"? ¿Por qué no decir "En el Gobierno confiamos"?

Y lo más importante, ¿en quién o en qué confías?

Capítulo ocho

Regreso a la escuela
La lucha contra lo falso

El 3 de enero de 1973 nuestro avión aterrizó en la Base de la Fuerza Aérea Norton en California. Había aproximadamente 200 soldados a bordo, regresando de Vietnam, y yo era el oficial a cargo de los dieciséis oficiales de marina del portaaviones.

Lo primero que notamos todos fueron las grandes multitudes de manifestantes en contra de la guerra que nos estaban esperando. Después de que mis 16 hombres reunieron sus mochilas, estreché su mano y les deseé lo mejor en su regreso a casa. Habíamos servido juntos durante un año en Vietnam.

Cuando las tropas que regresaban a sus hogares se acercaron a la salida, los cánticos de los manifestantes aumentaron de volumen. Pude sentir el miedo y ver la tensión en el rostro de mis hombres mientras nos acercábamos a la salida. En muchos sentidos, enfrentar a los manifestantes estadounidenses era más atemorizante que luchar contra el Viet Cong en Vietnam.

Sabía que tenía que decir algo antes de que camináramos entre los manifestantes. Nos detuvimos una última vez justo antes de salir, y les dije a los jóvenes soldados: "Recuerden que esto fue por lo que luchamos. Fuimos a pelear por la libertad de expresión, por su derecho a llamarnos asesinos de niños, violadores y homicidas". Los jóvenes asintieron. Intercambiamos el saludo oficial y salimos por la reja mientras empujábamos entre la multitud que nos gritaba y escupía. Nunca volví a ver a ninguno de esos soldados.

EL CONSEJO DE PADRE POBRE

Tuve la fortuna de que me asignaran a la Estación Aérea del Cuerpo de Infantería de Marina en Kaneohe, Hawái, el cual estaba a menos de una hora de la casa de mi padre en Oahu. Todavía quedaba aproximadamente año y medio para terminar mi contrato con el Cuerpo de Infantería de Marina.

Después de darme la bienvenida, mi papá, mi padre pobre, me preguntó cuáles eran mis planes. Quería saber si pensaba convertir mi contrato con el Cuerpo de Infantería de Marina en una carrera de 20 años, volar para aerolíneas comerciales o regresar a trabajar para la empresa Standard Oil en San Francisco y navegar como tercer oficial en sus buques petroleros. Le dije que tenía año y medio para pensar en mi futuro.

Me sugirió ser educador, estudiar una maestría y, quizá, un doctorado como él lo hizo. Algunos meses después fui aceptado en la escuela nocturna para estudiar el programa ejecutivo de maestría en la Universidad de Hawái.

EL CONSEJO DE PADRE RICO

A mi padre rico le dio gusto verme.

Le mostré mi moneda de oro y le conté sobre cómo volé más allá de la línea enemiga para buscar oro.

—¡Estás orate! —exclamó. Entonces le pedí que me sugiriera qué hacer con mi futuro, y me dijo—: Aprende a invertir en bienes raíces.

—¿Por qué? —le pregunté.

—Porque necesitas aprender a usar la deuda como dinero.

Padre rico y yo hablamos en detalle sobre el presidente Nixon y su decisión de sacar al dólar del patrón oro. Me explicó lo que quiso decir en la carta que me envió a Vietnam, donde escribió *Ten cuidado… el mundo está a punto de cambiar.*

Él sospechaba que el dólar iba a ser 100% deuda por siempre. Ni Nixon ni las autoridades restaurarían el dólar como parte del estándar oro. Cuando estaba respaldado por este metal, el dólar era aproximadamente 80% deuda y 20% oro.

—¿Qué significa eso? —pregunté.

—Significa que el dinero es deuda, que sólo se puede crear dinero si se genera deuda. Significa que el Banco de la Reserva Federal de Estados Unidos y el Tesoro van a animar a toda la gente a endeudarse. Si la gente no se endeuda, la economía no crecerá —me respondió.

A padre rico le había ido muy bien económicamente porque usó la deuda cuando al dólar todavía lo respaldaba el oro, y en 1973 sospechó que se volvería todavía más rico ahora que el dólar sería 100% deuda.

Pero también estaba preocupado. Yo estaba sentado frente a él con mi uniforme de oficial de la Marina en su oficina de Waikiki cuando me preguntó:

—¿Tienes tarjeta de crédito?

—Sí —le contesté—, me dieron una en la base. Él asintió en silencio.

—¿Te emitieron una tarjeta de crédito?

—Sí, a todos los oficiales. El Intercambio de la Base quiere que usemos tarjetas de crédito cuando hagamos compras.

—Qué interesante —dijo, sonriendo entre dientes.

—¿Por qué? —le pregunté.

—Así es como crean el dinero. En tu tarjeta no hay dinero y tampoco necesitas tener nada en el banco. El dinero se genera de la nada en cuanto cargas una compra a tu tarjeta de crédito.

Me quedé callado por un instante, todo empezaba a cobrar sentido.

—¿Por eso me escribiste "Ten cuidado… el mundo está a punto de cambiar"? —pregunté. Padre rico asintió.

—La vida de millones de personas está a punto de cambiar debido al uso de las tarjetas de crédito. Millones de personas comprarán casas y automóviles a través de la deuda. Millones trabajarán aún más y serán todavía más pobres porque nunca aprendieron a usarla.

—¿Es por eso que quieres que tome un curso de bienes raíces? ¿Para aprender a usar la deuda como dinero? —pregunté.

Padre rico hizo una pausa y se quedó pensando un rato antes de contestar.

—Los bienes raíces siempre serán la base de la riqueza, son como el oro y la plata. En inglés, bienes raíces se dice *real state*, y la palabra *real* viene del español, idioma en el que el término también se relaciona con la "realeza". A lo largo de la historia, la realeza siempre ha valorado la tierra, el oro y la plata —explicó padre rico, y luego continuó—. Si aprendes a usar la deuda como dinero y a comprar bienes auténticos como yo lo he hecho, te volverás un hombre muy adinerado e inteligente. En cambio, si usas la deuda para comprar pasivos, te sumarás a los millones y millones de personas de las clases media y pobre que pasan su vida trabajando para los miembros de la "realeza" que poseen los bancos. Trabajarás por dinero falso para pagar su deuda.

Me quedé sentado en silencio, pensando en que poseer una moneda de oro me convertía en un criminal. Y luego pensé en usar la deuda para comprar bienes raíces, es decir, la tierra de la *realeza*.

—¿Qué pasaría si eligiera no endeudarme? ¿Qué tal si viviera libre de deudas? —continué preguntando. Padre rico sonrió.

—En la mayoría de los casos, esa puede ser la mejor opción. Si no quieres aprender a usar la deuda como dinero, mantente alejado de ella porque es sumamente peligrosa. Es como una pistola cargada: puede matarte, pero también protegerte —me explicó.

Yo sabía que padre rico todavía tenía mucho que decirme, así que le pregunté:

—¿Y qué pasa si elijo aprender a usar la deuda como dinero?

Padre rico volvió a sonreír.

—¿Ves este hotel en el que estamos ahora? ¿Crees que yo podría comprar un hotel de un millón de dólares con mis ahorros? —me preguntó.

Sólo pude negar en silencio con la cabeza.

—Yo pagué menos de un millón de dólares por este hotel en Waikiki Beach. Si el gobierno continúa imprimiendo dinero, ¿cuánto crees que valga en 10 años? —me preguntó.

—No lo sé —contesté.

—Si continúas trabajando con ahínco, pagando impuestos y ahorrando dinero, ¿crees que podrás comprar este hotel en 10 años? ¿Crees que tus compañeros de la Marina que van a conseguir empleos volando para aerolíneas comerciales podrán comprar este hotel en 10 años?

Realmente no sabía qué decir ni cómo responder a sus preguntas.

—Los turistas japoneses que llegan en hordas y con montones de dinero están comprando Waikiki y el resto de Hawái. ¿Quieres trabajar para japoneses? ¿Crees que podrás comprar bienes raíces en Waikiki en 10 años? ¿Crees que en una década podrás comprarte una casa con vista a la playa? —añadió.

De pronto empecé a interiorizar la lección de padre rico.

—¿Me enseñarías a invertir en bienes raíces? —le pregunté. Padre rico negó con la cabeza.

—Yo invierto en bienes raíces, pero no enseño sobre eso. Además, sigo siendo un estudiante y no dejo de tomar cursos —me explicó—. Si quieres ser inversionista profesional, también debes estudiar y convertirte en el tipo de persona que aprende a lo largo de toda su vida. El uso de la deuda como dinero es un juego peligroso y arriesgado, así que si no estás dispuesto a aprender por siempre, mejor no trates de usar la deuda para adquirir bienes raíces.

Tenía que pensarlo bien porque odiaba la escuela, y la idea de ser un estudiante de por vida no me agradaba en absoluto.

Padre rico notó mi reticencia.

—Ahora que eres piloto, ¿acaso no tomas clases de vuelo todo el tiempo? —me preguntó y yo asentí.

—Sí, constantemente. Llevo cinco años volando, pero siempre estamos tomando clases de vuelo más avanzadas, más difíciles —señalé.

—Invertir en bienes raíces no es muy distinto. Siempre estoy tomando clases, siempre estoy estudiando. Por eso ahora tengo este hotel en Waikiki Beach —me dijo—. Es igual que en el Monopoly. Cuando tú y Mike eran niños, yo tenía casitas verdes, pero ahora poseo hoteles rojos. Si no estudiara y tomara cursos constantemente, no estaría sentado en esta hermosa playa —agregó.

Tras un largo silencio, le dije:

—Me voy a inscribir a un curso de bienes raíces.

Padre rico sonrió y nuestra reunión llegó a su fin.

Mi programa de maestría

Ahora tenía dos padres a los que debía escuchar. Mi padre pobre me sugirió que estudiara una maestría y un doctorado, en tanto que mi padre rico me recomendó tomar cursos de inversión en bienes raíces.

Inscribirme al programa de maestría no me causó problemas porque el Cuerpo de Infantería de Marina tenía un oficial a cargo de los programas de educación superior, lo único que tuve que hacer fue ir a su oficina a firmar.

Los marinos no tenían cursos de inversión en bienes raíces, así que tuve que buscarlos por mi cuenta. En la Marina había clases de inversión en la bolsa de valores, pero nada sobre inmuebles. Yo necesitaba un curso de bienes raíces auténtico porque quería aprender a usar la deuda como dinero.

En menos de dos meses me inscribí en el programa de maestría de la Universidad de Hawái. Iba a la escuela dos noches a la semana y el sábado todo el día después de volar.

A mí nunca me gustó la escuela tradicional, pero mis clases de vuelo me encantaban. En la escuela de aviación teníamos maestros auténticos, pilotos de verdad. Tomábamos clases y volábamos, y entre más diestros nos volvíamos como estudiantes de vuelo, mejores eran nuestros instructores. Sabíamos que podían volar porque practicábamos con ellos. Los instructores de vuelo eran como el señor Ely, mi maestro de quinto grado: eran maestros que inspiraban a los alumnos a aprender, a ser más inteligentes.

La escuela de armamento avanzado era todavía más emocionante. Volar una aeronave con armas era una experiencia muy distinta a la de volar aeronaves ordinarias porque las tácticas y estrategias para los pilotos de combate eran muy específicas. Nuestros instructores de armamento avanzado acababan de regresar de Vietnam.

Antes de que disparáramos armas, ametralladores y cohetes desde nuestras aeronaves, los instructores disparaban para enseñarnos que podían hacer lo que nos estaban enseñando. Si no dábamos en el blanco, no nos reprobaban, sólo nos decían: "Da la vuelta y vuelve a disparar". Eso era lo que hacíamos una y otra, y otra vez hasta que podíamos volar y disparar tan bien como ellos. Por eso adoraba la escuela de vuelo, porque los instructores eran maestros de verdad que nos estaban preparando para una guerra real.

En el salón de clases del programa de maestría, en cambio, no estaba disfrutando en absoluto. Sentía como si estuviera de vuelta en la preparatoria. Una noche, mi frustración llegó al límite.

—¿Alguna vez ha sido usted contador de verdad? —le pregunté al maestro de contabilidad.

—Sí —me contestó—. Tengo un título en contabilidad.

—Eso no es lo que le estoy preguntando —le aclaré—, ya sé que tiene un título, pero ¿ha sido contador de verdad en la vida real?

Entonces hubo una larga pausa.

—No. Soy asistente. Tengo un título de licenciatura en contabilidad y voy a empezar a estudiar mi maestría —admitió.

—Sí, es obvio —añadí.

—¿Es usted contador? —me preguntó el maestro.

—No —contesté.

—¿Entonces por qué me pregunta si soy un contador auténtico?

—Porque me doy cuenta de que no sabe de lo que está hablando. Está enseñándonos a partir de un libro de texto, no de la experiencia en la vida real.

El aprendiz

Mi experiencia de contabilidad en el mundo real empezó cuando me convertí en aprendiz de padre rico. No era contador, pero había trabajado con los contadores auténticos de padre rico durante años, y por eso me di cuenta de que nuestro instructor nos estaba enseñando teoría, no experiencia de la vida real.

Como Estados Unidos todavía estaba luchando en Vietnam, los oficiales de marina no eran muy populares en los campus universitarios. El hecho de que yo estuviera en ese grupo y le hiciera pasar un mal rato al maestro no le ayudaba en nada a mi popularidad.

—¿Tiene planes de estudiar contabilidad? —me preguntó.

—No —contesté—, tengo el plan de ser empresario y de contratar contadores. Por eso necesito ser capaz de hacerles preguntas inteligentes.

—¿Y qué me quiere preguntar?

—Acabo de hacerle una pregunta inteligente: "¿Alguna vez ha sido contador de verdad? ¿Tiene experiencia contable en el mundo real?"

El maestro sólo se quedó de pie, aturdido como un reno frente a los faros de un automóvil.

El tiempo se acabó y la clase llegó a su fin.

La clase de *marketing*

Tenía muchas ganas de tomar la clase de *marketing* que formaba parte del programa de maestría. En el folleto anunciaban al maestro como todo un gurú de la materia, así que me inscribí. Me emocionaba la idea de aprender del experto.

Pero una vez más, la experiencia fue decepcionante. Volví a formular la misma pregunta: "¿Cuánta experiencia tiene en el mundo real?"

El gurú se sintió muy orgulloso cuando nos dijo que tenía una tienda de bicicletas, y que el grupo podría visitarla para aprender y "foguearnos".

La tienda tenía una superficie de menos de 150 metros cuadrados. Era diminuta. Sin embargo, nuestro grupo "estudió" en la tienda del maestro dos sábados.

El gurú no nos estaba enseñando *marketing*, nos estaba enseñando manejo de mercancía, cómo colocar las bicicletas en los exhibidores, los accesorios en las repisas y la ropa en los anaqueles.

Aprendí mucho más sobre mercancía cuando trabajé como aprendiz de padre rico, en las tiendas de regalos de sus hoteles y en sus restaurantes.

Ese gurú no nos estaba enseñando *marketing* porque sólo tenía una tienda. Nos estaba enseñando publicidad, es decir, cómo poner anuncios en los periódicos y revistas locales.

Pero yo había aprendido mucho más sobre el *marketing* auténtico cuando trabajé sin cobrar, haciendo la publicidad de la cadena de hoteles y restaurantes de padre rico.

Eso sí, me compré una bicicleta. El gurú podía *vender*, lo cual es parte del proceso de *marketing*. Le ofreció a nuestro grupo un descuento especial para estudiantes, y por eso muchos le compramos.

Cuando le conté a mi padre rico sobre mi bicicleta nueva y sobre mi instructor de peso ligero y su diminuta tienda sólo se rio y me dijo: "Tu maestro de *marketing* es muy inteligente. Enseña *marketing* en toda una universidad en la que, además, lo consideran un gurú. Luego invita a los estudiantes y a los otros profesores a visitar y estudiar su tienda, y adivina qué: tú y tus compañeros le compran bicicletas. El tipo es un genio del *marketing*".

Francamente, la bicicleta era genial. La usé casi todos los días durante un año, de ida y vuelta en la línea de vuelo de la Base Aérea de la Marina. Mi instructor era un verdadero gurú del *marketing*.

El seminario de bienes raíces

Una noche, mientras veía televisión, pasaron un infomercial en el que le prometían a la gente enseñarle a comprar bienes raíces "sin dar enganche".

Algunos días después, ya era yo parte de las 300 personas que asistieron a un "seminario gratuito" en el hermoso salón de un hotel de Waikiki. El "producto adicional" que sí te vendían después del seminario era un curso de bienes raíces. Pagué 385 dólares por ese curso de tres días, un fin de semana.

Aproximadamente dos meses después, el instructor llegó de California y dio inicio a nuestra clase de tres días. Era mi primer seminario fuera del entorno escolar o en un aula, o sea, fuera del marco de una escuela o del panorama del salón de clases.

Mi padre pobre tenía fe en la escuela. No asistía a seminarios porque creía que se trataba de estafas, y lo admito, algunos lo eran. Sin embargo, también hay instituciones educativas formales que son una estafa.

Mi padre rico, en cambio, sólo asistía a seminarios. Decía que le gustaban porque eran "breves y específicos". Sólo iba para aprender más sobre un tema específico que era de su interés, no iba en busca de un título ni a nadar en la sopa de letras de la educación a nivel superior porque, como sabes, muchos empleados de las corporaciones y el gobierno, así como profesionales con licencias, presumen sus designaciones como medallas de honor: MS, PhD, JD, MD, CFP...

Warren Buffett se graduó de la universidad, nunca lo ha ocultado. Sin embargo, no exhibe su título en su oficina. Lo que sí presume con orgullo es su certificado del curso para aprender a hablar en público de Dale Carnegi. Para Buffett, la posibilidad de hablar sin que le tiemblen las piernas o la voz se le quiebre ha resultado una ventaja invaluable cuando ha tenido que solicitarles miles de millones de dólares a inversionistas.

UN MAESTRO *AUTÉNTICO* DE INVERSIÓN
EN BIENES RAÍCES

Aproximadamente 30 de los 300 estudiantes que se presentaron en el seminario introductorio gratuito se inscribieron para el curso de tres días. El instructor era impresionante. Vestía casualmente, pero bien. Aunque no usaba corbata, su chaqueta deportiva, los pantalones y los zapatos se veían caros. En mi opinión, lucía como un inversionista de bienes raíces auténtico.

A cualquier persona que conozcas que haya estado en el Ejército pregúntale sobre la importancia del cuidado personal y la apariencia. La mayoría de los oficiales usa sus uniformes con orgullo, cuida mucho su aspecto y lleva los zapatos bien lustrados.

Los instructores del programa de maestría parecían maestros. No se veían prósperos, sino corrientes, desaliñados y descuidados; como hippies venidos a más. Y es que, en algunos casos, eso eran.

Nuestro instructor de bienes raíces empezó mostrándonos diapositivas de sus inversiones y las cifras de cada propiedad. Nos dijo cuánto había ganado, cómo se había financiado y qué desafíos tuvo que enfrentar.

También nos mostró propiedades en las que perdió dinero. Nos contó sobre los errores que había cometido, lo que aprendió, y cómo esos errores le ayudaron a ser más inteligente y a ganar más dinero.

Era un hombre real y no estaba ahí para enseñarnos a vender bienes raíces ni bicicletas.

Además, fue transparente. Nos mostró su estado financiero personal auditado. No necesitaba dar clases para mantenerse, y aunque le pagaban por los cursos, el dinero no le hacía falta. Estaba ahí porque le gustaba enseñar.

Así comenzó nuestro curso. Durante tres días analizamos negociaciones, obstáculos y desafíos reales. También nos habló de los estafadores reales con los que se había topado en su carrera de 24 años como inversionista en bienes raíces *auténtico*.

Nos enseñó a ver lo que la mayoría de los inversionistas novatos no nota. Nos enseñó cómo hablaba sobre el dinero con los vendedores, los banqueros y los inversionistas.

El último día nos enseñó a hacer negocios "de saliva", es decir, una inversión en la que no tenía que arriesgar su propio dinero en absoluto.

Para el final del tercer día, el grupo ya estaba vuelto loco, todos nos sentíamos muy emocionados. Entonces comprendí mejor por qué padre rico solía decir: "Para volverte rico, no necesitas dinero".

Las últimas dos horas las pasamos haciendo una revisión, formulando preguntas y respondiéndolas. Justo antes de que la clase terminara, el instructor nos dijo: "Ahora sí comienza el curso".

Los estudiantes se quedaron perplejos porque no sabían por qué había dicho eso, justo cuando el curso estaba a punto de terminar.

El instructor nos explicó: "Este curso empieza en cuanto entran al mundo real. Su tarea es encontrar 100 propiedades dignas de inversión en 90 días. Luego tienen que decidir cuál de esas 100 representa la mejor inversión. No tienen que comprar nada, pero cuando encuentren un gran negocio, la energía y el entusiasmo los instará a comprar aunque no tengan dinero".

El grupo de 30 estudiantes se dividió en grupos más pequeños de entre tres y cinco, y todos prometimos terminar la tarea en 90 días. Pero como podrás imaginar, la *vida real* se interpuso en el camino a la riqueza. Creo que de los 30, sólo tres terminamos la tarea, lo cual también te da una idea de cómo funciona el ser humano. Recuerda que volverse rico implica trabajo y disciplina.

Al final de esos 90 días, yo ya sabía cuál de las 100 propiedades era la mejor. Era un condominio de una recámara y un baño frente a la playa, en la Isla de Maui. El desarrollador se fue a la quiebra y el banco iba a rematar el proyecto. El precio del condominio era 18 000 dólares y yo sólo necesitaba dar 10% de enganche, el banco financiaría el resto.

Saqué mi tarjeta de crédito de inmediato y pagué con ella 1 800 dólares. Era uno de esos negocios "de saliva" porque se financiaba 100% a través de la deuda y, a cambio, proveía un flujo positivo de 25 dólares mensuales.

Era una inversión con "retornos infinitos" porque yo no tenía que poner nada de mi dinero como parte de la inversión, y a pesar de eso, ganaría 25 dólares de flujo neto de efectivo a partir de una deuda de 100 por ciento.

Algunos días después, abandoné el programa de maestría.

"Aquí no puedes hacer eso"

Hoy en día, sin importar en qué parte del mundo esté, la gente me dice: "Aquí no puedes hacer eso".

Y muchos tienen razón, tal vez *ellos* no pueden hacer un negocio con retornos infinitos, pero hay otras personas que sí.

La principal razón por la que la gente dice "aquí no puedes hacer eso" es porque fue a la escuela o porque sus padres fueron a la escuela.

Si observas el siguiente diagrama donde se muestran los niveles superiores del maestro, verás por qué el hecho de ir a la escuela hace que la gente continúe siendo pobre.

Cómo diferenciar entre los maestros auténticos y los maestros falsos

Los maestros falsos enseñan a través de las conferencias y los libros, pero la vida real es un salón de clases en sí misma.

Los maestros auténticos enseñan a partir de su experiencia de la vida real y de sus errores, y te animan a hacer lo mismo.

EJERCICIO PERSONAL:

Haz una lista de tres maestros falsos que hayas tenido en la vida y escribe las materias que enseñaban.

Nombre del maestro   **Materia**

1. _____   _____
2. _____   _____
3. _____   _____

Ahora haz una lista de los maestros auténticos que has tenido en la vida e incluye las materias que enseñaban.

Nombre del maestro   **Materia**

1. _____   _____
2. _____   _____
3. _____   _____

¿Qué lecciones aprendiste de los maestros auténticos?

1. _____
2. _____
3. _____

TUS PREGUNTAS... LAS RESPUESTAS DE ROBERT

P: ¿Qué palabra o frase usarías para describir el valor de tu experiencia en el Cuerpo de la Infantería de Marina?

Marco C. - Italia

R: Qué buena pregunta. Cuando estaba en la preparatoria sabía que estaba en problemas. Era surfista y me iban a expulsar por tanto reprobar. Era un fracasado, un payaso. No quería crecer e "ir a la escuela, conseguir un empleo, trabajar duro", ya sabes.

Lo que anhelaba cuando estaba en la preparatoria era mi libertad.

Muchos de mis compañeros que habían elegido vivir en libertad y llevar vida de surfistas, sin embargo, terminaron en la cárcel porque se volvieron adictos. Otros murieron jóvenes. Uno cometió suicidio, otro falleció en un accidente de motocicleta, y otros dos en accidentes automovilísticos porque iban manejando en estado de ebriedad.

Por todo esto, aunque suene ilógico, elegí ir a una escuela militar y unirme al Cuerpo de Infantería de Marina... para ser libre.

En la escuela dominical me enseñaron que "el verbo se vuelve carne", por eso, las palabras que la Academia de la Marina Mercante volvió reales para mí o que "se convirtieron en carne", son: misión, deber, honor, valor, respeto, disciplina y código.

Para la mayoría de la gente, en especial para la que trabaja en el ámbito corporativo, estas son sólo palabras, hablar bien, tener un discurso corporativo, una serie de frases memorizadas que nunca se vuelven reales. Pero si esas palabras no se convierten en carne, otros términos como *seguridad en el empleo, cheques de nómina* y *retiro*, se vuelven más importantes que la libertad real.

Por eso me siento tan agradecido con la Academia de la Marina Mercante, porque esas palabras se volvieron reales, se tornaron en carne y se convirtieron en lo que soy... se transformaron en mi fortaleza espiritual. Y para alcanzar la libertad financiera se requiere verdadera libertad espiritual y, lo más importante, libertad personal auténtica.

Padre rico solía decir con frecuencia: "Uno no alcanza la libertad personal sino hasta que obtiene la libertad financiera".

P: ¿A qué atribuyes que tu padre rico haya podido predecir el futuro en un momento de tanta incertidumbre económica?

Adonis K. - Grecia

R: Padre rico nos enseñó a su hijo y a mí que "los empresarios deben prestarle atención al futuro... porque ahí está tu competencia".

Y lo que Andy Grove, fundador de Intel, dijo respecto al futuro de los negocios, fue: "Sólo los paranoicos sobreviven".

Capítulo nueve

Cómo pescar muchos peces

Ver lo invisible

Padre rico solía decir: "No puedes pescar en agua limpia". También le gustaba decir: "Sólo puedes pescar en agua fangosa".

En un capítulo anterior expliqué que "es más fácil regalarle a la gente pescado... que enseñarle a pescar".

¿Por qué? Porque aprender a pescar no es nada sencillo.

Aprender algo siempre es difícil. Piensa en el golf, por ejemplo. En teoría es un juego extremadamente simple porque, a diferencia del beisbol, la pelota no se está moviendo. No obstante, el golf es uno de los juegos más difíciles de jugar del mundo, y dominarlo es complicadísimo. Para llegar a ser un Tiger Woods, un Rory McIlroy o un Phil Mickelson, hacen falta una devoción y sacrificio sobrehumanos. El talento por sí mismo no basta.

Con el juego del dinero pasa lo mismo.

La prosperidad ha provocado que la gente se vuelva sumisa, débil y floja, y no sólo hablo de los estadounidenses, es algo que se puede ver en todo el mundo. Naturalmente, se nota más en la descontrolada corrupción del gobierno, en los negocios, los deportes, la política e incluso en la religión. Hoy en día, todos los niños se llevan trofeo, todos tienen privilegios. Los estudiantes necesitan habitaciones seguras, espacios y lugares donde estén a salvo de las ideas que desafíen o amenacen sus sensibles creencias. Y mientras la brecha entre los ricos y todos los demás continúa ensanchándose, y todos quieren volverse ricos, muchos en verdad creen que tienen todo el derecho de hacerlo. Y es comprensible, como padre rico solía decir:

> El dinero es una droga. Si la gente no cuenta con educación financiera, se vuelve adicta porque el dinero la hace feliz. El dinero resuelve sus problemas y alivia su dolor. Hoy en día, miles de millones de personas son adictas a la "solución rápida", a "elevarse un rato" con el dinero. El problema es que si te "elevas", luego "caes", y por eso los adictos tienen que volver a trabajar para seguir alimentando su adicción. Los adictos hacen cualquier cosa por drogarse.

Cuando Nixon sacó el dólar del patrón oro en 1971 la corrupción monetaria se extendió por todo el mundo como una droga. Y como bien lo decía padre rico: "El dinero corrupto genera personas corruptas".

Corrupción en el paraíso

Mi padre pobre era un hombre honesto, pero la política es un juego sucio. Ir subiendo por el escalafón de los puestos gubernamentales hacia el éxito siempre lo perturbó. Cuando llegó a la cima y fue miembro del gabinete del gobierno de Hawái no toleró la corrupción.

Por eso, en lugar de jugar el juego renunció, se postuló para la carrera gubernamental de 1970 y se enfrentó a su jefe, un gobernador demócrata.

Cuando mi padre me llamó y me dijo que se iba a lanzar por el partido republicano como candidato a vicegobernador, yo estaba en la escuela de vuelo de Pensacola, Florida. "Dudo que pueda ganar, pero si no me postulara, no podría vivir en paz", me explicó.

Luego le pasó el teléfono a mamá y hablé con ella de sus miedos y preocupaciones. Le inquietaba la seguridad del empleo de papá y el dinero. "Los republicanos prometieron que le encontrarían un trabajo a tu papá en California. Hasta podría ser como profesor de la Universidad Stanford", dijo.

Papá acababa de entrar a los 50, y mamá apenas iba para allá. Todavía les quedaba una larga vida por delante. Cuando nuestra conversación terminó, les deseé lo mejor y les dije que tendrían que ser fuertes ahora que entraran al sucio mundo de la política. El gobernador era un antiguo oficial de policía y todo mundo sabía que, supuestamente, un amigo suyo, también expolicía, dirigía el crimen organizado en Hawái.

Como lo suponíamos, papá perdió la elección y el gobernador le informó que jamás volvería a trabajar en el gobierno de Hawái.

Mamá y papá estaban devastados. El juego de la política era muchísimo más corrupto de lo que habían imaginado. Los amigos con quienes creían contar de verdad se voltearon en su contra y difundieron mentiras y falsedades sobre ambos a lo largo de toda la campaña. También acusaron a papá de ser corrupto.

Mi mamá murió dos meses después de la elección con el corazón hecho pedazos. Sólo tenía 48 años. Y como era de esperarse, el empleo en California que le prometieron los republicanos a mi padre nunca se materializó. Papá se retiró tempranamente y usó sus ahorros para el retiro para comprar una franquicia nacional de helado, pero su negocio fracasó en menos de un año porque, en realidad, no era hombre de negocios. Murió en la pobreza absoluta en 1991, 21 años después de la elección.

La verdad sale a la luz

En 2015 James Dooley, un antiguo reportero de investigación del *Honolulu Advertiser*, un periódico local, publicó un libro llamado

Sunny Skies, Shady Characters: Cops, Killers, and Corruption in the Aloha State.

El libro empieza con el cantante Don Ho e incluye una lista con los nombres de policías, asesinos y gente corrupta de Hawái. En la lista aparecen los nombres de gobernadores y de los fideicomisarios de Kamehameha Schools, una de las escuelas más ricas del mundo. Dooley escribe sobre las relaciones entre las cortes, los líderes políticos, los líderes laborales, los programas de televisión como *Hawái Cinco Cero y Magnum PI*, y las mafias japonesa, hawaiana, china e italiana. Incluso hace una lista de cuerpos encontrados en tumbas poco profundas.

James Dooley escribió acerca de esa misma corrupción que mi papá no soportó, e incluso mencionó a algunos de mis compañeros de clase y a antiguos amigos de mi papá.

Un día me reuní con Dooley en Hawái para agradecerle que hubiera escrito el libro y le dije que desearía que mi padre estuviera vivo para leerlo. Cuando le pregunté cómo era posible que él continuara con vida a pesar de haber incluido nombres reales en su libro, sonrió y dijo: "La corrupción está tan extendida en nuestros días, que forma parte de la vida y a la gente ya no le importa".

El presidente Barack Obama fue el primer presidente de origen hawaiano, y el único hasta la fecha.

Creo que este es un buen momento para recordarles a los lectores que yo no tengo objetivos políticos ni afiliaciones religiosas. Al igual que mis dos padres, detesto la corrupción, la pereza y la mentalidad del derecho a los subsidios. Por cierto, cabe añadir que, en una ocasión, la revista *Forbes* llamó a Hawái "La República Popular de Hawái".

NO CAMBIES AL MUNDO... CAMBIA TÚ

El presidente John F. Kennedy le atribuyó a Edmund Burke (1729-1797) esta frase, pero sigue habiendo desacuerdo respecto a su origen real: "Lo único que se necesita para que el mal triunfe es que los hombres buenos no hagan nada". Me parece que habrá quienes estén de acuerdo en que, en la actualidad, muy poca gente hace algo.

En los tres veranos que estudié con Bucky Fuller, a menudo dijo que la mafia era parte integral de la política estadounidense. Asimismo, cuando Robert Kennedy, hermano del presidente Kennedy, ocupó el puesto de procurador general de Estados Unidos, tuvo el valor de enfrentarse a Jimmy Hoffa y al Sindicato de camioneros, y de acusarlos de estar coludidos con la mafia.

Robert Kennedy fue asesinado en 1968 tras haber ganado la elección presidencial primaria demócrata de California. Jimmy Hoffa desapareció y su cuerpo nunca fue encontrado.

Unámonos

Mucha gente dice: "Unámonos y cambiemos el mundo", y aunque suena bien, no es realista. En la actualidad hay demasiadas noticias falsas que están diseñadas para enfurecer, no para educar. Noticias cuyo objetivo es polarizar, separar. En las escuelas sucede lo mismo.

El mundo de hoy está demasiado fracturado y el odio abunda. Hay mucha animosidad, mucha violencia cruda. Millones de personas en todo el mundo están emigrando, y no lo hacen por razones económicas, sino porque quieren escapar del crimen, los asesinatos y las violaciones.

Así como sucede en Hawái, en todo el mundo se acepta la corrupción como parte de la vida. La ley y el orden se están desmoronando en todo el planeta. En las ciudades estadounidenses patrullan tropas paramilitares en vehículos blindados, lo cual me recuerda lo que sucede en ciudades de Iraq y Afganistán. ¿Estarán las ciudades estadounidenses a punto de convertirse en zonas de guerra? ¿Será este el fin de la República Estadounidense?

En lugar de cambiar el mundo, tal vez sea mejor que cambies tú. Una de las muchas razones por las que nuestras sociedades están corrompidas es porque nuestro dinero también lo está. Si no hay educación financiera real en las escuelas, la gente no puede ver el flagrante atraco del que habla Fuller, no se da cuenta de que le están robando su vida y su dinero por medio de ese mismo dinero por el que trabajan.

Padre rico solía decir: "No puedes pescar en agua limpia, sólo puedes pescar en agua fangosa".

La brecha entre los ricos y todos los demás sigue creciendo porque, como no hay educación financiera auténtica, la gente nada en agua fangosa. Esta es la razón y la manera en que los integrantes de las élites académicas que dirigen nuestro sistema legal, los bancos y Wall Street, están pescando tantos peces.

Padre Rico, Padre Pobre se publicó en 1997 y en él se usaron algunos de los diagramas e ilustraciones que padre rico desarrolló para en-

señarnos, a su hijo y a mí, a ver a pesar del agua fangosa. Si ya leíste ese libro, posiblemente recuerdes las imágenes de las que hablo.

Asimismo, si ya leíste *El Cuadrante del flujo de dinero*, mi segundo libro, recordarás este diagrama del cuadrante.

Como padre rico no terminó la preparatoria, usaba diagramas sencillos para enseñarnos ideas nuevas. Creía que una imagen valía más que mil palabras.

A continuación te mostraré algunas de las imágenes que desarrolló para que su hijo y yo pudiéramos ver a través de las aguas fangosas.

Sustantivos y verbos

Aunque padre rico era un hombre sencillo y sin mucha preparación académica, conocía bien la diferencia entre los sustantivos y los verbos.

Nos enseñó, a su hijo y a mí, que en el mundo del dinero, si no tienes los *verbos*, no puedes saber si un *sustantivo* es un activo o un pasivo.

Una casa, por ejemplo, puede ser un *activo* o un *pasivo*, pero no puedes saber qué es si el verbo *fluir* no aparece cuando examinas la forma en que el dinero *fluye* hacia tu bolsillo o desde tu bolsillo hacia fuera.

Kim y yo le llamamos a nuestro juego de mesa Cashflow porque quisimos convertir dos palabras, *cash* y *flow* (dinero y flujo) en una solamente.

Padre rico solía decir: "Como los académicos saben tan poco respecto al dinero, que conozcan los sustantivos sin identificar los verbos… no hace gran diferencia".

En el caso de los empresarios, lo más esencial en la vida son las palabras *dinero* y *flujo*. Para ellos, el flujo de dinero es tan importante como el flujo sanguíneo lo es para el cuerpo humano. ¿Podrías imaginarte a un médico que ve cómo mana a borbotones sangre de la herida de su paciente en el quirófano, diciendo: "Sí, es sangre…", y no hacer nada al respecto?

Esto es justamente lo que los miembros de las élites académicas le están haciendo a nuestro gobierno y a la gente. *Nosotros, la gente*, y todo el país, estamos sufriendo una hemorragia mientras las élites se enriquecen cada vez más y más gracias al sistema educativo… y a que siguen desangrándonos a todos.

¿QUÉ ES EL IQ FINANCIERO?

Padre rico decía: "El IQ es la forma en que se mide la capacidad de una persona para resolver problemas". En el ámbito académico, el IQ se usa para medir la capacidad para resolver problemas de matemáticas, escritura y ciencias. En el ámbito de la mecánica automovilística, el IQ es la capacidad para arreglar un automóvil.

Padre rico decía: "El IQ es la capacidad de una persona para resolver problemas económicos, y por eso el IQ financiero se mide en dinero".

Cuando terminé mi curso de bienes raíces de tres días, pude resolver un problema de 18 000 dólares sin dinero, así que, según la definición de mi padre rico, mi IQ financiero era de 18 000 dólares.

Si la persona continúa practicando, su IQ puede aumentar. Actualmente, yo diría que mi IQ financiero es de unos 100 millones de dólares, así que sólo un problema de 100 millones me obligaría ir más allá del límite de mi IQ.

Estadísticas que te abrirán los ojos
El 25 de mayo de 2016 *The Washington Post* reportó lo siguiente:

La Reserva Federal hizo una encuesta en la que se les solicitó a más de 5 000 personas que determinaran si su situación personal estaba mejorando a la par de la economía. Los resultados[...] [incluyeron] esta reveladora estadística: cerca de 46% de los estadounidenses dijo que no tenía suficiente dinero para cubrir un gasto de emergencia de 400 dólares.

Traducción: 46% de los estadounidenses tiene un IQ financiero menor a 400 dólares.

KISS: La educación financiera es súper simple
Padre rico siempre mantenía las cosas sencillas, o como dicen por ahí en inglés, kiss (*Keep It Super Simple*). Él decía que había seis palabras elementales para la educación financiera auténtica:

1. Ingreso
2. Gasto
3. Activo
4. Pasivo
5. Dinero (o efectivo)
6. Flujo

Si ya leíste *Padre Rico, Padre Pobre*, o si alguna vez has jugado Cash-flow, tal vez reconozcas las palabras que aparecen en un estado financiero: ingreso, gasto, activo y pasivo.

El registro del ingreso y del gasto se lleva a cabo en el estado de las ganancias y las pérdidas (G&P).

Padre rico solía decir: "Mi banquero nunca me ha pedido mi boleta de calificaciones ni me ha preguntado en qué escuela estudié. Nunca me ha preguntado cuál fue mi promedio general. Cuando hablo con él, lo único que quiere ver es mi estado financiero porque es mi boleta de calificaciones en el mundo real".

CONFUSIÓN ACADÉMICA

Si buscaras en el diccionario las palabras *activo* y *pasivo* encontrarías las siguientes definiciones:

Activo (s.): Objeto, persona o cualidad útil o valioso.

Pasivo (o *deuda*) (s.): Estado de ser responsable de algo, en especial en el ámbito legal.

Te presento algunas lecciones:

- Si el verbo *fluir* no aparece en el término *flujo de dinero*, el agua es fangosa y confusa.
- En 2008, millones de personas de todo el planeta perdieron sus casas porque, hasta ese momento, seguían creyendo que eran un activo.
- Millones de personas perdieron sus hogares porque los miembros de las élites académicas diseñaron activos falsos llamados valores respaldados por hipoteca y obligaciones de deuda garantizada (MBS y CDO, respectivamente, por sus siglas en inglés).
- Un poco de educación financiera habría protegido a millones de personas de los crímenes de las élites académicas que

dirigen nuestras instituciones legales, bancarias, financieras y educativas.

- Si una casa provee un flujo positivo de dinero y este va directamente a tu bolsillo, entonces la casa es un activo.
- Si la casa hace que el dinero fluya hacia afuera de tu bolsillo, entonces es un pasivo.
- En 2008 millones de personas descubrieron que sus casas eran un pasivo.

Aguas fangosas

Hoy en día escucho que los maestros les dicen a sus alumnos: "Tu educación es un activo. Consigue un empleo bien pagado".

También he escuchado a los corredores de bienes raíces asegurándoles a las personas que compran una casa por primera vez: "Su casa es un activo".

Los asesores financieros les dicen a sus clientes: "Su plan 401(k) para el retiro es un activo".

Sin embargo, si aclaras el agua y logras ver hacia dónde fluye el dinero, sabrás la verdad.

Sigue el dinero

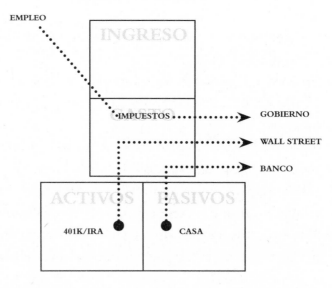

La clase media es un activo para el gobierno, para Wall Street y para los bancos. Compara el flujo de dinero de la clase media con el flujo de dinero de los ricos.

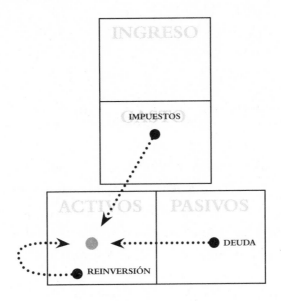

Observa que, en el caso de los ricos, el dinero sigue fluyendo hacia la columna de activos.

LECCIONES

- La educación financiera auténtica les enseña a los ricos a asegurarse de que el dinero siga fluyendo hacia la columna de activos.
- La educación financiera falsa hace que el dinero fluya hacia afuera de los bolsillos de las clases media y pobre, y que se dirija a los bolsillos de quienes imprimen dinero falso, es decir, a los bolsillos de los miembros de las élites académicas.
- La educación financiera falsa sirve para que el agua siga fangosa.

Si los diagramas de flujo de dinero no te parecen claros, por favor reúnete con uno o dos amigos y discutan los patrones del flujo. Esta es una excelente manera de aprender.

En el curso de inversión en bienes raíces de tres días me enseñaron a hacer esto:

INGRESO
25 dólares

GASTO

ACTIVO
Condominio

PASIVO
Deuda (18 000 dólares)

Un flujo de 25 dólares no representa una cantidad estratosférica, pero esos 25 dólares transformaron mi manera de pensar acerca del dinero. En cuanto pude ganar 25 dólares gracias a una deuda de 100%, me liberé. Sabía que si seguía practicando, nunca volvería a necesitar dinero, nunca volvería a decir "no me puedo dar ese lujo".

Retornos infinitos

El uso de 100% de deuda para producir 25 dólares es un ejemplo de lo que se conoce como retorno infinito. Es dinero a cambio de nada, dinero que se genera a partir de la inteligencia financiera.

Es como imprimir dinero. Un retorno infinito se puede lograr desde cero, ni siquiera es necesario que existan bienes raíces.

ACCIONES

Digamos que compro 100 participaciones accionarias a un dólar cada una. Con eso habré invertido 100 dólares.

Luego, el precio de las acciones aumenta a 10 dólares cada una, y mis 100 acciones ahora valen 1 000 dólares.

Vendo 10 acciones a 10 dólares cada una y así recupero mis 100 dólares originales. Las 90 acciones que me quedan se vuelven gratuitas en cuanto recupero mi inversión inicial.

Transacción neta:

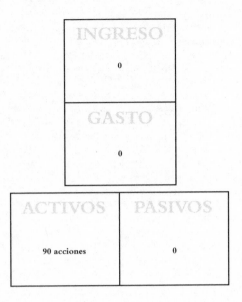

Los dividendos de las 90 acciones se vuelven ingreso y así consigo mis retornos infinitos.

LIBROS

Tal vez pase un año entero escribiendo un libro, y luego me costará 50 000 editarlo, imprimirlo y publicarlo.

Pero entonces se abre la oportunidad de que los editores de todo el mundo compren una licencia y lo publiquen, y digamos que recibo ofertas de 30 países, a 10 000 dólares cada licencia.

Así entran 300 000 dólares por concepto de venta de licencias internacionales, y una vez que recupero los 50 000 dólares por gastos, quedan 250 000 dólares en ingreso neto por concepto de derechos internacionales. Además, me empiezan a llegar regalías por cada libro vendido en todo el mundo.

El activo, es decir, el libro, genera ingresos a través de las regalías… lo que produce retornos infinitos.

NEGOCIOS: Rich Dad Company

Rich Dad Company fue fundada en 1997 con 250 000 dólares que reuní a través de inversionistas. En 2001 se les devolvieron 750 000 dólares, y a partir de ese momento todas las ganancias se convirtieron en retorno infinito.

Posibilidades infinitas

En cuanto una persona entiende el poder de los retornos infinitos, casi cualquier cosa se puede transformar en un activo. Las posibilidades son infinitas y el agua se aclara.

Cada vez que utilizo imágenes para enseñar lo que es la educación financiera, alguien siempre pregunta: "Si es tan sencillo, ¿por qué no toda la gente es rica?"

En primer lugar, aunque las imágenes y dibujos hacen que parezca simple, hacerlo no es tan sencillo. No obstante, si practicas, el proceso se va volviendo más fácil.

La principal razón por la que la mayoría de la gente no es rica es porque fue a la escuela.

"Todas las monedas tienen tres lados" - **Padre rico**

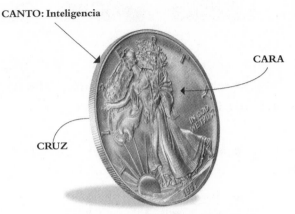

CANTO: Inteligencia

CARA

CRUZ

*"La prueba de una inteligencia de primera clase
es la habilidad de tener dos ideas opuestas en la mente
al mismo tiempo, y seguir funcionando."*
—F. Scott Fitzgerald, 1936

POR QUÉ LA GENTE NO SE VUELVE RICA

1. En la escuela se les enseña a los estudiantes que los errores que cometen son estúpidos.

   En la vida real, cometer errores te enriquece. Dios diseñó a los humanos para que aprendieran de sus errores.

2. Pedir ayuda significa hacer trampa.

   En la escuela los estudiantes presentan los exámenes solos porque a pedir ayuda se le considera trampa.

   En la vida real, los negocios y las inversiones son deportes de equipo.

   Los ricos tienen equipos.

   La gente común no cuenta con un equipo. A la gente común la asesora un asesor financiero, un corredor de bolsa o un corredor de bienes raíces; y con frecuencia, esa "asesoría" es un discurso de ventas, no material de educación financiera.

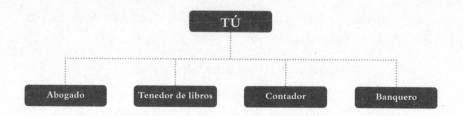

3. Tener buenas calificaciones significa que eres inteligente.
   **En la vida real, mi banquero nunca me ha pedido
   mi boleta de calificaciones.** A mi banquero no le interesa
   en qué escuela estudié ni cuál fue mi promedio general. En la
   vida real, mi banquero sólo quiere ver mi estado financiero.

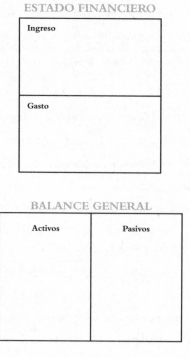

El tercer estado financiero es el del flujo. El juego Cashflow es uno de los pocos juegos de mesa que les enseña a los
jugadores a controlar su flujo de efectivo y a incrementar su
IQ financiero.

Como es posible que la mayoría de los estudiantes de preparatoria y de los graduados universitarios no sepa lo que es un estado financiero, y que mucho menos sepa usarlo, a casi todo mundo se le dificulta obtener préstamos para comprar inversiones.

En 1996 Kim y yo diseñamos el juego Cashflow para que la gente pudiera aprender el lenguaje del dinero. La gran fortaleza de Cashflow es que las personas pueden enseñarles a otros sin tener que ir a la escuela.

Actualmente hay miles de clubs de Cashflow en todo el mundo.

4. Sal de deudas.

En la vida real, la deuda permite que los ricos se vuelvan más ricos.

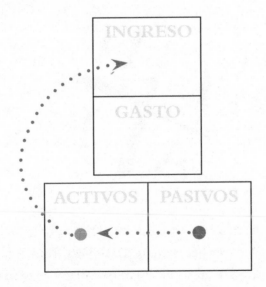

En 1971 el dinero se convirtió en deuda.

Los banqueros adoran a los deudores porque estos les permiten volverse más ricos.

La gente más rica del mundo sabe cómo usar la deuda para generar dinero.

El juego Cashflow es uno de los pocos que les enseña a los jugadores a usar la deuda como dinero y a volverse ricos.

Si al estar jugando Cashflow cometes errores cuando trates de usar la deuda, estarás equivocándote con dinero de juguete.

5. Pagar impuestos es un acto patriótico.

La Revolución tuvo como origen una protesta provocada por el pago de impuestos, la cual tuvo lugar en 1773 y es conocida como el Motín del té de Boston.

En la vida real, los ricos no pagan impuestos.

El cuadrante del flujo de dinero sirve para mantener las aguas nítidas:

Porcentaje de impuestos que paga cada cuadrante

Si deseas aprender más respecto a los impuestos, por favor lee el libro *Riqueza libre de impuestos* del asesor de Rich Dad, Tom Wheelwright.

Verás que las leyes fiscales son bastante similares en todo el mundo. Los ricos, quienes se desempeñan en las áreas D e I del cuadrante, pagan menos impuestos de forma legal.

En su libro, Tom Wheelwright explica que las leyes fiscales son incentivos del gobierno. Si haces lo que él quiere, te ofrece incentivos fiscales.

Por ejemplo, si rento una casa para mí, no recibo un respiro fiscal, pero si les proveo casas en renta a otras personas, el gobierno me ofrece muchas ventajas fiscales porque estoy haciendo lo que él quiere. Si tengo un empleo en la zona E del cuadrante, no tengo incentivos, pero si genero miles de empleos de la forma en que lo hace Amazon, puedo gozar de enormes ventajas fiscales como las que muchas ciudades ofrecen con la esperanza de que esta gran empresa mude sus operaciones ahí.

Dicho de otra forma, la gente en las áreas D e I del cuadrante hace lo que el gobierno quiere y reciben ventajas fiscales por ello. Los que trabajan en las áreas E y A del cuadrante, no hacen lo que el gobierno quiere y, por lo tanto, no reciben ventajas fiscales.

AGUAS FANGOSAS

La educación financiera real no tiene por qué ser confusa, puede ser muy sencilla. Hasta un niño puede entenderla. Yo lo hice.

Claro, también sabía que "sencillo" no significaba "fácil", pero los diagramas de padre rico fueron mis guías mentales y me guiaron como las estrellas del cielo guían a los navegantes.

Debido a que en nuestras escuelas no se ofrece educación financiera, millones de personas se han convertido en los peces que las élites académicas pescan en sus redes de mentiras. Como no tenemos educación financiera, millones de personas van a la escuela, consiguen un empleo, pagan impuestos, ahorran dinero, compran una casa e invierten en la bolsa de valores.

El sistema insiste en castigar a los estudiantes que cometen errores y en obligarlos a contestar sus exámenes solos, y con eso, sólo continúa enlodando las aguas. Esta es una maravillosa manera de educar a los jóvenes para que trabajen en las zonas E y A del cuadrante, pero no para formar a los empresarios que operarán en las zonas D e I. Los empresarios saben que deben cometer errores y aprender de ellos, y que los negocios son un deporte de equipo.

Para competir en la economía mundial, todos los países necesitan contar con más empresarios visionarios como Steve Jobs, Bill Gates, Mark Zuckerberg, Michael Dell, Richard Branson, Henry Ford, Walt Disney y Thomas Edison. Hombres jóvenes e inteligentes que nunca terminaron la escuela.

En el siguiente capítulo aprenderás quién es tu mejor maestro auténtico.

TUS PREGUNTAS... LAS RESPUESTAS DE ROBERT

P: ¿Cómo puede el *Grunch* seguir operando sin que la gente se dé cuenta?

Mari J. – Canadá

R: Excelente pregunta. El *Grunch* es demasiado grande porque está por todos lados. Buscarlo es como tratar de encontrar el aire. El *Grunch* es el banco en la esquina de tu casa, tu asesor financiero, tu educación, tu tarjeta de crédito, los impuestos, tu empleo, la hipoteca, los políticos, la policía, el Ejército, los alimentos, los cuidados médicos y así indefinidamente.

Es imposible ver el *Grunch* porque es dinero y el dinero está en todas partes, y en todo, pero además, es invisible.

Uno de los temas centrales de este libro es: "No puedes pescar en agua limpia".

En el mundo real de los negocios y la inversión, la palabra que se usa para ver a pesar de la suciedad en el agua es *transparencia*. En el mundo real del dinero la palabra transparencia es sumamente importante.

El propósito del *alfabetismo financiero* es empoderar la mente para que, a través de las palabras, vea lo que los ojos no pueden. El propósito de la *educación financiera* es fortalecer nuestra capacidad de ver en el agua fangosa, a lo que también se le conoce como transparencia. Una de las razones por las que los colapsos financieros recientes han sido tan estruendosos y severos es porque no hay transparencia.

Rich Dad Company está consagrada a empoderar a la gente para que pueda ver en el agua fangosa. Porque si no hay educación financiera real en nuestro sistema educativo, los estudiantes salen de la escuela ciegos en el aspecto financiero.

P: ¿Qué tan grande será la próxima caída financiera?

Stephen B. - Reino Unido

R: En mi opinión, la siguiente caída hará que la de 2008 se vea diminuta. Desde ese año la banca y los riesgos derivados han seguido creciendo exponencialmente. En 2008 había 700 billones en derivados, pero ahora hay 1.2 cuatrillones de dólares en derivados fuera de balance, lo que significa que la persona común no puede ver. *Fuera de balance* significa *aguas fangosas*. *Fuera de balance* significa falta de transparencia.

En la tercera parte, "Activos falsos", hablaré de las reservas oscuras y del dinero oscuro.

P: ¿Estás diciendo que desde 2008 las aguas sólo se han enlodado más?

Artur N. - Estonia

R: Sí, ahora son más profundas, oscuras y peligrosas.

En Rich Dad Radio puedes escuchar una entrevista con Nomi Prins sobre el tema del *dinero oscuro*, lo *normal nuevo* o *normalización*, y el hecho de que ahora quienes dirigen el mundo son los bancos centrales, *no los políticos*. Cuando escuches a Nomi Prins en Rich Dad Radio "verás" un mundo oscuro y fangoso que pocas personas conocerán.

P: ¿Qué crees que necesite suceder para que termine la corrupción que vemos en el gobierno? ¿Para que dejen de existir los bancos "demasiado grandes para fallar" y los reguladores monetarios mundiales? ¿Será posible siquiera ponerle un fin a esto?

Simon J. - Tailandia

R: Padre rico solía decir: "Madura. El mundo real siempre estará repleto de codicia, corrupción e incompetencia. Por eso la mejor manera de protegerte es teniendo educación financiera y un equipo de personas inteligentes.

También decía: "La gente codiciosa es más inteligente y astuta que los burócratas del gobierno, por eso necesitas protegerte de los hábiles estafadores y de los burócratas mediocres. La educación financiera es fundamental para tu supervivencia".

P: ¿Crees que nuestra generación llegará a ver el día en que se enseñe la materia del dinero en las escuelas?

Rafael R. - Perú

R: Lo dudo. Desafortunadamente la mayoría de los académicos entra en la categoría de burócratas del gobierno. Para cuando las escuelas empiecen a enseñar educación financiera, la gente codiciosa y astuta habrá creado nuevos productos financieros, de la misma manera en que lo hicieron en la década de los ochenta.

Todos conocemos académicos que están desconectados del mundo real del dinero, y eso nunca cambiará.

La buena noticia es que esto le facilita la vida a la gente como tú y como yo, gente que investiga, lee y aprende de maestros auténticos provenientes de un entorno económico legítimo.

Bryan Caplan tiene un nuevo libro llamado *The Case against Education: Why the Education System Is a Waste of Time and Money*. En él, el autor escribe desde la perspectiva de un verdadero profesor universitario y argumenta que la principal función de la educación no es mejorar las habilidades de los alumnos sino certificar su inteligencia, su ética laboral y su conformidad. Dicho de otra forma, detectar las cualidades de un buen empleado.

Es un libro muy recomendable, especialmente para los padres que adoran a los dioses desde el altar de la educación superior.

Al menos por el momento, parece que debido a la falta de transparencia los estudiantes seguirán saliendo de la escuela ciegos en cuanto a lo económico. Seguirán saliendo profundamente endeudados y tendrán que buscar un empleo en el agua sucia.

Capítulo diez

Por qué los errores son tus mejores maestros auténticos

Usa los errores para volverte más inteligente

Me encantaría decirte que volverme rico fue fácil. Me encantaría decirte que fui un "chico maravilla", un empresario nato. Me encantaría decirte que siempre fui feliz y alegre, que siempre me llevé bien con toda la gente.

Me gustaría decirte que toda la gente que conocí y con la que hice negocios fue increíblemente inteligente, generosa y honesta, que trabajé con ciudadanos respetuosos de la ley y con un alto grado de integridad, ética y moral. Pero no puedo.

El viaje de pobre a rico y de empleado a empresario tuvo cimas muy altas y valles muy profundos. Fue un viaje en el que conocí gente maravillosa, pero también gente horrible. A menudo se trataba de la misma persona, alguien que era maravilloso en una situación específica y horrible un momento después. Alguien que era honesto al mirarte de frente, pero que luego te apuñalaba por la espalda, te despojaba de todo, mentía, hacía trampa y te robaba en cuanto firmabas un contrato.

También conocí a la mejor de la gente, personas que siempre fueron geniales sin importar qué tan buena o mala se tornara la situación, independientemente de cuánto dinero ganáramos o perdiéramos.

Me encantaría poder decir lo mismo respecto a mí.

LOS SERES HUMANOS SON SERES HUMANOS

Esto no quiere decir que yo sea perfecto y maravilloso, ni que esté en la corta lista de quienes serán santificados pronto. El punto es que nadie es Dios. Todos somos seres humanos y eso significa que cometemos errores, que estamos *siendo humanos*. Todos tenemos fortalezas y debilidades, un lado luminoso y otro oscuro. No somos Dios, no somos perfectos, no sabemos todas las respuestas "correctas" y, por lo mismo, no siempre "tenemos razón".

Lo más importante es que ser humano significa que todos cometemos errores.

Un bebé aprende a caminar cayéndose. Luego, el niño aprende a andar en bicicleta cayéndose.

Después los niños van a la escuela y ahí les dicen: "Cometes errores porque eres estúpido". Es una locura.

LOS PROBLEMAS DEL MUNDO

Cuando miras en retrospectiva la historia de la humanidad y tu propia historia, es fácil notar que la mayoría de los problemas del mundo y de nuestras dificultades personales empieza con la necesidad que tenemos de "tener la razón". Las guerras, la violencia, las discusiones, los asesinatos y el odio están profundamente enraizados en la necesidad humana de "tener la razón".

LA LOCURA DE TENER LA RAZÓN

La contraparte de "tener la razón" es el miedo a "estar equivocado". En nuestra sociedad, admitir que cometiste un error es una señal de debilidad. Cometer un error significa que eres estúpido. En nuestra sociedad, la necesidad de tener la razón nos está matando. El miedo a estar equivocado y parecer estúpido amplifica esta locura de "siempre estar en lo correcto".

Para que podamos tener paz en la tierra, los humanos necesitamos dar un paso atrás, respirar hondo y volver a pensar la *psicosis*, la *dualidad* de lo "correcto" y lo "incorrecto". Uso la palabra *dualidad* porque lo "correcto" no puede existir sin lo "incorrecto", son dos conceptos vinculados fuertemente. Cuando alguien dice que algo es "correcto", al mismo tiempo está diciendo que otra cosa es "incorrecta".

LOS TRES LADOS DE LA MONEDA

"Todas las monedas tienen tres lados" - **Padre rico**

CANTO: Inteligencia

CARA

CRUZ

*"La prueba de una inteligencia de primera clase
es la habilidad de tener dos ideas opuestas en la mente
al mismo tiempo, y seguir funcionando."*
—F. Scott Fitzgerald, 1936

Usé como ejemplo los tres lados de la moneda porque son una metáfora de la inteligencia real, y digo "inteligencia real" porque cada vez que vemos la vida a través del prisma de "lo correcto y lo incorrecto" nos volvemos menos inteligentes.

Uno de los principios generales de Bucky Fuller, es decir, los principios que son verdad en todos los casos sin excepción, es: "La unidad es plural, está conformada al menos por dos".

Dicho de otra forma, el concepto de "uno" no existe. En el mundo real de la Tierra, el mínimo es dos, no uno. El concepto de *arriba*, por ejemplo, no puede existir sin el entendimiento de *abajo*. *Dentro* no puede existir si no se comprende *afuera*. *Inteligente* no puede existir sin *estúpido*. *Izquierda* no existiría sin *derecha*. *Rico* no existiría sin *pobre*, y *hombre* no existiría sin *mujer*.

Hay una importante frase de F. Scott Fitzgerald (1896-1940) que cito con frecuencia:

La prueba de una inteligencia de primera clase es la habilidad de tener dos ideas opuestas en la mente al mismo tiempo, y seguir funcionando.

Traducción: En cuanto empiezas a operar con base en el concepto de "correcto e incorrecto", tu inteligencia se parte a la mitad. Por eso, la capacidad de colocarte en el canto de la moneda y ver ambas caras en lugar de tomar partido aumenta tu inteligencia.

El aprendizaje a partir de los errores
En su libro *Mistake Mystique*, Buckminster Fuller, uno de los más grandes genios de nuestros tiempos, describe la manera en que los padres, así como las prácticas educativas y religiosas actuales, impiden que los estudiantes aprendan. Voy a parafrasear algunas de sus ideas:

Fuller: Los humanos sólo han aprendido a través de sus errores.
Traducción: Si no cometes errores, has dejado de aprender.
Fuller: Al ser testigo de los errores de otros, la multitud condicionada pregunta: "¿Por qué ese individuo cometió un error tan estúpido?"
Traducción: Hoy en día la sociedad cree que la gente que comete errores es estúpida.

Fuller: El grupo no pensante ha engañado a la humanidad con tanta eficiencia que ahora dice: "Hemos sabido la respuesta todo este tiempo".

Traducción: Somos inteligentes, sabemos las respuestas correctas. No cometas errores. Para ser tan inteligente como nosotros sólo tienes que memorizar las respuestas que te daremos, las respuestas correctas.

Fuller: Esto significa que no debemos ceder irreflexivamente ante los movimientos "de moda" ni ante la psicología de las multitudes.

Traducción: Piensa por ti mismo.

Fuller: Los padres, por el miedo que les genera el amor, temen por el futuro que tendrán sus hijos cuando ellos ya no estén presentes, y por eso los entrenan para que no cometan errores que podrían colocarlos en desventaja frente a la sociedad.

Traducción: Debido al amor por sus niños y a su deseo de prepararlos para la vida cuando ellos ya no estén, los padres les hacen creer que la aceptación social dependerá de que no cometan errores.

Fuller: Ese momento en que los humanos admiten ante sí mismos que han cometido un error, es el instante en que más cerca estarán de la misteriosa integridad que rige el universo.

Traducción: Cuando un ser humano admite que cometió un error está volteando hacia Dios, y entonces Dios se convierte en su maestro auténtico.

Fuller: Dios nos habla a todos de manera directa. Sólo habla a través de una conciencia individual de la verdad y de nuestras emociones más espontáneas de amor y compasión.

Traducción: Dios no castiga a la gente por cometer errores, los humanos sí.

Cuando se cometen errores, Dios nos habla individualmente a través del amor y la compasión. Cuando cometas un error, busca la verdad y sé amable y amoroso contigo mismo. Cuando alguien más cometa faltas, trátalo como Dios lo haría porque de esa manera podrán aprender la lección de Dios a partir de su error.

Cuando Fuller hablaba de Dios no se refería a una religión ni a un dios humano, en realidad se refería a Dios como "esa integridad misteriosa que rige el universo".

Vas a fracasar

Lo recuerdo como si hubiera sucedido ayer. El día que dejé de ser empleado y me convertí en empresario.

Ese día dejaron de llegar los cheques de nómina y supe que a partir de entonces estaría por mi cuenta. No habría más empleo seguro, no más prestaciones ni vacaciones pagadas, no más prestaciones médicas y, definitivamente, no habría plan de pensión para el retiro.

Para ese momento tenía tres empleados que necesitaban un empleo seguro, un pago de nómina constante, prestaciones médicas y dentales, vacaciones pagadas y un plan de pensiones. Además, ganaban más que yo.

En ese tiempo trabajaba para Xerox Corporation en el centro de Honolulu. Cuando salí de las oficinas de la empresa y me dirigí a mi oficina nueva al otro lado de Bishop Street, la avenida principal del centro de Honolulu, Elaine, la recepcionista de Xerox, sonrió y me dijo: "Vas a fracasar y tendrás que regresar".

Elaine había visto a muchos vendedores de alto nivel como yo irse y hacer precisamente eso: fracasar y regresar a Xerox.

Yo le devolví la sonrisa y le dije: "Tal vez fracase, pero no regresaré jamás".

El primer gran error

Una de las reflexiones más importantes de mi padre rico fue: "No puedes saber lo que no sabes". En otras palabras, debes tener cuidado con los errores que cometerás.

También solía decirme: "Los fracasos repentinos son la primera señal de que no sabes lo que necesitas saber".

Las cosas iban bien en mi primer negocio, una empresa de carteras de nailon y Velcro® para surfistas. El problema era que, como en la mayoría de las *startups*, el dinero salía y no teníamos ingresos. Había problemas de producción por montones, dificultades legales por montones. Problemas infinitos con los empleados, problemas incesantes de flujo de dinero. Dificultades de las que la mayoría de mis empleados no estaba consciente.

RECAUDACIÓN DE CAPITAL

Me reuní con padre rico para pedirle que me prestara 100 000 dólares y él me corrió de su oficina y les dijo a mis socios de negocios que eran unos "inútiles".

Tras convencer a mi padre pobre de que el negocio de carteras estaba listo para despegar, él solicitó una segunda hipoteca sobre su casa y le prestó los 100 000 dólares a mi negocio. Dijo que prefería darme el dinero mientras estuviera vivo que cuando muriera. Era todo lo que tenía porque después de perder la elección ya no pudo conseguir trabajo.

Yo estaba contento de habernos comprado un poco de tiempo con ese dinero que le entregué a Stanley, nuestro director financiero y uno de los tres empleados del negocio. Recuerdo que le pregunté: "¿Estos 100 000 dólares resolverán el problema?"

Stanley sonrió y asintió. Tres días después, había limpiado su escritorio y desaparecido… con los 100 000 dólares.

Sí, claro que el dinero resolvió el problema, pero el problema de Stanley. Con eso se pagó a sí mismo el dinero que le había prestado a la empresa.

A pesar de lanzar varios productos nuevos que tuvieron éxito, entre ellos uno que se convirtió en el número uno de la industria de los artículos deportivos en 1978, la empresa terminó desplomándose y yo me quedé debiéndole 100 000 dólares a mi papá.

Elaine, la recepcionista de Xerox, me había dicho: "Vas a fracasar y tendrás que regresar".

Y sí, fracasé, pero nunca volví a Xerox. Esos 100 000 dólares eran la pérdida más grande de mi vida hasta ese momento, y también me gustaría decir que han sido mi mayor equivocación, pero todavía quedaban errores aún mayores y más costosos por venir.

Y como decía Fuller: "Los errores son geniales, entre más cometo, más inteligente me vuelvo".

Stanley resultó ser un estafador, pero me ayudó a convertirme en un hombre rico.

LAS TRES CARAS DE LA MONEDA

Cuando me coloqué en el canto de la moneda, de un lado vi a Stanley y la gran pérdida de 100 000 dólares. Fue una lección dolorosa, horrible y miserable. Me tomó casi 10 años pagar el dinero que se robó mi socio.

Del otro lado de la moneda, sin embargo, estaban las lecciones y las bendiciones de Dios. Como lo que estaba en juego era la casa de mi padre, no podía detenerme ni declararme en bancarrota. La idea de perder la casa fue mi motivación, la inspiración que me impidió rendirme. Sabía que tenía que seguir adelante.

Una de las bendiciones fue que Jon, mi hermano menor, se dio cuenta de lo mucho que yo había fregado a mi papá, así que dio un paso al frente acompañado de un nuevo socio, y juntos reconstruimos el negocio. Volver a levantar la empresa nos permitió a todos volvernos empresarios más inteligentes y sabios. Gracias al amor y la compasión de mi hermano, Dios me enseñó lo que necesitaba aprender.

Mi error fue mi verdadero maestro.

Como ya lo mencioné, desearía presumir que volverme rico fue sencillo, que era un chico maravilla, un empresario nato. Pero no puedo.

ERRORES HECHOS A LA MEDIDA

Con frecuencia pienso que si escribiera un libro en el que enlistara todas las estupideces que he cometido sería el texto más benéfico y enriquecedor que podría publicar. De hecho, sería una serie de varios volúmenes muy extensos. Sin embargo, mis errores son mis errores y tus errores son tus errores. Lo que quiero decir es que los míos están hechos a mi medida, y los tuyos, a la tuya.

Lo más importante que puedo hacer es motivarte a cometer tus propias equivocaciones y a aprender de ellas.

Por desgracia, en nuestra sociedad es muy mal visto que cometamos errores. La sociedad desea que escuchemos a "la gente sabia", que memoricemos su "respuestas correctas", y que no nos equivoquemos. Si te equivocas, serás castigado.

Al estudiar a Fuller descubrí que en lugar de castigos tenía maneras de aprender de los errores, y que todo comenzaba por admitir que te habías equivocado y por aplicar el amor y la compasión para aprender las lecciones de Dios hechas a la medida para ti. De esa manera los errores te vuelven más inteligente.

UNA LECCIÓN IMPORTANTE

En la escuela dominical aprendí la frases "Y no nos dejes caer en la tentación", y me parece que en nuestra disfuncional sociedad actual, la tentación radica en:

1. **Fingir** que no cometemos errores nunca. A las personas les gusta fingir que son perfectas y se comportan como los gatos que cubren sus porquerías con la arena para hacer creer a otros que el arenero está limpio.

2. **Mentir**. Recuerdo cuando el presidente Bill Clinton dijo: "No tuve relaciones sexuales con esa mujer". Y aunque tener sexo no es un crimen, el 19 de diciembre de 1998 el presidente fue impugnado por perjurio.

3. **Dar excusas**. Las excusas son como los aromatizantes de ambiente: el baño tal vez huela bien, pero sigue oliendo a mentira.

4. **Culpar.** Es curioso, pero en inglés la palabra culpar, "blame", se escucha como si fuera dos, *be* y *lame*, que quieren decir "ser pusilánime". Alguien que culpa a otros es un pelele que no está dispuesto a asumir su responsabilidad y aprender de sus errores.

5. **Ejercer acción legal**. Demandar a la persona que te cachó mintiendo y continuar diciendo mentiras durante años. A mí me sucedió dos veces: me demandaron poco después de que descubrí que la gente en que había confiado estaba haciendo trampa, y que me estaba engañando y robando.

6. **Lanzarse en grande o regresar a casa.** En lugar de tratar de no perder más dinero del que ya perdieron, muchos invierten el doble o "apuestan el rancho" con la esperanza de recuperar lo que perdieron. Se lanzan en grande y luego tienen que regresar a casa sin un centavo.

Yo tengo la sospecha de que muchos esquemas Ponzi surgen cuando el promotor insiste en seguir mintiendo y recaudando más dinero; robándole a Peter para pagarle a Paul, para cubrir sus errores y sus pérdidas. También sospecho que esto fue lo que le sucedió a Bernie Madoff, promotor del esquema Ponzi más extenso de la historia de Estados Unidos: un esquema de 65 000 millones de dólares. Como Madoff no podía admitir que había perdido el dinero de sus inversionistas, continuó reuniendo más y más inversionistas y dinero… y perdiéndolo.

Bernie Madoff debería dirigir el gobierno de Estados Unidos, o sea, el esquema Ponzi más grande en la historia mundial.

LECCIÓN: Y NO NOS DEJES CAER EN LA TENTACIÓN

Es mejor ser compasivo y amoroso contigo mismo y admitir que cometiste un error, que castigarte a ti y a otros por las equivocaciones. De esta manera podrías aprender lo que Dios quería enseñarte, aunque la lección no te haya gustado.

En la vida real, ofrecer una disculpa siempre es mejor que entablar una demanda, y además es menos costosa.

Creo que si más personas manejaran sus equivocaciones de una manera amorosa y compasiva, tendríamos un mundo más pacífico, próspero e inteligente.

Los errores son la clave del éxito

Thomas Edison cambió el mundo cometiendo errores. De acuerdo con su información, antes de inventar la bombilla eléctrica falló 3 000 veces.

Henry Ford cayó en quiebra antes de que Ford Motor Company tuviera éxito.

Y el proyecto zShops de la empresa Amazon de Jeff Bezos también fracasó.

Antes de que Oracle despegara, Larry Ellison luchó durante años y estuvo a punto de declararse en quiebra e hipotecar todo.

En la escuela, Fred Smith recibió una calificación reprobatoria por el plan de negocios que actualmente es FedEx. Y el coronel Sanders tuvo que reinventarse muchas veces y caer en quiebra a los 65 años, antes de que KFC alcanzara el éxito.

Niveles superiores del maestro

Observa nuevamente el diagrama de los niveles superiores del maestro que se presenta a continuación. Ahí verás la diferencia entre los maestros auténticos y los falsos.

LOS NIVELES SUPERIORES DEL MAESTRO

RETENCIÓN

90% — Enseña a partir de su experiencia de la vida real y anima a los alumnos a vivir la experiencia real

Anima a los estudiantes a aprender de sus errores a través de práctica, simulaciones y juegos

70% — Anima a los estudiantes a enseñar a otros estudiantes

Fomenta el aprendizaje en colaboración y las discusiones de grupo

50% — Promueve los viajes de campo para ver la experiencia real

30% — Ve videos

20% — Da conferencias

10% — Lee

APRENDIZAJE PASIVO / APRENDIZAJE ACTIVO

Los maestros falsos enseñan desde la parte más baja del diagrama de los niveles superiores, en tanto que los maestros auténticos enseñan desde la cima. La gran diferencia radica en la segunda línea: simular la experiencia, a lo que en la vida real se le llama *practicar*.

La práctica es lo que le permite a una persona cometer errores antes de vivir la experiencia real.

Padre rico nos hacía "practicar" a su hijo y a mí con el juego Monopoly. Luego nos llevaba a ver sus casitas verdes de la vida real, que más adelante se convertirían en un enorme hotel rojo.

Kim y yo diseñamos el juego de mesa Cashflow para que la gente pudiera aprender cometiendo errores con dinero de juguete.

En cambio, cuando aprendes en el mundo real y quien te enseña es un corredor de bolsa, un asesor financiero o un corredor de bienes raíces, "vives la experiencia real" con dinero de verdad: tu propio dinero.

El poder de la práctica

Tiger Woods no se convirtió en el golfista más importante del mundo sin practicar, sin cometer millones de errores y sin golpear millones de pelotas de golf de práctica.

El actor George Clooney no se convirtió en una famosa estrella de cine sino hasta después de practicar muchísimo, presentarse a sus compromisos y hacer audiciones para conseguir papeles menores.

Y en su libro *Outliers*, el autor Malcolm Gladwell afirma que ninguna banda de la historia ha practicado más que los Beatles. Gladwell también escribió que el talento por sí mismo no bastaba para garantizar el éxito. La diferencia la marcan las horas de práctica. El autor cita una encuesta que se hizo entre los violinistas de una academia de Berlín, la cual demuestra que los músicos que eran más propensos a ser maestros de música habían practicado apenas unas 4 000 horas a lo largo de su carrera. Los buenos ejecutantes, en cambio, habían practicado aproximadamente 8 000 horas, y los concertistas de élite, de clase mundial, habían practicado por encima de 10 000 horas desde que empezaron a tocar su instrumento.

Si una persona practicara cuatro horas al día, le tomaría aproximadamente siete años llegar a tener un nivel de clase mundial.

Antes de volverse famosos los Beatles tocaron durante años hasta ocho horas por noche.

En inglés, los doctores, abogados y dentistas no dicen que "tienen un negocio", sino una "práctica profesional". Esto significa que practican contigo.

Traducción: Los maestros auténticos practican lo que enseñan, los maestros falsos no.

Por eso mi primer maestro auténtico de bienes raíces nos animó a revisar 100 propiedades en 90 días antes de comprar algo. Era un maestro de verdad.

Mi maestro de contabilidad no era un contador auténtico y no tenía experiencia en la vida real. Nos pedía que lo escucháramos, que memorizáramos sus respuestas, que tomáramos los exámenes que nos hacía y que no cometiéramos errores. Era un maestro falso.

"¡Estás despedido!"

En el mundo de hoy, a la gente que comete errores la despiden.

En Rich Dad Company trabajamos en equipo y a todos los alentamos a que inicien sus propios negocios... y a que se equivoquen.

En la empresa sólo se despide a alguien si miente respecto a que cometió un error.

Como Fuller decía: "Los errores se convierten en pecado sólo cuando no los admitimos".

Gente que se enseña entre sí

Te reitero que Kim y yo diseñamos el juego Cashflow para que la gente pudiera enseñarse entre sí. Buena parte de los tratos que se hacen en el juego son reales, son negocios en los que Kim y yo hemos trabajado, y muchos de ellos se vinieron abajo.

Pero te diré algo, me siento muy frustrado cada vez que alguien me dice: "Jugué tu juego una vez y fue divertido".

La gente que obtiene el mayor beneficio de Cashflow es la que lo juega por lo menos 10 veces y le enseña a jugarlo a por lo menos 10 personas porque, como dice el dicho, da y recibirás.

Aunque hay otro dicho que me gusta más: "Enseña y aprenderás".

Muchos de los miembros de los clubes de Cashflow se reúnen con regularidad, juegan el juego, tienen clases, comparan tratos e inversiones reales, cooperan, enseñan y aprenden los unos de los otros.

Pero también hay reglas. Por ejemplo, está prohibido "dar discursos de ventas" o entablar relaciones amorosas con otros participantes porque, como sabrás, el dinero y el sexo pueden interferir en el aprendizaje.

El aprendizaje puede ser divertido y rentable si se obedecen las reglas y si se actúa con moral, ética y respeto por la ley.

Lo mejor de los clubes de Cashflow no es el dinero que ganas. Como dice Gladwell: "Lo importante es el número de horas que practiques". Si te unes a uno de estos clubes, tu tarea más importante será practicar, aprender, enseñar y apoyar a otros mientras aprenden. No hay garantías, pero tengo la sospecha de que si te comprometes a aprender y a enseñar, tu esfuerzo te permitirá recibir sólidos retornos sobre tu inversión.

ACTIVOS AUTÉNTICOS

Uno de tus activos más importantes es la gente buena, la gente honesta que obedece la ley, que actúa con moralidad y ética, y que es generosa y comparte su conocimiento, experiencia y sabiduría. Este tipo de personas adoran adquirir conocimiento, practicar, vivir la experiencia real y aprender de sus errores.

De acuerdo con las investigaciones de Gladwell, el aprendizaje auténtico exige miles de horas de práctica. La buena noticia es que, en lugar de tratar de enriquecerse en poco tiempo, si una persona continúa estudiando, practicando, aprendiendo de sus errores y de los de otros, en su futuro real alcanzará el éxito financiero.

LECCIÓN: Los errores son la clave del verdadero éxito.

POR QUÉ LOS PERDEDORES CONTINÚAN PERDIENDO

Con frecuencia padre rico decía: "El miedo de perder produce más perdedores".

Una de las razones por las que estudiar economía no funciona es porque los economistas, o sea, los integrantes de la élite académica, creen que la gente actúa de forma racional en lo referente al dinero. Pero todos sabemos que no es así, que cuando se trata de dinero la gente es *irracional*. Y desafortunadamente nuestros economistas de la élite académica, como el antiguo presidente de la Reserva Federal, Ben Bernanke, no lo saben. De hecho, creen que la gente trabajará con ahínco, pagará sus impuestos, vivirá por debajo de sus posibilidades, pagará sus facturas, ahorrará dinero y evitará la deuda.

Tal vez por eso Ben Bernanke, el banquero más poderoso del mundo, sólo ganó 199 700 dólares en 2013. Bernanke cree que todos piensan como él, pero la mayoría de los empresarios no trabajaría por esa cantidad de dinero. Por eso los empleados y los empresarios son tan distintos.

El dinero es un asunto muy extraño. La gente comete locuras por dinero, es capaz incluso de matar a un ser querido, de vender drogas, vender su cuerpo, casarse con quien no ama o trabajar en un empleo que detesta.

El tema del riesgo

Algunos ganadores del Premio Nobel descubrieron varios aspectos sorprendentes sobre la gente y el dinero, pero lo que me interesó particularmente tiene que ver con el tema del riesgo. Esto es lo que descubrieron:

Entre más evita una persona los riesgos financieros, más riesgo corre.

La gente que le tiene aversión al riesgo puede pertenecer a una de cuatro categorías:

El trabajador: A menudo, la persona con aversión al riesgo llega a tener tres empleos mal pagados.

Por eso mucha gente tiene un empleo de tiempo completo, pero al salir maneja para Uber, y además consigue un empleo de fin de semana. Además, ganar más dinero en las zonas E y A del cuadrante implica pertenecer a un grupo que paga la mayor cantidad de impuestos, y sacrificar el tiempo para la familia: nuestros seres más amados.

El apostador: Una persona con aversión al riesgo puede jugar a la lotería, apostar en eventos de ponis o eventos deportivos, o ir a Las Vegas y fingir que es un jugador de alto nivel.

Aunque todos saben que estas "apuestas" dependen de los perdedores, mucha gente con aversión al riesgo alucina y cree que "tendrá suerte".

El estudiante: La deuda por préstamos estudiantiles es el activo más importante del gobierno de Estados Unidos porque la gente tiene la creencia cuasirreligiosa de que una buena educación puede salvarte de este cruel y duro mundo.

Cuando pregunto: "¿Qué te enseñaron en la escuela sobre el dinero?", la mayoría de la gente se me queda viendo en blanco o me dice: "Aprendí sobre ciencias económicas".

Malas noticas: las ciencias económicas son distintas al dinero. Las ciencias económicas se basan en la creencia de que la gente es racional en lo referente al dinero. Además, son disciplinas blandas que no están sujetas al rigor de la ciencia real, la manipulación política, la codicia o el miedo.

El criminal: Muchas personas honestas y con aversión al riesgo se convierten en criminales de segunda. Trabajan para ganar dinero y para no tener que pagar impuestos. Tal vez vendan algunas drogas recreativas para ganar un ingreso adicional; quizá piratén bases de datos y roben identidades; o tal vez ganen algunos dólares gracias al comercio sexual en Internet.

Las clases de inversión

Cuando hablo con los distintos tipos de personas con aversión al riesgo y les sugiero tomar clases de inversión, suelen decirme que "invertir es riesgoso".

Este es uno de los ejemplos de pretextos que más le he escuchado decir a la gente, y creo que describe adecuadamente los hallazgos de los economistas Daniel Kahneman y Amos Tversky:

Una persona necesita alimentar a su familia y le dan a escoger dos opciones de caza silvestre. En uno de los senderos hay muchos animales silvestres, pero por lo mismo hay leones que también se

263

alimentan de esos animales. En el otro sendero no hay animales silvestres porque ya se fueron, y como no hay animales, tampoco hay leones. La persona con aversión al riesgo va a tomar el segundo sendero.

Ir a la escuela

La mayoría de los estudiantes aprende de maestros que eligieron el segundo sendero.

Estas son palabras sacadas del libro *Intuition* de Buckminster Fuller:

Los padres, por el miedo que les genera el amor, temen por el futuro que tendrán sus hijos cuando ellos ya no estén presentes, y por eso los entrenan para que no cometan errores que pudieran colocarlos en desventaja frente a la sociedad.

Los errores se convierten en pecado sólo cuando no los admitimos.

Dios nos habla a todos directamente, pero sólo habla a través de una conciencia individual de la verdad y de nuestras emociones más espontáneas de amor y compasión.

La próxima vez que tú o alguien más cometa un error no te castigues. Tampoco maltrates a otros. Trátate a ti y a los demás como Dios lo haría, con amor y compasión.

Los bebés nunca aprenderían a caminar si no se cayeran; los humanos no volarían a planetas distantes si cientos de inventores, como los hermanos Wright, no se hubieran arriesgado a chocar en uno de los primeros aviones.

Asimismo, yo no sería un hombre rico si le hubiera hecho caso a Elaine, la recepcionista de Xerox que me dijo que iba a fracasar y que regresaría a la empresa. Después de mi fracaso me volví todavía más estúpido porque le pedí a mi padre pobre prestados 100 000 dólares y luego le entregué el dinero a mi socio Stanley, quien se lo robó.

Si no hubiera cometido tantas faltas tan estúpidas, algunas de ellas por mucho más que aquellos 100 000 dólares, y si no hubiera aprendido de ellas, hoy no sería un hombre rico.

La clave para aprender es ser humilde y estar dispuesto a decir: "Metí la pata". Luego es necesario buscar a hombres y mujeres más sabios y aprender de ellos. Ese es el verdadero conocimiento.

Los orígenes de la educación

Educación proviene de la palabra latina *educere*, que quiere decir "extraer algo de". Desafortunadamente, nuestro sistema escolar no extrae nada, al contrario, sólo introduce. En muchos casos introduce las respuestas falsas que dan los maestros falsos, los mismos que castigan a los alumnos por no repetir sus respuestas en los exámenes falsos para medir la inteligencia, y que luego les implantan, por medio de presión y amenazas, la demencial idea de que "los errores te vuelven estúpido".

Hoy en día millones de estudiantes salen de la escuela endeudadísimos y se van en busca de esos empleos muy bien pagados que están desapareciendo a toda velocidad. No han aprendido nada del dinero hasta el momento y, además de estar aterrados de cometer errores, viven enojados y con miedo al fracaso.

Muchos de sus padres y abuelos están en el mismo barco.

El miedo al fracaso

El miedo al fracaso es una emoción humana muy poderosa, es una moneda de tres lados con cara, cruz y canto.

La educación falsa sólo tiene que ver con un lado de la moneda. La educación auténtica, en cambio, nos exige a todos colocarnos en el canto de la moneda y ver ambas caras.

De este lado de la moneda...

A la mayoría de la gente la paraliza el temor al fracaso financiero, la vuelve pequeña, pobre y obediente. La gente tiene empleos que matan su espíritu un poco cada día, cada vez que van a la oficina. Algunos recurren al crimen y a la violencia para sobrevivir.

La educación falsa provoca que la gente le tenga miedo al fracaso y, a su vez, este miedo hace que muchas personas se vuelvan engreídas, arrogantes y codiciosas. Muchos creen que son mejores, más inteligentes y más adinerados que otros. Con frecuencia miran por encima del hombro a la gente que no consideran tan inteligente, atractiva o rica como ellos.

El otro lado de la moneda

El miedo al fracaso financiero inspira a muchas personas a aprender, a convertirse en estudiantes de verdad y a buscar maestros auténticos. Para este tipo de gente los errores no son fracasos sino legítimas experiencias de aprendizaje. Aunque cada caída es dolorosa, también es una lección porque la gente sólo puede aprender a través de la humildad genuina.

La educación falsa provoca que la gente se vuelva engreída y arrogante, que tenga una mentalidad cerrada y siempre piense: "Yo tengo la razón, nunca me equivoco".

La educación auténtica que se encuentra del otro lado de la moneda inspira a la gente a equivocarse, a ser humilde y a aprender de sus errores. A este tipo de personas los errores les sirven para volverse más astutas, ricas y generosas, para ser seres humanos más *humanos.*

La educación auténtica inspira a la gente a compartir, a ser generosa, a dar amor y a ser compasiva con otros, con nuestro planeta y consigo misma. La educación auténtica fomenta el amor y la compasión porque sí enseña. Todos somos seres humanos y los seres humanos se equivocan.

Los maestros auténticos han cometido errores, los falsos no.

LECCIÓN: Los errores son los maestros auténticos de Dios.

TUS PREGUNTAS... LAS RESPUESTAS DE ROBERT

P: Cuando compras oro y plata, ¿cómo sabes en quién confiar?

Cameron R. – Estados Unidos

R: La frase "Que el comprador esté alerta" es aplicable incluso cuando se compra oro auténtico.

Últimamente ha habido casos de oro falso o "salteado". El "oro salteado" contiene impurezas, es decir, al lingote le añaden metales comunes como níquel y estaño.

El salteado del oro es un truco similar al que usó el gobierno cuando el Imperio romano se derrumbó.

Hace poco China rechazó un gran cargamento de lingotes de oro proveniente de Estados Unidos porque estaban salteados, no eran puros. La mala noticia es que esos lingotes siguen por ahí flotando en el país.

Mi estrategia para encontrar distribuidores de "buena reputación" consiste en hacer preguntas inocentes durante una charla.

1. ¿Cuánto tiempo lleva vendiendo oro y plata?
2. ¿Por qué comercia estos metales?
3. ¿Podría platicar con uno o dos de sus clientes?
4. ¿A los novatos les recomienda comprar monedas raras?
5. ¿Dónde debería almacenar mis monedas?
6. ¿Cuál es la diferencia entre el oro 999 y el oro 9999?

La forma en que el distribuidor de oro responda a estas preguntas generales debería darte una idea de su sabiduría, experiencia e integridad.

Te reitero que siempre que vayas a comprar cualquier cosa, lo importante será: "Que el comprador esté alerta".

P: ¿Cuál es tu mejor consejo para buscar y elegir socios honorables y confiables? ¿Qué buscas en un empleado, en un asesor o en un socio?

Marshall B. - Argentina

R: Esta es la pregunta del millón de dólares. Una sociedad de negocios es como una sociedad matrimonial, si encuentras a la pareja correcta, la vida puede ser un paraíso, pero si resulta ser la persona equivocada, puede convertirse en un infierno.

La buena noticia es que todos mis socios malos me han conducido a socios geniales. Con esto quiero decir que a todos mis asesores buenos los conocí gracias a una serie de asesores malos.

Las dos preguntas más importantes que debes hacerte cuando busques un socio, son:

1. "¿Soy un socio extraordinario?"
2. "¿Qué tengo que hacer para convertirme en un socio extraordinario?"

P: ¿Por qué es malo comprar bienes raíces utilizando valores en lugar de deuda? Sé que los bancos generan deuda, no valor. Quiero entender las desventajas y los beneficios de los valores de la misma forma en que los comprendí cuando explicaste los de la deuda.

Stanley P. - Polonia

R: Esta es una pregunta importante para la que te ofrezco cinco respuestas:

1. Yo lo hago por el desafío.

Comprar una propiedad con 100% de efectivo es sencillo.

Comprar 100 propiedades con 100% de deuda es complicado.

2. La deuda es peligrosa.

Cuando usas efectivo hay menos riesgo que cuando usas deuda. Si quieres usar la deuda para invertir, por favor toma seminarios de inversión auténticos.

3. A partir de 1971 el dólar estadounidense se convirtió en deuda.

La mayoría de la gente se empobrece aún más cuando trabaja por dólares (patrimonio/efectivo). El desafío fue enriquecerme por medio de la adquisición de activos, el incremento de ingresos y la reducción de impuestos… usando deuda.

4. Yo quería vivir mi vida en la zona D e I del cuadrante de Cashflow, es decir, en la zona para los dueños de negocios y los inversionistas.

La gente en las zonas E (Empleado) y A (Autoempleado, especialista o dueño de negocio pequeño) usa la deuda para empobrecerse aún más.

La gente en las zonas D (Dueño de negocio grande) e I (Inversionista) usa la deuda para enriquecerse.

En 1972 tomé mi primer seminario de inversión en bienes raíces. En 1972 aprendí a transformar la deuda en patrimonio. La mayoría de la gente, en cambio, carece de educación financiera y por eso transforma el patrimonio en deuda.

5. El retorno infinito

El objetivo de la gente en las zonas D e I del cuadrante es conseguir un retorno infinito por cada una de sus inversiones.

Retorno infinito es la capacidad de generar dinero sin invertir nada.

El *retorno infinito* es señal de un IQ muy elevado.

El IQ financiero mide las dimensiones del problema financiero que puede resolver una persona.

El IQ financiero se mide en dólares. Por ejemplo, en una encuesta se descubrió que el ciudadano estadounidense promedio no puede resolver un problema de 400 dólares. Eso significa que la mayoría tiene un IQ de 400 dólares.

Una persona que sabe cómo convertir la *deuda* en *patrimonio* puede resolver problemas financieros muy grandes. En cambio, quien transforma el *patrimonio* en *deuda* puede provocar dificultades financieras enormes.

Capítulo once

Por qué regresar a la escuela te mantiene pobre

La rebelión contra un sistema obsoleto

"Aquí no puedes hacer eso."

Esta afirmación la he escuchado mil veces. No importa en qué lugar del mundo me encuentre, cada vez que explico las lecciones de padre rico sobre el dinero, la deuda y los impuestos, y cada vez que hablo de cómo opero en la vida real, alguien siempre dice: "Aquí no puedes hacer eso".

Y esa persona tiene razón, *ella* no puede hacerlo, pero yo sí. Y por eso lo hago. Además, gracias al poder de la educación auténtica, puedo hacerlo prácticamente en cualquier lugar del planeta.

Dicho de otra forma, la educación auténtica empodera a la gente para que haga cosas que otros no pueden, y en muchos casos, para que haga aquello que incluso a ella le parecía imposible.

La educación falsa es lo que provoca que la gente continúe siendo pobre, apocada, limitada, y que siga amarrada a los diminutos filamentos de la vida, constreñida por sus pensamientos.

"No puedo"

Las palabras más destructivas que puede usar una persona son: "No puedo", en especial cuando están relacionadas con el dinero: "No puedo darme ese lujo" o "No puedo permitírmelo".

¿Qué es lo que causa la pobreza?

Cuando hablamos de la causa de la pobreza económica, las palabritas "No puedo darme ese lujo" son lo que hace que la gente siga siendo pobre y apocada.

Si una persona no puede modificar sus palabras y convertirlas en la pregunta: "¿Qué debo hacer para poder darme tal lujo o para permitirme aquello?", siempre vivirá en la pobreza económica sin importar cuánto dinero gane.

Desearía

El otro día la esposa de un amigo me preguntó:

—¿Adónde vas este año?

—Este año estaré en Australia, Japón, África y Europa —le contesté.

—Desearía viajar así… pero no puedo darme ese lujo —añadió.

Esto me lleva de vuelta a la reflexión con la que di inicio a este capítulo: cada vez que estoy en algún lugar del mundo y explico cómo aprovecho la deuda y los impuestos para volverme más rico, alguien dice: "Aquí no puedes hacer eso".

Como ya sabes, cuando un dedo apunta al frente, tres apuntan al fondo. Estas afirmaciones, desafíos o como decidas llamarlos, tienen que ver tanto con la persona que los presenta como conmigo.

Ese es el problema de ir a la escuela, si no hay educación auténtica, la gente continúa toda su vida diciendo cosas como:

"No puedo darme ese lujo."

"Aquí no puedes hacer eso."

"Desearía poder permitirme algo así."

La educación genera padres pobres

En realidad, el libro *Padre Rico, Padre Pobre* trata sobre mi padre pobre, quien se convirtió en una metáfora de la incompetencia, la obsolescencia y el engaño de la educación moderna; de su incapacidad para preparar a los alumnos para el mundo real.

En incontables ocasiones les he preguntado a millones de personas: "¿Qué te enseñaron en la escuela sobre el dinero?", y la respuesta es normalmente una mirada al vacío o algo como: "Estudié ciencias económicas" o "Aprendí a hacer el balance de una chequera".

Lo lamento, pero las ciencias económicas y hacer el balance de una chequera no son lo mismo que aprender sobre el dinero.

Cada vez que le pregunto a alguien qué aprendió en la escuela respecto al dinero, lo hago como si le arrojara una lanza directamente al corazón y al alma de la educación moderna.

Mi pueblo fue destruido

En la escuela dominical conocí el pasaje bíblico de Oseas 4:6 (NVI): "Mi pueblo fue destruido por la falta de conocimiento. Puesto que rechazaron el conocimiento, yo también los rechazo como mis sacerdotes. Ya que ignoraron la ley de su Dios, yo también ignoraré a sus hijos".

Debo aclarar que no estoy vendiendo ninguna religión, sólo estoy citando la sabiduría antigua.

Quienes dirigen nuestro sistema educativo moderno necesitan mirarse en un espejo y preguntarse a sí mismos:

¿Qué conocimiento estoy rechazando?

¿Qué materias no estamos enseñando?

¿Por qué tanta gente odia la escuela?

¿Por qué tanta gente dice que ir a la escuela fue una pérdida de tiempo?

¿Por qué la materia del dinero no se enseña en las escuelas?

¿Por qué a los sacerdotes de la educación —los maestros— se les paga tan poco?

¿Por qué tantos estudiantes salen de la escuela totalmente perjudicados por la deuda que provocan los préstamos estudiantiles?

Estas preguntas se reflejan en mi padre pobre, un gran hombre que dedicó su vida a la educación pública y a quien, desafortunadamente, el sistema educativo le falló.

"Aquí no puede usted hacer eso"

Hace algunos meses me invitaron a dar una conferencia en una iglesia local. Ahí ofrecí la charla que normalmente doy sobre la deuda, los impuestos y las razones por las que los ricos se vuelven cada vez más ricos. Al final, cuando llegó el momento de las preguntas un feligrés iracundo levantó la mano y dijo: "Aquí no puede usted hacer eso".

Primero hice hincapié en que la iglesia estaba a menos de ocho kilómetros de mi casa y le aseguré que sí estaba haciendo lo que había explicado anteriormente. Luego le confirmé al resto de los asistentes que eso mismo que hacía yo ahí, también lo hacía toda la gente pudiente del mundo, y que por eso los ricos se volvían cada vez más ricos.

La persona que hizo la pregunta se puso de pie y dijo:

—Yo soy médico, cuento con los mejores asesores financieros y sé que no se puede hacer lo que usted dice.

Como ya he pasado por este ejercicio en todo el mundo, le pregunté:

—¿En qué invierte usted?

—Soy médico y tengo un consultorio privado, por eso cuento con un plan IRA y millones de dólares en ahorros. Además, soy dueño de mi casa y de un condominio vacacional, y no tengo deudas.

—¿Eso es todo? —le pregunté.

Él asintió y esperó mi respuesta.

—Tiene razón —le dije—, usted no puede hacerlo… pero yo sí.

El cuadrante del flujo de dinero de padre rico

Evidentemente, el médico es un hombre con una sólida preparación académica que, como se desempeña de forma privada, opera en la zona A del cuadrante, es decir, es un autoempleado y tiene un negocio pequeño. También invierte y paga impuestos en esa misma zona… que es en la que las tasas fiscales son más elevadas.

Y tiene razón: no puede hacer lo que yo.

Un cambio de zona en el cuadrante

En 1973, cuando me inscribí en el programa de maestría, regresé a la escuela para prepararme y buscar trabajo como empleado en la zona E del cuadrante.

Ese mismo año también me inscribí a un curso de bienes raíces. Era un seminario para aprender a ser inversionista profesional y a operar en la zona I del cuadrante.

La mayoría de la gente no puede hacer lo que yo porque fue a la escuela para operar en las zonas E o A. Esas mismas personas ahora son inversionistas pasivos, no inversionistas profesionales.

El hecho de que el médico me haya dicho que yo no podía hacer algo que ya hacía fue ridículo. Fue como si me dijera: "Usted no puede volar porque yo tampoco puedo volar".

Yo puedo volar porque pasé cinco años en la escuela de vuelo, porque volé profesionalmente y porque volé en Vietnam.

Puedo hacer lo que hago en el ámbito financiero porque tomé cursos para operar en las zonas D e I del cuadrante. Recuerda que en las distintas zonas, la educación varía.

El poder de la educación

La educación auténtica debería empoderarte para lograr cualquier cosa que quieras hacer.

Si quieres ser doctor, vas a la escuela de medicina; si quieres ser piloto, vas a la escuela de vuelo.

Si quieres aprender a ser rico… ¿adónde vas? Ese es el poder de la educación auténtica.

El problema es que la mayoría de la gente sale de la escuela debilitada y odiando el estudio. Y luego, cuando se topa con un proceso complejo, sólo dice "No puedo", un pensamiento tan limitante como los que dan origen a las frases "No puedo darme ese lujo" o "Aquí no puedes hacer eso". En lugar de procurarse educación y maestros auténticos, muchos limitan su mente… y sus opciones.

¿La educación es obsoleta?

La segunda parte de este libro, "Maestros falsos", es la más importante porque no hay nada más valioso que la educación.

Si nuestro sistema educativo funcionara adecuadamente y la educación fuera auténtica, no habría necesidad de incluir la primera parte: "Dinero falso", y tampoco habría necesidad de incluir la tercera parte: "Activos falsos".

Si nuestro sistema educativo ofreciera y proveyera educación financiera genuina y educación espiritual de verdad, nuestros líderes no se saldrían con la suya y no podrían imprimir dinero falso ni vendernos activos inservibles.

Por eso la segunda parte es la más importante.

No hay nada más necesario que la educación auténtica de distintos tipos: académica, profesional, espiritual y financiera. Hoy en día todas son importantes.

Educación que debilita

La gente me desafía y me dice: "Aquí no puedes hacer eso", porque nuestro sistema educativo está diseñado para mantener a la gente debilitada.

Como lo mencioné anteriormente, la mayoría de nuestras universidades de alto nivel fue fundada por los barones ladrones, o sea, hombres como John D. Rockefeller, Cornelius Vanderbilt, Lelan Stanford y Cecil Rhodes.

Al interés que tenían estos individuos en la educación lo impulsaba su necesidad de encontrar a los estudiantes más inteligentes y connotados para educarlos y entrenarlos para que trabajaran para *ellos*. Para que fueran sus empleados e hicieran negocios para ellos, pero no para que se convirtieran en empresarios o en innovadores que más adelante pudieran competir en su contra.

Bucky Fuller decía que los barones ladrones fundaron las universidades más grandes del país para buscar a las mejores y más hábiles mentes, y para enseñarles a ser E (Empleados ejecutivos) o A (Autoempleados o especialistas como lo son los abogados y los contadores) y que trabajaran para la gente adinerada. Mas no para que *fueran* gente rica de las zonas D o I del cuadrante.

Tal vez por eso los empresarios más connotados como Bill Gates, Steve Jobs, Michael Dell y Mark Zuckerberg abandonaron las grandes universidades. Al parecer, no estaban recibiendo la educación que necesitaban: educación para las zonas D e I del cuadrante.

Cambio de zona en el cuadrante

Hoy en día hay millones de personas estancadas en empleos que detestan, que están muy mal pagados, o ambos. Saben que necesitan cambiar, pero tienen miedo de hacerlo, y tampoco saben cómo. Su educación o, mejor dicho, su falta de educación, es lo que las mantiene estancadas y lo que les provoca ese miedo de fracasar y de transformarse.

Cada vez que explico las diferencias entre las cuatro zonas del cuadrante veo mucha gente que desea mudarse. El problema es que, para cambiar de zona y pasar de E y A, a D e I, se necesita verdadera educación espiritual y financiera.

Por eso la mayoría de la gente se queda paralizada, como le sucedió a mi padre pobre a pesar de su sólida preparación académica. Después de que papá desafió al gobernador de Hawái y luego perdió la elección, ya no pudo volver a ponerse de pie. Era la primera vez que fallaba en la vida. Su educación lo había atrapado en la zona E porque, a pesar de que estaba desempleado, ya no podía salir de ahí. Compró una franquicia de helados para tratar de mudarse a la zona A del cuadrante, pero volvió a fracasar porque no era empresario y porque no podía deshacerse de su educación y su mentalidad de empleado. No pudo transformarse.

POBREZA INVISIBLE

Las escuelas le enseñan a la gente a ser pobre a través de la *pobreza invisible*.

Las instituciones educativas refuerzan la *pobreza invisible*:

1. Castigando a los estudiantes por cometer errores.
2. Enseñando que cometer errores significa que eres estúpido.
3. Obligando a los estudiantes a memorizar las respuestas en lugar de aprender a través de sus equivocaciones.
4. Decretando que sólo hay una respuesta correcta y que es la que tienen los maestros.
5. Demarcando los límites de lo correcto y lo incorrecto en lugar de explicar el concepto de los tres lados de la moneda.
6. Negándose a ofrecer educación financiera auténtica.
7. Considerando que la cooperación es trampa.
8. Obligándote a presentar los exámenes solo.
9. Prohibiendo que solicites ayuda.
10. Negándose a decir "no sé".

11. Negándose a ayudar a otros.
12. Calificando con base en la curva de campana, en la que hay gente inteligente y gente estúpida.

LA CRISIS

Bucky Fuller era futurista. En el primer párrafo de su libro *Critical Path* de 1982, escribió:

El ocaso de las estructuras de poder del mundo
"La humanidad se está sumergiendo cada vez más en la crisis, en una crisis sin precedente."

Como era futurista, no se refería a una crisis de 1981. Más bien nos estaba advirtiendo sobre la crisis que enfrentamos ahora, la que enfrentarán en el siglo XXI los *baby boomers* que estuvieron en la prepa en 1981.

ACELERACIÓN ACELERADA

Fuller nos estaba advirtiendo sobre un fenómeno al que llamaba *aceleración acelerada*, el cual ocurriría cuando la humanidad hiciera la transición de la Era Industrial a la Era de la Información.

En 1983, antes de su fallecimiento, el futurista predijo que habría una nueva invención que transformaría radicalmente al mundo antes de que terminara la década.

Anteriormente, en 1969, se había dado a conocer al mundo el Arpanet, sistema que dio origen al Internet.

La red Arpanet (Advanced Research Projects Agency Network) era una rama del Departamento de Defensa de Estados Unidos. Su propósito inicial era utilizar las líneas telefónicas para enlazar las computadoras de las instituciones de investigación financiadas por el Pentágono.

En 1989, con la invención de la World Wide Web (www) de Sir Tim Berners-Lee, el mundo hizo la transición de la Era Industrial a la Era de la Información, y así empezó la *aceleración acelerada*.

279

La educación, sin embargo, no ha cambiado, continúa congelada en el tiempo.

Te repito la lección que aprendí en la escuela dominical, Oseas 4:6 (NVI): "Mi pueblo fue destruido por la falta de conocimiento. Puesto que rechazaron el conocimiento, yo también los rechazo como mis sacerdotes. Ya que ignoraron la ley de su Dios, yo también ignoraré a sus hijos".

En el siglo XXI miles de millones de personas están siendo destruidas debido a su falta de conocimiento.

Y como nos advirtió Fuller en *Critical Path*:

"La humanidad se está sumergiendo cada vez más en la crisis, en una crisis sin precedente."

En 1981 durante una clase Buckminster Fuller nos explicó por qué miles de millones de personas estaban en aprietos. "El cambio en la Era de la Información es invisible. La gente no se puede quitar del camino de algo que no ve moviéndose hacia ella."

Padre rico hizo una declaración muy similar cuando dijo que en 1971, el año en que Nixon suspendió la convertibilidad de los dólares en oro, "el dinero se volvió invisible".

En *Critical Path*, Fuller escribió:

Tengo la convicción absoluta de que toda la humanidad estará en peligro de extinción si ninguno de nosotros se atreve, ahora y de aquí en adelante, a decir siempre la verdad y nada más que la verdad, y a hacerlo pronto, ahora mismo.

CONVERSACIONES CON LOS PADRES

Desde que Fuller falleció les he advertido a los padres que el sistema educativo no preparará a sus hijos para el mundo real y que, para colmo, está reforzando la *pobreza invisible*.

Les menciono que las escuelas:

1. Castigan a los estudiantes por cometer errores.
2. Consideran que la cooperación es trampa.
3. Te obligan a presentar los exámenes solo.
4. Te prohíben solicitar ayuda.
5. Te prohíben brindar ayuda a otros.
6. Califican con base en la curva de campana.

Casi siempre los padres me contestan: "Sé que la educación está en problemas, pero no en la escuela de mi hijo. Ahí están haciendo una gran labor. Mis niños están felices, se divierten, cooperan y adoran a su maestra".

También me han dicho: "Mis hijos son muy inteligentes. Uno está en una excelente escuela de derecho y el otro ya está en posgrado, estudiando para obtener su doctorado. Ambos tendrán empleos seguros y muy bien remunerados".

Pero Fuller nos advirtió: "La gente no se puede quitar del camino de algo que no ve moviéndose hacia ella".

NEW YORK TIMES BOOK REVIEW, DOMINGO 15 DE JULIO DE 2018

"Apenas a flote en América"

Este es un pasaje de un artículo escrito por Robert Reich, secretario del Trabajo de Estados Unidos de 1993 a 1997. Respecto a los cambios por venir en el empleo, comenta:

No sólo me refiero a los robots con mentes privilegiadas que nos están robando la civilización a nosotros, los humanos con cerebros inferiores, sino a la más inminente posibilidad de que nos quiten nuestros empleos.

Ya está sucediendo. Los robots y las formas de inteligencia relacionadas están suplantando rápidamente a los trabajadores de las fábricas, los operadores de centrales telefónicas y al personal de oficina que aún queda. Pronto nos estaremos despidiendo de los choferes de camiones, del personal de bodegas y de los profesionistas que realicen cualquier tipo de trabajo que pueda ser reproducido, lo cual incluye a los boticarios, contadores, abogados, especialistas en diagnóstico, traductores y asesores financieros. Muy pronto las máquinas podrían examinar a los pacientes en busca de cáncer, mejor de lo que lo hacen los médicos.

Esto no significa que habrá un futuro sin empleos como lo han predicho algunos agoreros, pero es casi seguro que los robots provocarán el decremento salarial en todos los empleos que aún quedan que requieren del toque humano (cuidado infantil, cuidado geriátrico, cuidados médicos en el hogar, entrenadores personales, ventas, etcétera) y que ellos no pueden realizar porque, bueno, porque no son humanos. Aun ahora que la tecnología ya desplazó a muchos trabajadores, no hay crisis laboral... Lo que tenemos es una crisis de buenos empleos.

Actualmente, el típico trabajador estadounidense gana cerca de 44 500 dólares al año, lo cual no es mucho más de lo que ganaba el trabajador promedio en 1979, incluido el ajuste por la inflación. Aproximadamente 80% de los adultos estadounidenses dice que vive de una quincena a la siguiente, y muchos no saben qué tan grande será su próximo cheque de nómina.

A los padres les ofrezco esta advertencia: si el cambio y el dinero son invisibles, y si no hay educación financiera auténtica, ¿cómo pueden saber en la Era de la Información lo que las escuelas les han enseñado, o no, a sus hijos?

Lo único que sabe la mayoría de los padres es lo que les enseñaron a ellos en la escuela, así que desconocen lo que hizo falta en su educación.

Por eso casi todos los padres con quienes converso me dicen: "Mi hijo está en una buena escuela".

Si la carencia de educación auténtica continúa, la brecha entre los ricos y todos los demás seguirá ensanchándose, aun cuando a los niños les vaya bien en la escuela.

Si la brecha entre los ricos y los pobres crece, también aumenta la probabilidad de que haya descontento civil y, por lo tanto, una revolución.

Activos y pasivos humanos

A medida que fuimos creciendo, padre rico nos concientizó a su hijo y a mí sobre los activos y los pasivos humanos, es decir, no sólo nos habló de los activos y los pasivos financieros.

Padre rico dibujó el siguiente diagrama para su hijo y para mí:

Después de mostrarnos la imagen nos dijo: "Sus activos más preciados son las personas, y por lo mismo, las personas también son sus pasivos más pesados".

Cuando un padre de familia me dice: "Sé que la educación está en problemas, pero la escuela de mi hijo es excelente", le dibujo el mismo diagrama de los activos y los pasivos humanos.

En cuanto un grupo se da una idea de cómo funciona el estado financiero, en especial la forma en que los activos llevan dinero a su bolsillo y los pasivos lo sacan, le muestro el diagrama de los activos y los pasivos humanos que nos dibujó padre rico.

Luego les pido a los asistentes que miren ese estado financiero y que hablen sobre quiénes son los activos y los pasivos en su vida actualmente, y quiénes lo serán en el futuro.

Al principio hay discusiones incómodas porque nadie quiere catalogar a una persona como un pasivo, pero a medida que siguen conversando, algunas verdades empiezan a salir a la superficie.

Cuando eso sucede escucho declaraciones como:

- "Mi hijo dejó la escuela y ahora tengo que pagar la deuda de su préstamo estudiantil porque él todavía no encuentra trabajo."
- "El esposo de mi hija es adicto a las drogas. Lo dejó, se llevó a sus cinco hijos y ahora vive en la casa con nosotros. Tiene título universitario, pero no puede trabajar porque tres de sus niños todavía son menores de 12 años."
- "Mi padre perdió su empleo como ejecutivo porque la tienda donde trabajaba cerró. Ya usó todos los ahorros que tenía en su plan 401(k). Ahora vive con nosotros y quiere trabajar, pero no puede conseguir un empleo bien pagado."
- "Los consejos de mi asesor financiero no me han servido para hacer nada de dinero y estoy a seis años de retirarme. Me pregunto si podré hacerlo."
- "Mi socio de negocios está enfermo, así que ahora tengo que apoyarlo a él y a su familia."
- "Debo impuestos retrasados. Ahora el gobierno me amenaza con cobrarse directamente con mi sueldo. Me retrasé en los impuestos porque no gano lo suficiente ni para vivir, ni siquiera sobrevivo de una quincena a la siguiente. Cada mes me retraso más y, para colmo, no puedo pagar los medicamentos que necesitamos mi esposa y yo."

Al final de la discusión les pregunto: "¿Aún creen que la educación está preparando a la gente para el mundo real?"

Esta es una advertencia que vale la pena repetir: si el cambio y el dinero son invisibles, y si no hay educación financiera auténtica, ¿cómo pueden saber los padres en la Era de la Información lo que las escuelas les han enseñado, o no, a sus hijos?

Una de las razones por las que Fuller escribió *Critical Path*, es:

Tengo la convicción absoluta de que toda la humanidad estará en peligro de extinción si ninguno de nosotros se atreve, ahora y de aquí en adelante, a decir siempre la verdad y nada más que la verdad, y a hacerlo pronto, ahora mismo.

Traducción: Para que la humanidad sobreviva, todos necesitamos empezar a decir la verdad. Cuando la gente empieza a hablar de los pasivos humanos en su vida admite por primera vez la verdad respecto a la mediocridad de la educación de sus hijos y de la propia.

Dicho llanamente, la educación no está preparando a la gente para este cambiante mundo donde existe la aceleración acelerada, este mundo de cambios y dinero invisibles.

Si no hay educación espiritual auténtica, la gente se paraliza porque los maestros falsos le enseñan a no cometer errores y a no pedir ayuda porque a eso se le considera hacer trampa.

Si no hay educación financiera auténtica, la gente permanece ciega porque así es más sencillo para las élites académicas robarle su riqueza a través del dinero por el que trabaja.

Si no hay educación espiritual y financiera de verdad, entonces tienes razón: *no puedes hacer lo que yo hago.*

Esta no es información nueva, ha superado la prueba del tiempo en la Biblia: "Mi pueblo fue destruido por la falta de conocimiento".

¡Pero tengo buenas noticias! En el siguiente capítulo aprenderás sobre los empresarios de la educación, sobre la gente que está haciendo lo que necesita hacerse… al margen del obsoleto sistema educativo.

TUS PREGUNTAS... LAS RESPUESTAS DE ROBERT

P: Aparte de lo académico, ¿la educación universitaria no tiene ningún valor?

Gary B. - Singapur

R: Claro que lo tiene. Para mucha gente la universidad puede representar un primer encuentro con una amplia variedad de puntos de vista. Es un tiempo en que pones a prueba tu capacidad para arriesgarte y conoces tus límites, una etapa para tener nuevas experiencias y conocer gente nueva que, en muchos casos, tendrá antecedentes, ideas y opiniones diferentes. La educación se da en muchas formas y la experiencia universitaria es una de ellas. Lo que todos deben sopesar es el ROI, o sea, el retorno sobre la inversión que ofrece una educación universitaria tradicional, y la carga que podría representar una deuda derivada de un préstamo estudiantil. No hay una sola fórmula para todos, cada persona debe evaluar las ventajas y las desventajas, así como sus objetivos y la visión que tiene para el futuro, y luego compararla con el costo.

P: ¿Qué es lo que más te irrita de la educación tradicional?

Adam C. - República Checa

R: Varias cosas y, de hecho, están conectadas. En resumen, lo que me disgusta es que la educación tradicional no prepare a la gente de ninguna edad para el mundo real. Los humanos no existimos ni trabajamos de forma aislada, necesitamos cooperar y colaborar, pero a eso en la escuela le llaman "hacer trampa". Y en mi opinión, la verdadera medida y la prueba de nuestra inteligencia es nuestra capacidad de abrir nuestra mente y evaluar y apreciar otros puntos de vista, otras maneras de ver las cosas. Por lo general en la escuela sólo hay una "respuesta correcta", pero en el mundo real la "respuesta correcta" suele depender de circunstancias o condiciones individuales.

P: ¿A qué te refieres cuando dices que "No puedo" o "No puedo darme ese lujo" cierra tu mente?

Cecilia J. - Reino Unido

R: Me refiero a que este tipo de declaraciones hacen que tu mente se cierre a las posibilidades. Es una forma de pensar apocada, y en realidad, deberías estar pensando en grande o, al menos, en *un poco más grande*. Si en lugar de eso te preguntas: "¿Qué tendría que hacer para darme ese lujo?" obligas a tu cerebro a generar ideas y a buscar soluciones y oportunidades.

P: ¿Sería mejor empezar a aprender en una universidad más económica y luego tratar de cambiarte a una de mayor calidad?

Agim B. - Estonia

R: Cada persona necesita decidir lo que más le conviene. Normalmente el valor asignado a una "escuela" en particular, ya sea a nivel universitario o a cualquier otro, es producto del mismo estudiante.

P: ¿Entonces, qué es la educación auténtica?

Billy K. - Sudáfrica

R: La educación auténtica debería empoderarte para que hagas lo que desees. La imparten maestros auténticos, gente que en verdad ha hecho lo que tú quieres llegar a hacer; también debe obligarte a participar activamente en el proceso.

P: En esta época de "aceleración acelerada", en la que hay una sobrecarga de información y todo se mueve a gran velocidad, ¿cómo sabes en quién confiar?

Alexi C. - Turquía

R: Es la pregunta del millón de dólares, ¿verdad? Y como sucede con muchas cosas en la vida, la respuesta comienza con la educación. Comienza cuando *tú* te vuelves más inteligente y puedes diferenciar mejor la verdad de la mentira y lo auténtico de lo falso.

P: ¿Cómo puedo aprender el lenguaje del dinero?

Angela S. - Nueva Zelanda

R: Empieza por expandir tu vocabulario sobre el dinero, las finanzas y la economía. Las palabras tienen poder. Aprende una palabra nueva todos los días, y muy pronto descubrirás que son las mismas que escuchas en la televisión y en la radio, y que ves en los artículos noticiosos o en Internet. Tómate el tiempo necesario para entender lo que escuchas y lees, y si no comprendes algo, busca a alguien que lo pueda explicar y discutir contigo.

P: Siempre he sentido que una enorme parte de la educación es responsabilidad de los padres. ¿Tú qué opinas?

Justin J. - Estados Unidos

R: Bueno, tomando en cuenta que a mi mentor más poderoso le llamo "padre rico", supongo que la respuesta es bastante obvia. Nuestros padres son los primeros maestros y, en muchos casos, los mejores. Esto sucede particularmente cuando crían a niños que, por naturaleza, son curiosos, están ansiosos por explorar y experimentar, y están dispuestos a hacer preguntas y a considerar que hay más de una "respuesta correcta". Quizá lo más importante es que los padres pueden tener un impacto muy fuerte en la manera en que los niños comprenden lo que son los errores. Los errores son nuestra manera aprender, y cada equivocación trae consigo una enseñanza. Los errores son oportunidades de aprender experiencias positivas en nuestra curva del aprendizaje de la vida.

Capítulo doce

Empresarios de la educación

¿Puedes ver el futuro?

En julio de 2018 Donald Trump, presidente de Estados Unidos, emitió un decreto que proclamaba la reeducación y el reentrenamiento de los trabajadores estadounidenses. Detrás de esta iniciativa del presidente hay muchas corporaciones importantes.

Pero este es un ejemplo de lo que se conoce como *fake news*. El decreto del presidente Trump suena increíble, parece una idea genial y, evidentemente, se da a conocer en el momento idóneo para conseguir más votos de trabajadores.

NOTICIA AUTÉNTICA: Estados Unidos ya gasta más de 1 000 millones de dólares al año en reeducación y reentrenamiento de su fuerza laboral.

NOTICIA AUTÉNTICA: Los programas de reeducación y reentrenamiento no están funcionando.

Por qué no funciona la reeducación

La idea de volver a entrenar y educar a alguien es sumamente noble, el problema es que estos programas no funcionan así como los conocemos, y no funcionan porque los métodos educativos tampoco sirven.

Lo único que tiene uno que hacer es ver el diagrama de los niveles superiores del maestro y darse cuenta de que nuestra forma de enseñanza es obsoleta, ineficaz y aburrida.

Como lo mencioné anteriormente, uno de los grandes crímenes de la educación es que la gente joven abandone la escuela y termine odiándola. ¿Cuánta gente no tiene problemas financieros porque dejó la escuela odiando los estudios? ¿Cuánta gente no está en la cárcel porque odió el sistema educativo? ¿Cuánta gente no se encuentra estancada en un trabajo que detesta sólo porque... también detestó la escuela?

Lo admito, la educación tradicional hace un excelente trabajo para aproximadamente 25% de la población. El problema es el caos que genera para el 75% restante. Yo llegué al límite y con frecuencia quise rendirme porque odiaba la escuela. Sabía que no era estúpido porque tenía calificaciones altas en los exámenes de aptitud, pero odiaba los sistemas y a los maestros tradicionales, y especialmente me irritaba lo aburrido que era el proceso de la educación.

Hubo ocho sucesos en mi vida que impidieron que abandonara la escuela:

1. Convertirme en aprendiz de padre rico y trabajar en un negocio real.
2. Que padre rico me enseñara con el juego de mesa Monopoly. Con eso logró que el aprendizaje fuera divertido.
3. Tener excelentes maestros como Harold Ely, mi maestro de quinto grado que me inspiró a aprender en lugar de obligarme a memorizar respuestas.
4. Asistir a una academia militar en lugar de estudiar en una universidad tradicional.

5. Asistir a seminarios con regularidad en lugar de regresar a las escuelas tradicionales para tratar de conseguir títulos de estudios superiores.

6. Seguir a los tres hombres sabios de la Biblia, quienes constantemente buscaban a grandes maestros para aprender al margen del sistema educativo.

7. Tener dos padres y descubrir que todas las monedas tienen tres lados.

8. Aprender que en la vida real hay más de una sola respuesta correcta.

EL PRESIDENTE KENNEDY Y LA EDUCACIÓN

El presidente Trump no es el primero en proponer que se reeduque a los trabajadores desplazados.

Como lo narra Steven Brill en su libro *Tailspin*, en 1962 el presidente John F. Kennedy propuso que Estados Unidos expandiera el comercio global a través de una disminución en las tarifas y en las restricciones sobre las importaciones. Tanto los republicanos como los demócratas estuvieron tentativamente a favor de una liberalización comercial en algún punto de la Guerra Fría, a pesar de que los republicanos eran más proteccionistas.

Kennedy estaba consciente de que expandir el comercio global destruiría los empleos estadounidenses, y por eso en 1962 también propuso la creación de la Asistencia por Ajuste Comercial (Trade Adjustment Assistance o TAA), un programa federal para la reeducación de los trabajadores desempleados.

El presidente Kennedy no quería que un pequeño grupo de trabajadores fuera el precio a pagar por un beneficio nacional para millones de estadounidenses. Esto fue lo que dijo:

Cuando las consideraciones de la política nacional vuelven deseable que evitemos tarifas más altas, los lastimados por esa competencia [extranjera] no tendrían por qué llevarse la peor parte del impacto.

El gobierno federal debería enfrentar, en cierta medida, la carga de este ajuste económico.

Traducción: La reducción en las tarifas beneficiará al país y a los estadounidenses. Algunos perderán su empleo. La carga de la reeducación de los trabajadores desempleados deberá ser responsabilidad del gobierno federal.

El programa TAA de Kennedy les ofreció a los trabajadores desplazados hasta 65% del salario semanal promedio de cada individuo por hasta 52 semanas (y hasta por 65 semanas en el caso de los trabajadores mayores de 60 años), así como la inscripción en programas de educación y entrenamiento "para que desarrollaran habilidades distintas y superiores".

El TAA también proveyó fondos para las familias de los trabajadores que necesitaran mudarse para conseguir un nuevo empleo.

Una fuerte oposición

El programa del presidente Kennedy enfrentó una fuerte oposición por parte de los republicanos. Uno de los oponentes más francos fue el senador Prescott Bush, padre y abuelo de los futuros presidentes George H. W. Bush y George W. Bush, respectivamente. Sin embargo, Kennedy logró que se aprobara el TAA a pesar de la oposición.

El TAA recibió opiniones mezcladas. Se reporta que durante los primeros seis años de su implementación, y a pesar de que había un financiamiento de mil millones de dólares, ni un solo trabajador recibió ayuda del gobierno. Para la mayoría de los trabajadores que perdieron su empleo el TAA resultó ser una extensión del seguro por desempleo, no un programa integral de educación ni de reentrenamiento para conseguir un nuevo trabajo.

Entre otras cosas, los trabajadores no hicieron uso de este programa debido a las exigencias educativas, es decir, los prerrequisitos que el trabajo debía cubrir para calificar y poder recibir la ayuda educativa.

Los trabajadores tenían que completar la preparatoria o equivalente e inscribirse de tiempo completo en una escuela comunitaria o vocacional antes de que el TAA asignara fondos para proveerles más educación o entrenamiento. Esto era impráctico porque los trabajadores necesitaban reemplazar el ingreso perdido lo antes posible y no podían darse el lujo de regresar a la escuela antes de recibir fondos del TAA para su educación y entrenamiento.

EL EBT CONTRA LA EDUCACIÓN

Anteriormente mencioné que en 1994 las plantaciones de caña de azúcar se fueron de Hilo, Hawái, y que dejaron desempleados a muchos trabajadores que solían estar muy bien remunerados. La mayoría no contaba con certificado de preparatoria porque en aquel tiempo no se necesitaba la preparatoria para conseguir un empleo bien pagado. Hoy en día, en lugar de recibir la educación o el entrenamiento que necesita, la gente sobrevive gracias a las tarjetas EBT.

En lugar de reeducar a los trabajadores para que vuelvan a ser contribuyentes fiscales del sistema capitalista, se les otorga el tipo de ayuda que proveen los sistemas socialistas. Por eso el socialismo se está extendiendo en Estados Unidos.

En su libro *Tailspin*, Brill continúa su investigación y comenta que, en 2001, la Oficina General de Contabilidad (Government Accountability Office o GAO) condujo varios estudios, incluyendo uno realizado en el condado Martinsville-Henry, en Virginia. Según el estudio, de los 6 000 empleos perdidos en menos de una década, menos de 20% de los trabajadores elegibles para el TAA se inscribió en programas de reeducación. De ese 20% que se inscribió, muchos abandonaron los estudios porque no pudieron completar las clases remediales ni el entrenamiento ocupacional antes de que expirara su ayuda para los ingresos. En otro estudio de la GAO se encontró que tres cuartas partes de los trabajadores que calificaban para el TAA nunca hicieron uso de él. En otro estudio sobre este programa se reportó que los pocos que lo completaron, nunca consiguieron empleos "ni remotamente parecidos a los que habían perdido".

¡Nuestra educación... estúpido!

El problema es la educación. Es lo que enseñamos, cómo lo hacemos y quién lo hace.

Una vez más, me referiré al diagrama de los niveles superiores del Maestro.

1. ¿Cuántas veces has estado sentado en clase y te das cuenta de que tu cuerpo está ahí pero tu cerebro no?
2. ¿Cuántas veces has estado sentado en clase mirando el reloj en lugar de escuchando al maestro?
3. ¿Cuántas veces has estudiado de golpe absolutamente todo lo que necesitas para pasar un examen en vez hacerlo porque te sientes inspirado a aprender?

El aprendizaje con padre rico

Me encanta el diagrama de los niveles superiores del maestro porque ilustra la diferencia entre mi padre rico y mi padre pobre.

Yo trabajé como el aprendiz de padre rico sin ganar un centavo, pero tuve la oportunidad de vivir experiencias reales. A cambio, padre rico nos hacía jugar Monopoly e iba narrando las lecciones a medida que movíamos nuestras fichas alrededor del tablero. Con cierta regularidad visitábamos las casitas verdes *reales* que más adelante se convertirían en un gigante hotel rojo.

La educación real fue emocionante, divertida y desafiante. Nunca me aburrí.

En muchas ocasiones me metí en aprietos en casa porque regresaba tarde. Es que no quería dejar de aprender de padre rico, siempre quería saber más.

Cuando regresaba tarde a casa sólo escuchaba: "¿Ya hiciste la tarea? Si no sacas buenas calificaciones no conseguirás un empleo bien pagado".

Cómo me convertí en un empresario de la educación

En 1983, después de que Buckminster Fuller falleció y de que leí *Grunch of Giants*, supe que no podía seguir siendo empresario del negocio de rock and roll ni seguir ganando dinero a través de la producción de artículos con licencia para bandas como Duran Duran, Van Halen, Judas Priest, Boy George, Ted Nugent y The Police.

Algo en mi interior me dijo que había llegado el momento de convertirme en empresario de la educación. No sabía cómo lo lograría, sólo estaba seguro de que no podía seguir haciendo lo mismo.

En 1983 conocí a Kim, ella también estaba buscándole propósito a su vida. En 1984 nos tomamos de la mano y dimos un salto de fe: dejamos el hermoso Hawái atrás y nos fuimos a California. Poco después ya nos habíamos quedado sin dinero, pero seguimos avanzando. Cuando se nos acabaron los recursos nos quedamos sin casa una semana y tuvimos que dormir en una vieja Toyota Celica café en los parques de playa de San Diego, California. Luego terminamos viviendo en el sótano de la casa de un amigo que nos acogió.

Así fue puesta a prueba nuestra fe.

David contra Goliat

En 1973 Kim y yo nos dimos cuenta de que nos estábamos enfrentando al sistema educativo del *Grunch* y a las élites académicas, era David contra Goliat. Lo que nos mantuvo en el camino fue el apoyo de los amigos y la familia, quienes nos animaron a seguir avanzando. Muchos nos ofrecieron ayuda económica que nunca aceptamos porque estábamos en una misión y queríamos averiguar si realmente había un Dios. Además, sabíamos que si lo aceptábamos, el dinero diluiría nuestra fe.

Sobrevivimos gracias a la sabiduría de gente como Bucky Fuller, quien pasó por una prueba similar de fe durante años, ya que nunca trabajó por dinero, sólo hacía lo que pensaba que Dios esperaba de él, y siempre se preguntó: *¿Qué puedo hacer si sólo soy un hombrecito?*

A Kim y a mí nos tomó 10 años alcanzar la libertad financiera. En 1994 nos retiramos y ya éramos libres. Ella tenía 37, y yo 47 años.

En 1996 diseñamos el juego de mesa Cashflow y en 1997 publicamos *Padre Rico, Padre Pobre* por nuestra propia cuenta porque todos los editores a los que nos acercamos dijeron que yo no sabía de lo que estaba hablando. En 2000 recibí una llamada de Oprah, y el resto es historia. En 2002 Donald Trump y yo nos conocimos entre bambalinas durante un evento en el que ofrecimos conferencias a miles de entusiastas admiradores en Estados Unidos y Australia. Desde entonces hemos escrito dos libros juntos y, de esa manera, nos convertimos en socios en el ámbito de la educación financiera auténtica.

En 2008 me entrevistó Wolf Blitzer de CNN y predije la gran caída y la quiebra de Lehman Brothers. Seis meses después Lehman Brothers se declaró en quiebra y empezó la Gran Recesión. La brecha entre los ricos, la clase media y los pobres sigue creciendo, precisamente como lo predijimos Donald Trump y yo cuando escribimos al respecto en nuestros libros.

Repetiré las declaraciones en la introducción del libro *Critical Path* de Fuller:

El ocaso de las estructuras de poder del mundo

"La humanidad se está sumergiendo cada vez más en la crisis, en una crisis sin precedente."

Traducción: En 1982 Fuller nos advertía de la llegada inminente de la Era de la Información. El *Grunch* perdería su fuerza en esta era y la crisis empeoraría porque el *Grunch* lucharía por aferrarse a su poder.

La gente desesperada comete actos desesperados.

Fuller también declaró que la Era de la Información traería consigo la Era de la Integridad, y que el *Grunch* quedaría expuesto. La crisis va a acelerarse debido a que esta entidad hará cualquier cosa por aferrarse a su poder. Ya es posible sentirlo porque el dinero de la gente, como el bitcoin, está desafiando a sus bancos centrales.

Otra de las maneras en que el *Grunch* se aferra a su poder es a través del corrupto y desalmado sistema educativo que no provee educación auténtica.

Por eso Kim y yo nos volvimos empresarios en el área de la educación. Cashflow, nuestro juego de mesa, está diseñado para eludir al sistema educativo y devolverle a la gente del mundo la educación legítima a través de un mecanismo en que la gente le enseña a la gente.

Gente enseñándole a gente

Kim y yo no diseñamos el juego Cashflow para darle a la gente respuestas que deba memorizar, sino para inspirarla a aprender más. Esto se logra ofreciéndoles a los jugadores un atisbo de una vida más plena. Cada vez que alguien juega el juego, le echa otro vistazo espiritual al maravilloso futuro que podrá alcanzar para sí mismo y para su familia.

Creo que vale la pena repetir mi advertencia para los padres: en este mundo invisible de la tecnología y el dinero de hoy, es casi imposible que los maestros, los padres y los estudiantes sepan de qué carece la educación. En esta Era de la Información resulta imperativo que la gente le quite al gobierno el control que tiene sobre la educación, y que lo asuma ella misma.

Clinton y China

Preocupado por la globalización, el presidente John F. Kennedy presentó en 1962 el programa TAA.

En 1972 Richard Nixon le abrió la puerta a China.

En 1999 el presidente Bill Clinton impulsó la admisión de China en la Organización Mundial de Comercio (OMC) y prometió que el inicio de las relaciones comerciales con el país asiático permitiría el incremento del número de empleos en Estados Unidos y la reducción del déficit comercial.

También dijo: "Para Estados Unidos, este es un negocio de cien contra nada".

En 2001 China fue aceptada en la OMC.

Pero como ya sabes, Clinton suele tener problemas con la verdad. El trato terminó siendo de cien contra nada… pero a favor de China. En su libro *Tailspin*, Brill nos dice:

> Entre 2000 y 2009 el déficit comercial de Estados Unidos con China casi se triplicó. Hubo un aumento de 83 000 a 227 000 millones de dólares. […] En el mismo periodo Estados Unidos perdió 5.6 millones de empleos de manufactura, incluyendo 627 000 en productos electrónicos y de computación[…] Para 2016 el déficit comercial con China ya era de 347 000 millones.

LOS EFECTOS COLATERALES DE LOS DÉFICITS COMERCIALES

El disparejo déficit comercial no sólo ha dañado a los trabajadores que perdieron el empleo, también perjudicó a los ahorradores de pequeños negocios familiares, a los dueños de propiedades y a los inversionistas.

El déficit contribuyó a la gran caída financiera de 2008. Brill nos explica:

> Como los chinos estaban acumulando tanto efectivo, necesitaban un lugar seguro para invertirlo, así que aumentaron dramáticamente la demanda de bonos del Tesoro de Estados Unidos. Eso puso presión sobre las tasas de interés en nuestro país e hizo que sufrieran caídas sin precedente, lo cual contribuyó al surgimiento de dinero

fácil para el financiamiento de incluso los programas hipotecarios más arriesgados y, junto con eso, al surgimiento de los valores respaldados por hipoteca y sus derivados.

En 2008 la bolsa de valores y el mercado de bienes raíces estuvieron a punto de derrumbarse. Las tasas de interés se desplomaron aún más. Es 2018 y la crisis todavía no termina, sólo se ha agrandado.

En 1981 Fuller escribió: "La humanidad se está sumergiendo cada vez más en la crisis, en una crisis sin precedente".

La buena noticia es que los empresarios vienen al rescate.

Empresarios de la educación

Hay un negocio empresarial verdaderamente notable. Se llama Khan Academy y pone la educación académica a disposición de millones de estudiantes de todo el mundo. Los jóvenes no necesitan solicitar préstamos para aprender en Khan Academy.

En *Tailspin*, Steven Brill destaca las siglas C4Q, que quieren decir Coalition for Queens. Se trata de una organización educativa fundada por Jukay Hsu, capitán del Ejército de Estados Unidos y veterano de la Guerra de Iraq. Hsu es inmigrante, nacido en Taiwán y educado en Harvard. El capitán Hsu le explica a Brill: "Algunas de las personas más inteligentes y trabajadoras que he conocido son soldados que no se graduaron de la universidad". C4Q le permite a la gente no versada en temas informáticos aprender a programar.

Si bien hay muchas escuelas y programas educativos que ofrecen esta materia, C4Q es distinta por su forma de enseñanza. Estas son algunas de las diferencias:

1. Jukay Hsu, el fundador, no es programador. No tiene estudios de informática ni experiencia.
2. Jukay Hsu contrata a maestros auténticos de la industria en lugar de maestros auténticos provenientes de entornos académicos.

3. C4Q funciona como una academia militar. El proceso educativo se enfoca en intenso trabajo en equipo, y los maestros y los alumnos trabajan en colaboración en lugar de competir.

4. En 2013 los 21 egresados de la primera generación ganaban aproximadamente 18 000 dólares al año. Casi todos eran trabajadores de servicio con muy poca educación. De los graduados, 52% son mujeres y 60% afroamericanos. Asimismo, 55% carecía de título universitario.

5. Los 88 reclutas que empezaron en septiembre de 2016 y se graduaron en junio de 2017 consiguieron empleos que, en promedio, les permitían ganar 85 000 dólares al año. Fueron contratados por empresas como Uber, Blue Apron, Pinterest, Google, BuzzFeed y J. P. Morgan Chase.

6. Los graduados estuvieron de acuerdo en pagarle a la organización 12% de su salario durante los siguientes dos años.

7. No se trata de un préstamo estudiantil como con los que suelen entrampar a los estudiantes que no pueden graduarse ni conseguir un buen empleo, y que se quedan con deudas horripilantes toda la vida.

8. Ese 12% inspira a los donadores a unirse al proyecto como inversionistas y a compartir los retornos de los estudiantes exitosos, lo que convierte a C4Q en otra "causa de moda". A pesar de que se trata de una ONG, este mecanismo le da a la empresa la ventaja de las ganancias capitalistas, ventaja que el socialismo no tiene y que, además, genera sustentabilidad financiera.

Brill también destaca Year Up, fundada en el año 2000. Se trata de otra ONG privada que ofrece reeducación y entrenamiento para una variedad más amplia de categorías de empleo. Así la describen en *Tailspin*:

Actualmente, Year Up tiene 20 ubicaciones en todo Estados Unidos y ha entrenado a más de 18 000 estudiantes para trabajar en empleos relacionados con la tecnología, como la reparación de *hardware* y la operación del área de ayuda al cliente. Asimismo, les permite desarrollar las habilidades de comunicación que los empleadores esperan encontrar en las personas que ocuparán puestos elementales con un nivel de exigencia medio.

Todos los estudiantes firman un contrato en el que se comprometen a cubrir exigentes estándares de conducta y participación. Al principio reciben 200 puntos, de los cuales les hacen deducciones cada vez que cometen infracciones como llegar tarde, ser irrespetuosos o no terminar las tareas a tiempo.

Usualmente, 25% de los estudiantes pierde sus 200 puntos y es expulsado del programa.

Al igual que en las academias militares, en Year Up no basta con ser inteligente y tener buenas calificaciones.

Así como sucede en la Academia de la Marina Mercante de Estados Unidos, aunque tenga las calificaciones más altas, cualquier estudiante puede ser expulsado si tiene demasiados "deméritos" por no obedecer el Código de Honor y por no comportarse como un oficial y un caballero.

Aunque Year Up no les garantiza a sus graduados la obtención de empleos bien pagados como lo hace C4Q con sus programadores, les permite salir de la pobreza e ingresar a la clase media.

Poco potencial para el éxito

Otro integrante de la élite académica rompió el silencio. Esta ocasión se trata de Shawn Achor, un alumno de Harvard. Achor se convirtió en empresario en el campo de la educación, y en su libro *Big Potential* publicado en 2018, explica:

Hace tres años, mientras investigaba los misteriosos vínculos subyacentes al éxito y el potencial humano, tuve un inmenso logro: me convertí en padre.

Cuando mi hijo Leo llegó al mundo estaba literalmente indefenso, ni siquiera podía rodar sobre sí mismo. Pero a medida que fue creciendo, se fue volviendo más capaz. Yo, como cualquier investigador de psicología positiva lo habría hecho, me descubrí alabándolo cada vez que adquiría una nueva habilidad: "Leo, ¡lo hiciste solito! Estoy orgulloso de ti". Y después de algún tiempo, Leo empezó a repetir como periquito con su suave pero orgullosa vocecita: "Yo solito".

Ahí fue cuando me di cuenta de que, primero cuando somos niños y luego cuando somos adultos y nos desenvolvemos en el ambiente laboral, estamos condicionados a valorar de manera desproporcionada las cosas que hacemos solos. Como padre, hasta ahí llegaron mis halagos y mi guía, mi hijo puede llegar a ver sus logros individuales como la prueba última de nuestra fortaleza, pero en realidad las cosas no son así: existe un nivel completamente superior.

Este ciclo inicia cuando somos muy pequeños. En la escuela entrenan a nuestros hijos para que estudien con diligencia y de forma individual para que puedan superar a los demás en los exámenes. Si buscan la ayuda de otros estudiantes para realizar proyectos, los sermonean por hacer trampa. Les dan tareas que les toman horas realizar por la noche, y los fuerzan a intercambiar la posibilidad de pasar tiempo con otros niños, por una cantidad mayor de trabajo en aislamiento.

Sabotaje y logro

Kim, mi esposa, recuerda cuando era estudiante de la Universidad de California en Santa Barbara. Según ella: "Los estudiantes saboteaban los proyectos de otros sólo para obtener mejores calificaciones. Algunos iban a la biblioteca y llegaban a arrancar páginas de los libros que otros necesitaban para estudiar".

Finalmente, Kim dejó UC Santa Barbara antes de graduarse. Terminó inscribiéndose en la Universidad de Hawái, pero sólo para conseguir su título y poder dejar la escuela.

Cuando yo dejé la escuela no quise regresar nunca más a la educación superior ni a sus títulos.

El surgimiento de la Depresión

Big Potential de Achor es un gran libro para nuestro tiempo. Estas son algunas de las ideas principales:

> La fórmula es sencilla: sé mejor, más inteligente y más creativo que los demás, y así alcanzarás el éxito. Sin embargo, también es imprecisa[…]
>
> El éxito no tiene que ver solamente con lo motivado, inteligente o creativo que seas, sino también con hasta qué punto te puedes beneficiar del ecosistema humano que te rodea, y conectarte y contribuir con la gente. No se trata nada más de lo bien calificada que esté tu universidad o tu empresa, sino de qué tan bien encajas ahí. No se trata de la cantidad de puntos que ganes, sino de lo bien que complementes las habilidades del equipo[…]
>
> Al aferrarnos a las antiguas fórmulas para el éxito estamos desaprovechando enormes cantidades de potencial. Esto lo viví de primera mano en los 12 años que pasé en Harvard, donde vi a los estudiantes derrumbarse en las tormentas marinas de la competencia excesiva y luego quedarse varados en las playas de la duda personal y el estrés[…] Un apabullante 80% de los estudiantes de Harvard reporta haber sufrido de depresión en algún momento de su vida universitaria.

Después de abandonar Harvard y convertirse en empresario en el campo de la educación, Achor empezó a compartir con escuelas y negocios de todo el mundo sus hallazgos sobre el poder de la cooperación:

> Ahora que llevé a cabo esta investigación en todo el mundo, sé que [la depresión] no es un problema exclusivo de los estudiantes de las

escuelas del círculo Ivy League. En 1978 la edad promedio en que se diagnosticaba la depresión era 29 años. Para 2009 la edad promedio había bajado a 14 años y medio.

DEPRESIÓN Y VIOLENCIA

El aumento de los incidentes en que los estudiantes asesinan a sus compañeros en tiroteos en las escuelas, ¿podría ser producto de la depresión, la soledad y el aislamiento?

¿Por qué fue asesinado a tiros el congresista estadounidense Steve Scalise mientras practicaba beisbol? ¿Sólo porque era republicano? ¿Por qué le dispararon a la congresista Gabby Giffords mientras saludaba a los constituyentes? ¿Sólo porque era demócrata?

¿Por qué está en aumento la violencia con armas de fuego en las ciudades más importantes?

¿Por qué la gente es cada vez menos amable y más irrespetuosa con los otros?

¿Por qué el acoso escolar o *bullying* se está convirtiendo en un problema cada vez más propagado y grave?

¿El terrorismo y la violencia comienzan en la escuela?

EL CICLO VIRTUOSO

Achor ofrece soluciones y una de ellas es el *ciclo virtuoso*, el cual define de la siguiente manera:

Un bucle de retroalimentación positiva que les permita a otros tener más ventajas para obtener más recursos, energía y experiencias para mejorar y volver a alimentar el ciclo. De esta manera, ayudar a otros a ser mejores hace que tu éxito llegue el siguiente nivel. Por lo tanto:

El *potencial bajo* es el éxito limitado que puedes alcanzar por tu propia cuenta.

El *potencial alto* es el éxito que sólo puedes lograr participando con otros en un ciclo virtuoso.

Las escuelas fomentan el potencial bajo porque instan a los alumnos a competir en lugar de cooperar.

Achor enseña la manera en que se puede desaprender lo que enseñan en la escuelas, y aprender a colaborar y aprovechar tu potencial alto ayudando, antes que nada, a otras personas a ser más exitosas.

EL CICLO VIRTUOSO DE PADRE RICO

Padre rico tenía su propio ciclo virtuoso un sábado al mes. Esta era la manera en que él y su grupo se volvían más inteligentes y ricos mientras aprendían los unos de los otros. Eran maestros auténticos que trabajaban en equipo y se ayudaban entre sí a resolver problemas reales… sin necesidad de volver a la escuela.

Más importante que el dinero es uno de los nuevos libros más populares de padre rico. En él se incluyen capítulos escritos por nuestros distintos asesores: maestros auténticos que viven la experiencia en la vida real. El libro habla de la manera en que todos nos apoyamos para volvernos más inteligentes, ricos y exitosos sin tener que regresar a la escuela, en donde cooperar y ayudar a tus compañeros es considerado trampa.

UNA IMAGEN VALE MÁS QUE MIL PALABRAS

Estas dos fotografías te cuentan la historia de las diferencias entre las escuelas de vuelo civiles y las escuelas militares.

Escuela de
vuelo civil
Objetivo = Volar solo
Potencial bajo

Escuela de
vuelo militar
Objetivo = Volar
en equipo
Potencial alto

A esto le llaman hacer trampa

El intenso trabajo en equipo exige una profunda educación espiritual.

¿Qué se necesita para llegar a ser piloto militar?

La educación espiritual exige consagrarse a una misión, mostrar el más alto grado de respeto por ti mismo y por todos los integrantes de tu equipo; y una aplicación precisa de disciplina mental, emocional, física y espiritual durante todo el tiempo que entrenes para convertirte en uno de los mejores entre los mejores.

A los pilotos se les inculca esta profunda y espiritual noción del trabajo en equipo desde el primer día de clases en la escuela de vuelo. A su vez, este tipo de trabajo se aplica en todas las misiones, y todos los pilotos lo realizan, incluso si no llegan a formar parte de la élite Blue Angels: los mejores entre los mejores pilotos del mundo.

La intensidad y espiritualidad del trabajo en equipo es la razón por la que los empresarios de la educación están marcando la diferencia, mientras que los programas tradicionales como el TAA, además de costar miles de millones, siguen fracasando.

En el siguiente capítulo descubrirás quién puede ser tu mejor maestro.

TUS PREGUNTAS... LAS RESPUESTAS DE ROBERT

P: Los llamas "los miembros de la élite", ¿pero quiénes son específicamente?

Alex P. - Alemania

R: Por lo general son personas con educación universitaria y de posgrado que tienen ingresos elevados. Muchos, sin embargo, no son ricos. Son directores, ejecutivos y profesionales que sólo ganan más que la clase trabajadora. Hay ciertas diferencias entre los *miembros de las élites* y los *esnobs*. En el mundo hay una gran cantidad de esnobs, pero muchos de ellos no son ni ricos ni forman parte de las élites.

P: ¿Dónde se encuentran estos miembros de las élites y cuántos hay?

Pippa M. - Rumania

R: Suelen reunirse en los vecindarios, en organizaciones y en clubes, pero si lo piensas, los ricos, los pobres y la clase trabajadora también lo hacen. La gente se reúne porque comparte ciertos valores e intereses, y porque con frecuencia la une su educación y su estatus económico.

P: ¿Todos los miembros de las "élites" son malos?

Paul G. - Irlanda

R: No, en absoluto. Que sean miembros de las élites no significa que sean personas malas. La mayoría realiza un trabajo increíble y contribuye en gran medida con la sociedad. Es más bien una especie de clasificación que tiene que ver con la educación y el estatus socioeconómico... en oposición a lo que sucede con la clase trabajadora.

Las minorías se unen a las "élites" a través de la educación superior. Muchas familias de minorías, incluyendo la mía, hacen énfasis en la educación superior precisamente por eso. Hace cuatro generaciones mis ancestros vinieron a Hawái a trabajar como peones, y los estudios universitarios fueron la manera en que lograron dejar atrás las plantaciones de caña y a la clase trabajadora para unirse a las filas de la educada élite.

Como ya sabes, yo no quería ser empleado del gobierno ni un miembro de la élite con una sólida preparación académica como mi padre pobre. Yo quería ser rico, por eso me convertí en empresario como mi otro padre.

P: A veces es difícil diferenciar entre lo que es auténtico y lo que no lo es. ¿Cómo podemos saber si *tú* eres auténtico o falso?

James V. - Sudáfrica

R: No puedes saberlo. Sólo mis banqueros y mis contadores lo saben. En el mundo de hoy en que nos inunda la falsedad de las redes sociales, yo podría ser cualquier cosa. En muchas ocasiones me han dicho que soy "falso", pero prefiero dejar que las cifras de mis estados financieros hablen por mí.

P: ¿Qué les dirías a quienes dicen que el oro es obsoleto?

Peter C. - Estados Unidos

R: Les diría: "Volvamos a hacernos esta pregunta en 20 años, y entonces tendrán la respuesta real". Pero hasta entonces, "en el oro confiamos".

P: ¿Crees que la introducción del Internet, del iPhone y de otras tecnologías sirva más adelante para exhibir a los miembros de las élites y lo que nos han hecho a los demás?

Elaine K. - Reino Unido

311

R: De acuerdo con Roger McNamee, autor de *Zucked*, la inteligencia artificial sólo servirá para que las noticias falsas y la desinformación se vuelvan más potentes, reales y destructivas para los ingenuos.

Dicho llanamente, la IA (inteligencia artificial) hará que nuestra vida sea mucho mejor, pero también mucho peor.

La Era de la Información apenas comienza. No hemos visto nada aún.

Capítulo trece

Un estudiante de Dios

Elige bien a tus maestros

"¡Mayday! ¡Mayday! ¡Mayday!"

"¡Yankee Tango 96!"

"¡Falla de motores!"

"¡Vamos a aterrizar!"

Nuestro helicóptero de combate había estado describiendo en el aire la forma de una pista de carreras oval, aproximadamente a 2.5 kilómetros del portaaviones y a 500 metros de altura. De pronto… nuestro motor falló. Estábamos a la espera de que los helicópteros de mayor tamaño para transporte tropas despegaran. Nuestra diminuta nave de un solo motor, era pesada. Era muy, muy pesada porque transportaba una tripulación de cinco elementos, seis ametralladoras, contenedores de municiones y dos cápsulas que contenían 18 cohetes.

Cuando me preguntan, "¿Cómo vuela una aeronave de combate sin un motor?", yo respondo: "Como una roca".

Gracias a que durante muchos años practicamos procedimientos de emergencia cada vez que volamos, y a que eso incluyó colisiones, en cuanto falló el motor, como por instinto dirigí la punta de la nave hacia el mar... a pesar de que todo en mi interior me gritaba: *¡Hacia atrás! ¡Hacia atrás! ¡Hacia atrás! ¡Aumenta la fuerza! ¡Aumenta la fuerza! ¡Aumenta la fuerza!* Sin embargo, si hubiera jalado hacia atrás la palanca del cíclico, y si hubiera aumentado la fuerza del colectivo, o sea, del combustible, habríamos muerto todos.

Los helicópteros no se deslizan como los aeroplanos, por lo que, cuando uno de sus motores deja de funcionar, la nave no permanece en el aire y no hay tiempo para "pensar" qué hacer. No hay paracaídas para la tripulación. Cuando el motor falla, caemos. Por eso en todos los vuelos apagamos el motor para simular una falla. Te puedo asegurar que esta práctica es atemorizante aun cuando sabemos que podemos volver a encender el motor.

En todos los simulacros de falla de motor apagamos la energía, empujamos la punta de la aeronave hacia el frente y miramos a la muerte directo a los ojos.

Los pilotos de helicópteros nos repetimos este mantra:

Los pilotos que jalan hacia atrás (para evitar la muerte)... mueren.
Los pilotos que empujan (para enfrentar a la muerte)... viven.

Como lo explica el diagrama de los niveles superiores del maestro, durante años "simulamos" la falla del motor una y otra vez. Ese día, sin embargo, ya nos habíamos graduado y debíamos "vivir la experiencia real".

En cuanto el motor falló, la tripulación, los dos artilleros y el jefe de tripulación también dieron inicio a su entrenamiento y comenzaron a lanzar por la puerta las ametralladoras, los cohetes y los contenedores de municiones. Habíamos ensayado bien, pero ahora estábamos en la vida real.

No hubo tiempo para entrar en pánico. La caída se convirtió en un silencio en cámara lenta. La calma nos sobrecogió mientras el ruido y el caos afuera de la aeronave empezó a desvanecerse de nuestra conciencia poco a poco.

EXTERIORIZACIÓN

De pronto, estando sentado ahí en una aeronave inerte, entré en otra dimensión de la vida. Tiempo después me enteré de que a esta experiencia le llaman "exteriorización", y que en algunas prácticas espirituales la describen como "convertirse en el observador".

Por un periodo que me pareció una "eternidad", se interrumpió esa realidad a la que llamamos "tiempo". Parecía que no había ni pasado ni futuro, sólo presente, sólo el "ahora". En ese momento me estaba "observando" a mí mismo y a la tripulación desde otra dimensión de la vida. Podía "ver" la parte trasera de mi propio casco y del casco de mi copiloto. También veía a la tripulación detrás de los pilotos corriendo sistemáticamente para realizar el protocolo de emergencia. Vi el portaaviones y los otros buques de la flotilla a lo lejos, sobre el vasto mar debajo de nosotros. Por un periodo que me pareció una "eternidad", estuve en el exterior de ese momento en el tiempo. Estuve fuera del "tiempo" mismo. Pero en lugar de sentir miedo, me embargó una sensación de paz, compasión y amor por mí mismo y por mi tripulación mientras la aeronave rotaba silenciosamente hacia el océano y hacia nuestra posible muerte.

En resumen, fue surrealista… algo fuera de este mundo.

La fase final de la colisión sucedió según las reglas, como dicen por ahí. No hubo ni pánico ni miedo, sólo una tranquila sensación de estar en el presente, fuera del tiempo. Justo antes de que la aeronave hiciera impacto con el agua, por fin jalé hacia atrás y la nave "se deslizó" silenciosamente sobre el agua. Y mientras la velocidad aerodinámica disminuía, la punta del helicóptero dio un jalón y apuntó al cielo. Las aspas alcanzaron el aire. Al silencio sólo lo perturbaba un sonoro plop, plop, plop que se escuchó cuando la nave se detuvo. Luego mecí la punta hacia el frente para balancearla, y justo antes de que la nave golpeara el agua, el colectivo —el control de energía que guía a la nave hacia arriba o hacia abajo— por fin se jaló. Las fuerzas centrífugas almacenadas en las aspas cobraron vida y permitieron que la nave se "cerniera" por última vez y se acomodara suavemente en el mar.

En cuanto tocó el agua, el helicóptero se inclinó a la derecha y el aspa golpeó. Desgarró el motor y la transmisión, y atravesó la cabina de vuelo mientras comenzábamos a hundirnos con casi la misma velocidad con que habíamos caído al mar.

Cuatro horas después, una lancha de motor de la armada nos rescató a los cinco. Después de todo, nadar cuatro horas en aguas infestadas de tiburones fue más aterrador que la caída de dos minutos desde el cielo.

En el reporte y la investigación que se realizó después de la colisión, no les mencioné nada sobre mi experiencia de "exteriorización" ni a los investigadores ni a la tripulación. Era algo que estaba fuera de mi realidad en aquel momento, y no tenía manera de hablar coherentemente de un suceso que nunca antes había vivido. Por eso no dije nada, porque no sabía cómo expresarme al respecto.

Mi búsqueda de maestros

Como mencioné anteriormente, en enero de 1973 regresé de Vietnam para quedarme de fijo en Hawái durante los últimos años de mi contrato militar. Mis días de vuelo se acercaban a su fin, y yo, como los tres sabios reyes de Oriente, fui en busca de mis próximos maestros.

Para mantener feliz a mi padre pobre traté de continuar mi educación tradicional, por lo que me inscribí en un programa de maestría de la Universidad de Hawái. Pero como en realidad no me importaban ni el programa ni los maestros, abandoné esos estudios seis meses después.

Por sugerencia de mi padre rico me inscribí en un seminario de inversión en bienes raíces de tres días. Quería aprender a usar la deuda para hacer dinero y, mejor aún, sin siquiera arriesgar mis dólares. El seminario y el maestro me encantaron.

En los 90 días subsecuentes al curso de tres días analizamos 100 propiedades, compré mi primer inmueble sin pagar enganche, usé 100% de deuda y empecé a llevar a mi bolsillo 25 dólares mensuales libres de impuestos. Así conseguí retornos infinitos y una experiencia que me transformó la vida.

Satori: En el budismo, una experiencia *satori* es un destello de iluminación. Generar 25 dólares de la nada, por poco que fuera, fue mi experiencia *satori* porque esos 25 dólares se convirtieron en un retorno infinito. Tenía dinero a pesar de que no había invertido recursos propios y conseguí 25 dólares mensuales gracias a la educación financiera exclusivamente. En ese momento *satori* comprendí que no tendría que pasar mi vida trabajando por dinero, esperando un cheque de nómina, aferrándome a un empleo aparentemente seguro, viviendo por debajo de mis posibilidades, ahorrando cada moneda ni invirtiendo en la bolsa de valores. No tendría que hacer nada de esto con la esperanza de procurarme un retiro seguro como lo hace la mayoría de la gente.

Le llamé a mi instructor del curso de bienes raíces para agradecerle. Desde entonces, casi cada año asisto a uno o dos de sus seminarios de inversión, pero lo que busco no es un empleo seguro, sino iluminación financiera más profunda.

También por sugerencia de mi padre rico empecé a solicitar empleo en empresas que ofrecieran programas de entrenamiento de ventas. Padre rico me dijo: "La habilidad más importante de un empresario es la de vender". También insistía en que: "Las ventas equivalen a ingreso. La mayoría de la gente tiene dificultades económicas porque no sabe vender".

New York Life era uno de los negocios que anunciaban su programa profesional de entrenamiento de ventas como prestación adicional, así que llamé y solicité una entrevista de trabajo. Me presenté en el centro de Honolulu con mi uniforme del Cuerpo de Infantería de Marina, lo cual fue arriesgado en muchos sentidos.

El ejecutivo a cargo de las contrataciones era un tipo genial. Alabó el programa de entrenamiento de ventas de New York Life y también me dijo cuánto dinero podía llegar a ganar. Durante la entrevista hizo preguntas que nunca me habían hecho antes. Era como si estuviera tratando de averiguar sobre mis aspiraciones espirituales más que sobre mis sueños profesionales y económicos. En cuanto se dio cuenta de que no tenía idea de lo que hablaba, abrió un cajón de su escritorio, sacó un boleto y me lo entregó. Era para asistir como invitado a un seminario "gratuito".

La noche del seminario la tenía libre, así que me dirigí al Salón Coral del Hotel Hilgon en Waikiki. En esta ocasión no fui con mi uniforme, pero se notaba que era militar porque tenía el corte de cabello reglamentario de la Marina. Me sorprendió gratamente ver las filas de gente feliz y sonriente que me saludó camino al salón. Nadie me escupió ni me fulminó con la mirada. Incluso las mujeres fueron amables, y eso me sorprendió mucho porque, en aquel entonces, las damas solían evitar a los hombres en uniforme. De inmediato sospeché que eran o farsantes o miembros de algún extraño culto hippie o religioso.

Había aproximadamente 300 invitados en el seminario. Yo necesitaba un trago, pero no estaban sirviendo bebidas alcohólicas. Me senté lo más alejado que pude del frente, y tan cerca de la puerta como me fue posible. Finalmente, todas aquellas personas sonrientes y felices empezaron a aplaudir mientras una mujer asombrosamente hermosa llamada Marcia Martin subía al escenario vestida de blanco y nos daba la bienvenida. Luego presentó al orador. Werner Erhard era igual de espectacular, atractivo y elegante que ella. También vestía de blanco, pero era aún más elocuente como orador que la chica. No hubo porras ni introducciones motivacionales incómodas. A pesar de lo claros y elocuentes que fueron, yo seguía sin entender de qué estaban hablando.

Poco después ya estaba listo para salir corriendo de ahí porque me di cuenta de que era uno de esos cultos que te hacían beber sus doctrinas como si fueran Kool Aid. Luego decidí quedarme hasta el primer descanso por lo menos. El descanso llegó y yo seguía sin tener idea de qué hablaban. Escuché mucho que "había que entenderlo", pero no sabía a qué se referían.

Después del descanso, la presión continuó a todo galope. Aquellas personas felices y sonrientes empezaron a caminar por el salón y a presionar a los invitados. De pronto vi al ejecutivo de New York Life y lo eludí. En general no se me dificultó hacer lo mismo con todos los otros individuos sonrientes, pero a las hermosas y felices mujeres no pude decirles que no.

Esa noche también me encontré ahí a la novia de un compañero piloto. Se llamaba Linda y era una de las mujeres sonrientes. Como la conocía, me sentí más cómodo con ella y pude hacerle preguntas más directas. "Cuánto te pagan por vender para este individuo Erhard?", fue lo primero que pregunté, y ella me respondió: "Ah, no, esto lo hacemos gratuitamente".

"¿Por qué lo hacen?", fue mi siguiente pregunta. Como no pudo responderla, o al menos no de la manera que habría satisfecho mi razonamiento, decidí irme en ese instante.

Cuando giré para salir del seminario, la novia de mi compañero me alcanzó.

—Entonces, ¿te vas a inscribir al seminario EST? —me preguntó.

—¡Por supuesto que no! Yo no necesito esto, sea lo que sea —contesté, pero ella insistió en preguntar—. No necesito esto —seguí diciéndole.

Linda se hartó de mí y finalmente dijo:

—De toda la gente en este salón, tú eres el que más necesita el entrenamiento. Sabes que amo a Jim y él quiere casarse conmigo, pero yo no puedo hacerlo porque ni siquiera ha estado dispuesto a hacer lo que tú hiciste esta noche: venir y escuchar algo nuevo, recibir un tipo de educación distinta. Jim necesita este programa de dos semanas tanto como tú. Ustedes, los marinos, son de la gente más machista que hay, son totalmente falsos. Son individuos muy agradables, pero totalmente falsos. Son máquinas, robots. Desearía que por lo menos uno de ustedes tuviera el valor de mirar más allá de sus actitudes ultramachistas de marino y averiguar quién es en realidad.

De cierta forma estuvo a punto de sacarme de quicio pero, al mismo tiempo, por fin entendí de qué estaban hablando Linda, Erhard y el tipo de New York Life. Ya lo estaba "entendiendo".

Por fin cedí. Di un depósito de 35 dólares para asistir al próximo Seminario de Entrenamiento Erhard —también conocido como EST— que se impartiría los siguientes dos fines de semana. Después de eso, ya no volví a entrar al salón, sólo salí del hotel.

Casi un mes después entré a otro salón de hotel en Waikiki para asistir al entrenamiento de dos fines de semana EST. En el EST había excelentes maestros. Yo pensaba que los marinos eran rudos, pero estos tipos tal vez lo eran aún más. El instructor Landon Carter, graduado de Harvard, dio inicio al programa con la siguiente afirmación: "Sus vidas no funcionan". Y tuve que estar de acuerdo porque mi vida se veía bien desde afuera, pero en el interior yo sabía que era un desastre. Durante las siguientes 11 horas nadie pudo ir al baño ni tomar un descanso. Los 300 asistentes nos quedamos sentados y atravesamos proceso tras proceso. Examinamos nuestra vida y confirmamos que no funcionaba.

Al final de las dos semanas tuve un gran logro. Entré a una dimensión distinta y comprendí mejor adónde había ido el día de la colisión, el día que me exterioricé y me convertí en el observador. El día en que grité por la radio "¡Mayday! ¡Mayday! ¡Mayday!" El día que pedí ayuda.

El problema es nuestra mente

La culpable de que yo no hubiera comprendido de qué hablaba el reclutador de New York Life había sido mi mente. Mi mente era el problema, se estaba interponiendo entre yo y el mensaje.

No entendía ni a Martin ni a Erhard porque mi mente estaba obstaculizando. La razón por la que ni Jim ni yo comprendíamos a Linda era porque nuestra mente se había interpuesto.

No fue sino hasta que Linda insultó mi ego —hasta que me dijo que Jim y yo éramos unos farsantes supermachos— que se abrió una tenue grieta en la armadura de mi mente y pude escuchar lo que la novia de mi compañero estaba tratando desesperadamente de decirme.

Necesité dos largos y dolorosos fines de semana con los entrenadores EST para que mi mente dejara de ser un obstáculo, y para hacer una grieta en mi teatro de supermacho y permitir que entrara la luz del sol.

El primer lunes después del seminario, cuando regresé a mi escuadrón, mis compañeros pilotos pensaron que me había unido a un culto religioso, que me había bebido algún Kool Aid, que me había convertido en un hippie pacheco o que, tal vez, había salido del clóset. Pero no acertaron en absoluto. Sencillamente, era más feliz y me sentía en paz con quien realmente era detrás de mi teatrito de piloto ultramacho de la Marina. Incluso me sentía más tranquilo con mi teatrito, la diferencia era que ahora sabía que era eso, un teatrito, y que yo no era así en realidad.

Adicto a los seminarios

Después de la experiencia EST me convertí en lo que se conoce como un "adicto a los seminarios". Cada vez que había un nuevo seminario *New Age* en la ciudad, yo estaba en primera fila. Entre más extraño, peculiar y arriesgado, mejor. Sólo quería salir de mi limitada mente y mi ego; poner a prueba mi realidad. Cuando la estrella de cine Shirley MacLaine vino a la ciudad a dar una conferencia sobre las vidas pasadas, yo estaba entre el público con la mente abierta y esforzándome al máximo para expandir la manera en que entendía la existencia.

Mis amigos pilotos de la Marina sabían que mi vida se había convertido en una locura. Dejé el programa de maestría y estaba adquiriendo bienes raíces sin dinero, sólo usando 100% de deuda y obteniendo retornos "infinitos". Era menos macho y, lo más importante, me sentía más feliz conmigo mismo. También salía con mujeres hermosas y felices que conocía en los seminarios. Cada vez que un compañero de la Marina me llamaba "hippie de la nueva era" o usaba otro tipo de insultos, yo sólo sonreía y se lo presentaba a mi hermosa acompañante. Luego le preguntaba qué tal la pasaba cuando iba al Club de Oficiales a tratar de conseguir una cita con las mujeres de ahí.

Nuestra mente es la enemiga

Durante siglos los humanos se han enorgullecido de la educación de la mente humana. De hecho, seguimos haciéndolo, por eso hay tanta gente que adora desde el altar de la educación y tantos padres de familia que les dicen a sus hijos: "Tienes que ir a la escuela". Como adultos, con frecuencia decimos: "Voy a regresar a la escuela a estudiar", con la esperanza de encontrar una solución económica a nuestros desafíos en la vida.

Los seres humanos se dan cuenta de que lo que nos separa de los animales es el desarrollo de nuestra mente, y estoy de acuerdo, la mente humana ha logrado algunas hazañas milagrosas como enviar cohetes a la luna, inventar medicamentos que salvan vidas, crear arte maravilloso y proveerse un estándar de vida extremadamente elevado.

Una mente con pantalla dividida

El problema es que la mente humana es dual y a veces la controla el ego. Nuestra mente es como una pantalla de televisión dividida, ve el mundo a través del prisma de lo correcto y lo incorrecto, lo bueno y lo malo, arriba y abajo, dentro y fuera, hermoso y feo. Por eso los humanos tenemos un lado luminoso y otro oscuro.

De nuestra dividida mente humana se derivan muchas experiencias maravillosas y mágicas, pero también de ahí provienen las guerras, las discusiones, las peleas, los divorcios, los crímenes, la infelicidad, las adicciones, la depresión, los asesinatos y los suicidios. Todo esto sale de la misma mente dual.

Nuestro sistema educativo produce mentes con pantalla dividida. Si no tuviéramos gente inteligente y gente estúpida las escuelas quebrarían.

Las religiones también quebrarían si no hubiera santos y pecadores. ¿Por qué las religiones promueven guerras santas y cruzadas contra otras religiones?

Todos los deportes se juegan para mentes con pantalla dividida, hay equipo ganador y equipo perdedor, y si las cosas no fueran así, la multimillonaria industria de los deportes también quebraría.

Si no existiera un enemigo, real o imaginario, la multimillonaria industria global del complejo militar quebraría.

¿Por qué hay tantos estudiantes que entran al salón de clases a matar a sus compañeros con armas?

¿Por qué la publicidad se enfoca en la posibilidad de hacer que nuestro exterior sea más hermoso mientras la depresión juvenil sigue aumentando?

¿Por qué las redes sociales son tan antisociales?

Si no hubiera republicanos y demócratas, liberales y conservadores, nuestros gobiernos realmente funcionarían.

La pregunta es, ¿cómo podemos apagar nuestra mente de pantalla dividida y alimentada por el ego antes de destruirnos a nosotros mismos?

Evolución o extinción

La tecnología está atravesando una evolución tras otra. Tan sólo mira lo que ha sucedido desde que inició este siglo. Hace apenas unos años el iPhone no existía y ahora está por todos lados.

Nuestras mentes están en el proceso de desarrollar el turismo espacial y los automóviles y autobuses autónomos.

Estados Unidos gasta miles de millones de dólares en armas, pero un pirata cibernético con una laptop puede hacerle más daño a sistemas internos que todo nuestro armamento.

Cuando yo era niño nadie cerraba la puerta con llave. Actualmente, ninguna cerradura pude mantener fuera a los depredadores, los ladrones y los pervertidos de todo el planeta porque entran a nuestra casa protegidos por la invisibilidad del Internet.

Hoy en día hay *millennials* multimillonarios nacidos en los ochenta, y al mismo tiempo, en todo Estados Unidos y el mundo, la pobreza de la juventud va en aumento.

La mente humana es imperfecta.

EVOLUCIÓN

El problema es que la tecnología evoluciona, pero los humanos no. Los seres humanos no han cambiado gran cosa en los últimos 500 a 1 000 años.

A lo largo de la historia los humanos siempre han usado las tecnologías más avanzadas para atacar a otros humanos. Hoy en día buena parte de las redes sociales se basan en acciones de acoso o *bullying*, en actitudes antisociales. Este es el problema de tener una mente con pantalla dividida y alimentada por el ego, una mente en la que sólo hay correcto e incorrecto, arriba y abajo, bueno y malo, una mente que nunca se calla. Todos hemos visto a personas que caminan por ahí hablando consigo mismas, pero en realidad, no somos muy distintos a ellas. Siempre estamos hablando con nosotros, comentando, criticando, catalogando y metiendo las narices en todo lo que no nos incumbe. ¿Cuántas veces has estado hablando con alguien y has sentido que su cuerpo está ahí, pero él o ella no? ¿Que su mente está hablando consigo misma? ¿Cuántas veces has sido tú esa persona?

Para que los humanos evolucionen, el siguiente nivel educativo nos exigirá apagar nuestra mente, callarnos la boca y sintonizarnos con Dios.

Te repito que no hablo del Dios de una religión específica porque yo estoy a favor de la libertad religiosa. Todos sabemos que la religión tiene mucho por qué responder, y que muchos fanáticos religiosos prosperan en el Jardín del Bien y del Mal.

Si los humanos no aprenden a apagar esa mente de pantalla dividida totalmente maniquea, terminaremos usando la tecnología que hemos creado con esa misma mente… para destruirnos a nosotros mismos. Si no aprendemos a apagar nuestra mente, la humanidad llegará a su fin.

Todos somos ángeles

En uno de los seminarios *New Age* a los que asistí el anfitrión nos contó una historia.

Hace no mucho tiempo todos éramos angelitos felices y flotábamos en el cielo.

Un día, Dios (el **DI**rector **O**mnipotente y **S**alvador), hizo un anuncio.

—Necesito algunos voluntarios para que bajen y creen el cielo en la tierra.

De inmediato, todos los angelitos levantaron la mano.

—Yo, yo, yo quiero ir y salvar el mundo —dijeron.

Dios eligió a varios y luego los prepararon para el proceso de nacimiento. Se les asignaron padres y el país donde nacerían, y finalmente les desearon "buena suerte".

Antes de despedirse de Dios y de los otros ángeles, uno de los "nuevos seres humanos" levantó la mano.

—¿Por qué tendría que ser difícil nuestra misión? —preguntó—. ¿Acaso no todos los seres humanos de la tierra desean lo que tenemos? ¿No quieren un cielo en la tierra?

—Sí, sí lo quieren —dijo Dios sonriendo—, pero recuerden que ellos también son ángeles.

—¿Entonces por qué se supone que nuestra misión será tan complicada? ¿Por qué será difícil crear un cielo en la tierra? —insistió el ángel.

—Porque les di una mente a los humanos —dijo Dios.

—¿Y cuál es el problema con que tengan mente? —continuó el ángel.

—Cuando tienes mente, esta se hace cargo y a ti se te olvida que existe el cielo. Lo primero que querrán hacer tus padres será empezar a educar tu mente para que coincida con la forma de pensar de ellos. Te enviarán a la iglesia para que aprendas sobre el Dios correcto y el Dios incorrecto, y luego te enviarán a la escuela para que aprendas que hay gente inteligente y gente estúpida —explicó Dios.

—Entonces cuando lleguemos a la Tierra nuestra tarea será recordar que debemos ir más allá de nuestra mente, recordar que todos somos ángeles y crear el cielo en la tierra? —preguntó el ángel.

—Así es —dijo Dios sonriendo—. La palabra que más usan los humanos es "yo". "Yo" viene del ego y de la mente, "yo" representa una ilusión. "Yo" produce separación, no unidad. En cuanto un niño aprende la palabra "yo", pierde por completo el vínculo que tiene con el Cielo.

Los ángeles escucharon la advertencia de Dios sobre la palabra "yo", y después otro de ellos preguntó:

—¿Y qué pasa si olvidamos que todos somos ángeles? ¿Si fallamos y no podemos construir el cielo en la tierra?

—Seguirán muriendo y naciendo una y otra vez hasta que por fin recuerden que son… angelitos —explicó Dios.

Los angelitos se miraron entre sí y luego miraron a Dios.

—Esta será la última vez que me comunique directamente con ustedes —dijo Dios—. En un momento el cielo será borrado y recibirán su propia mente.

—¿Pero cómo hablaremos contigo? —preguntó otro de los ángeles.

—Cuando lleguen a la Tierra les enseñarán a orar, y cuando oren, estarán hablando ustedes, no yo.

—¿Cómo nos hablarás tú? —preguntó el ángel.

—Nunca volverán a escuchar mi voz —dijo Dios con una sonrisa—. Me comunicaré con ustedes a través de la inmovilidad.

—¿Te refieres al silencio?

—No —dijo Dios—, la inmovilidad es la paz más allá del silencio. Uno percibe la inmovilidad cuando ve un lago temprano por la mañana, antes de que el viento agite la superficie. La inmovilidad es la paz que sienten cuando observan el cielo.

—¿Cómo sabremos que eres tú quien nos habla?

—Cuando su mente esté en silencio y su ser inmóvil, sabrán que estoy con ustedes. Mientras su mente siga hablando, no podrán escucharme. La mente es muy arrogante, les hará creer que puede entenderme y que es más inteligente que yo. Es extremadamente arrogante y no sabe nada —dijo Dios.

—¿Qué sí sabremos? —preguntó otro ángel.

—Sabrán que estoy con ustedes cuando se conviertan en uno solo con un hermoso amanecer, cuando sean uno con las estrellas, con un árbol, con una flor o un riachuelo burbujeante. Cuando sean uno con lo que está fuera de ustedes, sentirán que estoy ahí. Cuando su mente esté en silencio y su ser inmóvil, cuando su alma se conecte como uno con esa flor, ese riachuelo o ese humano que tienen enfrente, estaré con ustedes en el presente, en el ahora.

—Cuando seamos uno, ¿estaremos contigo? —preguntó otro ángel.

—Sí. En cuanto reciban su mente se volverán dos, serán separados de todas mis criaturas y creaciones. Su mente empezará a catalogar, criticar, juzgar y fingir que es Dios.

—¿Cómo podemos conectarnos contigo? —continuó el ángel.

—A través de la inmovilidad que se enlaza con mis otras creaciones. También pueden meditar. Cuando conecten su belleza interior con su belleza exterior en la inmovilidad y la meditación, yo estaré ahí —explicó Dios.

—Cuando oremos estaremos hablando contigo. Pero para que tú hables con nosotros, ¿tenemos que apagar nuestra mente, permanecer inmóviles y meditar? —preguntó el ángel.

—Así es. Sin embargo, no escucharán nada de lo que yo diga —dijo Dios.

—¿Qué sucederá si practicamos la inmovilidad, la meditación y permanecer en el ahora? —pregunto otro de los ángeles.

—Estarán conmigo cada vez más. Un día verán una flor y desde su alma, no desde su mente, exclamarán: "¡Oh, Dios mío!" Ahí estaré yo, hablándoles a través de la flor. Un día sentirán la inocencia de un niño, y entonces su alma se quedará sin aliento y dirá: "¡Oh, Dios mío!" En ese momento: estaré hablándoles a través de ese niño. Cada vez que su alma diga: "¡Oh, Dios mío!", estaré con ustedes —explicó Dios.

—¿Y serás tú quien nos hable? —continuó el ángel. Dios asintió.

—Ahora váyanse. No recordarán nada de esto, pero cuando sientan la paz y el asombro del "¡oh, Dios mío!" en su alma cada día más, estaremos juntos porque recordarán que son angelitos y que trabajan conmigo para construir el cielo en la tierra.

—¿Y llegará un día en que viviremos eternamente en ese glorioso momento en que digamos "¡oh, Dios mío!"?

Dios asintió de nuevo.

—Pero en la tierra no tenemos que ser angelitos, ¿verdad? —preguntó otro ángel.

—No —dijo Dios—. Por eso les daremos una mente dividida en dos y alimentada por el ego. Ahora que serán seres humanos, siempre tendrán la libertad de elegir de qué lado de su mente quieren estar. No olviden que todo en la tierra es una dualidad, que tendrán dos ojos y dos manos, que pensarán en lo correcto y lo incorrecto, en arriba y abajo. Su desafío como humanos será volver a ser "uno con la vida" y conectarse con todo, volver a unirse.

El momento de partir llegó y Dios le entregó a cada angelito un regalo en una hermosa envoltura.

—Aquí tienen su mente, cada una es distinta, lo que significa que todos serán humanos, pero no iguales. Su desafío consistirá en aprender a estar con los otros, vincularse en espíritu y amarse a pesar de sus diferencias.

Los ángeles aceptaron sus hermosos regalos y Dios les dijo:

—Vayan ahora.

En cuanto tomaron los regalos, sus recuerdos del cielo se borraron.

Ese día de 1972 que grité "¡Mayday! ¡Mayday! ¡Mayday!", no fue sólo por mí sino por todos mis hermanos, por mi tripulación de cinco. Incluso en medio de la guerra todos nos esforzamos por construir el cielo en la tierra. La guerra y la paz son caras opuestas de la misma moneda.

La señora de la iglesia

Mi mamá era la señora de la iglesia. Cada vez que veía a Dana Carvey interpretar su personaje de la Señora de la Iglesia en *Saturday Night Live* me moría de risa. Mamá no era tan irritante como el personaje de Carvey, pero tenía amigas que eran igual de "mochas".

Papá, en cambio, no era un señor de la iglesia. Su experiencia religiosa consistía en beber café en casa mientras leía el periódico los domingos.

Mamá insistía en que yo y mis tres hermanos asistiéramos a la escuela dominical y a la iglesia. Mi hermano terminó rebelándose y se negó a ir. Luego fue mi turno. A mis dos hermanas les gustaba la iglesia y, de hecho, una de ellas llegó a ser monja budista. Es una de las pocas mujeres occidentales a quien Su Santidad, el dalái lama, ordenó.

Yo llegué a un acuerdo de paz con mi mamá y decidimos que continuaría yendo a la iglesia hasta los 12 años, pero que podía elegir a cuál. Afortunadamente no tenía que ir a la iglesia de mamá porque no me agradaba el pastor. No era un hombre de amor y paz, más bien vivía en el infierno, en el pecado y en la perdición.

Durante dos años fui con mis compañeros de clase a sus respectivas iglesias por toda la ciudad. Ir a distintos servicios me permitió aprender muchísimo sobre las religiones. La iglesia que más me gustaba era la Pentecostal o iglesia de los "Santos Bailadores", como mi mamá y sus amigas de la iglesia llamaban a los feligreses de esta denominación. A mamá le avergonzaba un poco que su hijo fuera un Santo Bailador, pero al igual que los otros miembros de la iglesia Pentecostal, cada vez que cantaba aplaudía y sacudía mi pandereta, sentía la presencia de Dios.

Cuando cumplí 12 años dejé de ir a la escuela y empecé a surfear.

EN LAS TRINCHERAS NO HAY ATEOS

En Vietnam, la noche previa a cada misión iba solo a la proa del portaaviones y me sentaba ahí en silencio. Me quedaba una hora en paz y escuchaba la colosal proa cortando las olas. Era muy tranquilizante permanecer callado mientras el buque ascendía y descendía en armonía con el oleaje del mar. Ahí meditaba, me convertía en el espíritu de Dios, y oraba unos minutos antes de irme. No pedía vivir ni matar, sólo oraba para volar con valor. No por mí sino por mi tripulación. Si teníamos que morir, bien, pero al menos volaríamos con valor. La palabra *coraje* proviene de *corage*, que quiere decir "corazón" en francés antiguo. Cuando volábamos también lo hacíamos con coraje y amor, y nos convertíamos en uno solo.

Hay un viejo dicho que reza: "En las trincheras no hay ateos". Cuando estaba sentado solo en la proa, antes de cada misión, recordaba lo mucho que mi mamá siempre deseó que fuera a la iglesia, y así comprendí por qué era tan importante para ella.

Un día hicimos una evacuación médica de emergencia. Un joven marino pisó una mina personal y nosotros lo llevamos en helicóptero al hospital. Había perdido la pierna, tenía una fuerte hemorragia y no dejaba de llamar a su madre a gritos mientras la vida lo abandonaba. Poco antes de llegar al hospital dejó de llamarla, y todos lloramos cuando los médicos sacaron su cuerpo sin vida del helicóptero.

Salí a dar un paseo y encontré un lugar privado donde pude agradecerle a mi mamá, quien había fallecido dos años antes, a los 48, cuando yo todavía estudiaba en la escuela de vuelo en Florida. Todas las noches previas a una misión, me sentaba en la proa del portaaviones y la incluía en mis pensamientos y mis oraciones. A la mañana siguiente volaba con ella en mi corazón.

Un mes después, estando de base en un campo remoto, descubrí a varios chicos plantando sacos con cargas explosivas en nuestra nave. Inmediatamente los relacioné con el Viet Cong porque ya no eran niños, ahora eran el enemigo. De inmediato tomé a uno de ellos, le apunté a la cabeza y les dije a los otros que se alejaran del helicóptero. El chico me pateó y me mordió para tratar de escapar, pero yo bajé el martillo de mi arma. Estaba preparado para matarlo.

De repente escuché a mi madre suplicarme: "Por favor, por favor, no lo mates. Yo no te di la vida para que tú tomes la del hijo de otra madre".

Hice una pausa y me di cuenta de que más me valía escuchar a mi mamá antes de hacer algo que pudiera dejar una cicatriz en mi alma. Entonces descansé el martillo de la pistola. Continué sujetando al chico con una mano, pero con la otra recogí el balón de futbol y les hice una seña a los otros para invitarlos a jugar conmigo. Nos tomó un rato, pero después volvimos a ser uno solo y pude jugar con ellos en lugar de que nos matáramos entre todos.

Esa noche, mientras volaba de regreso al portaaviones, me di cuenta de que mi carrera como marino había llegado a su fin.

El secreto de mi éxito

A menudo me preguntan: "¿Cuál es el secreto de tu éxito?", "¿cómo lograste escribir el libro de finanzas personales más importante de la historia?", "¿cómo llegaste al programa de Oprah Winfrey?", "¿cómo lograste escribir dos libros con Donald Trump, actual presidente de Estados Unidos?", "¿cómo sobreviviste a los altibajos de tu vida, a los errores colosales, los fracasos, la traición de amigos y socios, y a los millones de dólares en pérdidas y ganancias?"

En realidad no tengo una respuesta lógica, lo único que te puedo decir a ti, lector de este libro, es que el secreto de mi éxito no tuvo nada que ver con mi educación formal ni con lo que aprendí en la escuela. Mi éxito es producto de mi búsqueda de maestros espirituales, maestros como mi mamá, como Linda —la novia de mi compañero, quien logró que me deshiciera de mi ego—, como los que encontré en los seminarios *New Age*, los que escriben libros espirituales, los maestros vivos y muertos que me han enseñado a permanecer en silencio y en la inmovilidad para llegar a ser un estudiante de *Dios*, nuestro **D**irector **O**mnipresente y **S**alvador.

La nueva era antigua

En las décadas de los cincuenta y los sesenta el oleaje de las sabidurías asiática y de Oriente bañó las costas de América. Los hippies empezaron a viajar por todo el mundo, a veces en busca de drogas, y regresaron a casa con enseñanzas antiguas como la Meditación Trascendental (MT) y el Análisis Transaccional (AT). Los Beatles fueron a la India a estudiar con su gurú, y poco después esta influencia oriental se escuchó en su música.

Como es típico en nuestra cultura, nos encargamos de modernizar las antiguas prácticas orientales como la meditación. Las hicimos más ágiles y eficaces, las empacamos y las volvimos más aceptables para la mente occidental porque los occidentales no tienen tiempo ni paciencia suficientes para meditar 16 horas diarias durante 20 años para alcanzar la iluminación. Los occidentales quieren que todo sea mejor y más rápido. Por eso existen los seminarios EST, las conferencias de Shirley MacLaine, Timothy Leary y el LSD, así como todos los cursos *New Age*, entre los que también se encuentra el de Tony Robbins, quien les enseña a millones de personas a caminar sobre fuego.

Ahora existe la atención consciente o *mindfulness*, y la filosofía EST se convirtió en Landmark.

La buena noticia es que más y más gente está pidiendo ayuda. Michael Phelps, el más premiado atleta olímpico de la historia, es un fuerte promotor de la terapia psicológica en línea, y el príncipe Harry reconoció que necesitaba ayuda porque seguía lidiando con la muerte de su madre, la princesa Diana.

Pedir ayuda es el primer paso para sanar el dolor que todos los seres humanos sentimos.

DIVIDIR ES SENCILLO, UNIR ES LO COMPLICADO

Como unir es difícil y dividir es sencillo, los miembros clave de mi equipo observan las mismas prácticas espirituales que yo. El propósito es llegar a ser un equipo más unido, fuerte y productivo.

Todos seguimos el proceso que se describe en el libro *Mañanas milagrosas* de Hal Elrod:

1. Meditamos con Holosync, una combinación de la antigua meditación oriental y los procesos occidentales desarrollados por Ilya Prigogine, ganador del Premio Nobel de química en 1977, y por Georgi Lazanov, investigador y desarrollador del "superaprendizaje", un sistema que incluye la meditación para que los humanos aprendan de forma más rápida.

2. Dos veces al año nos reunimos para hacer una sesión de estudio de libros de tres días. En esta sesión estudiamos un libro de negocios primero, y luego un libro sobre un tema espiritual. Estos son algunos de los libros espirituales que hemos analizado:

Reglas para un caballero, de Ethan Hawke
Despierta, del padre Anthony de Mello
Alma en libertad, de Michael Singer
El poder del ahora, de Eckhart Tolle

Les agradezco profundamente a estos autores por contribuir con sus reflexiones a la parábola de los angelitos.

El hecho de que mi equipo y yo estudiemos juntos dos veces al año y observemos la misma rutina diaria de prácticas espirituales nos permite mantenernos unidos en un mundo que siempre se está dividiendo, y con esto también me refiero a nuestro sistema escolar.

LA HISTORIA DE JUDAS

Cuando estaba en la preparatoria, el padre de un amigo vino a la clase para enseñarnos una moneda que, según él, era una de las 30 monedas de plata que se le pagaron a Judas para que traicionara a Jesús. La moneda y la historia de la traición de Judas me fascinó.

En 1972 me enviaron a la isla de Okinawa a hacer una "pasantía" antes de ir a Vietnam y unirme a un escuadrón de combate en operación.

Nuestro comandante en la isla de Okinawa fue mi oficial favorito de todos los tiempos. Era un *mustang*, es decir, comenzó como marino enlistado y fusilero durante la Segunda Guerra Mundial.

En la Guerra de Corea lo nombraron oficial y voló un bombardero de hélices llamado A-1 Skyraider. Al A1 le decían de cariño el "Volcador volador" porque, al igual que los camiones de volcado, podía cargar grandes cantidades y permanecer de base en algún lugar durante mucho tiempo.

En la Guerra de Vietnam nuestro comandante fue ascendido a mayor, y así recayó en él la responsabilidad de entrenar a pilotos nuevos como yo, y de enseñarnos hasta el más mínimo detalle necesario para ir a una guerra de verdad.

Un día, en nuestra junta matutina de pilotos, el comandante dijo: "Uno de ustedes es un Judas".

Y de la misma manera en que los discípulos lo hicieron en la Ultima Cena en el relato bíblico, los ocho pilotos empezamos a preguntarnos: "¿Seré yo?", "¿yo seré ese Judas?".

El comandante se quedó en silencio unos cinco minutos mientras nos veía retorcernos de vergüenza y preguntarnos si seríamos el Judas del que hablaba.

Finalmente, uno de los tenientes levantó la mano y le preguntó, "¿Por qué está tan seguro de que uno de nosotros es un Judas?".

El comandante sonrió, complacido de que finalmente alguien se hubiera atrevido a cuestionarlo. Continuó sonriendo un minuto más, y luego dijo: "Porque en todos los seres humanos vive un Judas"

Los ocho pilotos nuevos nos quedamos sentados un momento, tratando de comprender su respuesta.

Nuestro comandante añadió: "Cuando lleguen a su escuadrón operativo no esperen que alguien sea amable o que les dé la bienvenida. Nadie allá confiará en ustedes porque no los conocen y porque no quieren entablar amistades. Lo más común es que los nuevos pilotos mueran en menos de 30 días. Además, nadie del escuadrón sabe quién estará piloteando, si un piloto de la Marina o un Judas. No sabrán si pueden confiar en ustedes sino hasta que hayan pasado las pruebas de fuego; antes de eso, seguirán siendo un EMN, o sea, "ese maldito novato" que puede ser un Judas capaz de traicionarse a sí mismo y a sus compañeros marinos.

Después de que mi tripulación y yo fuimos rescatados del océano me ascendieron de EMN a piloto.

EL PODER DE LA ESPIRITUALIDAD

Actualmente, lo más importante que hago es seguir el proceso de *Miracle Morning.* Meditar y estudiar a los maestros espirituales es como la magia de mi vida porque me permite controlar mejor al Judas en mí.

Ray Dalio es fundador de Bridgewater Associates, uno de los fondos de cobertura más sólidos y exitosos del mundo hoy en día. Después de hablar con Ray respecto a la meditación, Justin Rohrlich de *Maxim's* dijo lo siguiente:

> Dalio, como cualquier otro administrador competente de un fondo de cobertura, no divulga los secretos de su estrategia de inversión. Sin embargo, declaró que todos los éxitos que había tenido hasta ese momento, eran producto de la meditación trascendental que empezó a explorar en la universidad cuando se enteró de que los Beatles se habían convertido en practicantes.
>
> Dalio ha donado millones de dólares a la Fundación David Lynch, líder de esta técnica de meditación (Martin Scorsese y Jerry Seinfeld también son devotos practicantes), y está dispuesto a pagar la inscripción de cualquier miembro del personal de Bridgewater que desee practicarla.

Antes de terminar esta sección te hablaré de mis opiniones sobre la meditación, la educación espiritual y Judas.

Judas es un maestro falso. La gente que permite que el Judas que vive en ella apuñale a otros por la espalda —o que se apuñale a sí mismo—, está jugando a ser Dios y, por lo tanto, no puede seguir siendo su estudiante.

El verdadero propósito de la meditación y de la educación espiritual es recordarle al Judas en nosotros que... "todos somos angelitos".

CONTINUAMOS EN BUSCA DE HOMBRES Y MUJERES SABIOS
Radio Show Rich Dad

En la escuela dominical aprendí uno de los grandes secretos de la vida: que los Tres Reyes Magos de Oriente eran sabios porque fueron en busca de un gran maestro. Cuando tenía nueve años salí a buscar un maestro y así encontré a mi padre rico, pero la búsqueda de maestros increíbles continúa hasta la fecha.

Hoy en día la mayoría de la gente es más cuidadosa con la comida que consume, pero ¿cuántas personas tienen cuidado con la *información* que permiten que entre a su cerebro? Así como hay gente y negocios que venden comida chatarra, también hay gente y negocios que venden información chatarra.

Y en lo referente al dinero, ¿cuánta gente elige a sus maestros con sabiduría? En los asuntos económicos, ¿cuánta gente lee libros o asiste a seminarios para conocer a hombres y mujeres sabios? Muchas personas dicen que les gustaría hacerlo, pero que "simplemente no tienen tiempo". Bien, pues Rich Dad Radio fue creado para ellas.

Hay tres cosas que me encantan de mi trabajo:

1. En mis negocios puedo trabajar con mis socios y asesores y aprender de ellos. Todos los días recibo educación de la vida real... no enseñanzas teóricas o sacadas de un libro de texto.
2. Con frecuencia me invitan como orador para presentarme en seminarios y conferencias en todo el mundo, pero sólo asisto a aquellos en los que habrá otros oradores interesantes, es decir, gente de la que puedo aprender.
3. En Rich Dad Radio puedo entrevistar a maestros auténticos, hombres y mujeres verdaderamente sabios. Invito a grandes maestros que llego a conocer en otros seminarios para que platiquen conmigo en los programas de Rich Dad Radio.

Dicho de otra forma, paso la mayor parte del tiempo trabajando y aprendiendo de hombres y mujeres sabios.

Te invito a que te unas a Kim y a mí, y que escuches nuestro programa de radio Rich Dad. Cada semana, durante una hora, hablamos de varios temas y problemas con algunos de los líderes de opinión del mundo en la actualidad. En solamente 60 minutos aprenderás más que en una semana de trabajo. Rich Dad Radio es un *podcast* global que te ofrece la oportunidad de escuchar y aprender de maestros auténticos.

Todos los programas los archivamos, lo que significa que los puedes escuchar en el momento que más te convenga. Si alguno de ellos es importante para tus amigos, familia o compañeros de trabajo, pueden escuchar el programa juntos y discutir sobre lo que aprendieron. Llegará un momento en que notarás que tu aprendizaje y tu comprensión se disparan hasta el cielo. Tu genio financiero cobrará vida en una hora.

Cómo seguir el vertiginoso paso de este mundo

Como ya sabes, el mundo del dinero siempre está cambiando y lo hace con mucha velocidad. A pesar de que la economía mundial se está desacelerando, el ámbito financiero cada vez se mueve más rápido. Bucky Fuller predijo que la humanidad entraría a una era de "aceleración acelerada". Por desgracia, millones de personas están teniendo problemas financieros y quedándose cada vez más rezagadas debido a nuestro obsoleto sistema educativo.

Estas son algunas de las entrevistas que encontrarás en Rich Dad Radio, entrevistas con gente muy sabia del mundo real de las finanzas. A quienes quieran ponerse al día, ganar ventaja y permanecer a la cabeza a pesar del vertiginoso paso del ámbito del dinero, les recomiendo escucharlas.

G. Edward Griffin

G. Edward Griffin le abrió los ojos a la gente y le dio a conocer los mecanismos internos del banco más misterioso y poderoso del mundo: la Reserva Federal. Ed es investigador y está en busca de la verdad. Yo aprovecho cada oportunidad que surge para hablar con Ed Griffin.

Richard Duncan

Richard Duncan era economista del Fondo
Monetario Internacional (FMI). Es un infiltrado
con conocimiento profundo de los bancos más
grandes del planeta. Ahora Richard vive en
Tailandia y es asesor de fondos de inversión y
de gente sumamente rica.

Cada vez que quiero saber qué está sucediendo en el macromundo del dinero, le llamo
a Richard, quien también ofrece una suscripción al servicio Macro-Watch. Lo mejor de Macro-Watch son las gráficas que genera
Richard. En ellas transforma las cifras en imágenes fáciles de entender para que puedas "ver el panorama general" de lo que está
sucediendo en el mundo.

Nomi Prins

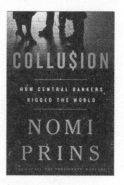

Nomi Prins es infiltrada en Wall Street y ha
llegado... hasta lo más profundo. Ha sido directora administrativa de Goldman Sachs y de
Bear Stearns. Después del gran colapso financiero de 2008 Nomi viajó por el mundo e
investigó personalmente cuáles serían *las verda-
deras* secuelas. Todo lo que averiguó lo incluyó
en su libro *Collusion: How Central Bankers Rigged the World*.

Bert Dohmen

Si tienes tu riqueza en la bolsa de valores, considera suscribirte a *The Wellingon Letter*. La capacidad de Bert de predecir y explicar los
altibajos y los meandros de la bolsa de valores raya en la genialidad.
Bert ha metido y sacado a gente de los mercados en una etapa temprana, y aquí explica por qué. Tiene la increíble habilidad de ver lo
que en verdad sucede en ellos.

A pesar de que la bolsa de valores no me interesa, siempre recibo con ansias *The Wellington Letter* porque Bert se toma el tiempo necesario para educar e informar. Hace uso de sus más de 40 años de experiencia para explicar por qué están sucediendo ciertas cosas en los mercados mundiales. Es un maestro auténtico, un amigo y un invitado frecuente de Rich Dad Radio.

James Rickards

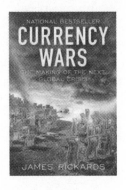

Jim es abogado y banquero de inversiones. Es infiltrado de la industria de los fondos de cobertura y trabajó en LTCM, Long Term Capital Management, un fondo colosal fundado por economistas ganadores del Premio Nobel. LTCM estuvo a punto de provocar que la economía mundial colapsara cuando el rublo ruso se desplomó en 1998.

La caída de LTCM le permitió a Jim comprender la fragilidad de la economía mundial, experiencia que aprovechó cuando fue nombrado asesor del Departamento de la Defensa de Estados Unidos y de la Agencia Central de Inteligencia (CIA). Los libros de Jim, sus presentaciones y sus entrevistas en Rich Dad Radio ¡son electrizantes!

Ahora te daré algunos ejemplos más de personalidades que puedes encontrar en los programas archivados de Rich Dad Radio:

- Donald Trump: "El Donald" anunció en un programa de Rich Dad Radio que estaba pensando postularse para la presidencia.
- David Stockman: David fue director del Departamento de Administración y Presupuesto de Ronald Reagan.
- Ken Langone: Fundador de Home Depot.
- Mohamed El-Erian: Antiguo director ejecutivo de PIMCO, la reconocidísima firma de inversión.

The Rich Dad Company ofrece Rich Dad Radio de forma gratuita. No somos asesores ni vendemos nada, sólo educamos… a través de maestros auténticos. En RichDad.com puedes conocer más sobre este programa de radio.

TUS PREGUNTAS... LAS RESPUESTAS DE ROBERT

P: ¿Los miembros de tu equipo actual tienen personalidades similares a los miembros de tu equipo en Vietnam?

Alejandro B. – Colombia

R: Sí y no. La mayor diferencia entre los marinos y los civiles que hacen negocios es que los marinos atraviesan una experiencia unificadora extrema. La mayoría de los civiles identifica estas experiencias como entrenamiento militar; entrenamiento de las Fuerzas de Operaciones Especiales de la Marina, mejor conocidas como Navy Seals; o como entrenamiento de paracaidismo. Antes de llegar a ser una tripulación y volar juntos todos fuimos marinos.

El hecho de compartir esta experiencia unificadora extrema nos fortaleció como equipo. Podría decirse que venimos de la misma "cultura", "familia" o "tribu".

Cuando nos subíamos al helicóptero todos teníamos distintas tareas y contábamos con entrenamientos diferentes. Dos de nosotros, por ejemplo, recibimos entrenamiento para ser pilotos, dos más fueron entrenados como especialistas en armamento, y uno era mecánico aeronáutico. Aunque nuestras tareas eran diversas, todos fuimos, en primer lugar y antes que nada, entrenados para ser marinos.

En el mundo civil la gente tiene distintas experiencias, culturas y tribus, y por lo mismo no comparte una experiencia unificadora extrema.

Cuando empecé a trabajar en Xerox, a mi salida del Cuerpo de Infantería de Marina, noté que la empresa invertía mucho dinero y tiempo para tratar de que los empleados se "llevaran bien" y desarrollaran un "espíritu de equipo" y una "cultura corporativa". Xerox patrocinaba ejercicios para el fortalecimiento de sus equipos, retiros corporativos y cenas de premiación con la esperanza de desarrollar esa cultura de "hermandad" que se da en los grupos militares.

Aunque me parecía que los ejercicios para fortalecer a los equipos corporativos eran interesantes y útiles, también noté que no se acercaban ni por error al tipo de cultura extrema que se genera en los cuerpos militares. En una escala del 1 al 10, el vínculo afectivo en Xerox era de 1 y en el Cuerpo de Infantería de Marina era de 100.

Además, hay algo que nunca se podrá desarrollar en los equipos corporativos. Cuando mi tripulación y yo abordábamos nuestra aeronave teníamos un código silencioso que no operaba en función de Dios, ni del país ni de los marinos. Era un código que teníamos y que nos permitía saber que todos estábamos dispuestos a dar la vida por los otros, por nuestros "hermanos". Naturalmente, debo aclarar que en ese tiempo las mujeres no participaban en ciertas actividades y no volaban aeronaves de combate, por eso en general digo "hermanos".

En una ocasión el jefe de tripulación recibió desde casa la noticia de que acababa de tener un bebé, un varoncito. Ese mismo día íbamos a participar en un combate, y como yo era el piloto, tenía la obligación de asegurarme de que mi tripulación estuviera preparada para luchar y para morir de ser necesario.

Recuerdo con mucha claridad que le pregunté al jefe de tripulación: "¿Estarías de acuerdo en que tu hijo creciera sin padre?" Asintió sin dudarlo, sonrió y me dijo: "Sí, señor". La buena noticia es que el marino regreso a casa seis meses después para conocer a su primer hijo.

Los lemas de los marinos son:

"*Semper fidelis*", que significa "siempre fieles".

"*Muerte antes que deshonor*", que no necesita explicación alguna.

Dicho llanamente, los marinos estamos dispuestos a ceder nuestra vida para que nuestros compañeros puedan vivir. En el mundo civil nunca he visto ese "grado de espíritu".

P: En relación con la experiencia de "exteriorización", ¿dirías que se parece a la teoría de la relatividad de Einstein en la que el tiempo puede ser distinto para el observador dependiendo de la situación?

Brian R. - Estados Unidos

R: No lo sé, tendrías que hacerle esa pregunta a Einstein. En lo personal creo que exteriorizarte no es tan difícil. Sólo necesitas estar consciente de los pensamientos de tu mente. Anteayer, por ejemplo, estaba en una tienda de ropa y podía escuchar cómo mi mente parloteaba y decía: "Realmente te verías bien con esa chamarra. La gente creerá que eres súper *cool* cuando te la pongas para ir al club".

¿Me compré una chamarra que no necesitaba? Sí. Este es un excelente ejemplo de cómo mi ego puede dirigir mi vida y hacer que me olvide del espíritu.

Mi verdadero objetivo al mencionar el fenómeno de la "exteriorización" es destacar que el propósito de nuestras escuelas no es desarrollar nuestro espíritu sino nuestra mente. La Academia y el Cuerpo de Infantería de Marina me ayudaron a hacer lo contrario, por eso las palabras *misión, honor, código, disciplina* y *respeto* forman parte de la esencia de las fuerzas armadas.

A mucha gente, sin embargo, lo único que le escucho decir es: "¿Y qué hay para mí?", pero esas palabras son la esencia de una persona codiciosa.

La clave para la salud, la riqueza y la felicidad auténticas es encontrar la manera de impedir que la mente y el ego dirijan nuestra vida.

La mente quiere saber: "¿Cuánto dinero puedo hacer con esto?", y el espíritu se pregunta: "¿A cuánta gente le puedo servir?". Cuando te hagas esta última pregunta, tal vez tengas que "exteriorizarte".

P: ¿Cómo diferencias un seminario "bueno" de uno dirigido por estafadores que sólo tratan de desplumarte?

Mark K. - Estados Unidos

R: Siempre trato de evitar las palabras *bueno* y *malo*.

Entre más salgo de mi mente y vivo con mi corazón, más se me facilita ver "la bondad en lo malo" y la "la maldad en lo bueno".

En diciembre de 2018 mucha gente se puso en mi contra porque dije: "Espero que la bolsa de valores se desplome".

Un verdadero inversionista puede ver lo negativo y lo positivo en una caída.

Un inversionista falso vive en un mundo de fantasía y en verdad cree (o le parece creer) que el hecho de que la bolsa de valores se desplome es algo malo.

En el mundo real el mejor momento para hacer una inversión es justo después de un colapso. En el mundo falso de la inversión los mercados sólo suben, nunca se derrumban, pero eso es ilusorio.

Padre rico nos enseñó a su hijo y a mí esta frase:

"El bien y el mal sólo son dos caras de la misma moneda".

F. Scott Fitzgerald dijo:

"La prueba de una inteligencia de primera clase es la habilidad de tener dos ideas opuestas en la mente al mismo tiempo, y seguir funcionando".

En mis clases suelo decir:

"Si queremos más paz y prosperidad para nuestra vida, necesitamos entrenar nuestro cerebro para que vea ambas caras de la moneda".

P: ¿Crees que la introducción del Internet, del iPhone y de otras tecnologías sirva más adelante para exhibir a los miembros de las élites y lo que nos han hecho a los demás?

Joao B. - Brasil

R: Es una pregunta muy interesante. Mi respuesta es sí y no. Fuller dijo que la humanidad estaba entrando a la Era de la Integridad. Como las nuevas tecnologías exhibirán las fallas del *Grunch*, los humanos podrán "ver" lo que ahora sigue siendo invisible.

El problema es que la Era de la Integridad nos conducirá a más caos y disrupción porque las tecnologías continúan eliminando a los ignorantes, los corruptos, los flojos y los ineficientes, y la gente y las organizaciones siempre tratan de sobrevivir cuando se sienten expuestas o a punto de ser destruidas.

Cada vez que me sorprendo sintiéndome cómodo o siendo complaciente me acuerdo de Kodak porque hubo un tiempo en que esta colosal empresa dominaba el mundo, pero en un abrir y cerrar de ojos la fotografía digital la sacó del mercado.

Esto significa que nadie está a salvo ni seguro en este mundo en que la tecnología también está viviendo la aceleración acelerada.

Andy Grove, de Intel, escribió: "Sólo los paranoicos sobreviven".

Por todo esto yo recomiendo la educación espiritual. Tu mente está paranoica, pero tu espíritu es mucho más poderoso que ella.

Tercera parte

Activos falsos

Mi banquero siempre decía:

"Tu casa es un activo".

Pero en realidad, ¿de quién es ese activo?

—RTK

Introducción

Tercera parte

¿Por qué las clases media y pobre
son cada vez más pobres?

Porque invierten en activos falsos
y creen que son activos auténticos.

—RTK

Introducción a la tercera parte

Activos falsos

"Los ricos no trabajan para conseguir dinero."
   "Los ahorradores son perdedores."
   "Tu casa no es un activo."

Estas declaraciones aparecieron en *Padre Rico, Padre Pobre*, un libro publicado en 1997. En ese tiempo eran tan controversiales, que todos los editores a quienes nos acercamos se negaron a publicarnos. Algunos de ellos me dijeron: "Usted no sabe de lo que está hablando".

Eso fue hace más de dos décadas.

Ahora es 2018 y muchos miembros de las élites académicas continúan diciendo que no sé de lo que hablo porque afirmaciones como "tu casa no es un activo" y "los ahorradores son perdedores" destruyen las células de sus increíblemente educados cerebros. Estos individuos quieren creer que su casa es un activo y que ahorrar dinero es una estrategia muy inteligente.

El problema es que una casa es un activo falso, y también nuestros ahorros lo son, tanto el dinero que tenemos a mano como los ahorros para el retiro.

En la tercera parte de este libro descubrirás que la mayoría de la gente está invirtiendo en activos falsos y considera que estos le proveerán un cheque de por vida cuando sus años laborales lleguen a su fin.

En la tercera parte: "Activos falsos", descubrirás que casi todos están invirtiendo en pasivos falsos en lugar de en activos auténticos.

La buena noticia es que también entenderás *por qué* la mayoría invierte de esa manera y qué puedes hacer tú para invertir en activos auténticos.

Capítulo catorce

¿Por qué retirarse joven?
La siguiente gran crisis

En junio de 1974 firmé mis papeles de licencia y salí manejando de la Estación Aérea de la Marina en Hawái. Después de hacer mi último saludo desde la Guardia Marina me dirigí a mi nueva casa en Waikiki convertido en un hombre libre. Había formado parte de las fuerzas armadas desde agosto de 1965, fecha en que ingresé a la Academia de la Marina Mercante de Estados Unidos en Kings Point, Nueva York.

Mi nueva casa era un departamento de una recámara y un baño en el Hotel Ilikai, un centro vacacional de lujo en Waikiki Beach. Elegí el Ilikai porque tenía departamentos en la zona de renta, lo que significaba que podía convertir el pasivo que era mi casa, en un activo que produjera ingresos. La principal razón para adquirirlo fue que yo tenía acceso a todos los servicios del hotel como la piscina, el gimnasio, los restaurantes, los clubes nocturnos y, por supuesto, al servicio a la habitación. Además, el precio era adecuado, sólo pagué 32 000 dólares por un diminuto departamento de hotel de 56 metros cuadrados. Como era un soltero de 27 años, 56 metros cuadrados en el corazón de la vida nocturna de Waikiki era todo lo que necesitaba.

El lunes siguiente empecé a trabajar en Xerox Corporation, en el centro de Honolulu. No me tomé un descanso porque ahora tenía que pagar una hipoteca.

Retírate en 20 años

Mi padre pobre no quería que yo abandonara el Cuerpo de Infantería de Marina, quería que me quedara ahí 20 años y que luego me retirara.

Tanto por el lado de la familia de mi madre como por el de mi padre las prestaciones del retiro parecían importar más que el empleo en sí. Por el lado de mi madre tenía dos tíos que hicieron carrera en el Departamento de Bomberos del Estado del Condado de Hawái. Tras 20 años de servicio, ambos se jubilaron con pensiones del gobierno y prestaciones. Gracias a esa pensión ninguno de ellos tuvo que trabajar después de los 40 años. Pescaron y jugaron golf por el resto de su vida, y anualmente viajaban a Las Vegas como parte de un peregrinaje que hacían al continente. En verdad disfrutaron de un excelente retiro.

Por el lado de la familia de mi papá sucedió algo similar. Algunos parientes llegaron a tener dos pensiones por retiro del gobierno, más las prestaciones de Seguridad Social y de Medicare. Uno de ellos consiguió *tres* pensiones. Este tío con tres pensiones primero se retiró del Ejército después de 20 años de servicio, luego se retiró de un empleo en el gobierno federal tras cinco años, y luego se consiguió otro cheque de pensión por parte del Estado de Hawái. Era la envidia de mi papá, quien insistía en que me quedara 20 años en el Cuerpo de Infantería de Marina.

El plan 401(k)

En 1971 el presidente Richard Nixon dio fin a la convertibilidad entre el dólar estadounidense y el oro. Esta fecha marcó el inició de una transferencia masiva de riqueza de las manos de los trabajadores a las manos de los miembros de las élites académicas y financieras. Es sobre estas mismas élites que Steven Brill escribe en su libro *Tailspin*.

Anteriormente cité la crónica de Brill sobre la manera en que la élite académica de las escuelas más importantes del país empezaron a crear productos financieros exóticos como las obligaciones de deuda garantizada y los valores respaldados por hipoteca, derivados financieros que le añadieron muy poco valor a la economía y terminaron despojando a la clase trabajadora, pero que enriquecieron en extremo a las élites académicas y financieras.

En 1974, el año en que salí del Cuerpo de Infantería de Marina, también se aprobó la Ley de Seguridad de Ingresos de Jubilación para el Empleado, mejor conocida como ERISA, por sus siglas en inglés. La ley ERISA protegía las pensiones de la empresa de los empleados. Cuatro años después lanzaron el plan 401(k), otro programa de jubilación diseñado por medio de la ingeniería financiera.

Pero había un gran problema porque, de repente, hombres y mujeres que carecían de educación financiera tuvieron que convertirse en inversionistas. Ese fue el inicio de una masiva estafa que perpetraron los bancos que eran "demasiado grandes para fallar", el gobierno de Estados Unidos y Wall Street.

Los años 1971 y 1974 pasarán a la historia como parteaguas. Tal vez en unos 100 años los académicos mirarán hacia atrás y verán esos años como el momento en que las élites académicas y financieras de Estados Unidos perpetraron el gran atraco flagrante y robaron la riqueza de millones de *baby boomers* que, de forma inocente, participaron en esas estafas billonarias permitidas por el gobierno a las que conocemos con el nombre de… planes para el retiro.

Hablando de fechas, por cierto, en 1972 Nixon le abrió las puertas a China.

El inminente desastre del retiro

El mundo enfrenta actualmente muchos desastres como el envenenamiento del medio ambiente, la masiva deuda global y el ciberterrorismo.

Sin embargo, se está gestando otro desastre al que casi nadie le presta atención, y es el mismo que mi padre pobre enfrentó en los setenta: la llegada a los años del retiro… sin un cheque de pensión.

Las pensiones se desploman

Analiza estos reportes:

16 de abril de 2018

Investor's Business Daily

Crisis de pensiones: Mientras los medios de comunicación se enfocan inclementemente en la creciente deuda del gobierno federal, aparece un nuevo reporte que dice que los estados enfrentan su propia bomba de tiempo: los explosivos pasivos generados por las magníficas pensiones otorgadas a los empleados públicos locales y estatales. No será sencillo implementar una reforma, pero no hay otra opción.

22 de junio de 2018

Simon Black, hombre soberano

La ciudad de San Diego tiene un déficit de 6 250 millones de dólares en obligaciones prometidas a empleados activos y en retiro.

El estado de Nueva Jersey tiene pasivos por 90 000 millones de dólares correspondientes a pensiones sin fondos.

Y por supuesto, Seguridad Social y Medicare tienen pasivos que ascienden a decenas de billones de dólares.

En Europa la situación no es muy distinta.

El Fondo de Reserva de la Seguridad Social de España se usó para invertir fuertemente en bonos del gobierno español durante varios años, **y esos bonos tuvieron una ganancia promedio de 0.19% *negativo*.**

Sí, negativo, leíste bien.

No es ninguna sorpresa que el fondo de pensiones de España ya casi se haya agotado.

El Reino Unido tiene pensiones públicas no financiadas por cantidades que ascienden a billones de libras.

Incluso la conservadora Suiza tiene un fondo de pensiones públicas cuyo financiamiento asciende sólo a 69%: una cifra fantástica si la comparamos con los funestos estándares de la actualidad.

El año pasado el gobierno suizo propuso un plan para salvar sus pensiones. Solicitó incrementar la edad de retiro para las mujeres un año, de 64 a 65, como aplica en el caso de los hombres, y aumentar el VAT 0.3%.

Sin embargo, el plan fue rechazado por los ciudadanos suizos en un referendo nacional. Es la tercera vez en 20 años que la reforma pensionaria es rechazada.

Y esta es realmente la dificultad central aquí, que los planes de pensión estén casi arruinados en todo el planeta.

La mayor parte del tiempo los políticos sólo ignoran el problema y tratan de patear la lata más allá de su gestión para que la administración siguiente lidie con ella, pero ocasionalmente tratarán de hacer algo al respecto.

Sin embargo, cada vez que lo hacen... los votantes rechazan el plan, el sindicato demanda o sucede algo que impide que estas reformas tan necesarias sean aprobadas.

Esto sólo sirve para acelerar lo inevitable: el desplome de las pensiones.

4 de marzo de 2018

Martin Armstrong, Armstrong Economics

El fondo de pensiones público más grande de Estados Unidos es el Sistema para el Retiro de los Empleados Públicos de California (CalPERS, por sus siglas en inglés). California es un estado con un serio problema de insolvencia. Nosotros les recomendamos a nuestros clientes que se salgan de ahí antes de que sea demasiado tarde. Yo le he estado advirtiendo a la gente que CalPERS está al borde de la quiebra. Le he informado que CalPERS ha estado cabildeando en secreto en el Congreso para que se expropien todas las pensiones privadas 401(k) y les sean entregadas a la institución para que las maneje. Mezclar el dinero de particulares con el dinero público les permitiría demorar la insolvencia un poco más. CalPERS no puede administrar el dinero que tiene, así que, ¿por qué habría alguien de esperar que ofreciera resultados distintos con dinero privado? Es obvio que sólo les robarían a los ciudadanos para poder pagar las pensiones de los empleados del gobierno y de los políticos.

CalPERS ha estado haciendo inversiones para actuar con corrección política respecto al medio ambiente en lugar de buscar proyectos con una base económica. Luego hace todo lo necesario para **encubrir este y otros hechos** y para negarle al público la transparencia a la que tiene derecho. Y para colmo, como el año pasado les pareció que las acciones estaban sobrevaluadas, prefirieron **invertir en otros instrumentos** y cayeron directamente en la burbuja de bonos. Es evidente que la economía de California alcanzó un pico muy preciso y desde entonces los residentes han emigrado de forma constante a otros estados.

30 de julio de 2018

Sarah Krause, *The Wall Street Journal*

El Servicio para Inversionistas de Moody calcula que las pensiones estatales y locales tienen activos no financiados por cerca de 4 billones de dólares, lo que equivale aproximadamente a la economía de Alemania, la cuarta más grande del mundo.

11 de octubre de 2018, AFP

"Billones de dólares en valor neto en Estados Unidos son vulnerables a la recesión: FMI"

La fuente más grande de riesgo viene de las pensiones para el retiro de los gobiernos estatales y locales que podrían perder dinero en cuanto Wall Street colapse, lo que significa que el déficit tiene que salir de los presupuestos de los gobiernos locales.

Luego las ciudades y los estados tendrán que recortar su gasto en todas las demás áreas, lo cual generará una carga para la economía.

En todo el país, estos fondos de pensiones ya están insuficientemente financiados, alrededor de 8% del PIB.

Continúa leyendo para conocer más hechos asombrosos y reveladores.

Zimbabue

En 2000 el dinero de Zimbabue se convirtió en el hazmerreír del mundo porque el presidente Robert Mugabe empezó a imprimir billones y trillones de dinero falso para pagar las pensiones de los empleados del gobierno y sus deudas de guerra.

Muchos países occidentales están imitando la política financiera de Zimbabue y sólo imprimen, imprimen e imprimen.

Nicaragua

Es 2018 y Nicaragua se encuentra al borde de la revolución porque el gobierno no puede pagar por el retiro de sus empleados.

Ciudades ricas

Actualmente, en 2018, millones de familias están viviendo en las calles de muchas grandes urbes como Nueva York, San Francisco, Seattle y Honolulu.

Italia

El 13 de octubre de 2018 en *The Economist* se reportó que "Italia, en particular, es una bomba de tiempo… No se necesitaría gran cosa para desencadenar una nueva crisis que sería extremadamente difícil controlar. El pánico en Italia podría extenderse a los mercados financieros y eso congelaría las inversiones y el crecimiento en todo el mundo."

19 de julio de 2018
The Wall Street Journal
Estados ricos
Los tres estados con las pensiones para empleados mejor financiadas son:

1. Dakota del Surfinanciado   100%
2. Wisconsinfinanciado   99.9%
3. Washingtonfinanciado   98.7%

Estados pobres
Y los tres estados con los programas de pensiones peor financiados son:

48. Connecticutfinanciado   51.9%
49. Kentuckyfinanciado   48.9%
50. Illinoisfinanciado   47.1%

27 de julio de 2018
Mark Miller, Reuters
"Las preocupaciones por los fondos de pensiones de los trabajadores de Ohio son símbolo del problema nacional"
Roberta Dell ha trabajado durante 46 años fabricando paletas de caramelo y adora su trabajo, pero le preocupa que su retiro no sea tan dulce como las Dum Dum que empaca todos los días.

La señora Dell trabaja para la empresa Spangler Candy en Bryan, Ohio. Spangler Candy es un negocio familiar que cuenta con 550 empleados y fabrica las venerables paletas Dum Dum. En 1950 el sindicato International Brotherhood of Teamsters organizó Spangler, y en 1972 la empresa se unió al Plan de pensiones con aportaciones de empleadores múltiples de los Estados del Centro (Central States Multiemployer Pension Plan).

A pesar de todo esto, las perspectivas de la señora Dell en cuanto a su pensión son inciertas. El fondo de los Estados del Centro ha declarado que en menos de 10 años estará en quiebra. Este fondo cubre a más de 400 000 personas retiradas y trabajadores activos, y se ha convertido en un símbolo de todo lo que no funciona de los planes de pensiones con aportaciones de empleadores múltiples, que en realidad son planes tradicionales con prestaciones definidas, pero fundados por varios empleadores distintos en lugar de solamente uno. Los empleadores suelen ser pequeñas empresas de distintas industrias como la de la construcción, los camiones de transporte pesado, la minería y la venta minorista de alimentos que normalmente no podrían patrocinar un plan de pensiones individual.

"Siempre pensé que la pensión estaría esperándome cuando llegara el momento de retirarme —dijo la señora Dell en una entrevista—. Creí que sería mi plan de ahorros."

La señora Dell es la representante líder del sindicato en Spangler y a principios de este mes testificó en una audiencia en Columbia, Ohio, frente a un comité especial del congreso de Estados Unidos que está analizando las posibles soluciones para los trabajadores como ella.

Aproximadamente 1 400 planes de pensiones con aportaciones de empleadores múltiples cubren a más de 10 millones de trabajadores, pero por lo menos 200 de esos planes están severamente subfinanciados como resultado de las caídas que sufrió la bolsa de valores en 2001, y entre 2008 y 2009; así como del declive industrial que condujo a la falta de consolidación y al desplome del empleo.

Estos problemas no sólo amenazan las pensiones de los trabajadores individuales, también son la causa de que en menos de 10 años caiga en quiebra el programa de seguros para planes con empleadores múltiples que ofrecía la Pension Benefit Guarantee Corporation (PBGC). La PBGC es la agencia del gobierno estadounidense que actúa como respaldo para los planes de pensión accidentados, ya que es la aseguradora de las pensiones de millones de trabajadores.

NOTA: Muy pocos trabajadores del país han oído hablar de la PBGC, pero pronto tendrán más noticias cuando dicha agencia se declare en quiebra y las pensiones sean reducidas o eliminadas.

La señora Dell tiene 65 años y es viuda; hasta antes de morir en 2015 su esposo también trabajó para Spangler. La señora espera trabajar unos años más antes de retirarse y cree que su pensión será de 1 200 dólares mensuales. Seguridad Social le proveerá 1 400 dólares adicionales, pero para como están las cosas ahora, los recortes a las prestaciones de las pensiones amenazan con llegar para 2025.

El dilema de padre pobre

En 2018 millones de empleados se encuentran en la misma situación que enfrentó mi padre pobre en 1974: el momento de retirarse llegó, pero no tendrán un cheque de pensión. Millones de *baby boomers* que soñaban con un retiro feliz estarán muy decepcionados cuando, gracias al siguiente gran descalabro financiero, sus ahorros para el retiro y la PBGC se esfumen.

La inversión en activos falsos

Esto es lo que sucede cuando la gente invierte en activos falsos o les confía sus ahorros a administradores de fondos que invierten en activos falsos como acciones, bonos, fondos mutualistas, ETF (fondos cotizados), seguros y efectivo.

La brecha

En la siguiente gráfica se aprecia el viaje de Estados Unidos hacia la pobreza.

La brecha

Después de impuestos y de la inflación

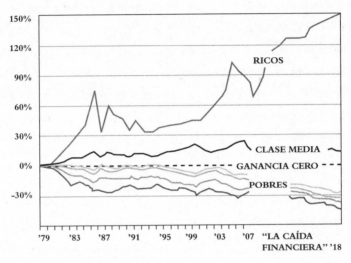

Fuente: Congressional Budget Office

Gracias a un estudio realizado en 2018 por el Centro Schwartz para el Análisis de Políticas Económicas de New School se llegó a la conclusión de que, cuando llegue a su etapa de retiro, 40% de la clase media estadounidense se deslizará a la clase pobre.

Los pobres del futuro tienen empleo hoy, pero mañana no contarán con dinero para su retiro.

RETÍRATE JOVEN

En 1974 juré que me retiraría joven. No porque quisiera dejar de trabajar sino porque quería *desafiarme a mí mismo*. De esa manera, si no lo lograba, todavía me quedarían varios años para seguir trabajando en mi objetivo. No quería llegar a los 65 años y descubrir que debido a una caída de la bolsa de valores el dinero de mi retiro había desaparecido, o que no tenía suficiente dinero para mantenerme en mis años de descanso.

En capítulos anteriores mencioné que he fallado muchas veces a lo largo de mi vida. No fue sino hasta que tuve 47 años que encontré mi fórmula personal y pude retirarme a pesar de no tener ni un empleo ni una pensión. Yo estaba dispuesto a fallar y a aprender de mis errores porque sólo así llegaría a ser empresario y, más adelante, me convertiría en una persona que jamás necesitaría ni un empleo, ni un cheque de nómina constante, y mucho menos una pensión.

Me tomó 20 años retirarme. Si me hubiera quedado en el Cuerpo de Infantería de Marina a "cubrir mis 20 años de servicio" como quería mi papá, al salir de ahí no habría sido ni más inteligente ni más rico.

RETÍRATE RICO

Otra de las razones por las que siempre estuve dispuesto a fallar y a aprender de mis errores fue por que quería retirarme joven… y rico. En los setenta, 500 dólares mensuales eran señal de una excelente jubilación, pero hoy, esos 500 dólares sólo te sirven para vivir en la pobreza.

En 1974 mi objetivo era ganar 120 000 dólares anuales en ingresos pasivos para poder "retirarme joven".

En 1994 Kim y yo alcanzamos esa meta, ella tenía 37 años y yo 47. Te repito que a mí me tomó 20 años, pero a Kim solamente 10.

En cuanto empezamos a ganar esos 120 000 dólares anuales nos fijamos la siguiente meta: 1.2 millones al año. Y en cuanto ganamos eso, nos fijamos la meta de 12 millones.

Ese fue nuestro desafío personal. Primero quisimos retirarnos jóvenes, y luego, ricos. No es difícil hacer el cálculo mensual porque primero fueron 10 000 dólares mensuales, luego 100 000 y por último, un millón.

Si me hubiera quedado en el Cuerpo de Infantería de Marina 20 años, estaría ganando unos 5 000 dólares mensuales.

Recuerdo que en 1990 una mujer nos dijo a Kim y a mí: "¿Sólo ganan 120 000 dólares al año?" Lo que no entendía era que esos

120 000 entraban a nuestro hogar sin que nosotros tuviéramos que trabajar. Su esposo era abogado y ganaba 500 000 dólares anuales, pero no podía dejar de atender clientes.

Actualmente, sin tener que trabajar, Kim y yo ganamos en dos semanas más de lo que su esposo gana en un año como abogado.

RETRIBUIRLE A LA SOCIEDAD

Kim y yo tenemos el objetivo de donar 100 millones o más al año a una organización de beneficencia cuando nos retiremos. La idea es ganar dinero y retribuirle a la sociedad.

En cuanto Kim y yo encontramos nuestra fórmula personal de retiro, dejamos de trabajar siendo aún jóvenes, y luego nos volvimos ricos.

La clave radicó en invertir en lo que nos gustaba y no en lo que algún asesor financiero nos recomendaba.

Tal vez pienses que aquí valdría la pena preguntarse: *¿Cuánto es suficiente?* Permíteme decirte que nuestros objetivos y el plan de alcanzar la libertad financiera, de ser ricos, nunca tuvo que ver con ningún "suficiente". Yo ya rebasé el suficiente hace mucho.

¿Realmente necesito hacer tanto dinero? No. Para mí, generar dinero desde las zonas D e I del cuadrante es sólo un juego. Algunas personas pasan su vida persiguiendo una pelotita blanca en un club de golf con la esperanza de estar debajo del par. Algunos se pasan la vida cantando con la ilusión de que alguien los descubra, o creen que algún día se convertirán en estrellas deportivas o de cine. Pero lo hacen porque ese es su juego.

La pregunta que más importa es: ¿te apasiona tu juego?

Es una pregunta algo capciosa. La gente apasionada hace lo que le gusta porque la pasión suele ser egoísta. Por un lado, la pasión es mejor porque te aleja de hacer lo que te desagrada y estudios recientes muestran que 70% de los estadounidenses detesta su trabajo, a pesar de que apenas hace unos años la cifra ascendía a solamente 62 por ciento.

Con frecuencia me preguntan si mi propósito en la vida es tener más dinero. No. Mucha gente trabaja con un propósito específico, quieren proveer para su familia, enviar a sus hijos a la escuela o realizar un trabajo que significa algo especial.

En 1983 el doctor R. Buckminster Fuller nos dijo: "Yo hago lo que Dios quiere que haga". Entonces me pregunté: *¿Qué quiere Dios que haga?* Y ahora animo a otros a que se hagan la misma pregunta.

En 1983 yo trabajaba en el negocio del rock and roll y me divertía. Era *cool* y salía con algunas de las bandas más importantes de aquel tiempo como The Police y Van Halen. Pero a pesar de eso y de que estaba ganando mucho dinero, no podía decir con honestidad que fabricar productos para grupos de rock fuera lo que Dios quería que hiciera.

Por eso te pregunto: ¿Qué crees que Dios quiera que suceda?

Aunque no podría decir que lo sé con certeza, sospecho que Dios no quiere que la gente viva en la pobreza, por eso empecé a compartir lo que me enseñó mi padre rico acerca del dinero, y creo que estas enseñanzas tienen el apoyo de Dios.

Por eso continúo enseñando, y sí, haciendo mucho dinero. Si le enseñara a la gente cómo ser rica y fuera pobre, sería un maestro falso.

Ahora permíteme hacerte algunas preguntas.

¿Qué crees que Dios quiera que hagas… que también te gustaría hacer a ti?

¿Estás dispuesto a hacer lo que Dios desea?

Si pudieras curar el cáncer, ¿lo harías?

Si pudieras erradicar el hambre mundial, ¿lo harías?

Si pudieras resolver el problema del calentamiento global, ¿lo harías?

¿O sólo quieres hacer suficiente dinero para ti?

En 1974 yo ya tenía dos profesiones que me permitían ganar buenos sueldos, era oficial de marina y navegaba buques para la empresa

Standard Oil, pero también podía volar para aerolíneas comerciales. Estas dos carreras me habrían permitido seguir ganando bien en la zona E del cuadrante, pero yo quería averiguar si sería capaz de mudarme a las zonas D e I.

ATRAVESAR EL INFIERNO

Winston Churchill dijo: "Cuando estés atravesando el infierno... sólo sigue avanzando".

Pasar a las zonas D e I del cuadrante fue una travesía difícil. En el capítulo anterior dije que, de no ser por mi educación espiritual y por mis maestros espirituales, no lo habría logrado.

Atravesar el infierno nos hizo más inteligentes a Kim y a mí, nos fortaleció y nos dio la capacidad de hacer lo que Dios quería.

Padre rico solía decir: "Hay muchas puertas para llegar al cielo financiero, pero hay muchas más para llegar al infierno".

Como ya sabes, la mayoría de los empresarios tiene que atravesar el infierno antes de alcanzar el éxito en las zonas D e I del cuadrante. Los ejemplos incluyen la salida de Steve Jobs de Apple, su propia empresa. Asimismo, a Bill Gates lo demandaron porque se decía que Microsoft era un monopolio. A Mark Zuckerberg lo demandaron los gemelos Winklevoss, quienes aseguraban que Facebook había sido idea suya. Incluso Jeff Bezos tuvo que librar algunos obstáculos para fundar Amazon.

Padre rico me advirtió: "Mucha gente entra por la puerta del infierno financiero y no regresa jamás".

Como sabes, muchas personas venden su alma con la esperanza de volverse ricas. Les han arrebatado millones de dólares a inocentes. Muchas de esas personas todavía tienen poder y ocupan altos puestos en el ámbito bancario, en especial en Goldman Sachs, el Banco de la Reserva Federal y el Tesoro de Estados Unidos.

Algunos de los culpables más famosos como Bill Clinton, Robert Rubin, Larry Summers, Alan Greenspan, Jack Lew, Tim Geithner, Han Paulson, Ben Bernanke, Warren Buffett y Phil Gramm, declaran haber salvado la economía, pero en realidad salvaron a los ricos. Qué mal karma.

Si hubiera otra catástrofe, millones de personas inocentes y trabajadoras terminarían en el infierno financiero por culpa de estos líderes desalmados.

Por eso critico tanto a este sistema educativo que no les enseña nada a los estudiantes sobre educación financiera, que los castiga por cometer errores y que considera que la cooperación es hacer trampa.

Nuestro sistema educativo… es desalmado. Si toda la gente lo usa todos los días, por qué no enseñar algo sobre el dinero en la escuela?

El aprendizaje para llegar a ser empresario

En 1974 empecé a trabajar en Xerox para aprender a vender porque no era un vendedor nato. Batallé mucho porque odiaba estar tocando puertas y se me dificultaba enfrentar un rechazo tras otro. Cuando la oficina de Xerox cerraba, yo me quedaba en mi oficina escribiendo propuestas de ventas para posibles clientes nuevos. Si no vendía, no podía comer ni pagar mi hipoteca, si no aprendía a vender, jamás sería empresario en las áreas D e I del cuadrante. Pasaron dos años antes de que llegara a ser el vendedor número uno de la oficina de Xerox en Honolulu.

Entre 1974 y 1976 tomé un curso para ser asesor financiero certificado (CFP). Fue un curso maravilloso. Fue muy pesado y fatigante, pero aprendí mucho sobre la planeación financiera profesional.

Hay una gran diferencia entre los CFP y los asesores financieros de hoy en día que prometen maravillas en 30 días y que obtienen su licencia en unas cuantas semanas. Para que te des una idea, obtener una licencia oficial le toma cerca de dos años a cualquier masajista profesional.

La mayoría de los asesores financieros de hoy, los que ofrecen hacer maravillas con tu presupuesto en 30 días, saben muy poco o casi nada sobre inversión, sólo estudian para pasar el examen Series 7 de la Autoridad Reguladora de la Industria Financiera.

La diferencia entre uno de estos asesores y un Planeador Financiero Certificado (CFP) es parecida a la diferencia entre un tenedor de libros y un contador certificado.

En cuanto el asesor que hace maravillas en 30 días recibe su licencia, sale a la calle a buscar clientes. La mayoría busca a gente que no está satisfecha con su asesor actual. El asesor convence al cliente insatisfecho de que debe pasarle a él los "activos" de su plan 401(k) o IRA para que haga magia con ellos, y en general, no hay acto de magia. ¿Cómo podría haberlo si todos los asesores financieros venden básicamente los mismos productos? Acciones, bonos, fondos mutualistas, ETF (fondos cotizados), ahorros y seguros.

EL NOMBRE DEL JUEGO

La magia no sucede porque el juego que juegan las empresas de planeación financiera *no* se llama "Volvamos ricos a nuestros clientes" sino "activos bajo administración" o AUM, por sus siglas en inglés. Si ves los programas sobre información económica como CNBC, o si lees los anuncios en las revistas sobre finanzas como *Money*, encontrarás anuncios de cosas como El gran fondo mágico, los 100 000 millones o activos bajo administración. A la persona común y corriente, 100 000 millones y activos bajo administración le suena como algo impresionante, pero para el inversionista promedio no significa gran cosa. El objetivo principal de los asesores que hacen maravillas en 30 días, también conocidos como planeadores financieros, no es garantizar que el futuro de sus clientes sea más seguro, sino incrementar los AUM de su empresa. Más adelante continuaré hablando de los AUM.

El curso para ser CFP no lo tomé porque quisiera tener ese título, sino porque así podría averiguar la manera de retirarme lo más joven posible. Y efectivamente, aprendí mucho:

1. Hay dos tipos básicos de asesores o planeadores financieros. Los que cobran una tarifa por hora trabajada y los que cobran una comisión por venderle activos al cliente.
2. La mayoría sólo tiene información sobre activos de papel, acciones, bonos, fondos mutualistas, fondos cotizados (ETF), ahorros y seguros. Los asesores financieros no saben gran cosa sobre cómo ser empresarios, inversionistas en bienes raíces, ni inversionistas en oro o petróleo, y lo peor de todo es que no saben cómo usar la deuda ni los impuestos para obtener riqueza.
3. La mayoría de los asesores que prometen lograr maravillas con tu presupuesto en 30 días no son inversionistas profesionales sino empleados o autoempleados que trabajan a cambio de un cheque de nomina, honorarios, bonos o comisiones.
4. Cuando estudié para obtener mi licencia de CFP no aprendí a retirarme ni joven ni rico.
5. Aprendí mucho sobre seguros, que era lo que más trataban de vender los CFP porque las comisiones eran lucrativas.

El plan de padre rico

Padre rico nos enseñó a su hijo y a mí que había cuatro clases básicas de activos:

1. Negocios
2. Bienes raíces
3. Activos de papel (acciones, bonos fondos mutualistas, fondos cotizados y ahorros)
4. Insumos (oro, plata, petróleo, alimentos, agua)

La mayoría de los asesores financieros y CFP sólo vendía activos de papel y seguros por los que cobraban comisiones.

Invierte en lo que te encante

A la mayoría de la gente le enseñan que debe "hacer lo que le encante". Padre rico nos enseñó a su hijo y a mí a "invertir en lo que nos encantara".

Para cuando terminé mi curso de CFP ya sabía en qué me iba a enfocar.

1. Sabía que me encantaba aprender lo necesario para ser empresario y para empezar a construir negocios en la zona D del cuadrante, no en la A. Mi desafío era llegar a ser D, o sea, dueño de un negocio de 500 empleados o más.

2. Ya sabía que adoraba los bienes raíces. En cuanto empecé a ganar 25 dólares mensuales sin invertir ni un centavo quedé fascinado. Además, había encontrado la manera legal de no pagar impuestos. Quedé fascinado de recibir retornos infinitos: me refiero al arte de hacer dinero sin dinero.

3. Particularmente después de tomar el curso para ser CFP me interesaron todavía menos los activos de papel. Sabía que eran activos falsos y que eran los mejores instrumentos de inversión para la gente común y corriente, para los empleados y autoempleados sin educación financiera auténtica.

4. Ya me encantaban los insumos. Adoraba el oro desde que compré mi primera moneda de oro en Hong Kong en 1973. También me interesaba el petróleo porque en la academia me entrenaron para ser oficial de un buque petrolero.

Te repito que los activos de papel son más adecuados para el inversionista promedio, es decir, para la gente con poca educación financiera.

Activos líquidos

La principal razón por la que los activos de papel son mejores para el inversionista promedio es porque son activos "líquidos". Esto quiere decir que puedes comprarlos y venderlos con rapidez. Si cometes un error, te puedes deshacer de ellos casi de inmediato.

Pasa lo mismo con las monedas de oro y plata, son casi tan líquidas como los activos de papel.

La desventaja de estos activos es también su ventaja, que son líquidos. Porque cuando hay un descalabro económico o un pánico, la venta masiva puede destruir en minutos el portafolio de un inversionista común y corriente.

Hoy en día, gracias al intercambio de alta frecuencia (HTF, por sus siglas en inglés), los activos de papel se pueden comprar y vender a toda velocidad: 10 000 en un segundo.

Esto quiere decir que el inversionista común que invierte a largo plazo podría perderlo todo mientras está comiendo.

RESERVAS OSCURAS

Anteriormente mencioné que la mayor parte del mundo del dinero actual es invisible porque el dinero moderno ya no es de papel sino cibernético. Con los activos de papel sucede lo mismo. Las "reservas oscuras" son los lugares donde inversionistas institucionales a gran escala como bancos, fondos de cobertura y fuertes inversionistas profesionales como Warren Buffet se reúnen para comprar y vender en secreto. Actualmente se calcula que 40% de todos los intercambios de activos de papel se hace en reservas oscuras. Los inversionistas promedio de menor escala no tienen ni idea de lo que está sucediendo.

En el próximo colapso financiero, los pequeños inversionistas podrían perder sus ahorros para el retiro en un abrir y cerrar de ojos.

Cuando cuestionaron a Alan Greenspan sobre el colapso de 2008, dijo algo como: "Bueno, nadie lo vio venir". Esta declaración ¿sería auténtica o falsa?

Greenspan es un economista profesional que trabaja en la zona I del cuadrante. Además de inversionista, "I" quiere decir infiltrado. Actualmente yo soy un "infiltrado" en mis propias inversiones. En cambio, los pequeños inversionistas que siguen los consejos de sus asesores financieros, están "marginados".

A principios de 2008, seis meses antes de que Lehman se declarara en quiebra, estuve en CNN y le dije a Wolf Blitzer que los mercados iban a la baja. Si *yo* lo vi venir, Greenspan seguramente sabía. Los infiltrados en el cuadrante I sabían lo que estaba sucediendo.

LA PREDICCIÓN DE LA CAÍDA

Si quieres ver el video de CNN en donde predigo la bancarrota de Lehman y la caída de 2008, visita https://vimeo.com/183740821.

P: ¿Cómo supiste que se acercaba el colapso?

R: Lo supe porque soy un infiltrado, soy un inversionista de la zona I del cuadrante. Antes del colapso estuve en televisión y radio, y advertí sobre la inminente caída del mercado de bienes raíces.

P: ¿Qué sabías tú que los otros no?

R: Vi tendencias. Entre 2005 y 2008 los inquilinos empezaron a abandonar nuestros edificios de departamentos. Muchos, que apenas podían pagar una renta de 500 dólares mensuales, empezaron a irse de nuestros departamentos para comprar casas de 300 000 y 500 000 dólares.

P: ¿Cómo se dieron el lujo de pagar esas casas?

R: Les otorgaron unos créditos conocidos en inglés como créditos NINJA, *No Income, No Job*. Es decir, eran créditos para gente que no tenía ni ingresos ni empleo. Estos créditos eran *subprime* porque eran para prestatarios *subprime*.

P: ¿Cómo sabes que Warren Buffett estaba al tanto?

R: Porque Berkshire Hathaway, su empresa, tenía participaciones en Moody's, la agencia que les otorgó a esos préstamos *subprime* la calificación *"prime"*. En cuanto recibieron esta excelente calificación, los vendieron como valores respaldados por hipoteca y como obligaciones de deuda garantizadas (derivados). Los compradores fueron fondos de pensiones, fondos gubernamentales, fondos de cobertura, fondos de valores privados y otros fuertes inversionistas de todo el mundo.

La gasolina es un derivado del petróleo y el combustible para avión es un derivado de la gasolina. Entre más alejado está el derivado de la fuente original que, en este caso, es el petróleo, más volátil se vuelve.

En 2008 estos "derivados" estallaron porque los prestatarios *subprime* ya no pudieron pagar sus deudas, y entonces todo el planeta estuvo a punto de desplomarse.

Millones de personas perdieron sus hogares, empleos y pensiones, pero ninguno de los "chicos o chicas grandes" fueron castigados. El único banco que fue llevado a juicio fue un banquito de barrio en Chinatown, Nueva York, un banco propiedad de chinos estadounidenses a quienes después declararon inocentes.

PBS realizó un documental sobre este banco. Se llama *Abacus, Small Enough to Jail*. El gobierno se ensañó con un pequeño banco en lugar de ir tras los verdaderos criminales.

Como casi todo mundo sabe, los bancos que eran "demasiado grandes para fallar" como Goldman Sachs, Wells Fargo y Citibank, fueron los que provocaron la caída y ganaron miles de millones de dólares. Pero no se procesó a nadie. Para colmo, después del descalabro los banqueros que ganaron todo ese dinero a partir de activos falsos, también recibieron bonos multimillonarios. En mi opinión, esto es un verdadero crimen.

Entonces, si yo sabía que los préstamos *subprime* eran un crimen y que se avecinaba un colapso, sospecho que Buffett también estaba enterado. Creo que él sabía que el hecho de que Moody les otorgara a estos préstamos la calificación *prime* era un acto fraudulento.

Porque, después de todo, Buffett es quien les llamó a los derivados "armas financieras de destrucción masiva".

Esta es la ventaja de ser un "inversionista infiltrado" en la zona I del cuadrante, y de tener educación financiera auténtica.

Cuando los mercados de valores se desplomaron en 2008, Kim y yo ganamos millones de dólares.

Por eso yo no invierto en activos de papel como acciones, bonos, fondos mutualistas, fondos cotizados ni ahorros. No me gusta estar marginado y no saber qué pasa. Además, todos los activos de papel son una especie de derivados. No son activos auténticos, son falsos.

Los activos de papel, sin embargo, siguen siendo una gran opción para el inversionista "común" que carece de educación financiera porque son activos líquidos, es decir, es fácil conseguirlos y deshacerse de ellos.

NEGOCIOS Y BIENES RAÍCES

El problema con tener un negocio y bienes raíces es que son activos sin liquidez. Si cometes un error te conviertes en el capitán del *Titanic*. Y yo lo sé bien porque, como empresario he sido capitán de varios Titanic.

Con los bienes raíces, sin embargo, nunca he perdido dinero y por eso recomiendo tomar cursos sobre el tema antes de invertir, empezar con poco, seguir los niveles superiores del maestro y practicar, practicar y practicar.

Recuerda que los negocios y los bienes raíces no tienen liquidez, y eso significa que tienes que ser más inteligente que el inversionista promedio. Cuando inviertes en estas áreas te conviertes en un infiltrado.

MI FÓRMULA

Cada vez que me preguntan cuál es mi fórmula doy dos respuestas.

Respuesta #1: Digo que mi educación financiera empezó cuando mi padre rico jugaba Monopoly con su hijo y conmigo. Actualmente,

Kim y yo jugamos Monopoly en la vida real porque a ambos nos gustan los activos auténticos, no los derivados de activos. Nos gusta ser infiltrados, no marginados.

Respuesta #2: Kim y yo seguimos la fórmula de McDonald's para generar una gran riqueza. En *Padre Rico, Padre Pobre* cité a Ray Kroc, fundador de McDonald's. Ray ofreció una conferencia para los alumnos de maestría de la Universidad de Texas y durante la misma preguntó: "¿En qué negocio está McDonald's?" Un estudiante dio la respuesta más obvia: "En el negocio de las hamburguesas".

Pero la respuesta de Ray fue: "No, McDonald's está en el negocio de los bienes raíces".

Yo sigo la fórmula de McDonald's y por eso estoy en el negocio de los bienes raíces.

Esta es la fórmula de McDonald's:

Bienes raíces

Más adelante seguiré hablando de esta fórmula

El poder de las palabras

Cuando me preguntan cuál es el secreto para volverse rico, contesto que: "Hay muchos 'secretos'. Uno de ellos es el poder de las palabras. Si una persona quiere volverse rica tiene que aprender a controlar las palabras que piensa y que articula. La mayoría de la gente piensa y articula palabras que la vuelven pobre y la mantienen así".

En la escuela dominical aprendí lo siguiente: "Y el Verbo se hizo carne y vivió entre nosotros" (Juan 1:14).

Mi padre rico me enseñó:

La gente pobre dice: "No puedo darme ese lujo".
La gente rica dice: "¿Qué tengo que hacer para darme ese lujo?"

La gente pobre dice: "No me interesa el dinero".
La gente rica dice: "Si no te interesa el dinero, tú no le interesas al dinero".

La gente pobre dice: "Jamás seré rico".
La gente rica dice: "Debo ser rico".

LECCIÓN: La gente que piensa y articula palabras de gente pobre debería solicitar la ayuda de un asesor financiero e invertir en activos de papel.

Para quienes piensan y articulan las palabras de la gente pobre, *posiblemente* invertir en acciones, bonos, fondos mutualistas, fondos cotizados (ETF), ahorros y seguros sea suficiente y *posiblemente* sea mejor opción que no hacer nada.

Activos contra pasivos

Esta es la definición de activos de padre rico:
"Los activos llevan dinero a tus bolsillos".
Esta es la definición de pasivos de padre rico:
"Los pasivos sacan dinero de tus bolsillos".

Recuerda: Sustantivos más verbos. Para saber si algo es un activo real o un pasivo real, necesitas un sustantivo y un verbo. Te daré un ejemplo: la palabra *activo* es un sustantivo y la palabra *fluir* es un verbo. No puedes diferenciar entre un activo y un pasivo si no hay verbo. Una casa, por ejemplo, podría ser un *activo* o un *pasivo*, pero todo dependerá de la dirección en la que fluya el dinero.

En la gran caída de 2008 millones de E (empleados) perdieron sus trabajos y sus hogares, y así fue como descubrieron que sus casas eran un pasivo, no un activo real.

LOS ACTIVOS FALSOS SON PASIVOS AUTÉNTICOS

Miles de millones de personas invierten en activos falsos.

Un plan 401(k) es un activo falso porque hace que el dinero fluya hacia afuera de tu bolsillo... durante años. Una cuenta individual para el retiro o IRA, por sus siglas en inglés, es un activo falso porque saca dinero de tu bolsillo, también durante años.

Una pensión del gobierno es un activo falso porque saca dinero de tu bolsillo... durante años.

Un fondo mutualista es un activo falso como también lo son las acciones, los bonos, los fondos cotizados o ETF, y los ahorros. Todos son derivados. Los fondos mutualistas, por ejemplo, están cargados de tarifas que sólo hacen que los ricos se vuelvan más ricos y que tú seas más pobre.

Los infiltrados saben que los inversionistas de los fondos mutualistas ponen 100% del dinero y corren 100% del riesgo, y a pesar de eso obtienen menos de 20% en ganancias.

Te repito que los fondos mutualistas y los fondos cotizados (ETF) son derivados —activos falsos—, y que son más recomendables para el inversionista promedio y pasivo que no cuenta con educación financiera auténtica.

El problema es que si hay otro colapso financiero, el dinero de los pequeños inversionistas particulares se esfumará de la misma forma que sucedió en 2008.

Recuerda:

Los activos llevan dinero a tu bolsillo.

Los pasivos sacan dinero de tu bolsillo.

En el siguiente capítulo descubrirás adónde se va todo el dinero que desaparece cada vez que los mercados de valores se desploman.

TUS PREGUNTAS... LAS RESPUESTAS DE ROBERT

P: Mencionaste algo sobre "hacer lo que Dios quiere que se haga". ¿Cuáles fueron las señales que Dios te envió que te hicieron pensar que estabas haciendo lo correcto?

Bruno T. - Francia

R: No he dicho que Dios me habló y tampoco soy tan presuntuoso como para creer que "Dios me eligió para que hiciera su trabajo". Además, sólo una persona extremadamente arrogante o delirante creería saber lo que piensa Dios. Para ser honesto, dudo que la mente humana sea capaz de operar al mismo nivel que la de Dios... si es que Dios existe.

Bucky Fuller me hizo cobrar conciencia de que yo estaba haciendo lo que la mayoría de la gente sólo sueña: estaba haciendo lo que me encantaba... generar dinero.

Yo estaba haciendo algo que me encantaba porque era empresario, tenía mi propia empresa, era el jefe y trabajaba con las bandas de rock más importantes y conocidas del mundo. Conseguía pases para ir tras bambalinas y, claro, eso me fascinaba. Mi ego lo adoraba porque era divertido. Vivía en el condominio más exclusivo de Waikiki Beach, tenía fábricas en Corea y Taiwán, y oficinas en todo Estados Unidos. Manejaba una Harley-Davidson y un Mercedes convertible, y salía con mujeres hermosas. Era muchísimo más que simplemente un tipo *cool*.

En el fondo, sin embargo, sabía que mis productos de rock and roll no estaban haciendo gran cosa por el mundo. Dios no tuvo que decirme que con mis productos yo no estaba logrando que este planeta fuera un mejor lugar para vivir. Eso yo ya lo sabía. Mis productos de rock eran lo que Fuller llamaba "obnoxico" porque en inglés la palabra *obnoxious* quiere decir ofensivo, repulsivo. Esto significa que mis productos eran productos ofensivos fabricados por una empresa repulsiva.

Tal como me lo sugirió Buckminster Fuller, decidí abrir los ojos y preguntarme qué querría Dios que yo hiciera. Como Fuller era un futurista, observaba constantemente la evolución de la evolución y se preguntaba "qué quería Dios para la humanidad, para el planeta y para el futuro".

Él creía que los humanos eran un *experimento de miles de millones de años*, y que con ellos Dios quería ver si la raza humana lograba "entender" de qué se trataba la vida. Fuller creía que Dios quería saber si los humanos usaríamos nuestra mente para crear el *cielo* o el *infierno en la tierra*.

También creía que nosotros, la raza humana, estábamos en el "examen final" y que si no llegábamos a "entender" la vida, terminaríamos usando nuestra mente para matarnos entre nosotros y para destruir nuestro diminuto planeta. Fuller decía que cuando nosotros y el planeta nos "extinguiéramos", Dios permitiría que el este sanara y que en él resurgiera la vida. Que Dios pondría un nuevo montón de primates sobre la Tierra y empezaría un nuevo experimento de miles de millones de años.

La visión que tenía Fuller de la vida se medía en millones de años. La visión que tenemos los humanos se mide en décadas, por eso sus predicciones sobre el futuro han sido tan precisas. Bucky miraba el futuro desde la perspectiva de la mente de Dios, no desde la de los humanos.

Después de pasar una semana con él empecé a preguntarme: "¿Qué quiere Dios que se haga?", en lugar de: "¿Qué quiero hacer yo?"

Como yo detestaba la pobreza y dudaba que Dios quisiera que la gente fuera pobre, me pareció que la educación financiera podría ser una respuesta viable para este problema.

Por eso empecé a difundir lo que padre rico me había enseñado. Fue un salto de fe.

Bucky atravesó un proceso similar. Tarde o temprano llegó a preguntarse: "¿Qué puedo hacer si sólo soy un hombrecito?"

Después de cuestionarse, el futurista dejó de trabajar para conseguir dinero y empezó a preguntarse qué era lo que Dios deseaba que se hiciera... y qué podía hacer él.

No sé si Dios quiere que haya *prosperidad* en lugar de *pobreza*, pero así fue como se formó Rich Dad Company. Nosotros creemos en enseñarle a la gente a pescar en lugar de nada más regalarle pescado.

P: Si las cosas continúan como hasta ahora, ¿vislumbras la posibilidad de que haya otra guerra mundial?

Melinda G. – Australia

R: Sí. De hecho, ya estamos en esa guerra. Es una guerra que se libra en muchos frentes y en distintos niveles. A las guerras actuales las conocemos como guerras de divisas, guerras comerciales, terrorismo, guerras tecnológicas, guerras militares y guerras de redes sociales.

Alexis de Tocqueville, dijo:

> Todos aquellos que buscan destruir la libertad de una nación democrática deberían saber que la guerra les ofrece la ruta más segura y corta al éxito.

Me temo que el Estados Unidos donde nací, ya desapareció. También el sueño americano.

Me temo que ya estamos viviendo otra guerra mundial, pero esta vez se trata de un conflicto de codicia, ignorancia, odio y muchedumbres a las que se instiga a través de las redes sociales a rebelarse.

Me temo que estamos a punto de convertirnos en ese mundo sobre el que escribió Ayn Rand en su clásico *La rebelión de Atlas*, un mundo dirigido por burócratas socialistas y fascistas también conocidos como los *Illuminati*, en el que los capitalistas, los verdaderos generadores de la riqueza, tienen que ocultarse.

En muchos sentidos, yo ya me estoy escondiendo.

P: ¿Crees que la devaluación del dólar y la hiperinflación servirán para exhibir por fin a las élites y para terminar con su dominio sobre 99% de la población restante?

William J. - Suecia

R: No. Siempre habrá gente que quiera dominar, oprimir y arrebatarles a otros su libertad.

Este carácter arrogante, opresivo, codicioso y dominante de la naturaleza humana es al que se refería Fuller cuando decía que los humanos "no entendían" y que por eso estaban en "el examen final".

Cuando Fuller decía que los humanos necesitaban "entender", en realidad estaba describiendo la evolución humana, el paso del "tú y yo trabajamos sólo para nosotros mismos" al "tú y yo trabajamos para un mundo que trabaja para todos"… no sólo un mundo que trabaja para quienes tienen educación y dinero.

Aquí hay otra cita de Alexis de Tocqueville:

La grandeza de Estados Unidos no radica en que sea más iluminada que cualquier otra nación, sino en su habilidad para enmendar sus errores.

Estados Unidos perdió su grandeza cuando la Reserva Federal despojó al mundo de su riqueza por medio de la impresión de billones de dólares en 1998, 2008 y en la actualidad.

Estados Unidos perdió su brújula moral cuando, para proteger a los ricos, empezó a imprimir dinero y, de paso, destruyó
a la clase media y creó una subclase de gente trabajadora con
preparación académica, pero pobre.

Nuestro sistema educativo es cómplice de este proceso en
el que los ricos y los educados despluman al resto de la humanidad y destruyen el medio ambiente en nombre de la
generación de dinero falso.

Capítulo quince

¿Quién se llevó mi dinero?

Cómo el retiro, las pensiones
y los activos falsos están provocando
que las clases pobre y media se
empobrezcan cada vez más

De 2008 a la fecha los cuatro bancos centrales más grandes han impreso más de 9 billones de dólares para salvar a la economía mundial.

¿Adónde se fue todo ese dinero? *¿Quién lo tiene?*

¿Lo tienes tú?

¿Y por qué hay tantos fondos de pensiones declarándose en quiebra?

AMENAZAS PARA LA ECONOMÍA MUNDIAL

Hoy que estoy escribiendo este libro, a finales de 2018, hay cuatro serias amenazas para la economía mundial:

1. Tazas de interés crecientes

A partir de 2008 los bancos centrales del mundo disminuyeron las tasas de interés a los niveles más bajos de la historia reciente porque necesitaban que la gente pidiera dinero prestado.

La deuda barata hizo que se formaran burbujas de activos masivas en todo el mundo. Las acciones, los bonos, los bienes raíces y los negocios se convirtieron en grandes globos de aire caliente.

Las tasas de interés crecientes harán que los globos se desplomen.

2. China

China está en dificultades porque tiene posiblemente la peor relación deuda–PIB de todas las naciones grandes. China es el país que más pidió prestado y que más prestó, y por esta razón, si colapsa, el mundo entero caerá con él.

Los países como Australia y Brasil que exportan materia prima cruda a China sufren cada vez que su comprador está en problemas.

3. Un dólar estadounidense fuerte

Cuando el presidente Trump bajó las tasas de interés, en especial para los negocios de la zona D del cuadrante, Estados Unidos se convirtió en un paraíso fiscal. Miles de millones de dólares fluyeron hacia la economía de nuestro país y eso sirvió para fortalecer el dólar.

El fortalecimiento del dólar no les conviene a los trabajadores estadounidenses porque los productos suben de precio, y si la demanda de productos estadounidenses baja, se pierden empleos.

El fortalecimiento del dólar no les conviene a los países con economías emergentes que pidieron dinero prestado en dólares estadounidenses. El hecho de que el dólar se fortalezca hace que las divisas de esos países se debiliten y eso les dificulta a las empresas y los países más pequeños pagar sus deudas.

4. Pensiones

Como lo mencioné en un capítulo anterior, las pensiones de los trabajadores del todo mundo se están desplomando.

En Estados Unidos, los programas sociales como Seguridad Social y Medicare sobreviven sólo porque están conectados a un sistema de soporte vital, pero al mismo tiempo hay millones de *baby boomers* que se están retirando y dependen de esos programas.

Este es un dato con el que seguramente ya estás familiarizado: la causa número uno de bancarrota en Estados Unidos son los gastos médicos.

En 2030, el año en que los *baby boomers* se convertirán en *superseniors*, es decir, en gente verdaderamente anciana de más de 85 años, los sistemas de pensiones podrían derrumbarse. Sí, precisamente cuando los *baby boomers* necesitarán más el dinero.

Aquí repito algunas citas del capítulo anterior sobre la expansiva crisis pensionaria:

El FMI advierte:
La fuente más grande de riesgo viene de las pensiones para el retiro de los gobiernos estatales y locales.

Simon Black nos advierte:
El fondo de pensiones de España ya casi se agota.

Reino Unido tiene pensiones públicas no financiadas por cantidades que ascienden a billones de libras.

Incluso la conservadora Suiza tiene un fondo de pensiones públicas cuyo financiamiento asciende sólo a 69%: una cifra fantástica si la comparamos con los funestos estándares en la actualidad.

Martin Armstrong nos advierte:
El fondo de pensiones público más grande de Estados Unidos es el Sistema para el Retiro de los Empleados Públicos de California (CalPERS). California es un estado con un serio problema de

insolvencia. Nosotros les recomendamos a nuestros clientes que se salgan de ahí antes de que sea demasiado tarde.

Reuter advierte:

En menos de 10 años caerá en quiebra el programa de seguros para planes con empleadores múltiples que ofrecía la Pension Benefit Guarantee Corporation (PBGC). La PBGC es la agencia del gobierno estadounidense que actúa como respaldo para los planes de pensión accidentados, ya que es la aseguradora de las pensiones de millones de trabajadores.

Si millones de empleados hacen contribuciones por billones de dólares a estos fondos de pensión, ¿por qué están en quiebra?, ¿quién tiene todo ese dinero?

Tal vez deberíamos hacernos otra pregunta: ¿por qué los ricos se están volviendo más ricos?

La brecha

Después de impuestos y de la inflación

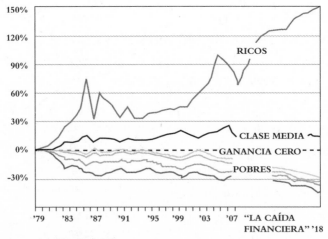

Fuente: Congressional Budget Office

R: Una imagen vale más que mil palabras. Esta gráfica muestra que el dinero de las pensiones pasó de las manos de las clases media y pobre, a las manos de los ricos.

P: Espera un momento, ¿estás diciendo que nuestro dinero fluyó de las clases media y pobre hacia el bolsillo de los ricos?

R: Así es. Sin educación financiera auténtica, los pobres y la clase media están perdidos porque no tienen idea de cómo la gente más adinerada les está robando su riqueza a través del dinero por el que trabajan, de los impuestos, sus hogares, sus ahorros y sus cuentas para el retiro.

EL GRAN ATRACO FLAGRANTE

En 1983 leí el libro *Grunch of Giants* de Bucky Fuller. Como recordarás, *Grunch* es el acrónimo en inglés de *Gross Universal Cash Heist*, o el Flagrante atraco universal. En 1983 me convertí en estudiante por primera vez en mi vida porque quería averiguar de qué manera nos robaba nuestra riqueza el *Grunch*.

Descubrí que lo hacía a través de nuestros gobiernos, los sistemas educativos, el dinero, la religión, los bancos y Wall Street.

A continuación te presento cinco maneras en que el *Grunch* roba nuestra riqueza a través del dinero, los ahorros y las inversiones.

CINCO RAZONES POR LAS QUE LAS CLASES MEDIA Y POBRE PIERDEN

RAZÓN #1: Los apostadores son quienes dirigen el casino

En las décadas de los cincuenta y los sesenta sólo los apostadores invertían en la bolsa de valores. De hecho, se consideraba poco ético que un asesor financiero les recomendara a sus clientes comprar acciones.

El miedo que produjo la gran caída de la bolsa de valores de 1929, y la subsecuente depresión que duró varias décadas, se mantuvo fresco en la mente de la generación de la Segunda Guerra Mundial. En los cincuenta y los sesenta los inversionistas inteligentes compraban bonos del gobierno o ahorraban dinero.

En esas mismas décadas mi padre pobre y mi padre rico eran ahorradores porque acumular dinero era más seguro que apostar en la bolsa de valores, ya que a partir del Acuerdo Bretton Woods de 1944 el dólar empezó a estar respaldado por oro y se convirtió en la divisa de reserva del mundo, es decir, en algo "tan bueno como el oro".

En 1971 Nixon clavó el último clavo en el féretro del patrón oro.

El dólar y todo el dinero del gobierno se transformaron en deuda, los apostadores asumieron el control del casino del gobierno y los deudores se convirtieron en ganadores y los ahorradores… en perdedores.

Los sistemas educativos del mundo nunca mencionan este suceso fundamental en la historia.

Padre pobre siguió ahorrando, no cambió su estrategia. Estaba seguro de que las pensiones del gobierno que había ahorrado lo salvarían.

Padre rico tuvo que cambiar porque era empresario y no recibía cheques de nómina ni pensiones del gobierno.

En algún momento de 1973 padre rico modificó su estrategia por completo. Ese año descubrió lo que planeaba el gobierno y produjo su lección #1: "Los ricos no trabajan para obtener dinero".

En 1973 padre rico se dio cuenta de que el dinero era tóxico, que había sido diseñado para robar la riqueza de toda la gente que trabajaba para obtenerlo, la que lo ahorraba y la que lo invertía en instrumentos patrocinados por el gobierno como los planes 401(k), los IRA, las acciones, los fondos mutualistas y los fondos cotizados o ETF.

En 1973 padre rico nos recomendó a su hijo y a mí que aprendiéramos a usar la deuda para adquirir activos, por eso tomé mi primer curso de bienes raíces. También tomé cursos de acciones y bonos, y obtuve mi licencia como CFP: planeador financiero certificado.

Historia de la tasa de interés de los bonos del tesoro de Estados Unidos

Fuente: Observations (ObservationsAndNotes.blogspot.com)

Como puedes apreciar en esta gráfica, a los ahorradores les fue bien hasta aproximadamente 1990.

A partir de ese año las tasas de interés empezaron a caer, y los ahorradores de las clases media y pobre se convirtieron en perdedores.

A partir de ese año los apostadores, dirigidos por la Reserva Federal, los grandes bancos y el Tesoro de Estados Unidos, empezaron a imprimir más y más dinero para salvarse a sí mismos y a sus amigos ricos.

Por qué los ahorradores son perdedores

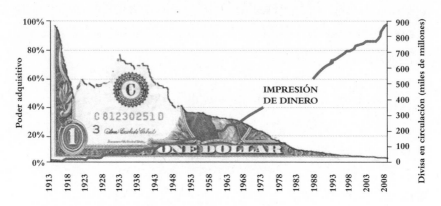

Fuente: Bureau of Labor Statistics

La impresión de dinero provocó que las clases media y pobre empobrecieran más porque el dinero falso genera inflación y la inflación vuelve la vida más cara.

UNA VEZ MÁS, LA LECCIÓN #1 DE PADRE RICO:
"Los ricos no trabajan para obtener dinero".

UNA VEZ MÁS, LA LECCIÓN DE PADRE POBRE:
"Ve a la escuela, consigue un empleo y trabaja para ganar dinero, ahórralo y sal de deudas".

UNA BREVE HISTORIA DEL ATRACO

A partir de 1971 los apostadores se convirtieron en ganadores. Observa el incremento acelerado en la historia ilustrada de 125 años a partir de 1971 del Promedio Industrial Dow Jones, parte de la bolsa de valores.

125 Años del Promedio Industrial Dow Jones
1895-2015

Las áreas grises indican las recesiones en Estados Unidos

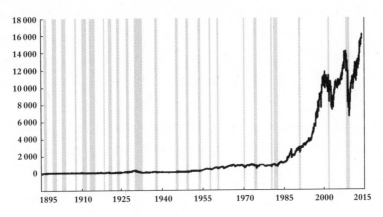

Fuente: S&P Dow Jones Indices LLC

En la década de los setenta las escuelas de negocios empezaron a hablar mal del oro y a decir, aprovechando el término acuñado por John Maynard Keynes, que se trataba de una "reliquia bárbara". Actualmente, la mayoría de los graduados de maestría y de los ejecutivos de las corporaciones sólo conoce el dinero y los activos falsos. No sabe gran cosa respecto al oro y la plata, es decir, el dinero de Dios.

En la década de los setenta los chicos de las clases media y pobre empezaron a estudiar en escuelas del círculo Ivy League, o sea, escuelas para los ricos. En su libro *Tailspin*, Steven Brill relata cómo estos chicos, de la misma clase a la que él pertenecía, ingresaron a las universidades Ivy League y empezaron a codearse con jóvenes herederos de fortunas amasadas a lo largo de muchas generaciones, jóvenes cuyos padres eran dueños de negocios y bienes raíces, como las familias Kennedy, Bush y Trump.

Los estudiantes como Barack Obama y Bill y Hillary Clinton, procedentes de las clases media y pobre, y graduados de las mejores escuelas públicas estadounidenses, se dieron cuenta de que tenían que seguirles el paso a sus compañeros de familias pudientes. Nota, por favor, que los tres son abogados. Brill, quien estudió leyes en Yale, señala que los abogados de origen más bien pobre empezaron a inventar activos falsos —derivados diseñados con ingeniería financiera— que les permitieron volverse ricos, pero de paso destruyeron a las clases de donde ellos mismos provenían.

En 1972 el presidente Nixon le abrió las puertas a China, y así, los trabajadores pobres empobrecieron aún más porque los salarios se estancaron y se perdieron muchos empleos.

En 1974 el congreso aprobó la Ley de seguridad de ingresos de jubilación para el empleado (ERISA) bajo la presión de los cabilderos, los grandes bancos, la Reserva Federal, Wall Street y miles de grupos con intereses particulares como el ejército, los sindicatos de maestros y las ONG que quieren los dólares que recibe el gobierno por parte de los contribuyentes (o como les llama el presidente Trump, "el pantano"). Cuatro años después vimos nacer los planes 401(k).

La ley ERISA, los 401(k) y los planes IRA son productos del "pantano".

Esta ley fue la que preparó el camino para los 401(k), los IRA y los planes de pensiones de los trabajadores. Fue la que abrió las puertas para que millones de trabajadores de las clases media y pobre que carecían de educación financiera jugaran en el gran casino que conocemos como acciones y mercados de bonos.

Mientras los líderes imprimían dinero y despojaban de su riqueza a casi todos los trabajadores, algunos inversionistas de la clase media como mi padre rico aprovecharon el atraco y obtuvieron ganancias cuando los mercados de acciones, bonos y bienes raíces se inflaron hasta convertirse en enormes burbujas.

Para 1978 millones de novatos se vieron obligados a jugar en los gigantes casinos de los bancos y de Wall Street, propiedad de los pudientes.

Padre rico les llamaba a estos enormes casinos "casas de naipes".

La "casa de naipes" se volvió aún más inestable en 1999, fecha en que se revocó la ley Glass-Steagall de 1933 que separaba las actividades bancarias comerciales de las actividades de bancarias de inversión.

El presidente Bill Clinton y su pandilla conformada por otros miembros de la élite liderados por Robert Rubin, secretario del Tesoro, antiguo copresidente de Goldman Sachs y presidente emérito del Consejo de Relaciones Exteriores, clavó el último clavo en el féretro de las clases media y pobre: las clases trabajadoras.

P: ¿Por qué dices que la Ley Glass-Steagall clavó el último clavo en el féretro de las clases media y pobre?

R: Esta ley les permitió a los banqueros tomar los ahorros de los pequeños inversionistas privados, de la gente común, y utilizarlos para invertir en el gran casino.

Cuando el casino perdió el dinero de los pequeños inversionistas, la Reserva Federal y el Tesoro de Estados Unidos lo rescataron. De esa manera salvaron a los ricos a costa del futuro de los más indefensos.

Los ricos apostaron con el dinero de los pobres, lo perdieron, y luego los pequeños inversionistas tuvieron que pagar la pérdida de su propio dinero a través de los impuestos. Para colmo, con el dinero del rescate también se pagaron los bonos que se les otorgaron a los ricos que apostaron y perdieron el dinero de los inversionistas involuntarios.

La casa de naipes se derrumba

A pesar del cínico abuso que sufrieron los pequeños inversionistas, las cosas siguieron como si nada porque, después de todo, ¿a quién le importa si un rico pisotea solamente a algunos cuantos millones de personas?

Pero luego, la casa de naipes empezó a tambalearse.

En 1998 los cimientos del casino mundial de papel plastificado empezaron a desmoronarse y los grandes colapsos empezaron a suceder.

Tras el descalabro de 2008 los bancos centrales mundiales y el gobierno de Estados Unidos imprimieron aproximadamente 9 billones de dólares para salvarse a sí mismos y a sus amigos.

Ahora, mientras escribo este libro en 2018, el mundo se encuentra en otra burbuja económica gigante. Las acciones, los bonos y los precios de los bienes raíces han servido para volver ricos a millones de apostadores.

Entre 1971 y 2018 los apostadores fueron los ganadores.

Entre 1971 y 2018 los trabajadores de las clases media y pobre que tanto se esforzaron para ganar dinero falso, para ahorrarlo e invertirlo en activos falsos —controlados por los administradores de fondos falsos provenientes de las escuelas de negocios más elegantes—, se convirtieron en los mayores perdedores.

Tres burbujas gigantes

BURBUJA GIGANTE #1:

1998: Crisis financiera de Tailandia
1999: Crisis financiera de la administración de capital a largo plazo
2000: Estallido de la burbuja dot.com

BURBUJA GIGANTE #2:

2008: Estallido de la burbuja de los derivados de bienes raíces

BURBUJA GIGANTE #3:

2018: ¿Estallido de la gran burbuja?

396

En 2018, a medida que las tasas de interés empezaron a subir, los mercados accionarios y de bienes raíces se desplomaron.

De acuerdo con CNBC, los asiáticos "súper ricos" perdieron más de 100 000 millones de dólares en el primer semestre de 2018 en el marco de los mercados asiáticos bajistas, conocidos como *bear markets*.

Se reporta que entre el 1 y el 14 de octubre de 2018 aproximadamente 6 billones de dólares se evaporaron de los mercados de capital de todo el mundo.

¿Acaso se acerca el fin?

¿Las crisis financieras de 2018 son señal de que los ricos ya abandonaron el casino?

Diez años después de la crisis de 2008, ¿estarán los pequeños inversionistas a punto de volver a perder?

Triple techo

Cuando estaba en la preparatoria pasaba la mayor parte del tiempo surfeando o asomado por la ventana del salón mirando el oleaje marino.

Todos los surfistas saben que las olas gigantes vienen en grupos, y generalmente son grupos de tres. Esto significa que cuando pierdes las dos primeras olas, tienes que dar la vuelta y dirigirte de nuevo al mar porque la tercera ola gigante está por llegar.

Recuerdo claramente la ola más grande que monté. Era invierno, la época del año en que las olas gigantes golpean las playas de Hawái. No debí estar en esas aguas, debí quedarme en la playa con la multitud, observando el espectáculo. Las olas eran mucho más inmensas que mi habilidad como surfista, pero el ego me hizo meterme al mar y mantenerme ahí.

Ese día escuché el grito de un surfista a lo lejos. "¡Afuera!", eso significaba que yo estaba demasiado adentro, justo en la zona donde rompería la ola.

De inmediato giré mi tabla y braceé frenéticamente con la esperanza de llegar "afuera".

La primera ola fue como una montaña, apenas llegué a la cima y desde ahí vi la segunda montaña dirigiéndose a la playa. Cuando libré la cima de la primera ola vi a los sufistas que seguían braceando en la parte de "afuera". Entonces supe que la tercera ola se acercaba. Era evidente que tenía que atrapar la segunda si no quería que la tercera me aplastara.

Llegué un poco tarde al punto de despegue de la segunda ola que, según mis cálculos, tenía una altitud de entre tres y cinco metros. Probablemente alcanzó los seis metros mientras me paré y "me lancé en la caída". Mientras mi cuerpo se apresuraba por encima de la ola que estaba rompiendo detrás de mí, sentí que las piernas me fallaban, pero de alguna manera logré mantener el equilibrio, monté lo más lejos que pude, llegué a la playa, levanté mi tabla y corrí a toda velocidad en sentido contrario al mar para salir de la zona de alcance de la tercera ola que empezaba a romper en ese momento.

La imagen de mis compañeros surfistas, subir y enfrentar la tercera ola, no lograrlo, ver la punta crecer y luego romper, y ver las tablas volando en el aire, fue una serie de experiencias que quedaron grabadas con fuego en mi memoria.

Cada vez que la gente me pregunta cómo aprendí a calcular el tiempo en los mercados, sólo contesto: "Crecí surfeando".

La siguiente gráfica muestra las olas financieras más altas de la historia.

Observa los tres picos. En la jerga de los inversionistas a esta configuración se le conoce como "patrón triple techo".

El primer techo o pico se produjo en 1998, el segundo en 2008. ¿Cuándo veremos la llegada del tercero?

Tradicionalmente, el tercer techo es señal del punto de agotamiento a largo plazo, y con frecuencia hay un desplome después.

Tengo la sospecha de que entre 2019 y 2025 muchos apostadores novatos que actualmente son ricos se convertirán en los mayores perdedores del futuro.

Por qué se fundó Rich Dad Company

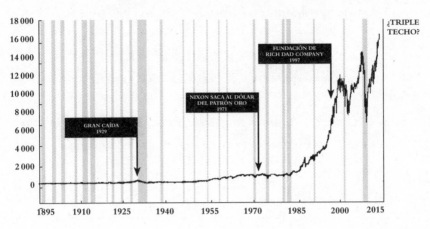

Fuente: S&P Dow Jones Indices LLC (2013 research.stlouisfed.org)

P: ¿Cuándo se producirá la siguiente gran crisis?

R: Crecí en la Gran Isla de Hawái, donde se encuentra el volcán que está en erupción actualmente. Antes de cada estallido había "premonitores", es decir, sismos leves que les advierten a los residentes que se avecina una erupción o un terremoto. Antes de una erupción o de un gran terremoto se sentían los premonitores.

Ahora, al tiempo que escribo este libro, los premonitores van en aumento, pero los estadounidenses están felices porque el desempleo ha disminuido, hay mucho trabajo y los salarios están aumentando.

P: ¿Cuáles son los premonitores financieros?

R: El incremento de la deuda nacional y de los subsidios, colapsos súbitos en el mercado de bonos y en la bolsa de valores, los desastres ambientales de importancia que provocarán que las tasas de las aseguradoras aumenten, la piratería cibernética, la incesante guerra global contra el terrorismo y los líderes del gobierno que luchan entre sí y se insultan en lugar de resolver nuestros problemas nacionales e internacionales.

... y Nerón tocó el arpa

Hay un viejo dicho que reza: "Y Nerón tocó el arpa mientras Roma ardía".

La siguiente gráfica muestra cómo Estados Unidos arde mientras nuestros líderes reúnen dinero para su siguiente campaña electoral.

La brecha

Después de impuestos y de la inflación

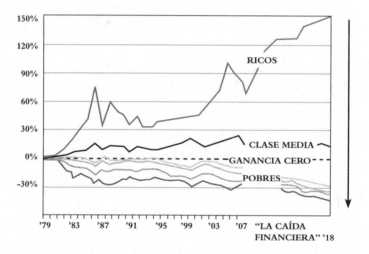

Fuente: Congressional Budget Office

¿La Era Dorada de los apostadores estará llegando a su fin?

Porque, como dice el dicho: "Apostar es la mejor manera de conseguir nada por algo".

En Mateo 20:16 podemos leer: "Los últimos serán los primeros... y los primeros serán los últimos".

Falso está dedicado a quienes tal vez hoy sean los últimos, pero que quieren ser los primeros mañana.

Estas son las cuatro razones adicionales por las que el retiro, las pensiones y los activos provocan que las clases media y pobre empobrezcan aún más.

RAZÓN #2: Inflación

"Benditos los jóvenes porque de ellos será
la deuda nacional."

—*Herbert Hoover*

"Si no existieran los préstamos estudiantiles garantizados
por el gobierno,
las colegiaturas serían mucho más bajas."

—*Gary Johnson*

PREOCUPACIÓN POR LAS SIGUIENTES GENERACIONES

En Estados Unidos los *baby boomers* tuvimos una vida fácil porque crecimos en el auge económico más fuerte de la historia mundial.

En cambio, nuestros hijos y nietos —la generación X, los *millennials* (nacidos después de 1982), y la generación Z del Internet (los nacidos después de 1995)— tienen un camino muy difícil por delante. Además de no contar con empleos o de estar subempleados, los *millennials* comienzan su vida cargando una onerosa deuda por préstamos estudiantiles. También han heredado una deuda nacional enorme, resultado del desastre financiero que les hemos dejado sus padres, abuelos y bisabuelos.

LA HISTORIA LES COBRARÁ A LAS GENERACIONES FUTURAS

Si las generaciones futuras no cambian nuestro corrupto sistema, ¿qué heredarán sus hijos y sus nietos?

"A través de un proceso continuo de inflación, el gobierno puede confiscar, en secreto y sin ser notado, una importante parte de la riqueza de sus ciudadanos."

—*John Maynard Keynes (1883-1946)*

"La manera de quebrar a la burguesía (la clase media) consiste en molerla entre las piedras del molino de los impuestos y la inflación."

—*Vladimir Lenin (1870-1924)*

"La inflación destruye los ahorros, impide la planeación y desalienta la inversión. Todo esto significa menos productividad y estándares de vida más bajos."

—*Kevn Brady (1955-)*

P: ¿Por qué el gobierno quiere que haya inflación?

R: Para pagar la deuda nacional con dólares baratos.

P: ¿Qué pasa si el gobierno no puede fomentar la inflación?

R: El lado opuesto de la moneda es la deflación. Si se produce una deflación excesiva, las economías de Estados Unidos y del mundo podrían caer gradualmente en la próxima Gran Depresión.

P: ¿Estás diciendo que el gobierno quiere que trabajemos por dólares inflados que cada vez valen menos y menos?

R: Sí.

El siguiente diagrama muestra la manera en que la inflación ha erosionado el poder adquisitivo del dólar en Estados Unidos.

Poder adquisitivo del dólar de consumo

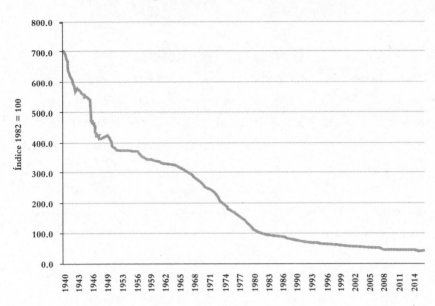

Fuente: St Louis Fed

P: ¿Qué hace el gobierno para provocar inflación?

R: Hay varias posibilidades. Una es a través de la impresión de dinero. Imprimir hace que el dinero sea menos valioso. Mientras el gobierno y los bancos sigan imprimiendo billetes, los ahorradores seguirán siendo los perdedores, y los deudores seguirán ganando.

Recuerda que el sistema bancario se basa en la impresión de dinero. Es a lo que se le conoce como sistema de banca de reserva fraccionaria. Esto significa que por cada dólar que guarda una persona en el banco, este tiene permitido prestar una "fracción" del dinero. Si la reserva fraccionaria es 10%, el banco puede prestarles nueve dólares a los deudores por cada 10 dólares que un ahorrador haya depositado. Cuando esos nueve dólares llegan al banco del deudor, este banco puede prestar 8.10. Lo triste es que solamente hay un dólar de dinero real en los ahorros. Por eso, si los ahorradores llegaran a entrar en pánico, los bancos no podrían devolverles su dinero.

Rescate tipo *bail-in*

Todos hemos escuchado hablar de los rescates tipo *bail-out*, los más comunes. Sin embargo, en el futuro podría haber rescates tipo *bail-in*. Esto significa que el dinero que tienes en el banco se transforma en "acciones bancarias", lo que te convierte a ti en inversionista del banco.

Por esto tal vez sea buena idea conseguir una caja fuerte a prueba de fuego, tenerla en tu casa y guardar en ella oro, plata, dinero en efectivo y documentos importantes. Lejos de los bancos.

Cajas fuertes falsas

Algunas personas tienen "cajas fuertes falsas" para que, si llegan a robarles, el ladrón sólo encuentre la caja falsa y se la lleve llena de joyería y relojes Rolex falsos. Mientras tanto, la caja fuerte real está lejos de la casa, en un casillero de almacenamiento o detrás de una "pared falsa".

O mejor aun, si tienes muchas cosas valiosas que proteger, tal vez prefieras guardarlas en otro país… pero legalmente. Mucha gente oculta en secreto su dinero y su riqueza en el extranjero, pero lo hace de forma *ilegal* y, por lo tanto, podrían confiscárselos. De hecho, hay abogados que se especializan en este tipo de banca *offshore* legal.

Si decides tomar en cuenta alguna de mis recomendaciones, por favor hazlo legalmente.

La definición del dinero

En la primera parte de este libro escribí sobre los requisitos que tiene que cubrir el "dinero para ser dinero":

1. **El dinero es almacenador de valor:** A partir de 1971 todo el dinero del gobierno se volvió tóxico y ya no se pudo confiar en él como almacenador de valor. Por definición, todo el dinero del gobierno dejó de ser dinero porque ya no conserva el valor.

2. **El dinero es una unidad de cuenta con valor mensurable:** El dólar estadounidense es aceptado en todo el mundo como unidad de cuenta con valor mensurable. Por el momento.

3. **El dinero es un medio de intercambio aceptado para transacciones financieras:** Te repito que el dólar estadounidense es un medio de intercambio aceptado mundialmente. También por el momento.

P: ¿Entonces una de las razones por las que las clases media y pobre son cada vez más pobres es porque confían en el dinero de sus gobiernos como en el caso del dólar estadounidense?

R: Sí. A partir de 1971 todo el dinero del gobierno se volvió tóxico porque a través de él empezaron a robar la riqueza de quienes trabajan para ganar dinero y ahorrarlo.

RAZÓN #3: Los activos auténticos enriquecen a los ricos
Jeff Bezos, fundador de Amazon, es multimillonario. ¿Crees que alcanzó ese estatus porque le pagaron un cheque de 1 000 millones de dólares?

El ingreso promedio de un empleado de Amazon ascendía a 28 446 dólares en 2017, pero Jeff Bezos gana más de 28 466 dólares en 12 segundos. Esto significa que su cheque de nómina anual es de solamente 1.7 millones.

Aunque el salario anual de 1.7 millones de Bezos podría ser (técnicamente) bajo, existe una razón por la que la gente lo considera el hombre más rico del mundo. Su valor neto se está disparando hasta el cielo, principalmente porque posee cerca de 80 millones de acciones de Amazon.

Esta misma gráfica explica por qué Jeff Bezos es tan rico.

La brecha

Después de impuestos y de la inflación

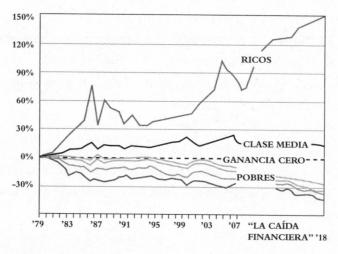

Fuente: Congressional Budget Office

Cada mes, una porción de los miles de millones de dólares pertenecientes a los millones de planes 401(k) y de retiro fluyen de los bolsillos de los trabajadores hacia las acciones de Amazon.

Jeff cada vez es más rico aunque su salario no aumente.

LECCIÓN: *Dinero* o *efectivo* y *flujo* son las palabras más importantes de la educación financiera. Cada mes, el dinero para el retiro fluye de los pequeños inversionistas hacia los bolsillos de los Jeff Bezos del mundo.

RAZÓN #4: Las crisis financieras enriquecen a los ricos

Cada vez que el mercado sufre un descalabro, lo cual sucede con frecuencia, las clases media y pobre pierden todo.

Cada vez que el mercado colapsa, los ricos solamente piden dinero prestado y vuelven a comprar las acciones de los empleados a precios de ganga.

RAZÓN #5: Pollo de hule para cenar

Cuando apenas empezaba a buscar mi fórmula para alcanzar la riqueza, iba a "cenas donde servían pollo de hule" que me recordaban los eventos de recaudación de fondos de los políticos. En las cenas con pollo de hule, los posibles clientes (gente como yo) se sentaban, cenaban cualquier porquería y luego escuchaban la presentación de una empresa de administración de capital o de un asesor financiero.

En varias de estas cenas estuve a punto de vomitar el pollo de hule. Me parecía *increíble* que la gente realmente se tragara los absurdos discursos.

> **P:** ¿Cómo enriquecen más los ricos si los fondos de pensión están quebrando?
>
> **R:** El juego se llama "activos administrados".

Incluso si las inversiones de los pequeños inversionistas no generan dinero, los ricos siguen ganando porque cobran una cantidad brutal de comisiones a partir de los activos administrados.

Forbes, 27 de mayo de 2013

"La cargada factura de las comisiones por inversión"

"La idea de renunciar a 40% anual en retornos sobre la inversión para pagar por la administración del portafolio y por la asesoría debería bastar para que la gente saliera corriendo. Sin embargo, este es el precio que muchos pagan cuando contratan un asesor de inversión para que les maneje un portafolio de fondos mutualistas o de fondos cotizados (ETF).

11 de mayo de 2016, NerdWallet

"Cómo una tarifa de comisiones de 1% les pudo costar 590 000 dólares en ahorros para el retiro a los *millennials*"

"El análisis realizado por NerdWallet demostró que entre los 45 y los 65 años la pérdida por concepto de comisiones aumenta de 12 a más de 25 por ciento.

" 'Todos hablan de los beneficios del *interés compuesto*, pero pocos mencionan el *peligro de las tarifas por comisiones compuestas*', dice Kyle Ramsay, jefe de inversión y retiro de NerdWallet." (Las cursivas son mías.)

El costo de una cena de pollo de hule

He ido a demasiadas cenas donde sirven pollo de hule. Ahí escucho a los expertos financieros explicarme la manera en que su fórmula financiera me volverá rico.

En una de esas cenas saqué mi calculadora, leí las letras pequeñas del deslumbrante folleto y sumé todos los gastos por comisiones que tendría que pagar si empezara a invertir a los 35 años.

Las cifras eran asombrosas. Si empezaba a invertir sólo 750 dólares al mes en un plan 401(k) y la cuenta me diera 8% anualmente, pagaría 2.5 millones en comisiones y tarifas ocultas. Con 2.5 millones de dólares puedes comprar muchas cenas de pollo de hule.

Le pedí a mi contador que verificara mis cuentas, y lo único que me dijo fue: "Qué bueno que te saliste de ahí".

Lo que me perturbó fue la cantidad de gente que se quedó en la cena. De hecho, casi todos estaban formados porque querían apuntarse para que les hicieran un análisis financiero personal.

¿Por qué se formaron? Porque no estaban contentos con los rendimientos que estaban recibiendo con su asesor financiero en ese momento.

Como lo mencioné anteriormente, el juego se llama "Activos administrados", no "Retornos sobre inversión para el cliente".

La nueva fórmula mágica del arrogante neoyorquino que me atendió no era tan poderosa. Por lo que pude ver, no consistía en mucho más que estar atento al S&P 500, cosa que cualquiera que haya estudiado hasta el quinto grado podría hacer.

Ese mismo individuo afirmó que sus comisiones sólo ascendían a 1%, pero cuando revisé las letras pequeñas, noté que las tarifas por comisiones eran muchísimo más elevadas. Esto no impidió que la gente desesperada le quisiera entregar al asesor cientos de miles de dólares, si no es que millones.

P: ¿Por qué estaba la gente desesperada?

R: La mayoría de los inversionistas promedio quiere obtener retornos sobre la inversión (ROI), réditos o ganancias de capital. En pocas palabras, quiere que su dinero "crezca", no que se encoja.

Menos de 5% de los administradores de fondos logra vencer al mercado, pero a pesar de eso siempre ganan, incluso si a ti te va mal.

Me parece que, en lugar de ver cómo sube y baja la bolsa de valores, es mucho más inteligente prestarle atención al porcentaje de las comisiones que cobran los administradores de los fondos.

Además, hay todo tipo de comisiones:

• **Comisión por correduría de la cuenta:** Esta podría ser una comisión anual para mantener una cuenta de correduría, una suscripción para tener acceso a investigaciones *Premium* que complementen la estrategia de intercambio o una cuota de acceso a las plataformas de intercambio.

• **Comisión por intercambio:** Es lo que te cobra el corredor cuando compras o vendes ciertos instrumentos, como las acciones.

- **Comisión por transacción de fondo mutualista:** Es lo que te cobra el corredor para comprar o vender algunos fondos mutualistas.
- **Radio de gasto:** Comisión anual que cobran todos los fondos, los fondos indexados y los fondos cotizados (fondos negociados en la bolsa), como parte de un porcentaje de tu inversión en el mismo fondo.
- **Carga de ventas:** Se trata de un cargo o comisión por ventas sobre fondos mutualistas. Esta comisión se le paga al corredor o a quien se haya hecho cargo de vender el fondo.
- **Comisión por administración o asesoría:** Normalmente se trata de un porcentaje de los activos administrados, y quien se lo paga al asesor financiero es, por supuesto, el inversionista.
- **Comisión 401(k):** Cuota administrativa para conservar el plan. Esta cuota la debería pagar el empleador, pero a menudo este se las pasa a los participantes del plan.

Un planeador financiero certificado de verdad

John MacGregor, amigo mío de hace mucho tiempo, ha sido planeador financiero certificado por más de 25 años. John escribió un libro llamado *The Top 10 Reasons the Rich Go Broke*. Este libro relata espantosas anécdotas de gente real que siguió los consejos de un planeador financiero y perdió todo. El libro de John es una lectura obligada para cualquier persona que tenga sus ahorros para el retiro en fondos administrados.

John cuenta una historia muy graciosa sobre una ocasión en que fue a una de esas cenas donde sirven pollo de hule. Al llegar, el asesor financiero le pareció conocido. De pronto se dio cuenta de que el "experto" no era administrador de fondos sino un actor de Hollywood que había aparecido en muchos comerciales de televisión. En esa cena sólo estaba haciendo el papel de un administrador de fondos.

John cuenta que, sólo de ver a casi toda la gente formada para entregarle al actor su dinero, de pronto se sintió enfermo.

Retornos sobre comisiones

Sé que la gente necesita dinero, por eso las agencias de corretaje se cobran del capital todo: los honorarios, las comisiones, la asesoría y la administración.

Y francamente no tengo nada en contra de la gente que ejerce su derecho a cobrar comisiones.

Lo que quiero dejar claro es que los inversionistas deben tener cuidado con las palabras *en promedio* porque los promedios son mentiras, son ROI "retornos sobre comisiones" o ROF, por sus siglas en inglés.

Analiza las comisiones que pagarás

Si tienes una cuenta de retiro o estás invirtiendo en planes respaldados por el gobierno como el 401(k) o el IRA, planes que están repletos de fondos mutualistas, de ETF y de cuentas del mercado de dinero, antes de revisar los rendimientos échales un vistazo a las comisiones. Si no eres bueno para las matemáticas o para leer las letras pequeñas contrata a un contador o abogado para que analice estos aspectos. A largo plazo podrían sumar millones de dólares, es decir, te podría salir muchísimo más caro que lo que te cobraría el contador o el abogado.

Los honorarios que les pagues a ellos por analizar las letras pequeñas podrían valer más de lo que cuesta una educación universitaria.

De hecho, yo pago mucho por concepto de honorarios.

¿Por qué lo hago? Porque mi ROF es fantástico.

A la empresa de inversión en bienes raíces de mi socio y asesor de Rich Dad, Ken McElroy, le pago miles de dólares en honorarios.

¿Por qué? Porque el ROI de Ken es infinito. Ken no cobra honorarios sino hasta que los inversionistas ya recuperaron su dinero.

Una vez que los inversionistas tienen de vuelta su capital, entonces se comparte el ROI con Ken. Un ROI que, en el caso de Kim y mío, asciende a millones. El retorno infinito es la antítesis de lo "falso".

Más adelante hablaré mas sobre este tema.

A LA DEFENSA DE COMISIONES MÁS ELEVADAS

Hace 20 años, cuando Kim y yo nos mudamos a Phoenix, queríamos saber quién era el corredor de bienes raíces comerciales de mayor renombre en la zona.

No nos tomó mucho tiempo averiguarlo. Kim y yo nos reunimos con Craig y de inmediato nos agradaron él y su filosofía de inversión. Entonces le hicimos la oferta que les hacemos a todos los corredores de alto nivel. Le dijimos que le pagaríamos más del 6% que cobra la mayoría de los agentes de bienes raíces. Acordamos pagarle 10% más 10% de ROI si aceptaba ser socio.

Permíteme explicarte por qué hicimos esto.

Kim y yo notamos que muchos inversionistas le piden al corredor que trabaje por menos dinero. Pero piénsalo, los corredores del comprador y del vendedor se sientan a la mesa a negociar y, con frecuencia, justo antes de que lleguen a un acuerdo, el comprador o el vendedor les pedirá que "le bajen a su comisión" y eso significa trabajar por menos. Podrían, por ejemplo, pedirle al corredor que trabaje por 3% en lugar de 6 por ciento.

No sé por qué la gente hace eso, tal vez porque hay a quienes les parece astuto.

Kim y yo no hacemos esas cosas. Si nuestro corredor es el mejor de la ciudad, preferimos que se convierta en nuestro socio.

Observa el cuadrante de flujo de dinero.

Del lado izquierdo se encuentran las clases media y pobre, y del lado derecho operan los ricos.

La mayoría de la gente ve el mundo desde la perspectiva de E y A, y trata a los corredores de bienes raíces como gente de la zona A del cuadrante, es decir, como gente que "corre" para perseguir la chuleta.

Yo, en cambio, como opero en las zonas D e I del cuadrante, en cuanto compruebo que alguien es el mejor en su campo, prefiero que se convierta en mi socio y opere conmigo en las mismas zonas. Kenny es nuestro socio en las zonas D e I del cuadrante, y Craig es nuestro socio en la zona I.

Un día, un amigo me preguntó qué hacía para encontrar inversiones tan redituables, y yo le contesté: "Trato a los agentes como socios, no como corredores".

Nuestros socios nos han ayudado a volvernos millonarios en muchas ocasiones. Hemos amasado fortunas enormes mientras los otros inversionistas se enfocan en pagarles menos a sus corredores.

El peor consejo posible

Hace algunos años, un amigo nos sugirió a Kim y a mí que cambiáramos de despacho contable. Como siempre estamos dispuestos a aprender más, estuvimos de acuerdo en reunirnos con la gente de un despacho reconocido en todo el país.

Les permitimos que analizaran nuestros estados financieros y, unas semanas después, nos reunimos para dar seguimiento al proceso.

Kim y yo estábamos sentados en la sala de juntas cuando el contador en jefe hizo un anuncio: "Nuestro experto en planeamiento financiero vino en avión desde Washington, D. C. para asesorarlos respecto a su portafolio".

El experto, vestido como preparatoriano de la Costa Este, con lentes de armazón de carey, se sentó y nos dijo: "Revisé su portafolio y noté que están pasados de peso con los bienes raíces. Les sugiero que vendan todas sus propiedades e inviertan el dinero en acciones, bonos y fondos mutualistas".

Kim y yo nos atacamos de la risa porque, al principio, pensamos que bromeaba. ¿Acaso no se daba cuenta de que la mayoría de nuestros ingresos provenía del flujo de dinero que producían esos inmuebles?

Pero él no reía, estaba totalmente serio.

Más tarde hablé con Tom Wheelwright, quien es contador certificado y lleva nuestros asuntos contables.

—¿Qué este chico no se dio cuenta de que ganamos millones de dólares libres de impuestos con nuestros bienes raíces? —le pregunté.

—Sí, sí se dio cuenta —dijo Tom asintiendo.

—¿Entonces por qué nos recomendó que los vendiéramos?

—Porque él no recibe ninguna comisión de tus bienes raíces —me explicó Tom.

—¿De dónde vienen sus comisiones? —preguntamos Kim y yo.

—De los activos administrados —dijo Tom.

El poder de las palabras

Cuando era niño solía decir: "Los palos y las piedras pueden romperme los huesos, pero las palabras nunca me harán daño".

Pero no hay nada más alejado de la verdad. Las palabras son sumamente poderosas y pueden herir los sentimientos de cualquiera.

Todos nos hemos llegado a sentir maravillosos gracias a las palabras, inspirados. Sin embargo, también nos han desalentado y, si lo piensas, las palabras también han servido para que nos engañen, nos mientan y nos confundan.

Una de las razones por las que abandoné el programa de maestría fueron las palabras. Muchos profesores no usaban las palabras del mundo real de los negocios. La mayoría usaba palabras con base en la teoría.

El maestro de contabilidad fue el que me hizo decidirme porque usaba definiciones falsas para las palabras *activos* y *pasivos*. Entonces me fui.

A continuación encontrarás las definiciones de activo y pasivo que enseñan en las escuelas:

Activo (s.): recurso con valor económico, controlado por un individuo, una corporación o un país.

No sé a ti, pero a mí, esta definición me resulta vaga y ambigua. Es inútil porque carece de claridad.

Pasivo (s.): deudas u obligaciones financieras legales de una empresa que surgen durante el curso de las operaciones de negocios.

Es por esto que tanta gente y tantos contadores dicen que la casa, el automóvil y el refrigerador de una persona son sus "activos".

Las definiciones ambiguas les permiten a los contadores y a la gente "mentirse a sí mismos".

Por eso muchas personas dicen "mi casa es un activo" cuando, en realidad, es un pasivo.

Por esto, cuando alguien dice "mi valor neto es…", dejo de prestar atención. El valor neto suele carecer de valor porque se basa en mentiras, esperanzas, sueños y alucinaciones. Una persona puede incluir su automóvil en el valor neto, así como su mobiliario, su ropa, su casa e incluso sus obras de arte, pero generalmente lo hace exagerando el valor de los objetos. Por eso padre rico insistía en decir: "El valor neto no vale nada".

LECCIÓN DE PADRE RICO: Padre rico solía decir:
"Una persona que tiene una casa grande y automóviles
bonitos usualmente es más pobre que una persona que no
tiene nada. Una persona con una casa grande y un
automóvil bonito puede parecer rica y tener un valor neto
alto, pero si pierde su empleo, podría estar a menos
de 30 días de declararse en quiebra".
Por eso también insistía en enseñarnos esta información:
"Tu banquero quiere ver tu estado financiero, no tu boleta de
la escuela. El estado financiero refleja tu IQ financiero, es
decir, con cuánta inteligencia manejas tu dinero".

Padre rico quería cifras exactas, cifras que pudiera medir y verificar, por eso nos enseñó a su hijo y a mí que las palabras más importantes en los negocios eran *dinero/efectivo* y *flujo*.

LOS MAESTROS DE PADRE RICO

Como lo mencioné anteriormente, padre rico aprendió a negociar gracias a otros maestros auténticos. Tenía sólo 13 años cuando se hizo cargo de los negocios de su padre, y por eso sus maestros fueron sus banqueros, contadores, abogados y tenedores de libros.

Dado que padre rico era muy pequeño, sólo tenía 13 años, sus maestros tuvieron que aplicar el sistema KISS, es decir, mantener las cosas súper simples o "Keep It Super Simple", en inglés.

Por eso, cuando su hijo y yo teníamos unos 10 años, él nos enseñó: "Los activos y los pasivos son sustantivos. Para saber si el sustantivo es activo o pasivo, necesitan un verbo. Por ejemplo, casa es sustantivo, pero no pueden saber si es activo o pasivo sino hasta que añaden el verbo 'fluir'."

Si una casa es una propiedad que se renta y lleva dinero a tu bolsillo, entonces es un activo.

Si la casa es tu hogar y sólo saca dinero de tu bolsillo, entonces es un pasivo.

Por eso el hijo de padre rico y yo aprendimos que:

1. Los activos llevan (flujo de) dinero a tu bolsillo.
2. Los pasivos sacan (flujo de) dinero de tu bolsillo.

TU MAYOR PASIVO

Desde que naces, tu mayor pasivo es el momento en que te retires, es decir, el día en que ya no quieras o no puedas seguir trabajando.

Si tienes la fortuna de ser longevo, la vida se volverá cada vez más cara.

Por eso Seguridad Social y Medicare están en bancarrota hoy, justamente cuando los *baby boomers* se están jubilando.

Las ardillas saben por instinto que tienen que almacenar nueces para cuando llegue el invierno, pero los humanos no. Si un humano no puede almacenar un colchón financiero suficiente para mantenerlo vivo cuando su vida laboral llegue a su fin, el invierno de su vida y de la de su familia será como el de las ardillas que se quedan sin alimento en pleno invierno.

Un amigo mío ya no pudo cuidar a su madre en casa, pero encontró un asilo que le ofrecía la atención médica que ella necesitaba las 24 horas del día. Este hogar le cuesta a mi amigo 9 000 dólares mensuales. Su madre lleva seis años ahí y, al parecer, esperan que viva bastante más.

La verdad es que la familia no esperaba que la señora viviera tanto, y actualmente el costo mensual del hogar es mayor de lo que mi amigo gana. Él y su esposa están viviendo de sus pocos ingresos y ya empezaron a usar los ahorros para el retiro.

¿Quién se hará cargo de ti cuando ya no te puedas ganar la vida?

No puedes pescar en agua limpia

Anteriormente dije: "A partir de 1971 el dinero se volvió invisible".

Como la mayoría de la gente no cuenta con educación financiera auténtica, no puede ver el dinero.

La gente nada en agua fangosa con los ojos cerrados, como ciega. No tiene educación financiera auténtica y no conoce la diferencia entre activos y pasivos.

Esto les facilita muchísimo las cosas a los ultrarricos que controlan los bancos centrales, los gobiernos, Wall Street, los bancos "demasiado grandes para fallar" y nuestras escuelas de élite. Es lo que les permite volverse muy ricos... con sólo atrapar a los pececitos ciegos que nadan en el agua sucia.

En cuanto los ultrarricos atrapan a los pececitos ciegos y los tienen nadando en redes gigantes de dinero falso, venden los activos falsos de los pececitos: sus cuentas de ahorro, las acciones, los bonos, los fondos mutualistas y los fondos cotizados.

Si los pequeños inversionistas —la gente común—, viven mucho tiempo, sus años de retiro se convierten en su mayor pasivo.

Y los ultrarricos lo saben.

Por eso les venden *activos* falsos. Estos activos falsos de los pobres son los activos auténticos de los ricos, sólo observa hacia donde fluye el dinero.

Sigue el dinero

Para entender la diferencia entre los activos auténticos y los activos falsos, vuelve a ver todas las gráficas y trata de seguir el dinero.

La brecha

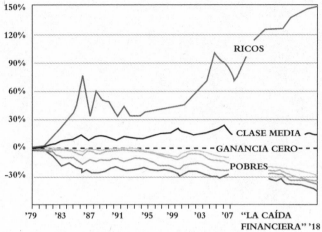

Fuente: Congressional Budget Office

Por qué los ahorradores son perdedores

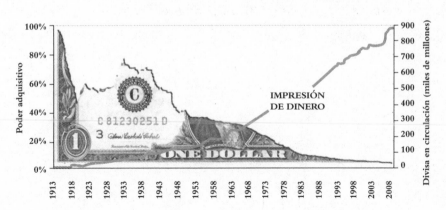

Fuente: Bureau of Labor Statistics

Poder adquisitivo del dólar de consumo

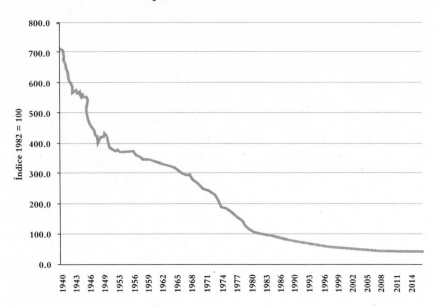

Fuente: St Louis Fed

Oro *vs.* dinero falso

Las divisas más importantes contra el oro, 1900–2018

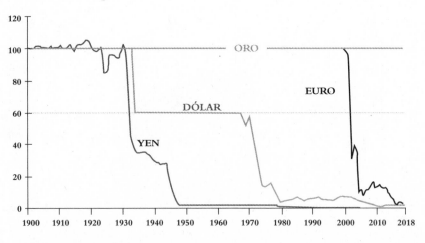

¿Será este un patrón de triple techo?

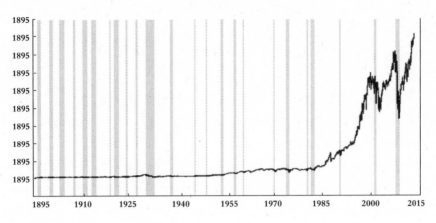

Fuente: S7P Dow Jones Indices LLC

EL CUADRANTE Y LOS IMPUESTOS

Si combinas el cuadrante de flujo de dinero con los impuestos, el agua fangosa se aclara un poquito.

Porcentajes de impuestos que se pagan en cada zona del cuadrante

Las personas que trabajan para obtener dinero son las que pagan los porcentajes fiscales más elevados.

Quienes invierten el dinero de los trabajadores, son los que más dinero ganan y, para colmo, los que pagan los porcentajes fiscales más bajos.

El peor consejo financiero

Por todo lo anterior, el consejo de: "Ve a la escuela, consigue un empleo, trabaja con ahínco, ahorra dinero, compra una casa, sal de deudas e invierte en un portafolio bien diversificado de acciones, bonos, fondos mutualistas y ETF", podría ser la razón por la que las líneas de la siguiente gráfica siguen esas direcciones:

La brecha

Después de impuestos y de la inflación

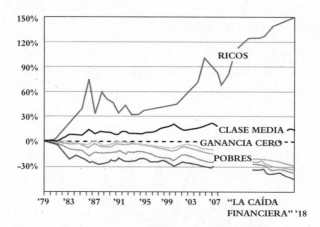

Fuente: Congressional Budget Office

Mientras las escuelas continúen sin proveer educación financiera, el fin de las clases media y pobre estará cada vez más cerca.

Permíteme hacer algunas preguntas:

¿Qué pasará si la brecha se ensancha más?

¿Nos dirigimos a un mundo con solamente dos clases, un pacífico planeta donde sólo habrá ricos y pobres?

¿O tal vez estemos camino a otra revolución francesa o bolchevique? ¿A otra guerra entre los ricos y los pobres en la que quienes *no tengan* tomen lo que necesitan de los que *sí tienen*?

¿Será posible reducir la brecha entre los ricos y los pobres?

¿Un poquito de educación financiera podría cambiar el futuro del mundo?

Sí, la brecha se puede reducir con un poco de educación financiera, pero esta educación la tienes que buscar tú mismo para ti y para tu familia.

Nuestro sistema educativo lo controla precisamente la gente que quiere mantener el agua sucia.

P: ¿Quién controla la educación?

R: En 1903 los ultrarricos como John D. Rockefeller jugaron un papel importante en la creación de la Junta General de Educación. Actualmente, los ricos siguen controlando las materias que se enseñan en nuestras escuelas, y por eso estas no ofrecen educación financiera real.

En conclusión

Padre rico solía decir: "Cuando tu banquero te dice que tu casa es un activo no te está mintiendo, pero tampoco te está diciendo la verdad. Lo que no te explica es que es un activo, pero del banco, no tuyo".

Podríamos decir lo mismo de tus ahorros, tus acciones, tus bonos, fondos mutualistas, fondos cotizados y tu plan para el retiro. Todos son activos falsos porque el dinero fluye hacia los ultrarricos a través de las comisiones compuestas y de los gastos.

Lo único que tienes que hacer es seguir el dinero para ver hacia quién fluye el dinero.

El legendario inversionistas John Bogle, fundador de Vanguard Funds, decía: "[Los inversionistas] ponen 100% del dinero, corren 100% del riesgo y obtienen 33% de los rendimientos".

Y si el fondo mutualista quiebra, el inversionista pierde 100%. Si el fondo hace dinero, los inversionistas reciben 20% de la recompensa y los propietarios del fondo, 80 por ciento.

Recuerda que el juego no se llama "Cuida el dinero del inversionista" sino "Activos administrados".

Incluso si los pequeños inversionistas pierden todo, e incluso si el fondo colapsa, se incendia y fenece, los propietarios seguirán ganando siempre gracias a las comisiones y las otras comisiones más comisiones.

Lo único que se necesita es agua limpia

Warren Buffet lo dijo mejor: "Si has participado en el juego [de póquer] 30 minutos y todavía no sabes quién es el chivo expiatorio, entonces tú eres el chivo expiatorio".

Sólo se necesita agua limpia para ver:

1. De dónde fluye el dinero
2. Hacia quién fluye el dinero

Con un poco de agua limpia podrás ver los activos auténticos y los pasivos reales, y lo más importante es que sabrás quién es el verdadero chivo expiatorio.

Si quieres aprender a ver cómo se mueve el dinero, toma clases de contabilidad con contadores de verdad, lee el libro *Riqueza libre de impuestos* de Tom Wheelwright, asesor de Rich Dad (Tom es un contador *auténtico*), y diviértete jugando el juego de mesa Cashflow.

LA GENTE LE ENSEÑA A LA GENTE

En 1996 Kim y yo diseñamos el juego Cashflow para que la gente les pudiera enseñar a otras personas a ver cómo se movía el dinero. Actualmente hay miles de clubes de Cashflow en todo el mundo.

En cuanto veas cómo fluye el dinero, también podrás identificar mejor el dinero falso, a los maestros falsos (en especial entre los asesores financieros y los corredores), y los activos falsos.

Lo más importante es que ya no serás un pez nadando en agua pantanosa.

En el siguiente capítulo verás lo que ven los ricos y entenderás por qué se enriquecen cada vez más.

TUS PREGUNTAS... LAS RESPUESTAS DE ROBERT

P: Parece que la televisión, los deportes, las *fake news* y otras cosas mantienen a la gente distraída y le impiden pensar en estos asuntos tan importantes. ¿La próxima crisis podría ser el llamado de atención que nos hará entender lo que está sucediendo?

Ellie B. - Rumania

R: Esperemos que así sea. En términos de alfabetismo financiero, el mundo lleva *aproximadamente 70 años en un mercado arribista secular.* Esto significa que los mercados y la economía han estado a la alza desde la Conferencia Bretton Woods de 1944, el año en que Estados Unidos asumió el control de la economía del planeta y el dólar se convirtió en la divisa de reserva universal.

Tengo la sospecha de que este *mercado arribista secular que ha durado 70 años* está a punto de llegar a su fin porque Estados Unidos usó su autoridad financiera para enriquecer a los pudientes a costa de las clases media y pobre de todo el planeta. Es el *Grunch* del que habló Fuller en sus libros.

Tal vez estemos entrando a un *mercado secular bajista...* quizá se aproxime el desplome del dólar estadounidense, y con eso una nueva depresión internacional. Como solía decir padre rico cuando se refería al cambio económico: "Van a jalar la cadena del excusado".

Sí, son malas noticias para casi toda la gente, pero también podrían ser buenas noticias para quienes están al tanto y quienes se han preparado para enfrentar el nuevo mundo del dinero.

P: Mucha gente cree en regalarle pescado a la gente, en proveerle educación, alimentos y cuidados de salud gratuitos. ¿Qué es lo correcto?

Michael S. - Escocia

R: Ambas respuestas son correctas. La respuesta depende de la persona que la busque. Sin embargo, sería mejor preguntarse: "¿Qué crees tú que Dios quiera que se haga?"

P: ¿Crees que la siguiente crisis tendrá como resultado en Estados Unidos un nuevo gobierno totalitario como el de la Alemania nazi de los treinta y los cuarenta?

Lydia J. - Lituania

R: Sí, la palabra es *fascismo*. Es una forma de gobierno dirigido por burócratas. Hay una gran diferencia entre la gente de negocios y los burócratas porque estos son fascistas que hacen reglas y esperan que todos las obedezcan. En todos los estratos sociales los hay.

Pero no me malinterpretes, creo que las reglas son importantes y que las necesitamos. Por ejemplo, es mejor que todos manejemos del mismo lado de la calle y que obedezcamos los límites de velocidad.

El problema es que los burócratas quieren que todos vivamos en un mundo controlado por *ellos*, y la mayoría de esos burócratas, como es el caso de los académicos, no vive en el mundo real del dinero. Casi todos son socialistas y comunistas, no capitalistas.

Ayn Rand escribió sobre este tipo de mundo en *La rebelión de Atlas*. Este libro habla sobre una sociedad en la que la economía no funciona y en donde nada marcha bien porque los burócratas asumen el poder. Debido a esto, los últimos capitalistas que quedan se ocultan y se niegan a que los parásitos burócratas que no producen nada, los exploten.

Capítulo dieciséis

La pesca en agua limpia
Noticias falsas... y transparencia

Te presento algunos encabezados que deberían ponerte a pensar...
y a aclarar algunos puntos respecto a lo que es real y lo que no.

**Documento sugiere que Jared Kushner no habría pagado
impuestos federales durante años**
The New York Times
13 de ctubre de 2018
A lo largo de esta década la empresa familiar de Jared Kushner ha
invertido miles de millones de dólares en bienes raíces. Sus inversiones en acciones se dispararon hasta el cielo y su valor neto se
quintuplicó hasta alcanzar casi 324 millones de dólares.

A pesar de ello, de acuerdo con documentos financieros con-
fidenciales revisados por *The New York Times*, el señor Kushner
—yerno del presidente Trump y asesor *senior* de la Casa Blanca—,
al parecer no ha pagado durante varios años consecutivos casi nada
por concepto de impuesto federal sobre la renta.

¿FAKE NEWS... O PERIODISTAS ESTÚPIDOS?

De acuerdo con las palabras del mismo Warren Buffet:

> Entre más inteligentes sean los periodistas, mejor estará la sociedad. Porque, hasta cierto punto, la gente lee la prensa para informarse, y entre mejor sea el maestro, mejores serán los alumnos.

P: Los periodistas de *The New York Times*, ¿son estúpidos o están promoviendo un artículo de *fake news*?

R: Tal vez nunca lo sabremos. Si sólo lees los encabezados, parecería que Jared Kushner, esposo de Ivanka Trump, hija del presidente, es como cualquier otro bandido. Como su suegro, "El Donald".

Millones de personas que carecen de educación financiera, en especial los miembros de las élites académicas como mi padre pobre, dicen: "Los ricos son bandidos".

Pero a continuación te presento algunas preguntas que tal vez te gustaría analizar. ¿Tiene razón Buffett? ¿Necesitamos periodistas más inteligentes para que la sociedad sea más perspicaz? ¿La gente lee la prensa para informarse?

Si Buffett está en lo correcto, y me parece que así es, ¿qué están haciendo por nuestra sociedad las *fake news*, las antisociales redes sociales y los periodistas (blogueros incluidos) que carecen de educación financiera? ¿Cuántos periodistas son como mi padre pobre? ¿Cuántos tienen una sólida preparación académica pero son individuos ingenuos en el aspecto financiero que, en el fondo, creen que los ricos son criminales?

¿Cuáles son las respuestas? Tal vez nunca lo sabremos.

El artículo de *The New York Times* continúa (las cursivas son mías):

> De acuerdo con los documentos, la baja fiscalización [de Kushner] es producto de una maniobra común de reducción de impuestos que,

año tras año, generó millones de dólares en pérdidas para el yerno del presidente. Sin embargo, las pérdidas sólo eran visibles en papel, ya que el señor Kushner y su empresa en realidad no parecían haber perdido dinero en absoluto. *Las pérdidas se produjeron por la depreciación, una ventaja fiscal que permite que cada año los inversionistas en bienes raíces deduzcan de sus ingresos fiscalizables una porción del costo de sus edificios.*

En 2015, por ejemplo, el señor Kushner se llevó a casa 1.7 millones de dólares en salario y ganancias por inversiones, sin embargo, esas ganancias fueron superadas por 8.3 millones en pérdidas, debido principalmente a la "importante depreciación" que el señor y su empresa aplicaron sobre sus bienes raíces, según los documentos revisados por *The Times*.

Más preguntas por considerar:

¿Los periodistas están diciendo o insinuando que "Jared Kushner es un bandido"? (Quiero que quede claro que no lo están haciendo. El artículo dice claramente: "Nada en estos documentos sugiere que ni el señor Kushner ni su empresa hayan infringido la ley".)

¿Cómo puede el señor Kushner llevarse a casa 1.7 millones de dólares en ingresos al mismo tiempo que sus ganancias se ven superadas por 8.3 millones en pérdidas?

Si perdió 8.3 millones, ¿por qué no está en quiebra?

¿La *depreciación* es una especie de misteriosa laguna fiscal utilizada por los malvados bandidos ricos? ¿O es un incentivo fiscal legal del gobierno que todos podemos aprovechar, incluso los periodistas?

La depreciación es un incentivo fiscal legal del gobierno que todos podemos aprovechar: tú, yo e incluso los periodistas.

P: ¿Jared se llevó a casa 1.7 millones de dólares en ingresos y no pagó nada de impuestos porque perdió 8.3 millones debido a la depreciación?

R: Sí.

P: ¿Es eso legal?

R: Sí.

P: ¿Los periodistas quieren que la gente crea que Jared, su familia y los Trump son unos bandidos?

R: Sólo tú puedes responder esa pregunta.

El artículo de *The New York Times* continúa:

En los documentos no se insinúa de ninguna manera que el señor Kushner o su empresa hayan infringido la ley. Un vocero de su abogado declaró que había "pagado todos sus impuestos pendientes".

En teoría, la posibilidad de depreciación protege a los desarrolladores de bienes raíces de que su inversión se reduzca debido al deterioro de sus edificios.

En la práctica, sin embargo, esta concesión representa un lucrativo obsequio para desarrolladores como los señores Trump y Kushner.

P: ¿Por qué los periodistas emplean frases incendiarias como "lucrativo obsequio para desarrolladores como los señores Trump y Kushner"?

R: Este es un ejemplo de "prensa amarillista".

P: ¿Qué es la prensa amarillista?

R: De acuerdo con Wikipedia, el periodismo amarillo o prensa amarillista son términos estadounidenses para referirse al periodismo y los periódicos involucrados que presentan noticias ilegítimas sobre las que se ha investigado poco o nada, acompañadas de encabezados llamativos, con el objetivo de aumentar sus ventas. Estas técnicas podrían incluir la exageración de sucesos noticiosos, escándalos o sensacionalismo.

P: ¿Por qué los periodistas no enseñan las lecciones sobre impuestos que ofrece Tom Wheelwright, tu asesor personal? Tom enseña que la ley fiscal sólo contiene unas cuantas páginas que hablan sobre *cómo pagar impuestos*, y que las miles de páginas restantes se enfocan en *cómo no pagar impuestos, y hacerlo de manera legal*. Además, esto es aplicable en casi todos los países occidentales.

R: En sus clases y en su libro *Riqueza libre de impuestos* Tom le enseña a gente como tú y como yo que los gobiernos capitalistas necesitan socios.

- En un gobierno capitalista, la democracia necesita que los ciudadanos como tú y como yo seamos socios, es decir, que invirtamos en proyectos que el gobierno quiere que se realicen.
- El comunista es un tipo de gobierno centralizado en el que la mayoría de los proyectos importantes la dirigen los burócratas. En China, por ejemplo, casi todos los ricos son amigos de los burócratas o son "principitos", o sea, hijos de burócratas.
- En Estados Unidos tenemos una "economía de libre mercado", lo que significa que a través de incentivos fiscales el gobierno alienta a la gente común y a los ciudadanos empresarios a participar en los proyectos que quiere y que necesita que se lleven a cabo.

INCENTIVOS FISCALES PARA LA VIVIENDA

El gobierno necesita, por ejemplo, que los empresarios provean viviendas. Por eso existe la "depreciación" que, en realidad, es un incentivo fiscal para quienes invierten en bienes raíces.

Incentivos fiscales para la creación de empleos

El gobierno también quiere que la gente genere empleos, por eso los empresarios de la zona D del cuadrante, o sea, los dueños de negocios con más de 500 empleados, pagan menos impuestos.

En 2018 Amazon empezó a buscar una nueva ciudad para reubicar sus oficinas centrales. A casi todas las ciudades les encantaría tener miles de empleados bien pagados, y por eso muchas le ofrecieron incentivos fiscales a esta empresa.

Tesla Motors, empresa de Elon Musk, recibió más de 1 000 millones de dólares en incentivos fiscales para la construcción de su fábrica de baterías en Nevada.

Incentivos fiscales para empleados bien pagados

Amazon y Tesla tienen miles de empleados que cobran salarios elevados. En general, entre más se le paga a un empleado, más presión fiscal se genera. Los empleados con salarios elevados atraen a cientos de negocios pequeños y los dueños de negocios pequeños pagan salarios más altos. Por eso los gobiernos locales les ofrecen incentivos fiscales a empresas como Amazon y Tesla para que muden sus centros de operaciones a ciudades y estados de todo el país.

Los negocios grandes atraen negocios pequeños, lo que significa más empleos. A su vez, más empleos significan más vivienda, más escuelas, más empleados del gobierno y más impuestos para los gobiernos urbanos y estatales.

Incentivos fiscales para la energía

La civilización no puede seguir creciendo sin energía. Si la energía escaseara o fuera más costosa, la civilización se derrumbaría.

Naturalmente, el gobierno también quiere empresarios que provean energía, y por eso hay incentivos fiscales para la explotación petrolera y gasífera.

Hoy en día, Estados Unidos depende menos del petróleo extranjero.

INCENTIVOS FISCALES PARA LOS ALIMENTOS

Asimismo, el gobierno quiere que tú y yo produzcamos alimentos, y por eso también hay incentivos fiscales para favorecer este propósito.

Si la gente tiene hambre, siempre hay disturbios.

INCENTIVOS... NO VACÍOS LEGALES

Debo aclarar que estos incentivos no son ni vacíos legales ni "errores" o "lagunas" que los bandidos sin escrúpulos puedan aprovechar, como los periodistas tratan de hacerles creer a los lectores. Los incentivos son intencionales, legales y están disponibles para todos, incluso para los periodistas.

Te repito que los impuestos y los incentivos fiscales son el motor del capitalismo.

QUIÉN PAGA IMPUESTOS

Mira nuevamente el cuadrante del flujo de dinero o Cashflow. Así te darás una idea de quién paga impuestos y cuánto.

Porcentaje de impuestos que paga cada cuadrante

La gente rica como las familias Trump y Kushner prepara a sus hijos para las zonas D e I del cuadrante.

A los periodistas posiblemente les fue bien en la escuela y aprendieron las habilidades y la mentalidad necesarias para las zonas E y A del cuadrante. Son "periodistas amarillistas" o sólo nadan como ciegos en el agua fangosa sin saber lo que sucede en las zonas D e I.

El artículo del *New York Times* continúa:

La ley da por hecho que el valor de los edificios disminuye cada año, pero en realidad es común que aumente. Sin embargo, la enorme flexibilidad de los bienes raíces les permite a los inversionistas determinar sus propias facturas fiscales.

P: ¿La ley fiscal les permite a los inversionistas en bienes raíces determinar sus propios pagos? ¿Incluso si eso implica que no paguen impuestos?

R: Así es. Además, los inversionistas profesionales en bienes raíces pueden acceder a deducciones por depreciación a las que no tienen acceso quienes sólo poseen una casa y viven en ella.

P: ¿Por qué no todos hacen esto?

R: Porque en las escuelas no se enseña nada sobre los impuestos.

P: ¿Tú aprendiste sobre los impuestos en la preparatoria?

R: No, yo empecé a aprender todo respecto al dinero, la deuda y los impuestos cuando trabajé para padre rico, a los nueve años de edad.

P: ¿Eso te dio una ventaja financiera en la vida?

R: Así es. Por eso Kim y yo diseñamos el juego Cashflow en 1996 y por eso escribí *Padre Rico, Padre Pobre* y fundé Rich Dad Company en 1997. Queríamos que todos tuvieran la misma ventaja financiera que me dio mi padre rico... producto de la misma educación que le pasé a Kim.

En 1996 enviamos nuestro juego de mesa Cashflow a Harvard para que lo evaluaran. Los expertos rechazaron el juego de inmediato y nos lo devolvieron sin haber abierto la caja siquiera.

Creo que fue algo positivo, fue una especie de cachetada, de señal de alerta.

Cuando Harvard rechazó nuestro juego y descartó la idea de que la gente pudiera aprender a través de "simulaciones", divirtiéndose y cometiendo errores, Kim y yo nos dimos cuenta de que nos estábamos dirigiendo a gente como mi padre pobre, es decir, académicos asalariados.

El fracaso es la otra cara del éxito. El hecho de que Harvard no evaluara nuestro juego fue algo genial. Ahora sabíamos quiénes serían nuestros clientes, sabíamos que no se trataba de las universidades, ni de las escuelas ni los maestros.

La gente le enseña a la gente

Ahora, Kim y yo estábamos seguros de quiénes serían nuestros clientes.

En 1997 escribí *Padre Rico, Padre Pobre*. Originalmente el libro se escribió como un folleto, un librito con una historia de la vida real que explicaba la importancia de los estados financieros y de la contabilidad. Este librito serviría para venderle el juego de mesa Cashflow a la gente que quisiera aprender… no a los profesores de mente cerrada que ya sabían todas las respuestas.

Ese mismo año fundamos The Rich Dad Company. Nuestra misión es: "Elevar el bienestar financiero de la humanidad".

Sabíamos que para cumplir nuestra misión, tendríamos que evitar un sistema educativo obsoleto, lento, aburrido, arrogante y desconectado de la realidad. Nuestro plan de negocios era sencillo, queríamos enseñar lo que las escuelas no enseñan empezando por la materia del dinero, una materia y una habilidad de vida que toda la gente del planeta necesita.

Rich Dad Company se enfocó en diseñar productos de educación financiera para educar a través de un método en el que *la gente le enseña a la gente.*

Para ser doctor, abogado, comerciante o cualquier tipo de empleado bien pagado necesitas ir a la escuela, pero para llegar a ser un empresario o inversionista adinerado, eso no es necesario.

Por eso, en la portada del libro *Padre Rico, Padre Pobre* aparece el subtítulo: "Qué les enseñan los ricos a sus hijos acerca del dinero, ¡que las clases media y pobre no!"

Lo que sabe Jared Kushner

En el siguiente segmento que te presento del artículo de *The New York Times* se explica qué es lo que los ricos les enseñan a sus hijos, es decir, eso que los chicos como Jared Kushner saben, pero los chicos de las clases media y pobre, no.

Al parecer, las pérdidas del señor Kushner, provenientes en gran parte de la deducción por depreciación, superaron sus ingresos gravables de casi todos los años cubiertos por los documentos presentados.

El señor está reportando las pérdidas a pesar de que sus propiedades las compró con fondos prestados. De acuerdo con los documentos, en muchos casos el señor Kushner contribuyó con menos de uno por ciento del precio de compra. E incluso esa modesta cantidad fue pagada, en general, con préstamos.

P: ¿Jared Kushner pidió prestado ese 1% que aplicó al precio de compra de bienes raíces por miles de millones de dólares? ¿Significa eso que compró miles de millones de dólares con nada de dinero?

R: Así es. A eso se le conoce como "retorno infinito" o "dinero por nada". Esa fue la primera lección que recibí en 1973 en mi seminario de bienes raíces.

P: ¿Entonces no necesitas dinero para volverte rico?

R: Correcto. Lo que sí necesitas es educación financiera y experiencia de verdad.

En cuanto aprendí lo que eran los retornos infinitos nunca volví a decir: "No puedo permitírmelo" o "No puedo darme el lujo de comprarlo porque no tengo dinero".

Una vez que entiendes este concepto, ya no necesitas dinero para volverte rico.

Retornos infinitos sobre la información

VIDEO GRATUITO: En 2018 Tom Wheelwright y yo grabamos una presentación de 45 minutos durante la Conferencia de Inversiones de Nueva Orleans.
Nuestra presentación se llamó
"ROI infinito: retorno sobre la información".
Aquí la puedes ver: http://reg-backoffice.s3.amazonaws.com/videos/kiyosaki-noic18/Kiosaki.mov.
Cuando veas este video comprenderás mejor cómo y por qué Jared Kushner puede comprar millones de dólares en bienes raíces sin dinero y, además, sin tener que pagar impuestos.
Kim y yo usamos la misma fórmula.

El artículo de *The New York Times* continúa (las cursivas son mías):

El resultado es que, usando dinero de alguien más —lo cual permite el código fiscal— el señor Kushner obtiene pérdidas que disminuyen su carga de impuestos. Las deducciones por depreciación también son aplicables en otras industrias pero, por lo general, no alcanzan a superar las pérdidas relacionadas con el gasto de dinero prestado...

En lo que le atañe al Internal Revenue Service, la familia Kushner ha perdido dinero durante años...

A diferencia de los asalariados tradicionales, los dueños de este tipo de empresas pueden reportar sus pérdidas para obtener beneficios fiscales. Cuando una empresa como Kushner Companies reporta gastos mayores a sus ingresos, se genera una "pérdida operativa neta" que puede eliminar todos los impuestos que, de otra manera, *debería* el dueño de la empresa. *Dependiendo de la dimensión de la pérdida, puede incluso usarse para obtener un reembolso de impuestos pagados en años previos o eliminar adeudos fiscales futuros.*

P: Entonces, ¿la deuda y los impuestos enriquecen a los ricos?

R: Sí, pero para lograr eso se necesita una educación financiera sólida, mucha práctica y un equipo de inversionistas muy, muy inteligentes como Tom Wheelwright. No olvides que:

Hay muchas puertas para llegar al cielo financiero, pero hay muchas más para llegar al infierno.

El artículo de *The New York Times* continúa:

"Si tuviera que volver a vivir mi vida, me metería al negocio de los bienes raíces", dijo Jonathan Blattmachr, un reconocido abogado de fideicomisos y herencias que ahora ocupa un puesto importante en Pioneer Wealth Partner. Blattmachr fue quien revisó los documentos de Kushner. "Es genial, recibes deducciones fiscales por cosas que no pagaste".

P: ¿Un inteligente abogado de fideicomisos y herencias no sabe cómo aprovechan los ricos la deuda y los impuestos para enriquecer aún más y más?

R: Así es. Muy poca gente lo sabe. Te exhorto a que veas el video gratuito que hicimos Tom y yo para que aprendas lo que muy pocos saben. [Ve "Retornos infinitos sobre la información" en la página 439 de este capítulo.]

El artículo de *The New York Times* continúa:

La legislación fiscal del año pasado eliminó ese beneficio en todas las industrias excepto la de los bienes raíces.

P: ¿Por eso en 2016 vendiste todos tus activos de papel, acciones, bonos, fondos mutualistas y ETF?

R: ¿Tú qué crees?

NADAR EN AGUA LIMPIA

En otro artículo, *The New York Times* reportó que en 2017 Jared Kushner e Ivanka Trump habían ganado 82 millones en ingresos pasivos. Probablemente también fueron ingresos libres de impuestos.

Las imágenes valen más que mil palabras. A continuación verás lo que se enseña en las escuelas.

Clases media y pobre

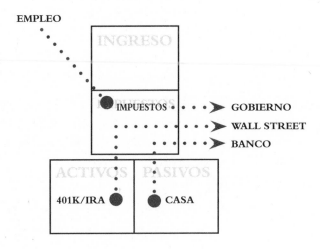

Esto es lo que les enseñan a los estudiantes en las escuelas. Observa de dónde sale el dinero y hacia dónde fluye.

Así es como se ve el agua fangosa. Esto es lo que sucede cuando le dices a un niño que vaya a la escuela, consiga un empleo, compre una casa, salga de deudas e invierta a largo plazo. Este mantra ensucia el agua… y la empantana.

¿Se está aclarando el agua?
La fórmula de McDonald's

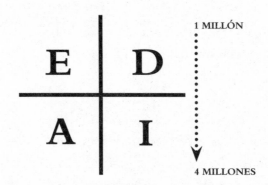

En *Padre Rico, Padre Pobre* escribí sobre la ocasión en que Ray Kroc, fundador de McDonald's, le hizo a un grupo de estudiantes de maestría de la Universidad de Texas la siguiente pregunta:

—¿En qué negocio está McDonald's?

—En el negocio de las hamburguesas —dijo un estudiante.

—No, McDonald's está en el negocio de los bienes raíces —aclaró Kroc.

En la película *The Founder* la idea de que McDonald's está en el negocio de los bienes raíces queda muy clara.

Padre rico está en el negocio de los bienes raíces

Rich Dad Company también está en el negocio de los bienes raíces. Como muestra el siguiente diagrama, si la empresa gana un millón, nosotros pedimos prestados cuatro. Preparamos nuestro ingreso pasivo y, después de eso, estamos listos para depreciar cinco millones en pérdidas pasivas.

Como sucede con Jared Kushner, nuestras pérdidas pasivas producto de los bienes raíces superan los ingresos de nuestros negocios, y de esa forma pagamos muy poco o casi nada por concepto de impuestos. De manera legal.

P: ¿La ley fiscal te alienta a pedir prestado e invertir para volverte rico?

R: Así es. Si Kim y yo no pedimos prestado ni invertimos en bienes raíces tenemos que pagar impuestos.

Recuerda que a partir de 1971 el dólar estadounidense se convirtió en deuda. Si la gente deja de pedir dinero prestado, el dinero desaparece y la economía colapsa.

Por eso las empresas de tarjetas de crédito ofrecen incentivos para que los tarjetahabientes adquieran y usen sus tarjetas, y para que, a fin de cuentas, pidan dinero prestado.

También por eso la deuda por préstamos estudiantiles es el mayor activo del gobierno de Estados Unidos.

La deuda es dinero.

En realidad, la gente que recomienda "vivir libre de deudas" daña la economía. En lugar de deshacerte de tus deudas toma cursos de bienes raíces y aprende a *usar* la deuda y los impuestos para volverte rico.

NADAR EN AGUA LIMPIA

Así es como luce el agua limpia. Este diagrama que muestra el dinero fluyendo explica la manera en que los ricos pescan en agua limpia.

Dado que ellos tienen educación financiera auténtica saben:

1. Usar los impuestos para adquirir activos.
2. Usar la deuda para adquirir activos.

3. Reinvertir ganancias sin pagar impuestos.

4. Por qué ahorrar oro y plata en lugar de dinero falso es lo más lógico.

Por qué los ricos se enriquecen

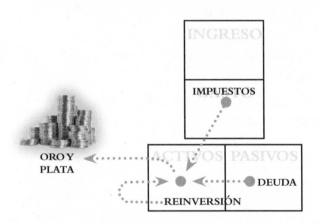

"YO NO PUEDO HACER ESO AQUÍ"

No importa adónde vayamos Tom Wheelwright y yo, siempre que mostramos el diagrama anterior alguien levanta la mano y dice: "Aquí no puedes hacer eso".

Este concepto y su diagrama lo hemos presentado en Reino Unido, Japón, Rusia, Australia, Nueva Zelanda, Canadá, China y todo Estados Unidos.

Y al final de cada una de las presentaciones (y de la explicación del diagrama), alguien siempre dice: "Aquí no puedes hacer eso".

P: ¿Qué le dices a la persona que insiste en: "Aquí no puedes hacer eso"?

R: Tom y yo le preguntamos: "¿Hay McDonald's aquí?"

Como la gente no tiene educación financiera, no puede ver las oportunidades millonarias que nadan frente a ella.

El artículo de *The New York Times* continúa (las cursivas son mías):

De acuerdo con los documentos, la baja fiscalización [de Jared Kushner] es producto de una maniobra común de reducción de impuestos que, año tras año, generó millones de dólares en pérdidas para el yerno del presidente. Sin embargo, las pérdidas sólo eran visibles en papel, ya que el señor Kushner y su empresa en realidad no parecían haber perdido dinero en absoluto. *Las pérdidas se produjeron por la depreciación*, una ventaja fiscal que permite que cada año los inversionistas en bienes raíces deduzcan de sus ingresos fiscalizables una porción del costo de sus edificios.

Más que depreciación
Ingresos libres de impuestos

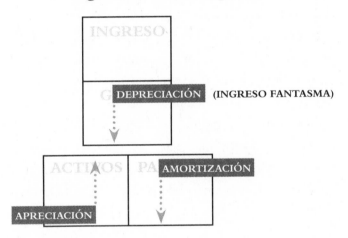

Los periodistas de *The New York Times* sólo se enfocaron en las ventajas fiscales de la depreciación. La educación financiera auténtica debe incluir las ventajas de la depreciación, la amortización y la apreciación.

1. DEPRECIACIÓN

La depreciación es una pérdida pasiva otorgada a los inversionistas en bienes raíces profesionales.

La depreciación es por el "desgaste" que sufren tu propiedad y sus componentes, como las alfombras, la iluminación y otros elementos esenciales que se requieren para operar un negocio de inversión en bienes raíces.

2. AMORTIZACIÓN

La amortización es la reducción del préstamo con el paso del tiempo.

Esta reducción de la deuda sobre la propiedad la paga el inquilino.

Las ganancias de la amortización pueden obtenerse libres de impuestos. Una de las maneras en que se puede sacar dinero de una propiedad es a través del refinanciamiento. En esta estrategia es posible aumentar la deuda, pero siempre y cuando el inquilino continúe realizando los pagos.

El dinero prestado durante el refinanciamiento es deuda y, por lo tanto, no se tienen que pagar impuestos por él.

Cuando los pequeños inversionistas refinancian su casa, ese dinero se genera libre de impuestos porque también es deuda.

El problema es que los pequeños inversionistas son también los inquilinos que hacen los pagos mensuales.

Justo antes de 2008 millones de personas quebraron porque usaron su casa como cajero automático. Es decir, refinanciaron la apreciación sobre su inmueble para liquidar deudas.

Cuando el mercado colapsó, su apreciación se evaporó, y toda esa gente terminó debiendo por su casa más de lo que esta valía.

Hay millones de inmuebles cuyo valor aún no se ajusta al equivalente del precio que tenían antes de 2008.

En mi vecindario, las casas que se vendían por 4 millones de dólares en 2008, ahora, en 2018, se venden por entre 2 y 3.5 millones.

A partir de 2008 muchos fondos de capital privados y fondos de cobertura compraron miles de casas que se vendieron en remate, a los precios más bajos posibles.

En 2018, ahora que los precios de los inmuebles están remontando, los fondos han comenzado a vender esas mismas casas, lo que hace que los precios de la vivienda continúen reprimidos.

3. APRECIACIÓN

La apreciación es el sueño de todo dueño de un inmueble.

Millones de personas siguen creyendo que "los precios de las viviendas siempre suben".

Los especuladores de bienes raíces sueñan con la apreciación de capital.

Pero el problema de especular con una casa es el impuesto conocido como ganancias de capital.

Por eso yo prefiero pedir prestada mi apreciación, porque sobre la deuda no se pagan impuestos.

En el video sobre los retornos infinitos hay un ejemplo en el que se refinancia un inmueble, y con él se explica la manera en que los ricos usan la deuda para ganar millones de dólares y no pagar impuestos.

Jared Kushner y Donald Trump aplican la misma fórmula.

Sin embargo, debo hacerte una advertencia: la deuda es un arma cargada que te puede proteger, pero también matarte.

En la próxima caída o colapso, la deuda, y en especial la deuda corporativa, destruirá el futuro económico de millones de empleados. El descalabro los dañará incluso si no tienen deudas personales, porque las empresas para las que trabajan están cargadas de compromisos económicos y no podrán pagar su deuda corporativa.

Si esos millones de empleados pierden sus empleos, no podrán pagar la casa en la que viven ni el automóvil que manejan porque, claro, ni la casa ni el automóvil son activos auténticos.

Te recordaré algo que sucedió hace mucho tiempo. En 1929 el Promedio Industrial Dow Jones alcanzó un punto máximo histórico de 381 puntos, y a la bolsa de valores le tomó 25 años, o sea, hasta 1954, para volver a alcanzar otra vez ese punto.

Repetiré las palabras de un hombre rico

Creo que vale la pena recordar las contundentes palabras de Warren Buffett:

> Entre más inteligentes sean los periodistas, mejor estará la sociedad. Porque, hasta cierto punto, la gente lee la prensa para informarse, y entre mejor sea el maestro, mejores serán los alumnos.

Warren Buffett opera con retornos infinitos porque no usa su propio dinero. Por eso es rico.

Retornos sobre la información

Te reitero que si quieres saber más sobre el poder de los retornos infinitos, por favor veas el video que hicimos Tom y yo en la Conferencia de Inversiones de Nueva Orleans de 2018.

Y si en verdad quieres aprender más, observa este mismo video con tus amigos, tu familia o tus socios de negocios, y discútanlo.

La discusión y el aprendizaje deben ser animados, acalorados e intensos.

Muchos dirán: "Los ricos son unos bandidos".

La gente que odia al presidente Trump lo odiará aún más porque aquí Tom explica que el presidente les otorgó incentivos fiscales permanentes a los ricos y eliminó los incentivos de la gente que trabaja por dinero.

Kim y yo elegimos no adoptar una postura política porque pelearse es un desperdicio de tiempo y de energía. Sólo decidimos ser ricos de manera legal, moral y ética.

La mayoría de los inversionistas promedio piensa que las siglas en ingles ROI significan "retornos sobre la inversión" del dinero, pero para los ricos y ROI quiere decir "retornos sobre la información".

Sí, esa misma información que no proveen las escuelas, ni muchos libros, ni los periódicos o publicaciones financieras.

Si quieres nadar en agua clara, vas a necesitar información cristalina.

En los siguientes capítulos aprenderás cómo prepararte para el inminente descalabro del corrupto sistema monetario, y para el futuro del dinero.

TUS PREGUNTAS... LAS RESPUESTAS DE ROBERT

P: ¿Cómo podemos aclararles a las masas que quienes cuentan con inteligencia y preparación académica, pero no saben nada o casi nada de inversiones, finanzas o finanzas personales, se atreven a escribir artículos sobre estos temas y, para colmo, son considerados expertos en el tema?

Ella M. - España

R: No entiendo lo que quieres saber. ¿Me estás preguntando cuántos expertos financieros de las élites académicos no saben de qué están hablando?

Yo te diría que te preguntes a ti misma por qué el periodista escribe este artículo. Estas son las opciones:

1. ¿Lo escribió para venderte algo?
2. ¿Para instruirte?
3. ¿Para advertirte?
4. ¿Para ganar dinero?
5. ¿Para sonar inteligente?

P: ¿Cuál es la manera más efectiva de revelarles a millones de personas que el código fiscal fue escrito para proveer incentivos a los inversionistas con el fin de que hagan lo que el gobierno desea? ¿Se puede lograr?

Robert C. - Islandia

R: Lo dudo. Si todos supieran cómo y por qué los ricos pueden ganar más dinero y pagar menos impuestos, habría una revolución. Por desgracia, muy pocas personas han tenido acceso a la educación financiera genuina que les permitiría reducir su carga fiscal.

Recuerda que nuestro sistema educativo está diseñado para enseñarle a la gente a ser Empleados y Autoempleados, no Dueños de negocios ni Inversionistas.

P: A diferencia de lo que sucede en la zona A, donde la gente tiene salarios elevados, los negocios de la zona D del cuadrante cuentan con muchos incentivos y muchas maneras de reducir su carga fiscal y, en algunos casos, pagar casi nada de impuestos. Pero cuando se habla en los medios acerca de que el Congreso aprobó una ley fiscal, nunca escuchamos esta información. ¿Por qué?

Julia H. - Estados Unidos

R: Dudo que el *Grunch* quiera que los medios o el sistema educativo sepa sobre impuestos.

Me alegra que quieras aprender más sobre el tema fiscal porque el deseo de aprender es el primer paso. Yo no recomiendo enseñarle a gente que no desee saber más. Como dice el viejo adagio: "No les arrojes perlas a los cerdos. Perderás tu tiempo, y sólo los enfadarás".

Capítulo diecisiete

¿El fin del dólar estadounidense?

¿Auges, descalabros, caídas... colapso?

En su libro *The Road to Ruin*, James Rickards le presenta al lector su tema central con un pasaje de *Cuna de gato*, la obra de 1963 de Kurt Vonnegut.

Bonito, muy bonito;
Bonito, muy bonito;
Bonito, muy bonito...
Tanta gente tan variada
Inmersa en la misma trama.

P: ¿Está Rickards diciendo que estamos amasados como ganado en un corral y listos para que nos ordeñen o nos sacrifiquen?

R: Sí, eso creo.

P: Cuando dice "trama", ¿se refiere al dinero?

R: Sí. Y a cualquier instrumento o derivado financiero del dinero.

P: ¿Acaso no está todo vinculado al dinero? ¿Quiere decir que la economía mundial, la civilización y la vida misma están atrapadas?

R: Efectivamente.

Rickards es un maestro auténtico. Es particularmente inteligente, estudió en las mejores escuelas, pertenece a la élite académica, es abogado, infiltrado en los negocios y académico especializado en economía. Fue consejero corporativo en Long-Term Capital Management (LTCM), empresa que terminó siendo una de las catástrofes financieras más grandes de los tiempos modernos. El colapso de LTCM fue la "señal de alerta" de Jim, fue lo que lo llevó a investigar las causas de este fracaso y a mirar con más detenimiento el pantanoso universo del dinero, el poder y la gente que realmente nos controla a todos.

Sus hallazgos y reflexiones le valieron un nombramiento como asesor del Departamento de Defensa para futuras "guerras de divisas". Por eso su libro se llama *Currency Wars*. Luego trabajó con el director de Inteligencia Nacional y con la gente y los poderes detrás del sistema bancario central que han arruinado la economía mundial.

Rickards es un maestro de verdad porque es un "infiltrado entre los infiltrados". Yo leí *Currency Wars* tras su publicación en 2011. Como yo era un observador externo que quería llegar a ver en el "agua turbia", la lectura de este libro fue similar a ponerme una máscara de buzo y atisbar el fangoso mundo que pocas personas ven. Sus libros subsecuentes son aún más iluminadores.

Si tienes alguna pregunta respecto al hecho de que el oro sea el dinero de Dios, tienes que leer *The New Case for Gold*, el libro de Rickards de 2016.

Y si deseas ver adónde se dirigen Estados Unidos y el mundo, *The Road to Ruin* iluminará el camino que tendrás que seguir.

Me siento honrado de trabajar en algunos proyectos con Rickards, y de proveer educación y productos financieros para el desafiante mundo del dinero que nos espera.

EL ÚLTIMO COPO DE NIEVE

Rickards usa una avalancha como metáfora para describir la inminente crisis que se avecina y el posible colapso del dólar. La nieve se acumula durante años en las cimas de las montañas que se ciernen sobre un pueblo. Pero en lugar de detonar pequeñas cargas explosivas y provocar avalanchas pequeñas que podrían arruinar la temporada de esquí, los poderes que continúan construyendo las barricadas para atraer más esquiadores permiten que se acumule más y más nieve. Así pues, la amenaza de que se produzca una "grande", es decir, una avalancha catastrófica, crece año con año.

Luego, un buen día, un diminuto copo cae sobre la cima de la montaña y el pueblo termina enterrado debajo de toneladas de nieve.

Esta metáfora de la avalancha ha estado creciendo desde 1971, el año en que el presidente Richard Nixon sacó el dólar del patrón oro. Pero en lugar de arreglar el problema, después de cada caída de la bolsa de valores nuestros líderes imprimen más dinero falso y la montaña de deuda crece cada vez más, y la situación se vuelve más amenazante año tras año.

En lugar de nieve, el pueblito que es nuestro mundo está a punto de quedar enterrado debajo de una avalancha de deuda, inversiones y dinero falsos.

Lo único que necesitamos es ese último copo.

EL FIN DEL DÓLAR

En 1944, 44 naciones se reunieron en la Conferencia Bretton Woods para ponerse de acuerdo respecto a las reglas del sistema monetario internacional posterior a la Segunda Guerra Mundial.

Antes de la guerra, la libra británica ocupaba el lugar de la gran jefa de las divisas internacionales, pero participar en el conflicto obligó a Inglaterra a enviar su oro a Estados Unidos para pagar gastos bélicos.

Cuando la Segunda Guerra Mundial se acercaba a su fin, Estados Unidos se quedó con muy buena parte del oro del mundo.

Como los estadounidenses tenían el oro, prometieron usarlo para respaldar su dólar, y por eso el dólar se convirtió en la "divisa de reserva" del mundo. En 1944 el dólar era tan bueno como el metal que lo respaldaba, literalmente. La gente confiaba en él y lo respetaba, pero eso pronto llegó a su fin.

Entre 1950 y 1960 Alemania, Japón, Inglaterra y el resto de Europa se recuperaron y empezaron a exportar productos a Estados Unidos. Los dólares respaldados por oro fluyeron hacia el extranjero, y Nixon y sus amigos entraron en pánico.

En 1971 Nixon rompió la promesa hecha en Bretton Woods, y Estados Unidos empezó a exportar dinero falso a cambio de productos auténticos como los Volkswagen y los Toyota.

El mundo aceptó gustoso estos dólares falsos porque seguía confiando en los líderes estadounidenses, pero esa confianza fue puesta profundamente a prueba en 2008.

¿Se habrá terminado la confianza? ¿El final estará cerca? ¿La montaña de la deuda es demasiado alta? ¿Imprimir dinero falso nos servirá para evitar que la avalancha descienda por la montaña? ¿Estará en camino el último copo?

Tres tipos de dinero

Anteriormente mencioné que había tres tipos de dinero moderno:

1. **El dinero de Dios:** Oro y plata
2. **El dinero del gobierno:** Dólares, pesos, yuanes, yenes, euros
3. **El dinero de la gente:** Bitcoin, ethereum y las ciberdivisas con base en la cadena de bloques

La diferencia entre el comunismo y el capitalismo

Comunismo: El comunismo se basa en un gobierno centralizado.

Capitalismo: El capitalismo se basa en bancos centralizados.

A los bancos centrales no les gusta el oro porque no pueden imprimirlo.

No les gusta el bitcoin ni la cadena de bloques porque el dinero de la gente no necesita bancos centrales.

Los bancos centrales sólo imprimen dinero del gobierno.

El dinero del gobierno carece de integridad.

El dinero de Dios y el de la gente tienen más integridad que el dinero del banco central. ¿Por qué?

P: ¿Durante cuánto más existirá el dinero falso del gobierno?

R: En mi opinión, no mucho más. El dólar estadounidense solía estar respaldado por oro y plata. Cuando yo estaba en la preparatoria el dinero del gobierno tenía un "certificado plateado" encima. Hoy, en cambio, el gobierno estadounidense se ha atrevido a imprimir en sus dólares falsos la leyenda "En Dios confiamos".

Si tú crees que Dios es cofirmante de la deuda nacional, puedes seguir creyendo en el dinero del gobierno.

El siguiente dinero

Jim Rickards afirma que dentro de poco el dinero del gobierno podría transformarse en SDR, siglas en inglés de "derechos especiales de giro". Es decir, podría transformarse en otra forma de dinero falso que, en esta ocasión, emitirá el Fondo Monetario Internacional.

Los SDR no van a durar porque también son falsos. ¿Marcarán el fin y el colapso mundial del dinero del gobierno? Estoy seguro de que mucha gente ya se está haciendo esta pregunta.

El verdadero problema

El verdadero problema con el dinero del gobierno es la palabra *confianza*.

Mientras la gente siga confiando en nuestros gobiernos y en los bancos centrales, el dinero falso como el dólar, el yen, el yuan, los pesos y el euro, seguirá siendo seguro.

El último copo es la confianza.

Tan pronto se desvanezca, el dinero del gobierno se convertirá en cenizas, el dólar colapsará y la avalancha caerá por la montaña decimando todo a su paso.

La definición favorita de "dinero" de padre rico era:

El dinero es una idea,
respaldada por la confianza,
una idea que representa
trabajo realizado;
una idea intercambiable.

Si tomas cada renglón y lo analizas, entenderás por qué el dinero del gobierno desaparecerá.

1. El dinero es sólo una idea. No existe.
2. Para que el dinero exista, también debe existir la confianza en los líderes de nuestro gobierno.
3. El dinero auténtico representa trabajo genuinamente realizado. Imprimir dinero falso no exige trabajo real.
4. El dinero auténtico genera valor real. El dinero falso se roba el valor y por eso no puede acumularlo.

5. Imprimir dinero falso despoja a la gente real y devalúa el trabajo legítimo que esta realiza.
6. Los manipuladores del dinero se enriquecen imprimiendo dinero falso.
7. Cuando la gente real despierte y la confianza que tiene en los líderes llegue a su fin, el dinero falso del gobierno ya no será intercambiable, y la avalancha de deuda se desplomará desde la cima de la montaña.
8. La educación financiera es una acción de autodefensa contra los codiciosos, sean pobres o ricos.

Hace varias décadas, John Maynard Keynes afirmó:

El capitalismo es la asombrosa creencia de que los hombres más malvados harán las cosas más terribles por el mayor bien para todos.

A continuación te presento varias citas de Doug Casey —otro gran maestro— sobre la estupidez:

"La estupidez [es] una tendencia inconsciente hacia la autodestrucción".
"El menor de dos males, sigue siendo un mal".
"Lo opuesto de la gratitud es la noción del privilegio".

Lo que dijo el escritor francés Alejandro Dumas sobre el mismo tema:

"El genio humano tiene su límite, pero la estupidez humana es infinita".

Y esto fue lo que dijo el inventor y estadista Benjamín Franklin respecto a la ignorancia:

"Era tan ilustrado que podía llamar a un caballo en nueve idiomas; y tan ignorante que, para montar, compró una vaca".

Cita del entonces presidente de la Junta de Gobernadores de la Fed, Ben Bernanke:

"El gobierno estadounidense tiene una tecnología llamada prensa... que le permite producir tantos dólares como quiera a, prácticamente, ningún costo".

¿"Ningún costo"? ¿En serio? ¿Qué no fue Bernanke profesor de Stanford y Princeton? ¿No debería estar más informado?

¿Bernanke estará consciente de que imprimir dinero falso les ha costado el empleo, la casa, los ahorros y el futuro financiero a millones de personas? ¿Tú qué opinas?

CÓMO SALIRSE DE LA TRAMA

Repetiré el pasaje de *Cuna de gato* de Kurt Vonnegut:

Bonito, muy bonito;
Bonito, muy bonito;
Bonito, muy bonito...
Tanta gente tan variada
Inmersa en la misma trama.

Lo anterior exige que nos preguntemos: ¿Cómo me *salgo* de la misma trama?

Muchas personas creen que la respuesta es regresar al patrón oro, que fue precisamente lo que hice en 1972.

Recordemos que en 1972 yo ya estaba en mi propio patrón plata.

En 1964 noté un tinte cobrizo en el borde de las monedas falsas de plata estadounidenses y empecé a cambiar mi papel moneda por rollos de monedas de plata. Luego sacaba las monedas auténticas y regresaba las falsas al banco.

Ahora, en 2018, una moneda de 10 centavos de plata auténtica acuñada antes de 1965 vale aproximadamente dos dólares.

Después de volar más allá de la línea enemiga para buscar oro en 1972, empecé a notar que algo no andaba bien. Sospechaba que nos estaban mintiendo sobre la Guerra de Vietnam y sobre el dinero.

Ese mismo año compré mi primera moneda de oro en Hong Kong, un krugerrand sudafricano que me vendieron por unos 50 dólares.

En ese momento me convertí en criminal porque en 1972 los estadounidenses tenían prohibido poseer oro.

Todavía tengo esa moneda guardada con toda seguridad y de manera legal, pero no en un banco. La tengo fuera de Estados Unidos.

Actualmente, ese krugerrand que me costó 50 dólares vale alrededor de 1 200.

En 1973 tomé mi primer curso de bienes raíces y aprendí mucho sobre los retornos infinitos. A partir de entonces ya no necesité dinero falso porque encontré un maestro auténtico. Ese mismo año abandoné el programa de maestría.

Desde 1973 he establecido mi propio patrón oro y plata.

Además:

1. Continúo operando al margen de la educación tradicional.
2. Tomo seminarios y leo libros para encontrar maestros auténticos.
3. Participo en inversiones en activos auténticos, en las que el gobierno quiere que yo sea socio. Al invertir en los activos auténticos que el gobierno propone pago cero impuestos de manera legal.
4. La Fed imprime dinero y yo también imprimo mi propio dinero.

5. Me mantengo fuera del alcance de los auges, los estallidos de burbujas y de los colapsos de los bancos "demasiado grandes para fracasar", así como de los bancos de inversión de Wall Street.

6. Uso la deuda para conseguir retornos infinitos y para no pagar impuestos.

Yo sigo la fórmula de McDonald's para la riqueza global, y mientras tanto, la gente sigue diciendo: "Aquí no puedes hacer eso".

P: ¿No te preocupa la deuda?
R: En absoluto.

P: ¿Cómo lidias con ella?
R: Estudio y le presto atención a la economía mundial. Estudio con maestros auténticos. Compenso la deuda con oro y plata, ya que estos metales son mi "cobertura", es decir, la póliza de seguros que me protege de la estupidez del gobierno y de mi propia estupidez.

UNA IMAGEN DICE MÁS QUE MIL PALABRAS

Repetiré imágenes de un capítulo previo para explicarte mi fórmula para regresar al patrón oro y plata.

La fórmula de McDonald's

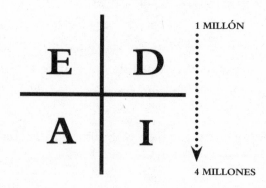

Por qué los ricos se enriquecen

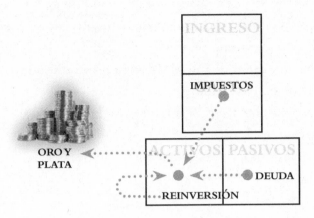

Yo ahorro oro y plata, no dinero del gobierno. En los diagramas anteriores te explico cómo me mantengo fuera de la trama.

P: ¿Tengo que seguir tu fórmula?

R: Claro que no. De hecho, no lo hagas por favor. Hay fórmulas mejores y más sencillas. Yo seguí esta porque quería un desafío y quería adquirir muchos activos. Tú también puedes hacerlo si te asocias con el gobierno. No necesitas dinero y puedes evitar de manera legal el pago de impuestos.

P: ¿Tú te vuelves socio del gobierno cuando usas la deuda?

R: Sí. El gobierno quiere que la gente pida dinero prestado y que se endeude, por eso la deuda no causa impuestos. Pero si la gente no pide prestado, no se crea dinero.

Las tarjetas de crédito de las aerolíneas les ofrecen a los tarjetahabientes millas adicionales y aumentos de estatus por usarlas, y al hacer eso, las aerolíneas se asocian con el gobierno para generar más dinero.

Date cuenta de que, si invierto con los dólares por los que trabajé, ya pagué impuestos sobre ellos. Realmente toma mucho tiempo ahorrar dólares después de impuestos, y para colmo, ya tuve que trabajar para ganarlos. Por eso prefiero invertir en dólares libres de impuestos, es decir, en dinero por el que no trabajé. Esa es la razón por la que uso la deuda. Así le ayudo al gobierno y él me ayuda a mí a alcanzar el mismo propósito: hacer dinero. Pero por favor, te exhorto a que antes de intentar hacer esto tú mismo tomes cursos de inversión en bienes raíces.

Padre rico solía decir: "En las manos de un idiota… la deuda se convierte en un desastre".

Ya tenemos suficientes idiotas en el mundo, por favor no te conviertas en uno más.

La mejor fórmula del patrón oro

La mejor fórmula para mantenerse fuera de "la trama" es hacer lo que sugiere Jim Rickards: conserva tu empleo de día y tu plan 401(k), compra monedas de oro y plata, y mantenlas en una caja fuerte alejada de los bancos.

Rickards también recomienda guardar algo de dinero en efectivo fuera del banco. Kim y yo hacemos las dos cosas: mantenemos algo de efectivo alejado de los bancos, y otra parte fuera del país.

P: Pero el oro es muy caro. ¿Qué puedo hacer si no tengo mucho dinero?

R: Empieza con plata, eso fue lo que yo hice. Cualquier persona puede comprar una moneda de plata por 20 dólares. De hecho, tal vez la plata sea una mejor inversión que el oro.

P: ¿Por qué la plata sería mejor que el oro?

R: Porque la plata es un metal precioso pero también tiene utilidad industrial. Esto significa que se consume y, por lo tanto, desaparece todos los días. Las reservas de plata se están reduciendo.

No esperes más

Estoy seguro de que ya escuchaste el dicho: *No hay mejor momento que el presente.* Y pues yo estoy de acuerdo, así que empieza a invertir hoy mismo.

P: Tengo mucho dinero en acciones y en ahorros, ¿por qué no mejor espero a que el precio del oro y la plata suba para empezar a comprar?

R: Porque el oro y la plata auténticos no son dinero falso ni activos de papel. Actualmente, los ricos están acumulando oro y plata.

P: ¿Y por qué sería eso importante?

R: Porque hay una cantidad limitada de "oro flotante". El oro flotante es el oro que está disponible para la gente como tú y como yo. Los países y la gente rica están adquiriendo este tipo de oro y lo están guardando en lugares verdaderamente fríos y profundos.

Estados Unidos y China han estado manipulando el precio del oro. Lo han mantenido lo más bajo posible para que este país asiático pueda comprarlo.

En cuanto China tenga suficiente oro, ambos países permitirán que el precio aumente.

¿Por qué querría Estados Unidos ayudar a China? Porque China posee billones de dólares en bonos estadounidenses, y cada vez que Estados Unidos imprime dinero falso, el valor de los bonos decae.

Si China empieza a deshacerse de los bonos estadounidenses, nuestra economía se derrumbará.

A Estados Unidos le conviene mucho trabajar en equipo con China y mantener bajo el precio del oro para que ellos puedan comprarlo barato y compensar la pérdida que tendrán por los bonos.

En 2016 el FMI nombró al yuan como un tipo de divisa de reserva para sus proyectos.

Ahora que China tendrá suficiente oro, ambos países estarán dispuestos a permitir que la inflación y el precio del oro aumenten.

La inflación destruirá al dólar estadounidense y China compensará sus pérdidas en bonos estadounidenses con el aumento en el precio del oro.

P: En cuanto comience la avalancha y la gente se dé cuenta de que el "oro flotante" se acabó, ¿su precio aumentará con rapidez?

R: Pues como dice Jim Rickards, ni tú ni yo podremos comprar oro auténtico a ningún precio.

P: ¿Qué tanto llegará a elevarse su precio?

R: Rickards hizo el cálculo. Comparó la cantidad de dólares falsos en circulación y qué tan caro tendría que ser el oro para respaldar esos dólares falsos. En 2017 la cifra ascendía a 10 000 dólares la onza, si acaso tenías suficiente para adquirir una.

P: ¿No crees que los ricos venderían su oro si llegara a ese precio?

R: No, porque los verdaderamente pudientes no necesitan vender, recuerda que no necesitan el dinero. Piensa en el artículo sobre Jared Kushner, los ricos auténticos usan la deuda como dinero.

P: ¿Y qué hay de los ETF o fondos cotizados de oro y plata?

R: Los ETF de oro y plata no contienen mucho oro, si es que acaso tienen. Estos instrumentos rentan el oro y la plata de los bancos de metales. Los ETF operan con el mismo sistema de reserva fraccionaria que operan todos los activos de papel incluyendo el dinero. Por cada onza de oro o plata que un fondo ETF haya rentado, a los inversionistas ingenuos les venderá entre 50 y 100 onzas de oro y plata falsos en papel.

Cuando tú vendes tu ETF de oro o plata, en lugar de devolverte precisamente metales cuyo valor aumenta, el fondo te regresa dinero cuyo valor va en decremento.

RECUERDA: El juego de los grandes bancos y de Wall Street se llama: "Cara, yo gano; cruz, tú pierdes".

En 1972 yo elegí no jugar ese juego.

Lo que significa vivir en el pueblo con el que arrasará la avalancha

Bonito, muy bonito;
Bonito, muy bonito;
Bonito, muy bonito…
Tanta gente tan variada
Inmersa en la misma trama.

Actualmente, miles de millones de personas están viviendo en los pueblos con los que arrasará la avalancha. Están atrapadas en el sistema de los bancos centrales que les pertenecen a los ultrarricos. Como la gente no elige a los bancos centrales, estos no tienen que responderle por nada, por eso el oro y el bitcoin representan una amenaza para los banqueros.

Regresar a tu propio estándar oro y plata antes de que caiga el último copo, te permite alejarte un buen trecho de la montaña. Si la avalancha derrumba el sistema eléctrico, el dinero de la gente y del gobierno se desplomará. No habrá cajeros automáticos, Wall Street cerrará, y el dinero de la gente desaparecerá junto con la www.

No olvides que el oro y la plata estuvieron aquí cuando se formó la Tierra, y que aquí seguirán cuando todos nos hayamos ido.

Por todo lo anterior, estoy de acuerdo con Rickards respecto a su recomendación de que todos conservemos 10% de nuestra riqueza en dinero auténtico, en oro y plata auténticos, y sobre todo, que lo mantengamos fuera del sistema electrónico bancario mundial.

P: ¿Qué tal si te equivocas? ¿Qué tal si no sucede nada? ¿Si no hay una catástrofe mundial? ¿Qué pasará si la economía mundial continúa creciendo?

R: Por el bien de toda la gente del mundo, a Jim y a mí *nos encantaría* estar equivocados, pero si acaso es así, el valor del oro y la plata de todas formas continuará en aumento y el valor del dólar estadounidense seguirá a la baja.

P: ¿Cómo puedes estar tan seguro?

R: Dejaré que hombres más sabios respondan a esa pregunta:

En *Currency Wars*, Rickards nos dice:

> Desde su creación en 1913, el mandato más importante de la Fed ha sido mantener el poder adquisitivo del dólar. Sin embargo, desde ese mismo año el dólar ha perdido 95% de su valor. Dicho de otra forma, hoy en día se necesitan 20 dólares para comprar lo que se podía comprar con un dólar en 1913.

Voltaire (1694-1778), escritor de la ilustración francesa, historiador y filósofo al que se le atribuye la frase:

> El papel moneda tarde o temprano regresa a su valor intrínseco de cero.

George Washington (1732-1799), primer presidente de Estados Unidos:

> El papel moneda ha tenido el fatídico efecto en tu Estado que siempre tendrá: arruinar el comercio, oprimir a los honestos y abrirle la puerta a todo tipo de fraudes e injusticia.

Ron Paul, congresista y candidato a la presidencia de Estados Unidos:

Como el oro es un dinero honesto… les desagrada a los hombres deshonestos.

EL OTRO LADO DE LA MONEDA

Compara las afirmaciones anteriores con las de un banquero. Del otro lado de la moneda se encuentra el banquero alemán Mayer Amschel Rothschild (1744-1812).

Denme el control del dinero de una nación… y no me importará quién haga las leyes.

Existe un gran debate porque muchos dicen que Rothschild no hizo esta declaración. También se le ha atribuido a la película *La casa de los Rothschild*, también conocida como "Los prestamistas del viejo mundo". Con frecuencia me pregunto si habrá alguien que tenga certeza absoluta de a quién pertenece la cita. ¿Será otro ejemplo del agua fangosa y de las *fake news*? Jamás lo sabremos.

¿Qué es real? ¿Los ultrarricos en verdad controlan el suministro monetario? ¿Será cierto que la dinastía bancaria de los Rothschild tiene control sobre la mayor parte de los bancos centrales del mundo?

Es hora de escuchar a Nomi Prins, quien nos dará algunos datos espeluznantes respecto a estas dudas.

LA HISTORIA QUE NO SE CUENTA
EN ESTADOS UNIDOS

Hemos escuchado a varios hombres sabios, ya es tiempo de escuchar a una mujer sabia.

Al igual que Jim Rickards, para la escritura de su libro *Collusion* Nomi Prins se transformó en una maestra auténtica y en una infiltrada: trabajó para Lehman Brothers y Bear Stearns en Londres, y fue directora administrativa en Goldman Sachs.

Al igual que Rickards, Nomi Prins es una infiltrada entre los infiltrados porque ha visto los manejos interiores de la gran maquinaria. En *Collusion* y en su participación en el programa de Rich Dad Radio, comparte una historia legítima de contubernio. Una historia que no se cuenta en Estados Unidos.

Su historia es sobre el "dinero oscuro", al que yo sigo llamando dinero falso. Escucha la historia en sus propias palabras:

¿Qué es el dinero falso?

El dinero falso es dinero que la Reserva Federal y otros bancos centrales importantes del mundo crearon o "conjuraron". Este dinero fluye hacia enormes bancos privados y mercados financieros. Su destino final es imposible de rastrear. La Fed, en conjunto con el Banco Central Europeo (ECB) y el Banco de Japón (BOJ), han creado casi 15 billones de dólares en dinero oscuro. Si a eso añadimos la contribución del Banco de la Gente de China (PBOC), la abrumadora cifra alcanza los 23 millones. Ese dinero oscuro va primero a los bancos privados e instituciones financieras más grandes que hay. De ahí se extiende en direcciones que parecerían infinitas, y afecta los distintos activos financieros de maneras insospechadas.

¿Por qué es malo el dinero oscuro?

El dinero oscuro representa un nuevo tipo de colusión entre varios gobiernos y bancos centrales y privados. Estas instituciones trabajan en equipo para succionar más poder y dinero para sí mismos a través de la aplicación de leyes, del corretaje de alto nivel y del intercambio de favores. El dinero oscuro es una versión del dinero falso porque no proviene de la economía legítima. Es un estimulante artificial para los mercados que proviene de una fuente externa. Puede manipular y distorsionar los mercados, ya que los despoja de su capacidad para comportarse de manera libre o regulada.

¿Por qué estamos en un tiempo de normalización?

Los bancos centrales se han vuelto más poderosos que los gobiernos debido a su capacidad de generar cantidades masivas de dinero sin restricciones legales ni limitaciones sobre las cantidades. Los mercados, los bancos pequeños y los especuladores han llegado a depender de los bancos centrales para fabricar dinero, no sólo en situaciones de emergencia, sino como un subsidio permanente para sus actividades.

P: ¿Qué significa todo esto?

R: Significa que cuando alguien dijo: "Denme el control del dinero de una nación... y no me importará quién haga las leyes", hablaba en serio.

UNA SOLICITUD FALSA DE DINERO

En 2008 Hank Paulson, entonces secretario del Tesoro y antiguo director ejecutivo de Goldman Sachs, se presentó ante el gobierno y la gente de Estados Unidos y solicitó 700 000 millones de dólares para rescatar a los "bancos demasiado grandes para fallar".

P: ¿Por qué dices que fue una solicitud falsa?

R: Es la historia que Nomi Prins —que como Paulson, también estuvo infiltrada en Goldman Sachs— cuenta en su libro *Collusion*.

Dicho llanamente, los "bancos centrales" no necesitan pedir permiso para imprimir dinero. La Fed no necesitaba el permiso ni de Paulson, ni de George W. Bush ni del Congreso o la gente de Estados Unidos para imprimir dinero.

P: ¿Esas serán las nuevas costumbres normales? ¿Que la Fed y los bancos centrales del mundo hagan lo que quieran sin necesidad de pedir permiso?

R: Me parece que sí. Hoy en día a los ultrarricos no les importa quién haga las reglas, qué partido esté en el poder (republicano o demócrata, conservador o liberal), ni si el país es capitalista, socialista o comunista.

P: ¿Cómo sucedió esto?

R: La Ley de Estabilización Económica de Emergencia de 2008 produjo el programa TARP. La Ley de Reforma de Wall Street y de Protección al Consumidor Dodd-Frank, aprobada en 2010, redujo la cantidad autorizada a 475 000 millones de dólares.

P: ¿Entonces el gobierno se negó a la solicitud de 700 000 millones de dólares?

R: Correcto. Los legisladores redujeron la cifra de 700 000 a 475 000 millones.

P: ¿Qué sucedió luego?

R: El 11 de octubre de 2012 la Oficina de Presupuesto del Congreso (CBO) la redujo aún más, a 431 000 millones.

P: ¿Y qué pasó *después*?

R: Las palabras de Mayer Amschel Rothschild se volvieron realidad. Nuestros líderes dijeron "no", pero los bancos centrales asumieron el control y, como lo narra Nomi Prins, empezó la normalización del delito.

Repetiré las palabras de Prins:

> Los bancos centrales se han vuelto más poderosos que los gobiernos debido a su capacidad para generar cantidades masivas de dinero sin restricciones legales ni limitaciones sobre las cantidades.

El 11 de octubre de 2012, cuando la CBO recortó el TARP a 431 000 millones, las palabras de Rothschild se volvieron realidad. Como dice Nomi Prins:

La Fed, en conjunto con el Banco Central Europeo (ECB) y el Banco de Japón (BOJ), han creado casi 15 billones de dólares en dinero oscuro. Si a eso añadimos la contribución del Banco de la Gente de China (PBOC), la abrumadora cifra alcanza los 23 millones. Ese dinero oscuro va primero a los bancos privados e instituciones financieras más grandes que hay. De ahí se extiende en direcciones que parecerían infinitas, y afecta los distintos activos financieros de maneras insospechadas.

P: ¿Significa esto que ya no importa ni mi voto, ni la persona por quien vote, ni el partido al que pertenezca ni quién gane?

R: Voy a dejar que tú mismo respondas esa pregunta. Mucha gente quiere creer que su voto cuenta.

En su libro *Collusion*, Nomi Prins te permite atisbar el interior de la maquinaria. Así, al menos, habrás visto el otro lado de la moneda. Ahora podrás contestar tú mismo si crees que tu voto cuenta.

P: ¿Eso significa que los mercados financieros están manipulados?

R: Sí, sí, sí. Hace mucho tiempo los inversionistas profesionales contaban al menos con el "descubrimiento del precio". Esto significa que el mercado libre determinaba el precio real de un activo. Actualmente, los bancos centrales del mundo controlan estos precios.

P: ¿Quieres decir que, como no hay "descubrimiento del precio real", los precios de los activos son falsos?

R: Así es. Estamos hablando de dinero oscuro manipulado e intercambiado en reservas oscuras, fuera de tu vista y de la mía. Incluso el precio del oro y de la plata están siendo manipulados.

P: Si los precios y el oro están siendo manipulados, ¿para qué ahorrar oro y plata auténticos?

R: Misma respuesta. Porque el oro y la plata son el dinero de Dios y no tienen riesgo de contraparte.

Todos los activos falsos tienen riesgo de contraparte.

Riesgo de contraparte significa que el valor del activo depende de alguien más, de un tercero. El valor real del dólar estadounidense, por ejemplo, depende de los líderes de su gobierno. El valor de las acciones depende del valor de la empresa que las emite. Si le prestas dinero a tu cuñado, el dinero depende de él.

P: ¿Quién es la contraparte del oro y la plata?
R: Dios.

Cuando la casa de naipes del banco central se derrumbe, el oro y la plata seguirán siendo oro y plata porque son el dinero de Dios.

En el siguiente capítulo descubrirás cómo prepararte para la avalancha y para escapar de la trama.

TUS PREGUNTAS... LAS RESPUESTAS DE ROBERT

P: ¿Crees que Jim Rickards y Nomi Prins están poniendo sus vidas en riesgo al exponer estas verdades financieras?

Amanda E. – Estados Unidos

R: Sí. Como ya sabes, las redes sociales a menudo son redes antisociales. Si alguien se pone en tu contra, te atacará una multitud de santurrones furiosos. En esa gran corte en que se han convertido las redes sociales, puedes resultar culpable y no tener oportunidad alguna de demostrar tu inocencia.

Pero no sólo es el caso de Jim y Nomi: todos corremos ese riesgo.

P: ¿Crees que el gobierno estadounidense volverá a prohibir la posesión privada de oro como lo hizo en 1933?

José F. – Nicaragua

R: Lo dudo, pero uno nunca sabe. En 2018 algunos bancos centrales empezaron a comprar oro por primera vez en 10 años. Si esa compra se convirtiera en un pánico y el dólar estadounidense colapsara, quién sabe de lo que sería capaz nuestro gobierno.

P: ¿Cuántos años crees que dure la confianza en el dólar estadounidense? Y cuando se acabe, ¿cómo será la economía mundial?

Denes T. – Hungría

R: No lo sé. Lo que sí sé es que:

1. El gobierno, la economía y la gente de Estados Unidos están flotando sobre deuda.

2. Los programas de derechos a subsidios se financian automáticamente.
3. Diez mil *baby boomers* estadounidenses se retiran todos los días.
4. Los fondos de pensión para los *baby boomers* están subfinanciados.
5. Estados Unidos libra guerras terroristas que no podemos ganar.
6. Estados Unidos continúa pidiendo dinero prestado para pagar sus deudas.
7. La inteligencia artificial (AI, por sus siglas en inglés) destruirá más empleos que China.
8. A partir de 2008 el mundo dejó de confiar en el dólar estadounidense.

Si tú tienes confianza en que nuestros líderes resolverán este problema, sigue ahorrando dinero falso.

P: No me parece que la gente llegue nunca a entender al cien por ciento este engaño, y mucho menos que le interese derrocar al sistema. Convéncenos de lo contrario.

Akira Y. - Japón

R: La ira y la frustración van en aumento y, con frecuencia, estos sentimientos se extienden a través de las redes sociales. Averigua sobre el creciente malestar civil, como el que se ve en Venezuela estos días. Las reglas de la muchedumbre reemplazarán a las leyes y el orden.

P: Es obvio que, detrás de las sombras, los banqueros nos controlan por completo. ¿Qué tipo de suceso final tendría que presentarse para que perdieran ese control?

Renaldo J. - Filipinas

R: El sistema bancario ha estado despojando a los ahorradores durante milenios. Hace 1 000 años, un ahorrador le entregaba al banquero su oro o plata para que lo resguardara. El banquero le daba a cambio un papel, un pagaré. El ahorrador tomaba ese pagaré y lo usaba como dinero. Luego el banquero le prestaba el oro o la plata del primer ahorrador a un prestatario. Y así hasta el infinito.

La inflación se produce cuando hay demasiado dinero en la economía.

La inflación disminuye el poder adquisitivo del dinero. El valor del oro o la plata del ahorrador bajaba a medida que ese oro o plata se expandían a través de la economía en inflación.

Hoy en día a este sistema bancario se le conoce como "banca de reserva fraccionaria". Es un sistema en el que solamente una fracción del dinero de los ahorradores permanece en el banco como "reserva". La mayor parte se presta una y otra vez, a más y más prestatarios.

Esto se hace con el fin de generar más dinero para el banco en nombre de la economía en expansión.

El sistema bancario de las sombras es una extensión de la banca de reserva fraccionaria. Los individuos piden dinero prestado para prestárselo a gente y organizaciones, al margen de las reglas del sistema bancario regulado. La economía se sigue expandiendo mientras más dinero se pide prestado y se presta hacia el exterior; y mientras la economía continúe expandiéndose, todo irá bien.

Pero si una pequeña empresa no puede pagar su préstamo, la casa de naipes se derrumba porque la reserva fraccionaria y la banca de las sombras han creado una cantidad de deuda real mayor que la cantidad existente de dinero auténtico.

China tiene un problema enorme con la banca de las sombras. Si su economía continúa su desaceleración y la gente no puede pagar sus préstamos, habría una caída financiera china que haría lucir al desastre *subprime* de 2008 como una gotita de lluvia en un charco.

En 2008 los bancos bajaron las tasas de interés, en algunos casos hasta por debajo de cero, y al mismo tiempo, el sistema bancario imprimió billones de dólares en dinero falso.

Los ahorradores no solamente perdieron los ingresos por los intereses sobre sus ahorros, esos ahorros también perdieron poder adquisitivo debido a los billones de dólares de dinero falso que imprimió el sistema bancario.

A los banqueros que provocaron el desastre los rescataron y les otorgaron miles de millones de dólares en bonos, en tanto que los ahorradores se convirtieron en los mayores perdedores en la historia mundial.

En 1971 el mundo cambió, pero el sistema educativo siguió siendo el mismo.

Capítulo dieciocho

Prepárate para un futuro más brillante

Cómo alcanzar la salud espiritual, la riqueza y la felicidad

Casi todas las mañanas obedezco la sabiduría del libro *Mañanas milagrosas* de Hal Elrod. Casi todas las mañanas hago una rutina de yoga de aproximadamente 10 minutos, medito 30, leo un libro sobre espiritualidad otros 10 minutos, escribo en mi diario y plasmo mis pensamientos más profundos en papel para compartirlos conmigo mismo.

Esa temprana hora es la parte más importante del día porque define la forma en que manejaré mi jornada y la calidad de mi futuro.

EL TECHO DE CRISTAL

Las mujeres del ámbito corporativo a menudo hablan del "techo de cristal" o la limitación velada. Los hombres, y en muchos casos incluso otras mujeres, creen que las mujeres no son tan competentes como los hombres, en especial en lo referente al tema del dinero. Gracias a Dios, ese mito está desapareciendo.

Mi esposa, Kim, no tiene techo de cristal. Es una empresaria que se siente cómoda trabajando tanto con hombres como con mujeres, y los límites para lo que puede ganar o para los lugares a los que puede llegar son inexistentes.

El dinero y la riqueza no discriminan, no conocen la diferencia entre los géneros ni discriminan con base en la edad, la educación o el origen étnico… pero la gente sí. Muchas personas discriminan con frecuencia e incluso conspiran contra sí mismas cuando aparece el Judas en su interior y dice: "Jamás seré rico" o "como no fui a la universidad, jamás tendré éxito". Pero todos estos pensamientos están inspirados en el Judas.

Por eso la meditación es tan importante para mí. Yo necesito apagar a *mi* propio Judas todas las mañanas e ir más allá del silencio hasta encontrar la inmovilidad.

Perros grandes y perros grandes falsos

Para los hombres también hay un "techo de cristal". Se trata del síndrome del macho alfa. Buena parte de la historia es acerca de machos alfa que tuvieron grandes logros en el mundo o que lo dañaron de una manera colosal porque en muchos casos cometieron crímenes terribles contra la humanidad.

A los machos alfa les suelen llamar "perrotes".

Muchos hombres son bravucones, abusadores, arrogantes y pomposos porque quieren fingir que son perrotes, pero son perrotes falsos. Los perrotes falsos necesitan de los "perritos" para tranquilizar su ego.

Los desastres financieros más fuertes en los hogares, las familias, los negocios y la economía son provocados por hombres falsos que fingen ser perrotes, y para colmo, perrotes que saben todo sobre el dinero.

Creo que todos conocemos a los perrotes del dinero.

¿Tú trabajas para algún perrote falso? ¿Vives con un perrito que se cree perrote?

Techos falsos

Cualquier persona con ambición, ya sea hombre o mujer, se ha topado con un techo de cristal o con un perrote que obstaculiza el camino.

En la vida real, la mayoría de la gente se inventa sus propios techos de cristal y sus perrotes falsos, y los coloca en las puertas hacia la felicidad.

Y el hecho de formarnos un techo de cristal o inventarnos un perrote, o de permitir que nuestro Judas dirija nuestra vida, se puede manifestar de diversas maneras. Como éxito limitado, escasez de dinero, imposibilidad de obtener un ascenso, estancamiento en un empleo sin salida, relaciones que no van a ningún lado, pasados tormentosos, malas decisiones, felicidad restringida, adicciones, depresión y otras cosas.

Los techos de cristal falsos no te causarán problemas siempre y cuando estés consciente de que existen, pero la mayoría de los idiotas no saben que están ahí sino hasta que chocan con él. Y lo sé porque yo he sido ese tipo de idiota en muchas ocasiones.

La buena noticia es que ser un idiota tiene ventajas. Recuerda que todas las monedas tienen por lo menos dos caras, y que del otro lado de la "idiotez" encontrarás la "genialidad".

Así que si alguna vez has estado en esta situación, déjame decirte que también eres un genio.

Se acabó el cuento de hadas

Millones de personas crecen creyendo en los cuentos de hadas, pero todos sabemos que estos llegan a su fin con la frase "… y vivieron felices por siempre".

El problema con los cuentos de hadas es que también tienen techos de cristal. La princesa Diana, por ejemplo, era una hermosa joven que se casó con un príncipe de verdad que sería el próximo rey de Inglaterra. Lady Di tuvo dos hijos, dos jóvenes extraordinarios: otro futuro rey de Inglaterra y su hermano, el heredero adicional.

Diana Frances Spencer nació el 1 de julio de 1961 y vivió el sueño de muchas chicas: convertirse en la princesa de un cuento de hadas y casarse con un príncipe. Un príncipe *real*.

Desafortunadamente, el cuento de hadas de Lady Di se convirtió en una tragedia, en una pesadilla de la vida *real*. Su vida de ensueño comenzó en una carroza real el día de su boda… y terminó en un Mercedes retorcido y destrozado en un túnel de París.

La lección: incluso los cuentos de hadas tienen techos de cristal.

¿Podría ser tu vida un cuento de hadas?

La gente común y corriente como tú o como yo ¿puede vivir un cuento de hadas? Yo diría que sí, pero existe una condición.

Podemos vivir un cuento de hadas siempre y cuando tomemos en cuenta que del otro lado de esa moneda hay una pesadilla.

¡Despierta!

La buena noticia es que la *pesadilla* es el camino al *cuento de hadas*. La pregunta es: ¿Estás dispuesto a *despertar* y mantenerte vivo hasta que la pesadilla acabe?

Salud, riqueza y felicidad

Casi toda la gente desea tener una vida llena de salud, riqueza y felicidad.

Este capítulo es acerca de cómo estar del otro lado de la moneda, donde está ese cuento de hadas con el que soñamos… donde hay una vida de salud, riqueza y felicidad espirituales.

¿Será posible?

Salud espiritual

Radha Gopalan, mi cardiólogo, me ha estado insistiendo durante años en que debo meditar, y recordándome que los médicos y la medicina son parte de la salud falsa, que la verdadera salud radica en la espiritualidad.

Radha es un maestro auténtico, mentor y amigo personal. También es autor de *Segunda opinión*, un libro sobre el poder que se puede alcanzar al combinar las medicinas de Oriente y Occidente. Es un libro con un mensaje fundamental para cualquier persona que valore su salud.

Nuestra reunión más reciente de asesores de Rich Dad duró tres días, y en ella Radha dirigió una discusión sobre la manera en que la enfermedad puede conducirte a la salud y a la iluminación espiritual.

El doctor Radha Gopalan es cardiólogo, pero también practica la acupuntura. A pesar de mi necedad, finalmente logró hacerme entender que estaba sacrificando mi salud y mi felicidad a cambio de la riqueza.

Como soy una persona tipo A, me encanta lo que hago. Por eso me divertía tanto generando dinero. Todos los días vivía un desafío y me estresaba porque soy el tipo de hombre que prospera cuando está bajo presión. El problema era que lo que me impulsaba era el ego, no el espíritu. Y eso también me encantaba.

En su libro *El poder del ahora*, Eckhart Tolle nos cuestiona así:

¿Siempre estás tratando de llegar a un lugar distinto a aquel en el que te encuentras? ¿La mayoría de lo que haces es sólo un medio para alcanzar un fin? ¿La plenitud siempre está a la vuelta de la esquina o se limita a los placeres breves como el sexo, la comida, la bebida, las drogas o ciertas emociones? ¿Siempre estás enfocado en llegar a ser, lograr, alcanzar? ¿Siempre estás tratando de experimentar alguna nueva emoción o placer? ¿Crees que si adquieres más cosas te sentirás más pleno, más bueno o más completo en el aspecto psicológico? ¿Estás esperando que un hombre o una mujer le den sentido a tu vida?

A una persona como yo, Tolle la describiría como alguien que huye de su pasado porque "el futuro ofrece la promesa de la salvación" a pesar de que sólo se trate de un engaño.

Tolle añade:

Generalmente, el futuro es una copia del pasado. Es posible llevar a cabo cambios superficiales, pero la transformación *auténtica* es poco común y depende de si puedes permanecer presente de una manera suficiente para disolver el pasado, de si puedes usar el poder del Ahora.

Hasta antes de que Radha me convenciera de "despertar", de meditar, leer libros *espirituales* y no sólo financieros, de practicar yoga y de ir al gimnasio, siempre fui un perrito tratando de crecer. Qué desperdicio.

No había cobrado conciencia de que, al salir como fiera todos los días a trabajar, estaba destruyendo mi salud, mi riqueza y mi felicidad futuras.

Era un perrito que quería ser perrote, trabajaba más y más, y no dejaba de golpearme la cabeza contra mi techo de cristal autoimpuesto. Estaba convirtiendo mi vida de cuento de hadas, mi matrimonio y mi negocio, en una pesadilla.

Para cuando conocí a Radha, ya era lo que mucha gente considera "un hombre exitoso". Tenía una esposa increíble, una vida grandiosa, dinero, algo de fama, felicidad y buena salud. El problema era que quería *más*.

PARA QUE LA SITUACIÓN CAMBIE, PRIMERO DEBO CAMBIAR YO

Actualmente consagro la primera hora de mi día a mi salud, riqueza y felicidad espirituales.

Inspirado por Radha, empecé a buscar nuevos maestros, pero en esta ocasión me enfoqué en los espirituales. En un seminario conocí a Hal Elrod, un joven que estuvo a punto de morir en un accidente de motocicleta y logró recobrar su vida por sí mismo. Hal me regaló su libro, *Mañanas milagrosas*. En él habla del proceso que llevó a cabo para restaurar su vida y alcanzar la riqueza, felicidad y salud espirituales.

Después de leer el libro entendí mejor lo que mi médico, Radha, había tratado de hacerme entender. Seguí el proceso descrito en el libro de Hal y, de una forma lenta pero segura, empecé a disolver mi techo de cristal. El perrito en mi interior dejó de tratar de convertirse en perrote.

Comprendí que había estado huyendo de mi pasado, buscando la salvación en el futuro, fue tan obvio. Entonces quise cambiar la situación y supe que el cambio tendría que comenzar en mí.

Estoy contento porque ahora te puedo decir que a medida que fui enfrentando mis pesadillas en lugar de huir de ellas, los milagros comenzaron a suceder.

Dicho llanamente, las pesadillas fueron el camino por el que logré atravesar el techo de cristal.

OTRO MAESTRO ESPIRITUAL

Despierta es otro de los libros que estudié en mis horas matutinas milagrosas. *Despierta* es un libro sobre la conciencia y lo adoro porque coincide con mi tipo de espiritualidad.

Anthony de Mello es un maestro espiritual auténtico. No lo conocí en persona, sólo a través de su libro, pero sé que fue miembro de la orden jesuita en Mumbai, India, y que murió repentinamente en 1987.

Si Anthony de Mello no hubiera sido sacerdote, estoy seguro de que habría podido desempeñarse excelentemente como instructor de ejercicios del Cuerpo de Infantería de la Marina. Sus espirituales y sabias palabras son directas, contundentes y, sin duda, políticamente incorrectas.

Dudo que a De Mello lo hubieran dejado entrar a los campus universitarios de la actualidad porque seguramente lastimaría los sentimientos de maestros y estudiantes por igual.

Su libro *Despierta* comienza con la siguiente historia:

Un hombre encontró el huevo de un águila y lo colocó en el nido de una gallina de granja. La gallina empolló el huevo con su nidada de polluelos y el aguilucho creció con ellos.

Durante toda su vida el águila imitó a los polluelos del corral porque creía que ella también era un polluelo. Picoteaba la tierra en busca de gusanos e insectos, cacareaba y gorjeaba. También extendía sus alitas y volaba algunos metros al ras del suelo.

Los años pasaron y el águila envejeció. Un día elevó la vista al despejado cielo y vio un ave magnífica volar sobre ella. El ave se deslizó con una gracia majestuosa sobre las potentes corrientes de viento, casi sin sacudir sus poderosas alas doradas.

El águila se quedó mirando al ave boquiabierta. "¿Quién será?", se preguntó.

"Es el águila, reina de las aves —le dijo un vecino—. El cielo es su reino. Nuestro reino es la tierra porque somos pollos." El águila vivió y murió como pollo porque siempre creyó que eso era.

Esta historia me hace preguntarme lo mismo que me gustaría que tú te preguntaras: ¿Eres un águila que vive entre pollos? ¿O eres un águila que trata de ser un gran pollo?

¿Qué es la espiritualidad?

De Mello escribe:

Espiritualidad significa despertar. Aunque la mayoría de la gente no lo sabe, está dormida. Así nació y así vive. Casi todos se casan dormidos, viven dormidos, crían a sus hijos dormidos y mueren dormidos sin haber despertado nunca…

Quiero que entiendas algo desde el principio, que la religión no está, y lo repito, no está necesariamente conectada con la espiritualidad. Por el momento, por favor mantén la religión alejada de esto.

Es tiempo de despertar

Aquí hay otra historia de Anthony de Mello:

Un hombre toca a la puerta de su hijo.

—Jaime —le dice—, ¡despierta!

—No quiero levantarme, papá —responde Jaime.

—¡Levántate, tienes que ir a la escuela! —grita el padre.

—No quiero ir a la escuela —responde Jaime.

—¿Por qué no? —pregunta el padre.

—Por tres razones —contesta Jaime—. En primer lugar, porque me aburro; en segundo, porque los niños me molestan; y en tercero, porque odio la escuela.

—Bueno, voy a darte tres razones por las que debes ir a la escuela: en primer lugar, porque es tu obligación; en segundo, porque ya tienes cuarenta y cinco años; y en tercero, porque eres el director.

¡Despierta! ¡Levántate! Ya creciste, eres demasiado grande para seguir durmiendo. ¡Despierta! Deja ya tus juguetes.

La mayoría te dice que ya quiere salir del jardín de niños, pero no lo creas. ¡No lo creas! Muchos sólo quieren reparar sus juguetes rotos. "Devuélveme a mi esposa, devuélveme mi trabajo, devuélveme mi dinero. Devuélveme mi reputación, mi éxito." Eso es lo que quieren, que les sustituyan sus juguetes, eso es todo. Incluso el mejor psicólogo te dirá que la gente en realidad no quiere curarse, lo que desea es alivio porque la cura es demasiado dolorosa.

Padre rico solía decir: "Todo mundo quiere ir al cielo… pero nadie quiere morir".

También decía: "La mayoría de la gente sólo quiere dinero, pero en realidad no quiere ser rica. Trabajar por dinero es sencillo, cualquiera puede hacerlo. Pero volverse rico es muy difícil".

Padre rico con frecuencia usaba el modelo Sé-Haz-Ten.

Nos decía: "Hay una diferencia entre ser rico y tener dinero. Casi toda la gente se enfoca en tener dinero en lugar de en ser rica".

Luego nos explicaba mejor: "La madre Teresa es rica porque no necesita dinero para llevar a cabo su trabajo".

En su libro *Una nueva tierra*, Eckhart Tolle dice:

El ego tiende a confundir "tener" con "ser". Tengo, y por lo tanto soy. Y entre más tengo, más soy. El ego vive a través de la comparación. La forma en que los otros te ven se convierte en la forma en que tú te ves a ti mismo... En la mayoría de los casos, la noción de valor propio del ego está atada al valor que tienes ante la mirada de otros. Necesitas que los demás te den esa noción de valor, y si vives en una cultura que equipara en gran medida el valor propio con lo que posees y con cuánto posees, si no puedes ver más allá de este engaño colectivo, estarás condenado por el resto de tu vida a perseguir bienes materiales con la esperanza vana de que ahí encontrarás tu valor y la plenitud de tu noción del ser.

¿Cómo te desapegas de lo material? Ni siquiera lo intentes porque es imposible. El apego a lo material se va por sí solo cuando dejas de buscarte en ello. Mientras tanto, sólo mantente consciente de dicho apego[...]

El ego se identifica con la posición, pero su mayor satisfacción es relativamente superficial y breve. Oculto en esa satisfacción hay un profundo sentimiento de descontento e inconclusión, de que "no es suficiente". "Todavía no tengo suficiente", afirma el ego, pero en realidad quiere decir: "Todavía no *soy* suficiente".

Te repetiré una de las lecciones de padre rico:

Ser rico no es lo mismo que *tener* mucho dinero y bienes.

P: ¿Qué significa ser rico?

R: No lo sé, pero creo que la respuesta es algo personal. Sólo tú puedes responder la pregunta por ti mismo. Lo que sí sé es que miles de millones de personas *quieren* tener más dinero y *quieren* poseer más bienes.

Mi techo de cristal era el perrito en mí, el que huía de ser, el que huía del "todavía no soy suficiente".

Para eso era para lo que necesitaba alivio porque, desafortunadamente, tener más dinero y más éxito no es la cura. Tener más dinero y más éxito sólo sirve de alivio temporal.

Pastillas mágicas

En la década de 1960 había un comercial que pasaban en radio y televisión, y que decía: "¿Cómo deletreas 'alivio'?" La respuesta consistía en deletrear el nombre del antiácido que se anunciaba. Entonces el locutor deletreaba el nombre del producto: "R-O-L-A-I-D-S", y millones de personas salían corriendo a comprar "alivio".

Hoy en día, a la gente de todo el mundo la bombardean con la publicidad de "pastillas mágicas". Estas pastillas nos asedian y se aprovechan de nuestros deseos más profundos, de nuestras necesidades e infelicidad, y de ese sentimiento de "no soy suficientemente bueno".

Hay pastillas mágicas para perder peso, para volverse rico rápido, para encontrar el amor de tu vida, renunciar a tu empleo y no volver a trabajar jamás, y para regresar a la escuela y obtener un título de posgrado.

Lo que más me divierte de todo son los anuncios de las pastillas para perder peso. Como toda mi vida he luchado contra el sobrepeso, me pierdo en cuanto veo los anuncios en que muestran las fotografías de "antes y después" de un hombre o una mujer impresionante que dice: "Tomé esta pastilla y perdí 23 kilos. No hice dieta ni ejercicio, ¡y mírame ahora!"

Algunos de estos anuncios han sido tan convincentes que he llegado a sacar mi tarjeta de crédito y ordenado las pastillas. Y no, ninguna me ha funcionado hasta el momento. Sigo batallando con mi peso.

Anthony de Mello dice: "Lo que [la gente] desea es alivio porque la cura es demasiado dolorosa".

El dolor se manifiesta en cuanto tratas de seguir la dieta y el programa de ejercicio que viene con cada frasco de pastillas mágicas, pero ese es el camino a la cura.

La lotería multimillonaria

¡Ah! ¡Ya no necesito preocuparme por el dinero!

En 2018 se escuchó mucho en los programas noticiosos que la lotería se acercaba a los 1 000 millones de dólares. En cuanto la noticia se difundió, en la reserva de la lotería se acumularon más de los 1 000 millones que ya había.

¿Por qué? Porque millones de personas buscaban alivio económico en lugar de una cura. Casi todos querían irse por el camino fácil a la riqueza. Por eso casi nadie llega a amasar una gran fortuna ni encuentra alivio para sus preocupaciones económicas reales.

Cuando el bitcoin llegó a las noticias, sucedió lo mismo. De repente ya todos estaban invirtiendo en esta ciberdivisa. Conocí a una persona que estuvo de acuerdo en venderme cinco de los bitcoins que poseía y que había comprado en una etapa muy temprana, cuando casi nadie estaba al tanto de este tipo de dinero. Estrechamos la mano, pero no sucedió nada. El vendedor y su abogado desaparecieron misteriosamente y, gracias a eso, me salvé de mi propia estupidez.

No es que crea que el bitcoin sea una estupidez, sino que yo puedo ser bastante estúpido. Sólo iba a comprar porque los precios estaban subiendo y no quería perder la oportunidad. Como sólo pensaba comprar cinco monedas, habría podido entrar al juego para foguearme un poco, lo cual recomiendo mucho. Yo aprendo cuando tengo "mucho en juego". He hecho lo mismo con el oro, la plata, las acciones y los bonos.

Tiempo después compré algunas ciberdivisas —dinero de la gente— menos conocidas, como el Ethereum. Aprendí porque compré poco, me arriesgué poco y me fui adentrando en el juego sutilmente.

Ahora sospecho que las ciberdivisas, o sea, el dinero de la gente, se convertirán en el techo de cristal del dinero del gobierno. Sospecho que los perritos les morderán el trasero a los perrotes.

Por qué la gente no despierta

Anthony de Mello escribe: "Espiritualidad significa despertar".

Despertar es desagradable, ¿sabes? Porque en la cama estás cómodo y te sientes a gusto. Es irritante que te despierten, por eso el gurú sabio no trata de despertar a la gente. Espero ser sabio aquí y tampoco tratar de despertarte si acaso estás dormido. En realidad no es mi asunto, incluso aunque a veces te diga: "¡Despierta!". Mi asunto es enfocarme en mis cosas, bailar mi danza. Si esto te beneficia, qué bueno, y si no, ¡qué mal! Como dicen los árabes: "La naturaleza de la lluvia es la misma, pero en los pantanos hace crecer espinas y en los jardines hace crecer flores".

Traducción: Las pastillas mágicas no funcionan, los gurús tampoco. Una nueva vida no te funcionará, tampoco un Ferrari nuevo.

Cuando te enfocas en el modelo Sé-Haz-Ten, el problema se exacerba porque siempre "quieres tener más".

P: Si el alivio —ese Ferrari nuevo, una segunda esposa, una casa más grande, zapatos y ropa nuevos, o más dinero— no te funciona, ¿cómo esperas curar *nada*? ¿Cómo curo ese sentimiento de "no soy suficientemente bueno... todavía"?

R: Recuerda que pensamientos como "no soy suficientemente bueno... todavía" provienen del Judas en ti, del saboteador en tu interior.

Pero el Judas no eres tú.

Al estar presente con el dolor y consciente del mismo, puedes empezar el proceso y dejar de paliar el dolor con alcohol, drogas, sexo, comida y compras.

La capacidad de estar presente con el dolor es una lección que aparece en todos estos libros: *Segunda opinión* de Radha Gopalan; *El poder del ahora* y *Una nueva tierra* de Tolle; *Mañanas milagrosas* de Hal Elrod; y *The Obstacle Is the Way* de Ryan Holiday.

Todos estos libros empoderan el espíritu que mora en tu corazón para que puedas controlar al judas en tu mente.

P: ¿Entonces mi espíritu se encuentra del otro lado de la moneda?

R: Así es. Todos tenemos fortalezas y debilidades; valentía y miedo; odios y amores. Pero nuestro genio radica en la unión, no en eludir, ignorar o adormecer con alcohol o drogas el otro lado de la moneda.

Cada vez que visitaba a Radha para hacerme una revisión porque tenía la presión arterial alta, tenía sobrepeso y era prediabético, él insistía en decirme:

Tu salud espiritual radica en tu enfermedad.
Tu riqueza espiritual radica en tu pobreza.
Tu felicidad espiritual radica en tu tristeza.

LECCIÓN: Estar presente en tu dolor, en tu debilidad, tu oscuridad y en el Judas en ti, es lo que te permite encontrar tu *espiritualidad auténtica*.

¿Quién les está enseñando a los niños a ser frágiles?

La educación está en aprietos. De hecho, la educación es el problema porque se enfoca en la mente, no en el espíritu.

Anteriormente hablé del libro *Tailspin* de Steven Brill. *Tailspin* es sobre el daño que la educación superior está provocando en el mundo a través de sus brillantes alumnos que corrompen los sistemas legal y financiero, y que producen activos falsos con los que se enriquecen a expensas del resto de la humanidad.

El autor Shawn Achor es graduado de Harvard y también da clases ahí. En su libro *Big Potential* explica que las prácticas, los métodos y los procesos de la educación moderna mantienen a los estudiantes, incluso a los más inteligentes, atrapados en una zona limitada de su potencial, y les impiden desarrollarlo al máximo.

En otro libro, *The Coddling of the American Mind*, publicado en 2018 por Greg Lukianoff y Jonathan Haidt, se plantea un panorama incluso más siniestro de la educación moderna.

Lukianoff es presidente de la Fundación para los Derechos Individuales en la Educación; se graduó de la American University y de la Escuela de Derecho de Stanford. Se especializa en la libertad de expresión y en problemas de la Primera enmienda relacionados con la educación superior.

Haidt es profesor de liderazgo ético de la Escuela de Negocios Stern de la Universidad de Nueva York. Obtuvo su doctorado en psicología social por la Universidad de Pennsylvania y dio clases en la Universidad de Virginia durante dieciséis años.

The Coddling of the American Mind aborda las causas subyacentes en el odio, la ira, la intolerancia y el descontento que se manifiestan actualmente en el discurso público mundial. Por ejemplo, ¿por qué la gente se pelea en lugar de dialogar? ¿Por qué el terrorismo y el odio están aumentando? ¿Por qué hay asesinatos masivos en todo Estados Unidos y en el mundo? ¿Por qué los republicanos y los demócratas se atacan entre sí en lugar de trabajar en equipo? ¿Y por qué en los campus universitarios hay disturbios y los estudiantes atacan a los oradores porque supuestamente sus palabras los "encienden" y "amenazan"?

En su libro, Haidt y Lukianoff afirman: "Lo nuevo ahora es la premisa de que los estudiantes son frágiles".

Los autores se enfocan en la iGen, es decir, la "generación del Internet" que, de acuerdo con el psicólogo social Jean Twenge, son los jóvenes nacidos a partir de 1995; y en los disturbios que hubo en los campus en 2014. Haidt y Lukianoff nos dicen:

> Muchos universitarios están aprendiendo a pensar de forma distorsionada y esto aumenta la probabilidad de que se vuelvan frágiles, ansiosos y demasiado sensibles.

Antes de escribir su libro, los autores enviaron a *The Atlantic* un artículo intitulado "Arguing Towards Misery: How Campuses Teach Cognitive Distortions" (La argumentación hacia la miseria: los campus enseñan distorsiones cognitivas). El artículo evolucionó y se convirtió en *The Coddling of the American Mind*. Los autores describen el proceso de la manera siguiente:

> En ese artículo argumentamos que, sin saberlo, muchos maestros, padres, maestros K-12, profesores y directivos universitarios le han estado enseñando a toda una generación de estudiantes a desarrollar hábitos que sólo se ven en gente que sufre de ansiedad y depresión.
>
> Estos patrones de pensamiento dañaron directamente la salud mental de los alumnos, interfirieron con su desarrollo intelectual, y en algunos casos con el desarrollo de quienes los rodeaban. Aparentemente en algunas escuelas emergió una cultura de autocensura defensiva, en parte como respuesta a los estudiantes que "desafiaban" o avergonzaban con prontitud a otros por nimiedades que les parecían insensibles, ya sea al estudiante que desafiaba o a otros miembros del grupo al que defendía el estudiante. A este patrón le

llamamos *protección vindicativa*, y aseveramos que este tipo de comportamiento les dificultaba a todos los estudiantes la realización de discusiones abiertas en las que pudieran practicar las habilidades esenciales del pensamiento crítico y del desacuerdo civil.

P: ¿Qué significa todo esto?

R: Que probablemente la violencia, el odio y los desacuerdos aumentarán debido a la tecnología y a la educación superior en masa.

Actualmente los maestros y los estudiantes exigen "seguridad", y aunque la seguridad física es importante, este concepto se ha extendido a la "seguridad" respecto a ideas que puedan perturbar al estudiante. En otras palabras, a la seguridad emocional. Esto significa que la libertad de expresión ha muerto.

Como si no bastara con eso, si un estudiante se siente "amenazado" por una idea, esta nueva cultura le permite contraatacar e incluso dañar a cualquiera que le parezca que haya "desencadenado" emociones incómodas en él o ella.

Por eso está aumentando la violencia. La libertad de expresión ha muerto y la educación auténtica está agonizando.

The Coddling of the American Mind es un libro importante, en especial si tienes niños en edad escolar o si eres empleador y trabajas con la iGen (los nacidos a partir de 1995). Mis amigos del ámbito militar han notado grandes diferencias al trabajar con los *millennial* y con los miembros de la iGen.

Los autores Haidt y Lukianoff señalan que la iGen son quienes le dan a los *millennials* su reputación de jóvenes combativos y excéntricos. El problema es que las actitudes de la iGen y los maestros de hoy en día están infectando a todas las generaciones en todo el planeta.

P: ¿Cómo se prepara uno para este incierto mundo nuevo?

R: *The Coddling of the American Mind* ofrece muchas soluciones. Una de ellas proviene de las reflexiones de Nassim Taleb, autor de *The Black Swan*, un *best seller* de 2007 que presenta la teoría del cisne negro, y que se convirtió en la biblia financiera de muchos inversionistas profesionales.

Taleb, estadístico, comerciante de acciones, genio polímata y profesor de administración de riesgo de la Universidad de Nueva York, afirma que demasiados inversionistas contemplan el riesgo de una manera equivocada. En los sistemas y en las sociedades complejos, es imposible ver lo que sucederá en el futuro, sin embargo, insistimos en tratar de calcular el riesgo con base en experiencias pasadas. Esto les abre la puerta a los impredecibles sucesos "cisne negro" para los que nadie está preparado.

Cisne negro: un suceso impredecible o imprevisto que, con frecuencia, tiene consecuencias extremas.

Jim Rickards cree que esta es la razón por la que los miembros de las élites académicas, como el antiguo presidente de la Fed Ben Bernanke, se equivocaron. Jim Rickards y Nomi Prins —infiltrados reales, no miembros falsos de las élites académicas— piensan que con la flexibilización cuantitativa (QE, por sus siglas en inglés) y la impresión indiscriminada de dinero estamos debilitando el futuro.

Bernanke es profesor de la Gran Depresión. En 2008 hizo lo que le pareció que debió hacer la Fed en 1929: imprimir más dinero. De esta manera quiso manejar hacia el futuro, pero viendo al pasado a través del espejo retrovisor. Y como dice el dicho: "Los generales se preparan para librar la última guerra".

En 2008 Bernanke libró la guerra de 1929.

El mensaje de *The Coddling of the American Mind* y del libro *Antifragile* publicado por Nassim Taleb en 2012 es que, sin darse cuenta, las escuelas están dañando el futuro de los estudiantes porque los están volviendo frágiles en lugar de prepararlos para un inesperado futuro con sucesos cisne negro.

Taleb nos exhorta a distinguir entre los siguientes tres tipos de personas:

1. Algunos son *frágiles* como finas tazas de porcelana china. Se quiebran con facilidad y *no pueden sanarse a sí mismos*, por eso debes tratarlos con cuidado.
2. Algunas personas son *resilientes* como tazas de plástico. Soportan los fuertes embates de la vida. Los padres suelen darles a sus hijos tazas de plástico. El problema es que las tazas de plástico no se benefician de las caídas ni del rudo trato que se les da porque no aprenden, no crecen ni se vuelven más fuertes.
3. Algunas personas son *antifrágiles*. La gente de este tipo necesita estrés, desafíos y adversidad para aprender, adaptarse y crecer.

NOTA IMPORTANTE: Si los sistemas antifrágiles no se sienten desafiados, se debilitan, se vuelven más rígidos y menos eficientes. Por ejemplo, tanto en el caso de los adultos como en el de los niños, los músculos se debilitan y los huesos se fragilizan porque ambos tenemos sistemas antifrágiles.

Si una persona pasa un mes en cama, sus músculos se atrofian porque, cuando se les priva de estrés, los sistemas complejos se debilitan.

Cada vez que los padres y los maestros neuróticos y sobreprotectores protegen y aíslan a los estudiantes de la vida real, dañan a los jóvenes y perjudican el futuro del mundo.

Para colmo, la gente frágil se vuelve violenta porque defiende su derecho a permanecer en su burbuja de protección.

La vela y la fogata

La metáfora de la vela y la fogata es otro ejemplo de la sobreprotección. Si soplas demasiado fuerte, la vela se apaga, pero si le soplas con gran fuerza a una fogata, esta se aviva.

Cuando las escuelas, los maestros y los padres neuróticos y sobreprotectores protegen a sus hijos del mundo real, crían "velas", niños que no están preparados para los sucesos cisne negro del futuro ni para el mundo que tendrán que enfrentar cuando sean adultos.

Cómo prepararse para el futuro

Hay mucha gente resiliente y muy fuerte, el problema con estas personas es que no crecen, no aprenden y, además, se rezagan mientras el mundo avanza hacia el futuro.

Quiero dejarte una reflexión… es una cita, palabras sabias de la Antigüedad que usaron los autores de *The Coddling of the American Mind* al principio del primer capítulo del libro: "La falsedad sobre la fragilidad".

Cuando el cielo está a punto de conferirle una gran responsabilidad a cualquier hombre, ejercitará su mente con sufrimiento, someterá su fortaleza y sus huesos con labores arduas, expondrá su cuerpo al hambre, lo lanzará a la pobreza y colocará obstáculos en los senderos de sus acciones con el objetivo de estimular su mente, robustecer su naturaleza y mejorar cualquier aspecto en el que sea incompetente.

—Ment Tzu
Siglo iv a. C.

Esta es la manera en que los humanos se transforman en águilas.

Es un concepto similar a la sabiduría que Radha, mi cardiólogo, insistía en enseñarme:

Tu salud espiritual radica en tu enfermedad.

Tu riqueza espiritual radica en tu pobreza.

Tu felicidad espiritual radica en tu tristeza.

Los pollos son resilientes. Sobreviven pero no aprenden. Viven en la tierra del granjero y reciben alimento. Permiten que el granjero venda sus huevos, esclavice a sus polluelos y que se los coma cuando le dé hambre.

Las águilas son antifrágiles. Adoran la incertidumbre de los vientos, el desafío de alimentar a sus polluelos y la libertad del cielo.

Ahora te haré algunas preguntas:

- ¿Eres un águila o un pollo?
- ¿Las escuelas les enseñan a los estudiantes a ser águilas o pollos?
- ¿A ti qué te enseñaron en la escuela?

Sólo tú puedes responder a esto.

En el siguiente capítulo aprenderás a planear como un águila a pesar de vivir en un mundo dirigido por pollos.

TUS PREGUNTAS... LAS RESPUESTAS DE ROBERT

P: Ya leí el libro *Segunda opinión* del doctor Gopalan, y sé que habla sobre las filosofías médicas orientales y occidentales, y el poder que tenemos todos para ejercer un impacto en nuestra vida y bienestar. ¿De qué manera podemos propagar esta información para que la conozcan las multitudes de gente ignorante?

Monique B. – Estados Unidos

R: Todos ignoramos algo, nadie lo sabe todo. Al compartir lo que hemos aprendido en la vida todos contribuimos con la iluminación. Yo alabo al doctor Gopalan por compartir lo que sabe de estos dos mundos de la medicina.

A ti te agradezco la lectura de este libro, así es como propagamos la iluminación.

P: ¿Por qué crees que la información y las filosofías tan llenas de sentido común del doctor Gopalan no forman parte de las enseñanzas más populares sobre cómo mantenerse sano?

Deepak J. – India

R: El doctor Gopalan dice: "En la actualidad, el cuidado de la salud es el cuidado de la riqueza porque cuidar de nosotros en realidad no cuesta nada". Ambos tienen su lugar en este mundo. El cuidado de la salud personal costaría menos si la gente siguiera los consejos del doctor Gopalan y durante el proceso curativo se enfocara en su salud, no en la medicina.

P: ¿Crees que con suficiente práctica podemos llegar a controlar de manera permanente al "Judas en nuestro interior" (como tú le llamas)?

Arturo S. – México

R: No. Es imposible controlar al Judas. La única manera en que puedes reducir su injerencia sobre ti es manteniéndote alerta y escuchando cuando trate de hablar. En cuando el Judas se da cuenta de que ya estás al tanto de que él es quien habla por ti, su poder disminuye.

Capítulo diecinueve

Cómo volar con las águilas… en un mundo controlado por pollos

Asume el control de tu vida

Ten cuidado: Este capítulo podría ofender a cualquier persona que se identifique con los pollos.

De la misma manera en que Greg Lukianoff y Jonathan Haidt advierten en *The Coddling of the American Mind*, este capítulo podría "desencadenar" la ira de quienes son frágiles como porcelana china. Si eres ese tipo de persona, es mejor que no lo leas.

Las águilas —resilientes o antifrágiles— tal vez encuentren en esta última parte lo que han estado esperando.

Conclusión: lecciones para águilas

En 1972 conocí a una mujer vietnamita que vendía oro. Era diminuta y tenía las encías y los dientes rojos de tanto mascar nueces de betel. Resultó ser una de mis mejores maestras, por eso la recuerdo con frecuencia.

Recuerdo vívidamente ese día. Volamos más allá de la línea enemiga, por encima de los destrozos de batallas anteriores, aterrizamos en lo que me pareció que era tierra firme, apagué la aeronave y caminamos por el pueblo sonriendo y saludando a los lugareños mientras ellos vendían fruta, verduras, patos y pollos. Se nos quedaron viendo, preguntándose qué harían dos marinos desarmados paseándose en "territorio enemigo" y pidiendo indicaciones para llegar a una mina de oro.

Ese día supe que ir a buscar oro más allá de la línea enemiga era un acto muy estúpido, era sólo una aventura. Hoy, sin embargo, me doy cuenta de que fue una de las cosas más inteligentes que he hecho.

La mujer vietnamita se convirtió en mi maestra en el momento en que se negó a hacerme descuento en el precio de las pepitas. Ella quería el precio "punto", es decir, el precio inmediato y actual en el mundo.

En ese tiempo yo no sabía lo que quería decir el término *spot price* porque era apenas un graduado universitario. La señora sabía más sobre el dinero, el oro y el mundo real que yo.

Pensé en padre pobre y padre rico. Me pregunté si había algo más que ignoráramos sobre el mundo del dinero los, supuestamente, educados estadounidenses. ¿Por qué no sabía yo nada de este metal? Me pregunté si nos estarían preparando para ser gente con educación de alto nivel, pero pobre.

Aquella mujer vietnamita cambió mi futuro.

Actualmente mis finanzas se basan en cimientos sólidos de oro y plata auténticos, el dinero de Dios. No en papel moneda falso fabricado por el hombre ni en activos de papel.

Dinero estable, ¿mundo estable?

A menudo recuerdo a la señora vietnamita. Me pregunto cómo sería nuestro mundo si en las escuelas se les enseñara a los estudiantes lo que ella sabía sobre el dinero. Creo que esto nos obliga a preguntarnos: si el dinero fuera estable, ¿tendríamos un mundo más estable? ¿La brecha entre los ricos y las clases media y pobre se volvería más estrecha en lugar de seguir creciendo? ¿Sería el mundo un lugar ligeramente más equitativo?

¿QUÉ ES LA ESPIRITUALIDAD?

En su libro *Despierta*, Anthony de Mello escribe:

> Espiritualidad significa despertar. Aunque la mayoría de la gente no lo sabe, está dormida. Así nació y así vive. Casi todos se casan dormidos, viven dormidos, crían a sus hijos dormidos y mueren dormidos sin haber despertado nunca.

Cuando la mujer vietnamita se negó a vender su oro a un precio menor, lo que en realidad me estaba diciendo era: "Despierta, despierta, despierta".

Vuelve a ver estas gráficas, aquí están las lecciones que la señora me ayudó a entender cuando me desperté.

Oro *vs.* dinero falso

Las divisas más importantes contra el oro, 1900-2018

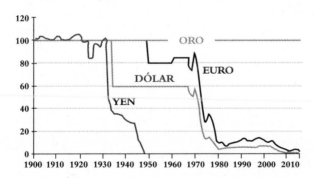

Por qué los ahorradores son perdedores

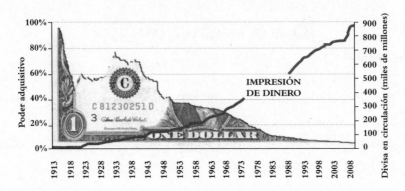

Fuente: Bureau of Labor Statistics

La brecha

Después de impuestos y de la inflación

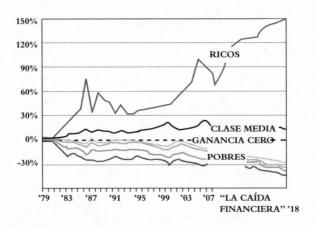

Fuente: Congressional Budget Office

Promedio Industrial Dow Jones 1895-2015

(Las áreas grises indican las recesiones en Estados Unidos)

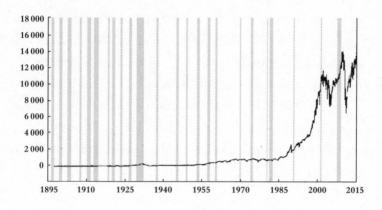

Fuente: S&P Dow Jones Indices LLC

MI PROPIA MINA DE ORO

En la década de los noventa, inspirado por la mujer vietnamita, empecé a buscar mi propia mina de oro. Mis socios y yo finalmente encontramos uno de los depósitos áureos más grandes de China y logramos que esa mina cotizara en la Bolsa de Valores de Toronto.

En cuanto tuvimos una operación minera viable, el gobierno chino nos la quitó.

Anthony de Mello diría que de esa forma desperté y descubrí el mundo real del dinero y el poder.

En su libro *The Road to Ruin*, James Rickards escribe:

Paul Ryan, vocero de la Cámara de Representantes, insertó una cláusula en una ley presupuestal que aumentaba los derechos de voto de China en el FMI. Esto sirvió para validar aún más la membresía de China en el exclusivo club de países que controlan el sistema monetario mundial.

Estos triunfos para el poder chino coincidían a la perfección con los esfuerzos demenciales que desde 2006 había realizado ese país para adquirir oro. Incluso podría entenderse como una cuota de membresía del club. Frente al público, los funcionarios estadounidenses y de las otras potencias mundiales denigran el oro, pero al mismo tiempo, lo acumulan como un respaldo para cuando llegue el día en que la confianza en el papel moneda se derrumbe. Estados Unidos posee más de 8 000 toneladas de oro, la Eurozona tiene más de 10 000 toneladas, y el FMI, casi 3 000. La sigilosa adquisición que ha realizado China de 4 000 toneladas, y más por venir, coloca a este país en la misma liga que otras potencias que poseen oro [y derechos especiales de giro].

LECCIÓN: El que tiene el oro hace las reglas.

Esta es una de las lecciones que me enseñó la mujer vietnamita. De no ser por ella, no habría empezado a acumular oro y plata auténticos de una forma lenta pero segura. Sobra decir que esta es la base financiera auténtica de la riqueza que Kim y yo hemos construido.

De no ser por aquella vendedora vietnamita, tal vez habría construido mi riqueza con dinero y activos de papel falsos. Tal vez ahora tendría una inestable casa de naipes.

En diciembre de 2017 David Stockman, director del Departamento de Administración y Presupuesto durante la administración de Ronald Reagan, lanzó esta advertencia:

En la creación de un pivote de época[…] hay literalmente una erupción de tinta roja fiscal que se dirige de forma directa a la campaña de reducción de la hoja de balance de la Fed, y que sacudirá los cimientos del casino.

¿ESTARÁ CERCA EL FIN?

Considera lo siguiente…

Barron's, 15 de noviembre de 2018:

"Nos encontramos probablemente en una burbuja global de crédito", dice uno de los padres de la industria de los fondos de cobertura

"Probablemente nos encontremos en una burbuja global de crédito, una burbuja de deuda", dijo hoy Paul Tudor Jones II, fundador del fondo de cobertura Tudor Investment Corp, y uno de los pioneros de la industria, en el marco del Foro Económico de Greenwich en Connecticut. La proporción de deuda en el mundo relativa al producto interno bruto ha alcanzado su punto más alto.

"No sé si debamos correr a las salidas de emergencia, pero estamos en un punto en verdad desafiante para el paradigma de una deuda que no para de crecer en relación con su capacidad de carga.

"Desde la Conferencia Monetaria y Financiera de las Naciones Unidas en Bretton Woods, New Hampshire, en 1944, los niveles de deuda se han expandido debido a un 'círculo económico de confianza construido sobre los bancos centrales que se empezaron a coordinar entre sí' —explicó Tudor Jones II—. Esta situación persistió a lo largo de la crisis financiera, pero los cimientos se están 'quebrando'."

MAESTROS AUTÉNTICOS

David Stockman y Paul Tudor Jones son maestros auténticos, águilas que observan el mundo desde el interior de la maquinaria mundial del dinero.

Es el caso también de Nomi Prins y James Rickards, cuyas advertencias son similares.

Al igual que Dorothy, la de *El mago de Oz*, estos expertos ya conocieron al mago... y saben la verdad. Que el "mago" no hace ningún tipo de magia.

La mujer vietnamita también veía el mundo desde el interior de su diminuto ámbito del oro, por eso era una maestra auténtica. Observa nuevamente la ilustración de los niveles superiores del maestro.

La mujer vietnamita veía el mundo desde el nivel superior porque vivía la experiencia real, trabajaba para los dueños de la mina vendiendo el oro.

En su libro *The New Case for Gold* James Rickards verifica las declaraciones de Steven Brill respecto a que la educación superior empezó a lavarles el cerebro a los mejores y más brillantes estudiantes en los setenta. Rickards afirma que en esa década las mejores escuelas dieron inicio a una campaña en contra del oro, y empezaron a enseñarles a los estudiantes con la frase de John Maynard Keynes: "El patrón oro es una reliquia bárbara del pasado".

Actualmente la mayoría de los expertos financieros son maestros falsos. Condenan al oro, pero saben muy poco respecto al oro y el dinero auténticos. Aprendieron sobre este metal en una escuela de negocios con maestros falsos.

Los expertos financieros de hoy repiten las frases que sus maestros de la élite académica les enseñaron... *y que no se atreven a cuestionar.*

Es el caso de los planeadores financieros, corredores de bolsa y administradores de fondos de pensiones, y por eso tantas pensiones están quebrando. Todos estos individuos son pericos, no águilas.

¿A ti ya te lavaron el cerebro?

Casi todos los expertos financieros dicen: "El oro es una reliquia bárbara del pasado" porque les lavaron el cerebro. Repiten lo que les enseñaron, y por eso muy poca gente posee oro auténtico.

¿A ti ya te lavaron el cerebro para que no adquieras oro? ¿Crees en ahorrar dinero y en invertir a largo plazo en un portafolio diversificado de acciones bonos, fondos mutualistas y ETF?

Vale la pena repetir las palabras de Anthony de Mello respecto al lavado de cerebros:

> Hay algunos estudios muy interesantes sobre el lavado de cerebro. Se ha demostrado que, cada vez que aceptas o "introyectas" una idea que no es tuya, esta le pertenece a alguien más. Y lo más gracioso es que estarás dispuesto a morir por defenderla. ¿No te parece extraño? La primera prueba de que te lavaron el cerebro y te introyectaron convicciones y creencias se presenta en cuanto alguien las ataca. Te sientes asombrado y reaccionas de una manera emotiva. Esta es una indicación bastante buena, aunque no infalible, de que estás lidiando con el lavado de cerebro. Estás dispuesto a morir por una idea que nunca fue tuya. Los terroristas o los (mal llamados) santos adoptan una idea, se la tragan completa y están preparados a morir por ella. No es algo fácil de escuchar, en especial cuando te conmueve tanto.

Ya desperté

En Vietnam me di cuenta de que me habían lavado el cerebro, y entonces desperté. Desperté antes de matar a un chiquillo. Desperté y comprendí que no estábamos luchando para vencer al comunismo, sino para obtener petróleo.

Desperté en cuanto entendí que me habían lavado el cerebro. Para ese momento había olvidado que mi formación profesional en la academia se centraba en el petróleo, y que era oficial de un buque petrolero. En nuestra clase de economía mundial en la academia de la Marina Mercante en Kings Point, nos enseñaron que Estados Unidos no quería que China tuviera acceso al petróleo de Vietnam. Sin embargo, se me había olvidado todo eso. Me uní al Cuerpo de Infantería de la Marina y fui a la escuela de vuelo para defender a mi país del comunismo.

Pero en realidad fuimos a Vietnam a pelear por petróleo y lo seguimos haciendo hasta la fecha. Desde 1914 todas las guerras han tenido que ver con este insumo.

Actualmente estamos en guerra con Iraq, Irán, Siria, Yemen y Afganistán. Por eso Rusia está ahí.

Estados Unidos lucha en nombre de Arabia Saudita contra Irán, su enemigo mortal.

¿Cómo crees que los "terroristas" financian sus compras de armas? Vendiendo petróleo.

Los pollos se convierten en águilas cuando despiertan, y yo desperté en Vietnam.

Cómo aprenden a volar las águilas
PASO 1: "Despierta".

En lo referente al dinero, creo que a todos nos han lavado el cerebro. Esto significa que nos hicieron adoptar ideas que no eran nuestras. La gente a la que le lavan el cerebro está dispuesta a morir por una idea. Yo estaba dispuesto a morir por Estados Unidos, pero desperté cuando comprendí que estaba matando por petróleo. Y lo seguimos haciendo.

La gente a la que le lavan el cerebro se enoja cuando le digo cosas como:

Los ahorradores son perdedores.

Tu casa no es un activo.

Los ricos no trabajan para ganar dinero.

Los ricos usan la deuda como dinero.

Los ricos no pagan impuestos... de forma legal.

La gente se enciende, algunos se encolerizan. Se emocionan mucho porque les lavaron el cerebro. Las ideas que contradicen sus *frágiles* creencias detonan su enojo.

Las águilas saben esto, pero los pollos no. Los pollos defienden su derecho a pagar impuestos, a ahorrar dinero y a invertir a largo plazo en un portafolio bien diversificado de acciones, bonos, fondos mutualistas y fondos cotizados o ETF... incluso sabiendo que están perdiendo dinero.

Te repito las palabras de Anthony de Mello:

La primera prueba de que te lavaron el cerebro y te introyectaron convicciones y creencias se presenta en cuanto alguien las ataca. Te sientes asombrado y reaccionas de una manera emotiva... Estás dispuesto a morir por una idea que nunca fue tuya.

Luego despiertas, cuando te das cuenta de que tus ahorros, tu casa y tus ahorros para el retiro son los activos de los ricos.

No estoy diciendo que no compres una casa, ahorres dinero o inviertas a largo plazo en la bolsa de valores. De hecho, a la gente sin educación financiera auténtica le recomiendo que se apegue a sus creencias respecto a comprar una casa, ahorrar dinero, salir de deudas e invertir a largo plazo en el mercado de valores. Este mantra resulta más conveniente para la persona común que no está interesada en invertir tiempo y dinero en su educación financiera.

Lo único que estoy diciendo es: "Despierta". Si de pronto te pones sensible y decides defender estas ideas, es porque te lavaron el cerebro.

El lado de las águilas

Si te pones sensible o a la defensiva, no puedes aprender ni ver el otro lado de la moneda, donde están las águilas.

PASO 2: Las águilas les dan a sus hijos educación financiera, los pollos no.

¿Por qué crees que Jared Kushner sabe sobre impuestos, deuda y retornos infinitos, y el periodista no?

Todo lo que sabe sobre deuda, impuestos, bienes raíces y retornos infinitos ¿lo habrá aprendido en la escuela o de su padre? ¿Donald Trump aprendió sobre deuda, impuestos, bienes raíces y retornos infinitos en la escuela o de su padre?

¿Quién me enseñó a mí lo que sé de deuda, impuestos, bienes raíces y retornos infinitos? ¿Mi padre pobre?

La educación es muy importante, pero también debemos preguntarnos: ¿qué *tipo* de educación?

Cuando yo tenía nueve años y convivía en el salón de clases con niños ricos, me di cuenta muy pronto de que ellos estaban aprendiendo algo que yo no. Muchos aprendían sobre el dinero en casa, con sus padres.

Por eso mi padre rico nos enseñaba a su hijo y a mí sobre el dinero saliendo de clases.

Padre rico solía decir: "La mayoría de las fortunas familiares se acaba en tres generaciones. La primera generación la amasa, la segunda la disfruta, y la tercera la pierde".

Por eso decidió enseñarnos a nosotros sobre los negocios legítimos y los bienes raíces, porque no quería que su fortuna se terminara con la tercera generación.

Padre rico le llamaba "riqueza dinástica", es decir, riqueza que pasa de una generación a otra. Solía decir: "Los padres de las clases media y pobre sólo desean que sus hijos consigan buenos empleos".

En *The Road to Ruin*, James Rickards cuenta que conoció a una hermosa mujer en Italia. La riqueza había pasado de generación en generación en su familia durante 900 años. Si estás familiarizado con la historia de Italia, sabrás que aferrarse a una fortuna dinástica por 900 años es casi imposible.

James le preguntó a la mujer cómo habían logrado eso: "Es sencillo, invertimos en bienes que perduran".

Luego James le preguntó cuáles eran esos bienes y ella contestó: "Bienes raíces, oro y obras de arte con calidad de museo".

Date cuenta de que no mencionó efectivo, acciones, bonos, fondos mutualistas ni ETF.

Esta es otra de las razones por las que Kim y yo diseñamos el juego Cashflow, y por la que escribimos libros y enseñamos. Queremos que *la gente le enseñe a la gente* y que *los padres les enseñen a sus hijos* para que haya más dinastías amasando fortunas y pasándolas de generación en generación.

Las águilas creen en transmitir su riqueza durante generaciones. A esto también se le conoce como capitalismo.

Los pollos creen en permitir que el gobierno tome su riqueza y la distribuya entre los otros pollos. A esto se le llama socialismo y comunismo.

PASO 3: Las águilas cometen errores y aprenden de sus errores. Los pollos no.

Los pollos nunca aprenden porque con frecuencia son demasiado temerosos para cometer errores o porque, simplemente, fingen que no los cometen.

Nassim Taleb diría que los pollos son "resilientes", durables, fuertes y rudos, pero incapaces de aprender, cambiar y crecer. Los pollos no aprenden ni crecen porque la escuela les lavó el cerebro y les hizo creer que "la gente que comete errores es estúpida".

Las escuelas les enseñan a los estudiantes a no cometer errores en lugar de aprender de ellos. Me da la impresión de que la educación los hace frágiles y los insta a atacar a cualquier persona que no esté de acuerdo con ellos o que lastime sus sentimientos. Por eso hay más pollos que águilas.

PASO 4: Las águilas hacen trampa… porque piden ayuda. En la escuela se considera que pedir ayuda es hacer trampa.

Los pollos son resilientes y por eso no solicitan ayuda; soportan pero no aprenden, no estudian y no crecen. No se convierten en águilas.

Las águilas piden ayuda y forman grupos. Trabajan en equipo, contratan entrenadores profesionales, y recuerda que en todos los deportes profesionales hay entrenadores, pero en los amateur no.

El dinero es un juego, sin embargo, en las escuelas les enseñan a los estudiantes a jugarlo como individuos, como empleados y autoempleados.

Así juegan los E y los A el juego del dinero

El éxito se alcanza solo

En *Big Potential*, Shawn Achor explica que los métodos actuales de educación limitan a los estudiantes a su menor potencial. Los mejores estudiantes suelen convertirse en autoempleados bien pagados, es decir, especialistas como médicos y abogados. Solicitar ayuda es señal de debilidad.

Los especialistas de la zona A del cuadrante son los que pagan los porcentajes más elevados de impuestos. Los pollos juegan el juego del dinero de manera individual.

Así juegan los D y los I el juego del dinero

El juego del dinero es un deporte de equipo

El equipo All Blacks que aparece en la ilustración anterior, es el equipo de rugby más importante y representa a uno de los países más pequeños del mundo: Nueva Zelanda.

En *Big Potential*, Shawn Achor explica que aprender a operar en equipo aumenta el gran potencial del individuo.

Como todo empresario sabe, la parte más difícil de los negocios es lidiar con la gente, los clientes, los empleados, los especialistas y los burócratas del gobierno. Por eso el hecho de jugar deportes de equipo permite desarrollar importantes habilidades personales para tratar con la gente, y eso aumenta el gran potencial de cualquier persona. Los negocios y la inversión son deportes de equipo.

En la escuela, sin embargo, a hacer el examen en equipo le llaman *hacer trampa*.

Las águilas juegan el juego del dinero como equipo desde las zonas D e I del cuadrante del flujo de dinero. Los pollos lo hacen desde las zonas E y A.

El juego del dinero es un juego de actitudes

Quienes trabajan en las zonas E y A del cuadrante son individuos robustos. Su lema es: "Si quieres que algo salga bien, hazlo tú mismo".

Quienes operan en las zonas D e I del cuadrante, lo hacen en equipos. Como mínimo, el equipo de un águila debe incluir un tenedor de libros, un contador y un abogado.

El integrante menos costoso del equipo D-I es el tenedor de libros, sin embargo, sus contribuciones son invaluables. El equipo D-I no puede funcionar sin miembros precisos.

Por lo general, los empresarios en la zona A del cuadrante llevan sus libros contables personalmente o, en todo caso, les piden a sus cónyuges que lo hagan. Incluso hay quienes no llevan libros contables. Por eso muchos de los empresarios de A se entienden de maravilla con los pollos.

La primera persona que contratamos Kim y yo cuando empezamos a trabajar juntos fue Betty, la tenedora de libros. La contratamos cuando aún no teníamos dinero, pero corrimos con suerte porque Betty fue otra maestra auténtica, y de no ser por ella, no gozaríamos de libertad financiera hoy en día.

Los pollos dicen: "Contrataré un tenedor de libros cuando tenga dinero", y por eso los pollos nunca se convierten en águilas.

El matrimonio y el dinero

El matrimonio también es un deporte de equipo.

Algunos matrimonios son una especie de relación tipo Tarzán y Jane, en la que Tarzán administra el dinero por su cuenta. Otros matrimonios son sociedades de negocios. Kim es la directora ejecutiva de nuestro matrimonio. ¿Quién forma parte de tu equipo financiero?

PASO 5: Las águilas invierten en lo que les encanta. Los pollos hacen lo que les digan.

Y lo que les dicen es que vayan a la escuela, que trabajen arduamente, que paguen impuestos, ahorren dinero e inviertan a largo plazo en la bolsa de valores. Anthony de Mello diría: "Están dormidos y les lavaron el cerebro".

Los pollos suelen creer en el dogma de "haz lo que amas y el dinero llegará a ti". El problema es que los estudios demuestran que 70% de los pollos detesta su empleo.

Las águilas adquieren activos que les encantan. En el estado financiero siguiente se explica la diferencia.

Los negocios y los bienes raíces son los activos más riesgosos porque son los menos líquidos. Si el inversionista comete un error, el activo lo arrastra consigo. Por eso los negocios y los bienes raíces exigen el grado más elevado de educación financiera y los mejores equipos.

Los activos de papel y los insumos como el oro y la plata son líquidos. Si el inversionista comete un error, puede desembarazarse de sus pérdidas en poco tiempo.

EL SECRETO DE MI ÉXITO

Si acaso hay un secreto para mi éxito, es el amor. Porque adoro ser empresario, amo armar negocios, me fascinan los bienes raíces, usar la deuda y pagar lo menos posible de impuestos. Además, adoro el oro, la plata y el petróleo.

Las águilas aman sus activos, los pollos no.

PASO 6: Las águilas invierten para obtener retornos infinitos. Invierten con el dinero de otras personas (OPM). Los pollos son esas "otras personas".

Los cuatro tipos de activos permiten obtener retornos infinitos.

Los activos de papel ofrecen la manera más sencilla de hacerlo, pero las cosas no funcionan si sólo le entregas tu dinero sin pensarlo a un "experto financiero".

Te daré un ejemplo KISS o ¡súper simple!:

Compro 100 participaciones accionarias a un dólar cada una, lo cual me cuesta 100 dólares.

Luego, el precio de las acciones aumenta a 10 dólares cada una.

Vendo 10 acciones a 10 dólares cada una y así recupero mis 100 dólares originales.

Las 90 acciones que me quedan son mi retorno infinito, dinero a cambio de nada. Son mi ROI: retorno sobre la información, no sobre el dinero.

EL PODER DEL APALANCAMIENTO

Utilizando las opciones financieras *call* (compra) y *put* (venta), puedes obtener un ROI incluso más elevado, pero te repito que no te arriesgues a hacerlo sin antes invertir en buenos seminarios sobre opciones financieras.

Las *opciones en activos de papel* y la *deuda para financiar negocios y bienes raíces* son dos formas de apalancamiento. Recuerda que debes ser prudente: entre más elevado sea el apalancamiento, mayores serán los riesgos, las recompensas, las ganancias… y las pérdidas.

Si no estás dispuesto a invertir tiempo y dinero en educación, y a practicar como loco, lo mejor será que operes como pollito.

Cinco sugerencias

A continuación te ofrezco cinco sugerencias para volar con las águilas. Mientras las leas, por favor toma en cuenta lo que te vaya diciendo tu "vocecita", es decir, la voz en tu cabeza.

"No puedo darme ese lujo."

"Es una tontería."

"No me importa el dinero."

"Jamás seré rico."

"No soy suficientemente inteligente para hacer algo así."

Recuerda que Judas vive en nuestra mente, que nos puede apuñalar, a nosotros y a los demás, por la espalda. Por experiencia te digo que demasiada gente escucha a Judas.

Tu espíritu vive en tu corazón, vive en el silencio y en la inmovilidad.

Si escuchas a Judas hablándote, respira hondo, contempla la vida —un árbol, un riachuelo, una flor—, y quédate en silencio, inmóvil. Permítele a tu espíritu hablarte en silencio.

Más secretos

Las claves para alcanzar tu potencial pleno son el amor, la educación y la experiencia. Si amas tu tipo de activos, si estudias, cometes errores, practicas y aprendes, dentro de poco encontrarás maneras de invertir para obtener retornos infinitos.

A Kim y a mí nos encanta ser empresarios. Adoramos los bienes raíces, amamos el oro y la plata. Kim no ama tanto el petróleo como yo, pero eso es porque en la academia fue la materia en que me especialicé.

Acciones… contra lo auténtico

Si invierto 100 000 en activos de papel —digamos que compro acciones de Standard Oil, la empresa para la que trabajé en el pasado—, recibo 0 dólares en ahorros fiscales. Si invierto 100 000 en un proyecto estadounidense de desarrollo petrolero, recibiré de inmediato una ventaja fiscal de alrededor de 40% en impuestos federales y estatales.

Esto significa que de los 100 000 dólares invertidos, pagaré unos 40 000 dólares menos en impuestos.

Para entenderlo de otra manera, podría decir que mis ahorros fiscales superan por 40 000 dólares el pasivo fiscal que acumulé por concepto de ingresos por la venta de mis libros de educación financiera. La ventaja fiscal sobre mi inversión petrolera supera mi pasivo fiscal sobre mis otros ingresos, y eso podría ayudarme a terminar pagando nada de impuestos.

40 000 dólares en impuestos que debo por la venta de libros
MENOS <u><40 000></u> por ventajas fiscales derivadas de la inversión petrolera
0

A esto se le llama tener 40 000 dólares en "ingreso fantasma", es decir, ingreso invisible generado por impuestos no pagados.

LECCIÓN: Las ventajas fiscales para los D y los I son similares, sin embargo, pueden variar un poquito en los distintos países. Lo que esta lección enseña es que contar con un abogado fiscal y un contador de alto nivel puede ser lo más inteligente que haga un águila.

Los pollos no tienen ni tenedores de libros, ni contadores fiscales y mucho menos abogados.

Cabe señalar que antes de hacer cualquier inversión con el objetivo de obtener ventajas financieras, es necesario consultar a tu contador y tu abogado.

LECCIÓN: La mayor parte del código fiscal ni siquiera tiene que ver con el pago de impuestos, sino con los incentivos para *pagar menos impuestos*. El gobierno estadounidense les ofrece incentivos a los inversionistas que se alían y hacen negocios con él.

La civilización requiere de energía porque, sin electricidad, combustibles fósiles y combustibles renovables, podría colapsar. Estados Unidos necesita petróleo en grandes cantidades, y si el gobierno no ofreciera incentivos fiscales, el precio de la gasolina se dispararía hasta el cielo y la civilización se convertiría en un caos.

Cómo gastan el dinero las águilas

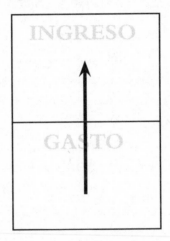

LECCIÓN: Las águilas gastan dinero para incrementar sus ingresos. Lo invierten en educación (cursos y seminarios) y en la asesoría profesional de tenedores de libros, contadores y abogados.

¿Qué es lo mejor de todo? Que el gobierno le ofrece incentivos fiscales a la gente que invierte dinero en generar dinero.

LECCIÓN: Los pollos que se esfuerzan muchísimo en mantener sus gastos bajos para ahorrar dinero, pagan los impuestos más elevados y reciben los incentivos fiscales más bajos del gobierno.

Cómo gastan el dinero los pollos

LECCIÓN: Los pollos gastan dinero y ese dinero nunca regresa.

Agradecimiento
Gracias a Tom Wheelwright, autor de *Riqueza libre de impuestos*,
y asesor de Rich Dad en impuestos y normas fiscales. Tom
logra que la educación sea súper simple, pero también precisa.

POR QUÉ LOS POLLOS PIERDEN

Los pollos hacen lo que les dicen y entregan su dinero a "expertos
financieros" —como planeadores y administradores de fondos—
para que se los manejen. El problema es que el experto puede ganar
o perder el dinero *del pollo*, y este de todas maneras no aprende nada.

CÓMO APRENDEN A VOLAR LAS ÁGUILAS

En 1978 llegué al Club Presidencial de Xerox como el vendedor
número uno. Así alcancé mi objetivo: aprendí a manejar mi timidez
y mi miedo al rechazo, aprendí a vender a pesar de que seguía ape-
nándome y sintiendo terror de que me cerraran las puertas. Aprendí
la habilidad más importante del empresario: la de vender.

Un amigo que también trabajaba en Xerox y yo, habíamos aprovechado el tiempo libre para echar a andar nuestro propio negocio al otro lado de la calle, frente a las oficinas de Xerox en el centro de Honolulu. Se trataba de la primera empresa de carteras de nailon y Velcro® para surfistas.

Nuestro primer cargamento de 100 000 carteras de nailon acababa de llegar a Nueva York desde Corea, así que era momento de empezar a venderlas. Mi amigo y yo estábamos emocionados, pero también aterrados. Era una especie de apuesta radical: o todo, o nada.

Cuando me fui de Xerox, Elaine, la recepcionista sonrió y dijo: "Vas a fracasar... y tendrás que regresar".

A lo largo de los años Elaine había visto a muchos vendedores jóvenes y arrogantes como yo salir de la empresa para empezar su propio negocio, y los había visto fracasar y regresar a Xerox. Uno de mis gerentes de ventas fue uno de esos empleados arrogantes que fracasaron y tuvieron que volver.

Mi amigo y yo tuvimos éxito y, además, él sigue siendo uno de mis mejores amigos hasta la fecha. Tuvimos un éxito brutal, más allá de lo que imaginamos jamás. Las carteras de nailon fueron un golpe internacional. Aparecimos en revistas de artículos deportivos, en revistas para corredores, para surfistas, e incluso en *Playboy*. El dinero nos empezó a llover. Habíamos alcanzado el sueño americano. Éramos millonarios.

Y luego sufrimos un descalabro y perdimos todo. Me tomó casi ocho años devolverles a mis inversionistas su dinero y, para colmo, uno de ellos era mi padre, mi pobre padre pobre.

Pero el aprendizaje fue auténtico e increíble.

El día que me fui de Xerox le dije a Elaine: "Tal vez fracase, pero no regresaré jamás".

Y jamás lo hice. Seguí triunfando y fracasando, y así continuaré sin importar qué tan rico o exitoso llegue a ser.

Esto es a lo que Nassim Taleb le llama "antifrágil". Al igual que el cuerpo, el espíritu necesita desafíos, estrés y adversidad para mantenerse fuerte. El espíritu vive en el corazón.

Y así es como las águilas aprenden a volar.

Todos somos águilas, tenemos alas y ese deseo espiritual de aprender a volar que Dios nos dio.

La pregunta es: ¿Tendremos suficiente valor?

MÁS PALABRAS SABIAS

He escuchado decir:

En primer lugar, Dios creó a los idiotas para practicar. Luego creó las juntas directivas de las escuelas.

En lo referente al dinero, ¿las juntas directivas escolares estarán conformadas por hombres y mujeres sabios?, ¿o por ratones ciegos? Padre rico solía decir:

Cualquier idiota puede gastar dinero porque para eso no se requiere ni educación ni talento especial. Para hacer dinero se requiere de hombres y mujeres sabios que se aferren a su dinero y, sobre todo, que lo mantengan alejado de los idiotas.

Pienso en las palabras de Mark Twain y vuelvo a preguntarme: *¿será esta la razón por la que en nuestras escuelas no se imparte educación financiera?* Yo ya tengo mi respuesta. ¿Cuál es la tuya?

Y LAS PALABRAS DE ALBERT EINSTEIN...

La educación es lo que le queda a uno mucho tiempo después de que ya olvidó lo que aprendió en la escuela.

Pero si la mayoría de la gente no aprende nada, o casi nada, sobre el dinero, ¿qué tanto puede olvidar?

Einstein también dijo:

La imaginación es más importante que el conocimiento.

Padre rico estaba de acuerdo. A este pensamiento solía añadir los siguiente:

La imaginación *es* más importante que el conocimiento, pero Einstein nunca dijo que el conocimiento *no fuera* importante. El conocimiento es fundamental porque fortalece la imaginación de la gente.

También solía decir:

Todo mundo tiene ideas millonarias, pero si no se cuenta con conocimientos financieros, las ideas siguen siendo ideas, la esperanza sigue siendo esperanza, y los sueños, sueños.

Lo peor de todo es que si se carece de conocimientos financieros, muchas de esas ideas que podrían cambiar el mundo, los inventos que mejorarían la vida de la gente, y los productos que en lugar de ser armas podrían utilizarse para mantener la paz, permanecen atrapados en la imaginación de las personas.

Sin conocimientos financieros, la información no vale nada. Si no hay conocimiento, la gente puede seguir dejando pasar oportunidades millonarias todos los días.

El conocimiento tiene el poder de transformar la imaginación en realidad, y las ideas en dinero.

Obtener ROI —retorno sobre la información— sólo es posible si se cuenta con conocimiento. Sin él, la información carece de valor; y la información sin educación financiera no se puede procesar para convertirse en riqueza.

R. Buckminster Fuller escribió:

Quiero que piensen en esto como individuos. Un individuo me dice: "¿Qué puedo hacer? ¿Qué puedo hacer? Soy solamente un hombrecito".

Y yo le contesto lo que ya les dije a ustedes anteriormente, que en realidad estamos en el examen final. Anoche les dije que tenemos una función en el universo. Estamos aquí para una recolección local de datos universales, para resolver problemas locales con la intención de respaldar la integridad de un universo regenerativo eterno.

Pero la integridad es la esencia. En un mundo invisible la estética no es visible, en un mundo invisible la única estética es la integridad, en ese enorme mundo de computadoras al que nos dirigimos.

Le agradezco a mi amigo Randolph Craft de Hawái por ayudarme a llegar en 1981 a ese evento realizado en Kirkwood, California, cerca de Lake Tahoe. Randolph fue quien insistió en que fuera a la conferencia del doctor Fuller, "El futuro de los negocios".

En ese tiempo, escuchar al doctor me resultó verdaderamente tedioso. Las conferencias empezaban temprano en la mañana y acababan ya muy tarde por la noche. Yo no dejaba de quedarme dormido, pero Randolph me ayudó a mantenerme enfocado en aquel evento de cinco días en lugar de dormirme como solía sucederme en la escuela.

Randolph me consiguió un lugar como miembro del equipo de videograbación, y así me ayudó a permanecer despierto. Así pude mantener los ojos abiertos y prestar atención a uno de los eventos más importantes a los que he asistido, el seminario que cambió la dirección de mi vida.

Cuando Bucky Fuller habló sobre la Era de la Información y dijo que sería la Era Invisible, y que, a su vez, la Era Invisible sería la Era de la Integridad, yo desperté.

En esa etapa de mi vida yo era un fracasado. Mi negocio y mi vida eran un desastre. Las palabras de Fuller fueron una señal de alerta y me obligaron a observar mi existencia y a detectar en qué aspectos me hacía falta integridad. La lista era larga. A partir de 1981 cobré conciencia de que carecía de integridad en muchas áreas de mi vida, así que empecé a "meterme en cintura".

Recuerdo que en ese primer seminario, y luego en los otros dos veranos que estudié con el doctor Fuller, nos repitió con frecuencia: "La integridad es la esencia de todo éxito".

Lo que más se quedó en mí fue su charla sobre la integridad:

Quiero que piensen en esto como individuos. Un individuo me dice: "¿Qué puedo hacer? ¿Qué puedo hacer? Soy solamente un hombrecito".

Y yo le contesto lo que ya les dije a ustedes anteriormente, que en realidad, estamos en el examen final. Anoche les dije que tenemos una función en el universo. Estamos aquí para una recolección local de datos universales, para resolver problemas locales con la intención de respaldar la integridad de un universo regenerativo eterno.

El doctor Fuller falleció el 1 de julio de 1983, aproximadamente un mes después de la última vez que estuve con él.

Iba yo manejando por la autopista H-1 de Honolulu y de repente escuché la noticia. Tuve que estacionarme porque empecé a llorar. Había dado por hecho que el doctor siempre estaría ahí para guiar a la humanidad y sacarla de este desastre, pero se había ido. Sus palabras continuaron resonando en mi cabeza: "¿Qué puedo hacer? ¿Qué puedo hacer? Soy solamente un hombrecito".

Algunos meses después leí su libro *Grunch of Giants*.

Durante mi lectura pensé en las lecciones que recibí de mi padre rico y mi padre pobre en la niñez, en la falla de mi helicóptero en Vietnam, la diminuta vietnamita que se negó a hacerme un descuento, el regreso a Hawái y el encuentro con mi padre pobre, quien se había quedado desempleado porque se atrevió a desafiar a uno de los gobiernos estatales más corruptos de Estados Unidos. Pensé en distintas perspectivas y puntos de vista, en el hecho de que mi padre pobre quisiera que obtuviera un título de maestría y que mi padre rico me recomendara aprender sobre la deuda y los impuestos.

En 1983 seguía siendo un hombrecito, pero sabía lo que tenía que hacer. Ese año todavía estaba en el negocio del rock and roll. Era divertido, pero no era el propósito de mi vida, así que les cedí a mis socios mi participación en el negocio sin pedirles nada a cambio y terminé con esa etapa.

Fuller solía decir: "Liberen al académico para que regrese a sus estudios".

En 1983 me convertí en estudiante por primera vez en mi vida. Por primera vez me sentí pleno, completo. Estaba integrado a mis estudios y ya no era un falso aprendiz. Era auténtico y me convertí en estudiante del *Grunch*.

En 1984, justo cuando me preparaba para partir de Hawái, conocí a la mujer más hermosa del mundo. Hablamos de nuestros propósitos en la vida y nos enamoramos.

Aunque yo no tenía ni empleo, ni dinero ni futuro, Kim y yo nos tomamos de la mano, dimos un salto de fe y dejamos Hawái para ir a California. Por algún tiempo no tuvimos casa; conocimos gente horrible y gente maravillosa; y tuvimos altibajos extremos. Sin embargo, nunca miramos atrás. Estábamos en integridad el uno con el otro, y con nuestra misión y nuestro propósito en la vida. Entre más se dificultaba el camino, más antifrágiles nos volvíamos. Nada podría detenernos.

"La integridad es la esencia de todo éxito." Estas palabras de Fuller estuvieron con nosotros entonces, y siguen estándolo ahora. Hoy comprendemos que conllevan el significado adicional de la Era Invisible, es decir, de nuestro mundo actual de tecnología, cambio y dinero invisibles.

Integridad (s.)

1. Cualidad de ser honesto y tener principios
morales sólidos; rectitud.

2. Estado de ser completo y contener todas sus partes.

Te dejaré con algunas palabras sabias de Bucky Fuller, las palabras que nos alentaron a Kim y a mí a seguir adelante cuando no teníamos trabajo y, con frecuencia, tampoco dinero.

Si el éxito o el fracaso de este planeta y de los seres humanos dependiera de mi forma de ser y de lo que hiciera…

¿Cómo sería?

¿Qué haría?

TUS PREGUNTAS... LAS RESPUESTAS DE ROBERT

P: ¿Qué tanto debería preocuparme por la falsificación física de metales, en especial de oro y plata?

Shawn T. – Canadá

R: Necesitas estar consciente de que los metales falsos y las falsificaciones existen, y hacer negocios exclusivamente con distribuidores de oro y plata de buena reputación.

P: ¿Hay algún momento inadecuado para invertir en oro?

Alexandra B. – Estados Unidos

R: Sí, cuando lo haces sólo por codicia.

P: He tenido mis dudas respecto a invertir en oro y plata porque me da miedo que el gobierno lo confisque. ¿Crees que esto podría suceder en 2019?

Liu X. – China

R: Cualquier cosa es posible, pero dudo que el gobierno estadounidense confisque nuestro oro. Por otra parte, uno nunca sabe. Por eso yo siempre tengo un Plan B.

P: ¿Qué crees que diría el doctor Fuller hoy si siguiera con nosotros y si viera tu éxito y la creación del juego de mesa Cashflow para enseñarles a otros sobre el dinero y las inversiones?

Iru L. – Argentina

R: Sospecho que estaría más feliz si se enterara de que leí su libro *Grunch of Giants* y de que me puse en acción.

Una última reflexión

Hoy en día, la educación es más importante que nunca antes y tiene un poder insospechado.

La pregunta que yo te hago es: Al elegir a tus maestros, ¿sigues a los tres hombres sabios... o a tres ratones ciegos?

Todos somos águilas, tenemos alas y ese deseo espiritual de aprender a volar que Dios nos dio.

Todos tenemos el poder de elegir. La pregunta es, ¿tendremos suficiente valor?

Gracias por leer este libro.
Robert Kiyosaki